本書爲

2017年國家社會科學基金重點項目
“出土戰國文獻匯釋今譯暨數據庫建設”（17AYY014）

和

教育部
“古文字與中華文明傳承發展工程”

的研究成果之一

本書獲2020年度國家出版基金資助

出土戰國文獻匯釋今譯叢書（第一批）

主　編　張玉金

睡虎地秦墓竹簡匯釋今譯（上、下卷）	張玉金　等　著
嶽麓書院藏秦簡（貳）匯釋今譯	張玉金　李明茹　著
放馬灘秦簡《日書》匯釋今譯	張玉金　黄　瑩　著
新蔡葛陵楚簡匯釋今譯	張玉金　溫鑫妮　著
龍崗秦簡匯釋今譯	吳辛丑　張　晨　著
周家臺秦墓簡牘等三種匯釋今譯	吳辛丑　林　慧　著

国家出版基金项目
NATIONAL PUBLICATION FOUNDATION

語言服務書系・出土戰國文獻匯釋今譯叢書

放馬灘秦簡《日書》匯釋今譯

張玉金　黄　瑩　著

暨南大學出版社
JINAN UNIVERSITY PRESS

中國・廣州

等等。

楚帛書方面的成果如饒宗頤、曾憲通編著《楚帛書》(1985)，李零《長沙子彈庫戰國楚帛書研究》(1985) 和《楚帛書研究（十一種)》(2013)，饒宗頤、曾憲通《楚地出土文獻三種研究》(1993)，陳茂仁《楚帛書研究》(2010)，等等。

曾簡方面的成果如湖北省博物館編《曾侯乙墓》(1989)，蕭聖中《曾侯乙墓竹簡釋文補正暨車馬制度研究》(2011)，蔣艷《曾侯乙墓簡文注釋》(2011)，等等。

秦簡牘方面的成果如睡虎地秦墓竹簡整理小組編《睡虎地秦墓竹簡》(1990)，湖北省荆州市周梁玉橋遺址博物館編《關沮秦漢墓簡牘》(2001)，中國文物研究所、湖北省文物考古研究所編《龍崗秦簡》(2001)，甘肅省文物考古研究所編《天水放馬灘秦簡》(2009)，朱漢民、陳松長主編《嶽麓書院藏秦簡》(2010—2020)，湖南省文物考古研究所編著《里耶秦簡》(2012—2017)，王輝、王偉編著《秦出土文獻編年訂補》(2014)，張顯成主編《秦簡逐字索引》(增訂本)(2014)，陳偉主編《秦簡牘合集》(2014)，等等。

三、戰國玉石文字和漆木文字整理研究的成果

如趙超《石刻古文字》(2006)，吳鎮烽編著《商周青銅器銘文暨圖像集成》(2012) 中的有關部分，等等。

四、戰國貨幣文字整理研究的成果

如汪慶正主編《中國歷代貨幣大系・先秦貨幣》(1984)，黄錫全《先秦貨幣研究》(2001)，馬飛海主編《中國歷代貨幣大系・秦漢三國兩晉南北朝貨幣》(2002)，等等。

五、戰國封泥文字和璽印文字整理研究的成果

如孫慰祖主編《古封泥集成》(1994)，莊新興編《戰國鈢印分域編》(2001)，傅嘉儀編著《秦封泥匯考》(2007)，陳光田《戰國璽印分域研究》(2009)，吳振武《〈古璽文編〉校訂》(2011)，王偉《秦璽印封泥職官地理研究》(2014)，等等。

六、戰國陶文整理研究的成果

如高明編著《古陶文彙編》(1990)，王恩田編著《陶文圖録》(2006)，袁仲一、劉鈺編著《秦陶文新編》(2009)，等等。

由上述看來，前人和時賢在出土戰國文獻整理研究方面已經取得了許多成果。不過，以往的研究存在以下兩個問題：一是大都是按材料的不同分類分頭進行的，還沒有看到對於出土戰國文獻的綜合整理研究成果；二是不同的學者在釋文方面寬嚴不一，對於同一個古文字有不同的釋文，對於同一個詞語有不同的解釋，對於同一句句意也有不同的理解。這給漢語史研究者以及相關學科的學者帶來極大的不便。

漢語史學者以及相關領域的研究者急需展示出土戰國文獻的綜合整理研究成果，這個成果要能夠囊括目前已經整理發表的全部出土戰國文獻資料；釋文方面要寬嚴一致；對於同一個古文字要有同樣的釋文，對於同一個詞語要有一致的解釋；對詞語要有簡明的訓釋，對句意要有準確的翻譯；對於古文字學者們的異説要有簡明的介紹。"出土戰國文獻匯釋今譯叢書"的出版，正是因應了學術界的這個需求。

本叢書的總體框架是：

一是摹本：對於所選取的出土戰國文獻，在原始資料的基礎上做出摹本，以方便讀者閲讀。

二是釋文：採各家之長，寫出釋文。用現代標點，對所做出的釋文加以斷句。若有異説，簡明列出。

三是匯釋：對其中的疑難字詞加以注釋。若有異説，簡明列出。

四是今譯：把出土戰國文獻譯成現代漢語，供讀者參考。若有不能翻譯的，則存疑。

本叢書在學術思想、學術觀點、研究方法等方面均有創新。

在學術思想上，本叢書認爲出土戰國文獻整理研究不但是古典文獻學、古文字學的重要研究內容，而且對於其他以出土戰國文獻爲材料進行研究的學科而言都具有基礎性意義。因爲研究對象具有獨特性——用古文字書寫，所以不僅要用文獻注釋學的理論方法進行研究，還要用古文字學的理論方法進行考察；不僅要有文獻整理能力，還要具備古文字的考釋能力以及音韻學、訓詁學、詞彙學、語法學、歷史學、文化學等方面的理論知識，這是學術思想方面的特色和創新。

在學術觀點上，本叢書認爲許多學者對出土戰國文獻的研究，在文字考釋、詞語訓詁、語句通釋等方面往往有分歧，因此要有對不同説法的統一檢驗標準。本叢書認爲，對於異説的檢驗要以四個標準進行，即形、義、音、法。所謂形，即看一種考釋是否符合古文字的字形，在字形上是否説得通；所謂義，即看一種考釋是否經得起詞彙學理論知識的檢驗，是否符合上下文的文義；所謂音，即是否經得起音韻學理論知識的檢驗；所謂法，即是否經得起語法學理論知識的檢驗。如果從這四個方面來檢驗，都説得通，就應該是比較好的考釋，就可以採信。對於古文字考釋的異説從形、義、音、法四個方面進行檢驗，這是學術觀點方面的創新。

在研究方法上，本叢書不僅運用古文獻注釋方法（標點、注釋、今譯，特别是匯釋以往的各種異説），還運用古文字考釋法（形體分析法、假借破讀法、辭例推勘法、歷史比較法、文獻比較法）以及訓詁方法（以形索義法、因聲求義法、比較互證法）、古漢語詞彙學研究方法、古漢語語法學研究方法，這是研究方法方面的特色。

本叢書的出版，不僅對於古文字學、戰國文字學研究有價值，對於漢語史學以及需利用古文字材料的各門學科有學術價值，對於相關學科的教學和普及也有應用價值。

張玉金

2022 年 2 月 28 日

目録 contents

凡 例

一、釋文

放馬灘秦簡數量可觀，其中甲種字跡清晰，保存相對完整，内容可與其他《日書》如睡虎地秦簡《日書》、孔家坡漢簡《日書》相互對照；乙種則保存狀況不佳，部分竹簡斷裂、字跡漫漶不清甚至完全脱落，内容較甲種更加豐富，文獻價值更高。對於放馬灘秦簡釋文，前後有不少專家學者進行了研究探討。釋文採用嚴式隸定，以 2016 年武漢大學出版社出版，陳偉主編的《秦簡牘合集：釋文注釋修訂本（肆）》作爲研究底本，對照圖版，結合學界最新成果進行校改；在改動之處出校記，標明底本和改動後的内容以及參考的文獻。校記放在匯釋前。

二、簡號標注通則

根據竹簡内容歸屬進行標注。如《日書》甲種簡標注爲：甲 1；《日書》乙種簡 1 標注爲：乙 1。如簡文有分栏，則在簡號後以大寫數字“壹”“貳”“叁”等表示。原綴合竹簡需要析分者，析分後各片在原編號後加 A、B、C 等表示。

三、匯釋

（1）把採用的説法放在前面並標明出處，或先説明自己的觀點，後列其他異説。

（2）將採用的説法放在最前面，後寫人名和出處。如：攴：爲“鞭”字的古文（裘按），通“辨”，指對美與惡、善與不善等的分辨（裘錫圭，2004B：14）。

（3）未採用的其他異説列在採用的説法後面，先寫人名和出處。如：季旭昇（1998：131）：“卞”其實就是從“攴”字分化出來的，兩種釋讀皆無不可。丁原植（1998：1）讀爲“辯”，解釋爲治理。整理者釋爲“卞”，讀爲“辯”，指巧言善辯。劉信芳（1999A：1）讀爲“便”，解釋爲利。

（4）出處若是專著，則標注頁碼，如丁原植（1998：1），期刊與學位論文不標頁碼，如陳松長（2009B）、杜小鈺（2012）。

（5）匯釋的序號用①、②、③等表示。

四、今譯

（1）在今譯中標明簡號。在一簡的末尾標明簡號，簡號標注規則同釋文。
（2）官名、人名、地名等在今譯中有所體現。
（3）有少量缺文的句子斟酌翻譯，殘簡儘量翻譯，完全殘缺的簡不譯。

五、參考文獻

（1）在本書的末尾列參考文獻，格式如下：

期刊：人名　年份　《論文名》，《期刊名》期數。如：高恒　1977　《秦律中“隸臣妾”問題的探討：兼批四人幫的法家“愛人民”的謬論》，《文物》第7期。

專著：人名　年份　《著作名》，出版社。如：方勇　2012　《秦簡牘文字編》，福建人民出版社。

學位論文：人名　年份　《論文名》，院校碩士/博士學位論文。如：李豐娟　2011　《秦簡字詞集釋》，西南大學博士學位論文。

網絡資源：人名　年份　《論文名》，網站名，具體時間，網址。如：曹方向　2008　《讀秦漢簡札記（三則）》，簡帛網，2008年11月11日，http：//www.bsm.org.cn/？qinjian/5097.html。

（2）參考文獻按作者姓氏首字母排列。

（3）如果該作者一年發表了多篇論著，則按時間先後排列，並在年份後附A、B、C等。如：

陳松長　2009A　《嶽麓書院藏秦簡中的行書律令初論》，《中國史研究》第3期。

陳松長　2009B　《嶽麓書院所藏秦簡綜述》，《文物》第3期。

六、標點符號說明

（1）□：簡帛中無法補出的殘缺字，釋文中一律以□標出，一個□表示一個字。

（2）☐：簡帛中殘缺過甚、不能定其字數者，釋文中一律以☐標出。

（3）（　）：（　）內爲本字、今字和通用字，（　）前一字爲通假字、古字、異體字等。

（4）〈　〉：〈　〉前爲訛字，〈　〉內爲改正後的正確字。

（5）［　］：［　］表示根據殘畫和文意可以確認的字，也表示根據文意或他本可以確切補出的缺文。

（6）＝：簡帛中有重文或合文符號＝。重文或合文在釋文時直接写出，如“子＝孫＝”，写成“子子孫孫”，並在【匯釋】中說明。

（7）原簡符號刪掉：【釋文】保留原簡中有的特殊符號，在【摹本】中摹出。

（8）原簡序號在【今譯】部分與【釋文】序號一致。

概　述

放馬灘秦簡是指1986年發現於甘肅省天水市北道區黨川鄉放馬灘戰國秦漢墓地一處戰國末期的秦人墓葬中的一批竹簡。這批竹簡由墓葬的發現者——當地林場職工送交考古部門，隨後專業考古人員對此批竹簡進行了整理。幾個月後，甘肅省文物考古研究所又從中清理出若干殘簡，先後共得竹簡461枚。

這批竹簡出土時捲爲一捆，周身粘結泥漿，絲織編繩腐朽脱落。竹簡分爲長短兩種，從形制來判斷，這兩種長短不一的竹簡應當屬於兩個不同的簡冊；而從其所記載的内容來看，兩種竹簡上絕大部分爲日書，可分别稱之爲《日書》甲種和《日書》乙種。甲種簡共有73枚，長約27.5厘米，寬約0.7厘米，大部分保存完整，字跡基本清晰，可辨識字數近2 300個，編連次序較爲清楚，内容多可與其他日書如湖北雲夢睡虎地及隨州孔家坡等相互對照。乙種簡共有388枚，長約23.0厘米，寬約0.6厘米，保存狀況較之甲種不佳，部分竹簡斷裂，字跡漫漶不清甚至完全脱落，可辨識字數10 600餘個，編連次序無法全部復原，但從内容來看較甲種更加豐富多樣，文獻價值也較之更高。此外，較短的竹簡中有6枚獨立成篇，記載一個叫“丹”的人死而復生的故事，李學勤（1990）認爲可視作志怪小説的濫觴。

發掘出土時，放簡的右側編繩處均可以見到三角形小契口，並且留有清晰編痕。根據對部分竹簡兩端粘有紡織品殘片的現象分析，整理者認爲這是由於簡冊編連之後曾用紡織品對其進行裝裱修飾。簡文書寫時上下端均留有留白。簡文抄寫形式有兩種：其一是通欄進行抄寫，每枚竹簡抄寫一條内容，下一枚竹簡上的内容連接上一枚竹簡進行抄寫並直至一篇抄完；其二是分欄進行抄寫，同一枚竹簡上的文字分别屬於不同的篇目，由於多篇簡文沒有篇章題目，分欄則多用墨丁、墨點、墨塊等進行區分辨别。

《日書》甲種包括《建除》《剛柔日》《生男女》《十干占盜》《土功》《十二支占盜》《禹須臾行日》《禹須臾所以見人日》《吏》《禹須臾行不得擇日》《衣》《填穴》《犬忌》《田龍》《塞穴置鼠壁囷日》等篇，内容涉及建除日、剛柔日、生男女日、出行日、用天干地支占卜偷盜情況，以及是否適宜穿衣、填穴等生產生活活動。

《日書》乙種包括《建除》《直室門》《爲門》《禹須臾行日》《禹須臾所以見人日》《吏》《往見貴人》《門》《十干占盜》《旦心》《日夜》《十二支占盜》《五行》《禹須臾行喜》《塞穴置鼠壁囷日》《衣》《牝牡月日》《臽日及日夜》《剛柔日（一）》《日衝》《帝》《乘馬》《五音日卜死》《建除日占死》《剛柔日（二）》《十干占行》《伐木忌（一）》《十二支占行》《遠行兇（凶）》《土功（一）》《六甲孤

虛》《鼠食》《歸行》《反支》《土功（二）》《伐木忌（二）》《門戶》《生男女》《四時首》《雜忌》《無毒之方》《六甲圖》《候歲》《土功（三）》《刑德》《五種忌》《禹須臾行不得擇日》《伐木忌（三）》《犬忌》《邦居軍》《司》《五音（一）》《六甲納音》《律數（一）》《日辰》《占圖》《時（一）》《時（二）》《生律》《律數（二）》《占黃鐘》《陰陽鐘》《星分度》《日分》《問病》《占疾》《占病》《占病祟除》《占盜（一）》《占盜（二）》《占亡貨》《占亡人》《日爭勝》《五音（二）》《黃鐘》《五音（三）》《自天降令》《貞在黃鐘》《十二律吉凶》《即有生》及殘篇等篇。內容同《日書》甲種在建除日、剛柔日、生男女日、出行日、用天干地支占卜偷盜情況，以及是否適宜穿衣、填穴等生產生活活動上有相似之處，還涉及了天文、律數、五音、疾病等方面。

放馬灘秦簡的內容主要爲當時關於吉凶時日的日書，爲研究秦代語言文字，中國書法，秦帝國的律數、五音、天文、社會文化、醫學等方面的發展歷史提供了翔實的資料，具有重要的學術價值。

一、《日書》甲種

（一）建除①

【釋文】

■正月，建寅，除卯，盈②辰，平巳，定午，摯（執）③未，彼（破）④申，危酉，成戌，收亥，開子，閉丑。甲1壹

二月，建卯，除辰，盈巳，平午，定未，摯（執）申，彼（破）酉，危戌，成亥，收子，開丑，閉寅。甲2壹

三月，建辰，除巳，盈午，平未，定申，摯（執）酉，彼（破）戌，危亥，成子，收丑，開寅，閉卯。甲3壹

四月，建巳，除午，盈未，平申，定酉，摯（執）戌，彼（破）亥，危子，成丑，收寅，開卯，閉辰。甲4壹

五月，建午，除未，盈申，平酉，定戌，摯（執）亥，彼（破）子，危丑，成寅，收卯，開辰，閉巳。甲5

六月，建未，除申，盈酉，平戌，定亥，摯（執）子，彼（破）丑，危寅，成卯，收辰，開巳，閉午。甲6

七月，建申，除酉，盈戌，平亥，定子，摯（執）丑，彼（破）寅，危卯，成辰，收巳，開午，閉未。甲7

八月，建酉，除戌，盈亥，平子，定丑，摯（執）寅，彼（破）卯，危辰，成巳，收午，開未，閉申。甲8

九月，建戌，除亥，盈子，平丑，定寅，摯（執）卯，彼（破）辰，危巳，成午，收未，開申，閉酉。甲9

十月，建亥，除子，盈丑，平寅，定卯，摯（執）辰，彼（破）巳，危午，成未，收申，開酉，閉戌。甲10

十一月，建子，除丑，盈寅，平卯，定辰，摯（執）巳，彼（破）午，危未，成申，收酉，開戌，閉亥。甲11

十二月，建丑，除寅，盈卯，平辰，定巳，摯（執）午，彼（破）未，危申，成酉，收戌，開亥，閉［子］。甲12

【匯釋】

①建除：**古代擇吉術中的重要流派，一種擇日術。**丁媛（2018）引《協紀辨方書》卷四引《曆書》曰“歷家以建、除、滿、平、定、執、破、危、成、收、開、閉凡十二日周而復始，觀所值以定吉凶。每月交節則疊兩值日。其法從月建上起建，與斗杓所指相應，如正月建寅則寅日起建，順行十二辰是也”，指出“建除”之名即爲前兩位神煞名的合稱。《淮南子・天文訓》：“寅爲建，卯爲除，辰爲滿，巳爲平，主生；午爲定，未爲執，主陷；申爲破，主衡；酉爲危，主杓；戌爲成，主少德；亥爲收，主大德；子爲開，主太歲；丑爲閉，主太陰。”錢塘《淮南天文訓補注》：“此建除法也……建除有二法，《越絕書》從歲數，《淮南書》及《漢書》從月數，後人惟用月也。”顧炎武《日知錄》卷三十：“建除之名自斗而起，始見於《太公六韜》，云：‘開牙門當背建向破。’”陳偉主編（2016：9）：簡文先按月羅列“建”“除”等十二神煞所值日支，後分別說明這些神煞的吉凶宜忌。

②盈：**十二神煞名。**陳偉主編（2016：9）指出《淮南子・天文訓》等後世擇吉書中“盈”皆作“滿”，或是避漢惠帝劉盈名諱而進行的改動。張俊民（2014：260）據《二年律令》及甘肅漢簡中簡文作“盈”而後世所引律作“滿”，指出此爲避惠帝名諱之故。

③摯：**有兩說：其一，釋爲“摯”，通“執”，十二神煞名。**本篇中十四處“摯”字，秦簡整理小組（1989）、整理者均釋作“執”，施謝捷（1998）改釋，認爲此簡“執”爲“摯”字誤釋。陳偉主編（2016：9）均作“摯”。睡虎地秦簡《日書》中的《秦除》一篇作“摯”，孔家坡漢簡《日書》中的《建除》一篇、《淮南子・天文訓》及後世擇吉書中均作“執”。**其二，釋爲“執”。**整理者釋作“執”。

④彼：**通“破”，十二神煞名。**陳偉主編（2016：9）讀爲“破”，並指出在睡虎地秦簡《日書》中的《秦除》一篇，相應內容作“柀”，整理者讀爲“破”。此外，孔家坡漢簡《日書》中的《建除》一篇、《淮南子・天文訓》及後世擇吉通書均作“破”。何雙全（1989）認爲“彼”應是“破”，“古讀破爲彼，用重唇音讀出”。其說有謬誤，古“彼”“破”聲母均爲重唇音。

【今譯】

正月，寅日爲建日，卯日爲除日，辰日爲盈日，巳日爲平日，午日爲定日，未日爲執日，申日爲破日，酉日爲危日，戌日爲成日，亥日爲收日，子日爲開日，丑日爲閉日。甲1壹

二月，卯日爲建日，辰日爲除日，巳日爲盈日，午日爲平日，未日爲定日，申日爲執日，酉日爲破日，戌日爲危日，亥日爲成日，子日爲收日，丑日爲開日，寅日爲閉日。甲2壹

三月，辰日爲建日，巳日爲除日，午日爲盈日，未日爲平日，申日爲定日，酉日爲執日，戌日爲破日，亥日爲危日，子日爲成日，丑日爲收日，寅日爲開日，卯

日爲閉日。甲3壹

四月，巳日爲建日，午日爲除日，未日爲盈日，申日爲平日，酉日爲定日，戌日爲執日，亥日爲破日，子日爲危日，丑日爲成日，寅日爲收日，卯日爲開日，辰日爲閉日。甲4壹

五月，午日爲建日，未日爲除日，申日爲盈日，酉日爲平日，戌日爲定日，亥日爲執日，子日爲破日，丑日爲危日，寅日爲成日，卯日爲收日，辰日爲開日，巳日爲閉日。甲5

六月，未日爲建日，申日爲除日，酉日爲盈日，戌日爲平日，亥日爲定日，子日爲執日，丑日爲破日，寅日爲危日，卯日爲成日，辰日爲收日，巳日爲開日，午日爲閉日。甲6

七月，申日爲建日，酉日爲除日，戌日爲盈日，亥日爲平日，子日爲定日，丑日爲執日，寅日爲破日，卯日爲危日，辰日爲成日，巳日爲收日，午日爲開日，未日爲閉日。甲7

八月，酉日爲建日，戌日爲除日，亥日爲盈日，子日爲平日，丑日爲定日，寅日爲執日，卯日爲破日，辰日爲危日，巳日爲成日，午日爲收日，未日爲開日，申日爲閉日。甲8

九月，戌日爲建日，亥日爲除日，子日爲盈日，丑日爲平日，寅日爲定日，卯日爲執日，辰日爲破日，巳日爲危日，午日爲成日，未日爲收日，申日爲開日，酉日爲閉日。甲9

十月，亥日爲建日，子日爲除日，丑日爲盈日，寅日爲平日，卯日爲定日，辰日爲執日，巳日爲破日，午日爲危日，未日爲成日，申日爲收日，酉日爲開日，戌日爲閉日。甲10

十一月，子日爲建日，丑日爲除日，寅日爲盈日，卯日爲平日，辰日爲定日，巳日爲執日，午日爲破日，未日爲危日，申日爲成日，酉日爲收日，戌日爲開日，亥日爲閉日。甲11

十二月，丑日爲建日，寅日爲除日，卯日爲盈日，辰日爲平日，巳日爲定日，午日爲執日，未日爲破日，申日爲危日，酉日爲成日，戌日爲收日，亥日爲開日，子日爲閉日。甲12

【釋文】

建日：良日殹[1]。可爲嗇夫[2]，可以祝[3]祠，可以畜大生（牲）[4]，不可入黔首[5]。甲13

除日：逃亡，不得，瘅[6]疾死，可以治嗇夫，可以徹言君子、除罪[7]。甲14

盈日：可築閒（閑）牢[8]，可入生（牲），利築宮室、爲小嗇夫，有疾難瘳[9]。甲15

平日：可取（娶）妻、祝祠、賜客，可以入黔首，作事吉[10]。甲16壹

定日：可以臧（藏）、爲府[11]，可以祝祠。甲 17 壹

摯（執）日：不可行，行遠，必摯（執）而于公[12]。甲 18 壹

彼（破）日：毋（無）可以有爲殹，雖（唯）利彼（破）水[13]。甲 19 壹

危日：可以責人及摯（執）人、毄人、外政[14]。甲 20 壹

成日：可以謀事，可起衆[15]及作有爲殹，皆吉。甲 21 壹

收［日］[16]：可以氏[17]馬牛畜生（牲）盡可，及入禾粟，可以居處。甲 21 貳

■[18]開日：逃亡，不得，可以言盜[19]，盜必得。甲 18 貳

閉日：可以波（陂）渴（堨）[20]，入人奴妾[21]。甲 20 貳

【匯釋】

①殹：**語氣詞，意義和用法相當於“也”**。睡虎地秦簡《日書》甲種中的《秦除》此條作“也”。

②爲：**擔任，充當**。《論語·雍也》：“子游爲武城宰。”

嗇夫：**職官名，基層官吏**。《漢書·百官公卿表》：“十亭一鄉，鄉有三老、有秩、嗇夫、游徼……嗇夫職聽訟，收賦稅。”陳偉主編（2016：9）指出秦漢簡牘所見“嗇夫”常指縣及縣以下諸官署、諸鄉主官，職掌較多，不限於聽訟、收取賦稅等。吳小強（2000）指出《日書》中出現的“嗇夫”一詞多爲籠統概念，與“官吏”意思相近，非指具體官職。

③祝：**有兩說：其一，釋爲“祝”，禱告，向鬼神求福**。秦簡整理小組（1989）、陳偉主編（2016：9）皆從此看法。《戰國策·趙策》：“祭祀必祝。”**其二，釋爲“祀”，祭祀**。劉樂賢（2003：55）據照片及文例改釋。

④畜：**飼養，畜養**。《周易·離卦》：“利貞，亨，畜牝牛，吉。”孔穎達疏：“畜養牝牛乃得其吉。”

大：**有兩說：其一，釋爲“大”**。施謝捷（1998）釋爲“大”。**其二，釋爲“六”**。秦簡整理小組（1989）、整理者釋爲“六”。

生：**通“牲”，牲畜**。

大生：**即“大牲”，指牛一類體型偏大的牲畜。關於此詞語的訓釋有兩說：其一，解作像牛之類的大牲畜**。陳偉主編（2016：10）從此觀點，引《周易·萃卦》“亨，利貞，用大牲，吉”，鄭玄注：“大牲，牛也。”《說文》：“牲，牛完全也。”**其二，解作人牲**。張乘健（2014）引李鏡池“祭祀主要用牛牲，但有時還用人牲”，及程石泉“‘大’本義爲人，所謂‘衆庶曰大’即普通之人也，‘大牲’者，人牲也”。

⑤黔首：**戰國和秦代對百姓的稱呼**。同“民”“庶民”，也指奴隸。《說文》：“黔，黎也。从黑、今聲。秦謂民爲黔首，謂黑色也；周謂之黎民。《易》曰：爲黔喙。”《史記·秦始皇本紀》：“二十六年……更名民曰黔首。”

⑥癉：**病症名稱**。孫占宇（2013：69）指出是勞病或手足風病，《說文》：“癉，勞病也。”《廣韻·平寒》：“癉，風在手足病。”陳偉主編（2016：10）引《黃帝內

經·素問·奇病論》："此五氣之溢也，名曰脾癉。"王冰注："癉，謂熱也。"

⑦徹：**有兩說：其一，釋爲"徹"**。秦簡整理小組（1989）釋爲"瘢"，施謝捷（1998）改釋爲"徹"。**關於此詞的訓釋有兩說：或訓爲"通、徹底"**。劉青（2010：5）引《說文》"徹，通也"，並認爲"徹言君子"意爲同君子坦誠交談。**或訓爲"撤除，撤銷"**。孫占宇（2013：69）引《左傳·宣公十二年》"諸侯相見，軍衛不徹，警也"，杜預注："徹，去也。""徹言"意爲撤銷訴訟。**其二，釋爲"瘢"**。秦簡整理小組（1989）釋爲"瘢"。

徹言君子：**有兩說：其一，同君子坦誠交談**。劉青（2010：5）說。**其二，撤銷訴訟**。孫占宇（2013：69）說。

除罪：**免罪**。陳偉主編（2016：10）說。

⑧閒：**關於此字的訓釋有兩說：其一，讀爲"閑"**。陳偉主編（2016：10）指出此字當讀爲"閑"，引《說文》："閑，闌也。"引《漢書·百官公卿表》"又龍馬、閑駒"，顏師古注曰："閑，闌。養馬之所也。"**其二，讀爲"監"**。整理者讀爲"監"。

閒牢：**即"閑牢"，關養牲畜的欄圈**。孫占宇（2013：69）此爲同義詞連用。

⑨瘳：**病愈**。《說文》："瘳，疾瘉也。"《方言》卷三："南楚病愈者……或謂之瘳。"

⑩賜客：**關於此詞的訓釋有兩說：其一，對寄居者給予幫助或贈送禮物**。劉青（2010：5）提出應是對寄居者給予幫助或贈送禮物之意，孫占宇（2013：69）認爲劉說可從。**其二，招待客人**。吳小強（2000：262）持此觀點。

作事：**經營大事**。王子今（2003：226）：可以理解爲經營大事。也可以理解爲範圍比較廣泛的社會活動。

⑪臧：**"藏"之古字**。《漢書·食貨志上》："春耕夏耘，秋獲冬臧。"徐鉉《說文解字注·臣部》："臧，《漢書》通用臧字，从艸後人所加。"

爲：**修建，特指服勞役之事**。聞一多校箋："爲、繇古同字，爲、造、庸，皆謂勞役之事。"

府：**府庫，用來貯藏財物等**。《禮記·曲禮下》："在官言官，在府言府。"鄭玄注："府，謂寶藏貨賄之處也。"

爲府：**修建府庫**。

⑫摯：**通"執"，拘捕**。《說文》："執，捕罪人也。"

而：**順承連詞，表示然後就**。

公：**公家，國家朝廷，官府**。《論語·憲問》："公叔文子之臣大夫僎與文子同升諸公。"楊伯峻注："公，指國家朝廷。"

⑬雖：**通"唯"，唯有，衹有**。孫占宇（2013：70）說。

彼：**讀爲"破"，開放**。劉樂賢（2003：55）說。

彼水：**即"破水"，開堤放水**。

⑭責：**關於此詞的訓釋有兩說：其一，意爲"索求，索要"**。孫占宇（2013：

70）引《說文》“責，求也”，徐鍇繫傳：“責者，迫迮而取之也。”陳偉主編（2016：11）引睡虎地秦簡《日書》乙種簡122：“以與人言，有喜；以責人，得。”整理者注：“責，《說文》：‘求也。’”**其二，意爲“懲處，責罰”。**睡虎地秦簡《日書》甲種中的《秦除》簡21作“可以責摯（執）攻毄（擊）”，整理者注：“責，處罰。”

責人：**索取出借或貰賣與他人的財物。**孫占宇（2013：70）說。

摯人：**即“執人”，拘捕罪犯。**陳偉主編（2016：11）：拘捕犯人。孔家坡漢簡《日書》中的《建除》篇此條爲“捕人”。

毄：**有兩說：其一，讀爲“擊”，攻擊。**陳偉主編（2016：11）對照睡虎地秦簡《日書》甲種中的《秦除》簡21“可以責摯（執）攻毄（擊）”，“毄”應讀爲“擊”。**其二，讀爲“繫”，拘禁，囚禁。**陳偉主編（2016：11）：抑或讀爲“繫”。《史記·越王勾踐世家》：“湯繫夏臺，文王囚羑里。”

政：**讀爲“征”，征討。**從孫占宇（2013：70），通“征”。《韓非子·內儲說下》：“吳政荊，子胥使人宣言於荊……”

外政：**對外征討。**劉樂賢（2003：55）讀爲“外征”。

⑮起衆：**關於此詞語的訓釋有兩說：其一，爲興發民衆。**陳偉主編（2016：11）引《韓非子·外儲說右上》：“魯以五月起衆爲長溝。”**其二，爲征發兵役、徭役。**孫占宇（2013：70）引《左傳·昭公二十六年》：“王起師於滑。”

⑯收：**當爲“收日”。**原簡“收”下脫一“日”字，孫占宇（2013：70）據文例補出。陳偉主編（2016：11）：原簡“收”下脫一“日”字，今據文例補出。

⑰氐：**有兩說：其一，釋爲“氐”，相當於“入”，買入。**陳偉主編（2016：11）分別引睡虎地秦簡《日書》甲種中的《秦除》篇及孔家坡漢簡《日書》中的《建除》篇與此句相應內容，認爲“氐”同“入”。**其二，釋爲“民”或“民”之誤，意爲“奴隸、黔首”。**整理者釋爲“民”。孫占宇（2013：70）認爲此字或爲“民”之誤抄。

⑱■：陳偉主編（2016：11）：原簡“開日”上有一墨塊，提示從此條開始轉入貳欄抄寫。

⑲言：**關於此詞的訓釋有三說：其一，爲“卜問、測問”。**孫占宇（2013：70）、陳偉主編（2016：11）皆持此說。引《廣雅·釋詁二》：“言，問也。”**其二，爲“舉報、起訴”。**劉樂賢（1994：34）言盜，即舉報、起訴盜竊者。**其三，爲“議論”。**吳小強（2003：265）認爲“言”爲“議論”之意。

盜：**有兩說：其一，盜竊者。**劉樂賢（1994：34）說。**其二，財物被盜事。**陳偉主編（2016：11）說。

言盜：**向占家卜問財物被盜可否復得。**從孫占宇（2013：70）及陳偉主編（2016：11）。

⑳波渴：**有兩說：其一，釋爲“波渴”。**宋華強（2010）說。**關於此詞語的訓釋有兩說：一是壅築堰塘。**周波（2010）讀作“陂堨”，認爲“陂”活用作動詞，

陂堨指壅築堤堰、堰塘。引《協紀辨方書》卷十“宜忌”建除十二日“閉日”：“宜築堤防、補垣塞穴。”陳偉主編（2016：12）認爲周説可從，指出本篇諸日宜忌多取義於神煞名稱，如除日可免除罪責、執日遠行會被公家拘捕，“壅築堰塘”意義正和閉日之“閉”配合。**二是開挖池塘。**吳小強（2003：265）認爲應釋爲“開挖池塘”。**其二，釋爲“浅淹”。**整理者説。

㉑人奴妾：**奴婢。**從陳偉主編（2016：12），意爲“奴婢”。引睡虎地秦簡《秦律十八種》簡134—135“人奴妾居贖貲責（債）於城旦”，整理者注：“人奴妾，私家奴婢。”

【今譯】

建日：是好日子。可以擔任嗇夫，可以在祠堂禱告祭祀，可以飼養大型牲畜，不可以買入奴隸。甲13

除日：如果逃亡，不會被抓獲。如果患勞病，會死去。可以管理嗇夫，可以同君子坦誠交談、除去罪過。甲14

盈日：可以修築圈養牲畜的欄圈，可以買入牲畜，利於修築宫室、擔任小嗇夫的官職，若有病，難以痊愈。甲15

平日：可以迎娶妻子、在祠堂禱告祭祀、對客人給予幫助或贈送禮物，可以買入奴隸，經營大事是吉利的。甲16壹

定日：可以收藏貨物、修建府庫，可以在祠堂禱告祭祀。甲17壹

執日：不可以出行，如果行走得遠了，一定會被拘捕而送到官府。甲18壹

破日：不可以有所作爲，衹是有利於開堤放水。甲19壹

危日：可以向人索求所欠的財物以及拘捕人、攻擊人、對外征伐。甲20壹

成日：可以謀劃事情，可以興發民衆並有所作爲，（做這些事情）都是吉利的。甲21壹

收日：可以買入馬牛、其他牲畜等，（做這些事情）都可以，且可以買入穀物，可以定居生活。甲21貳

開日：如果逃亡，不會被抓獲。可以測問財物被盜之事，盜賊一定會被抓獲。甲18貳

閉日：可以壅築堰塘、買入私家奴婢。甲20貳

（二）剛柔日

【釋文】

·男日①，[子]、卯、寅、巳、酉、戌。·女日②，午、未、申、丑、亥、辰。甲1貳

·以女日病，以女日瘳③，必女日復之④。以女日甲2貳死，以女日葬，必復之⑤。男日亦如是。甲3貳

·謂岡（剛）［楺］（柔）[6]之日。甲4貳

【匯釋】

①男日：**陽日**。《春秋繁露·循天之道》："天地之陰陽當男女，人之男女當陰陽。陰陽亦可以謂男女，男女亦可以謂陰陽。"

根據乙種《剛柔日（一）》《剛柔日（二）》《牝牡月日》及睡虎地秦簡《日書》中的《葬日》《人日》等篇所見男日皆有"子"字，孫占宇（2013：72）補出。

②女日：**陰日**。可參見上一條"男日"。

③瘳：**痊愈**。整理者釋爲"廖"，施謝捷（2003）改釋。

④女：**有兩説：其一，釋爲"女"**。孫占宇（2013：72）、陳偉主編（2016：13）皆持此説。**其二，釋爲"可"**。整理者説。

復：**指病症復發**。

⑤必復之：**關於此小句的訓釋有兩説：其一，肯定將再死一個人**。吳小強（2000：265）認爲此句意爲在女日死去，又在女日下葬死者，必定將再死一個人。**其二，必然會有重喪**。陳偉主編（2016：13）認爲此句意爲"必然會有重喪"。

⑥岡楺：**有兩説：其一，釋爲"岡楺"，讀爲"剛柔"，義同"陰陽"**。施謝捷（2003）釋出"岡"字，程少軒（2010B）釋出"楺"字。《易·繫辭下》："剛柔相推，變在其中矣。"孔穎達疏："剛柔即陰陽也。"**其二，釋爲"甿隸"**。整理者説。

【今譯】

男日，是子日、卯日、寅日、巳日、酉日、戌日。女日，是午日、未日、申日、丑日、亥日、辰日。甲1貳

在女日生病，又在女日痊愈，疾病必定會在女日中復發。在女日甲2貳死去，又在女日下葬死者，必定將再死一個人。男日也是這樣。甲3貳

這叫作剛柔之日。甲4貳

（三）生男女[1]

【釋文】

■平旦[2]生女，日出生男，夙食[3]女，莫食[4]男，日中女，日過中[5]男，甲16貳旦〈日〉則（側）[6]女，日下則（側）[7]男，日未入[8]女，日入男，昏女，夜莫（暮）[9]男，夜甲17貳未中女，夜中男，夜過中女，雞鳴男。甲19貳

【匯釋】

①本篇是以嬰兒出生的時刻來判斷其性別。整理者說。

②平旦：**清晨**。天剛亮的一段時間，相當於後來的寅時。《孟子・告子上》："其日夜之所息，平旦之氣，其好惡與人相近也者幾希。"

③夙：**早**。與"莫（暮）"意義相反。

夙食：**即"蚤食"**。陳偉主編（2016：13）引彭錦華、劉國勝《沙市周家臺秦墓出土綫圖初探》中周家臺秦簡《繫行》一篇所見"蚤食""食時""晏時"，指出此爲前後相接的三個時間段，"食時"指一日之中吃早飯的時間，"蚤食""晏食"分別指食時前後的一段時間。

④莫食：**相當於"晏食"，指"食時"後的一段時間**。與"夙食"相對應，可參看"夙食"一條。劉樂賢（1994：163）指出"莫食"見於睡虎地秦簡《日書》乙種中的《十二時》一篇及《史記・天官書》。陳偉主編（2016：14）指出"莫食"在秦漢時期有兩種含義，其一相當於"晏時"，爲"食時"後的一段時間；其二相當於"夕食"，爲黃昏後的一段時間。此處應爲前一種用法。

⑤日過中：**緊接"日中"後的一段時間**。同理，下文"夜過中"指緊接"夜中"後的一段時間。

⑥旦則：**爲"日則"誤抄，指太陽偏西時分**。乙種《生男女》此條作"日則"，指太陽偏西時分，同文獻中常見的"日昳""日昳""日昃"等。則，通"側"。《儀禮・既夕禮》："有司請祖期，曰日側。"鄭玄注："側，昳也。"

⑦日下則：**太陽位置比"日側"更偏下的一段時間**。

⑧日未入：**指"日入"前的一段時間**。同理，下文"夜未中"指"夜中"前的一段時間。

⑨莫：**後作"暮"，指"昏"後剛進入夜晚的一段時間**。

【今譯】

在清晨出生的孩子是女孩，在日出時出生的孩子是男孩，在食時（一日之中吃早飯的時間）前一段時間出生的孩子是女孩，在食時後一段時間出生的孩子是男孩，在正午出生的孩子是女孩，在正午後一段時間出生的孩子是男孩，甲 16 貳在太陽偏西時分出生的孩子是女孩，在太陽更偏西時分出生的孩子是男孩，在太陽下山之前出生的孩子是女孩，在太陽下山時出生的孩子是男孩，在黃昏時分出生的孩子是女孩，在剛進入夜晚的一段時間出生的孩子是男孩，甲 17 貳在沒有到夜半時分出生的孩子是女孩，在夜半時分出生的孩子是男孩，在夜半之後一段時間出生的孩子是女孩，在雞鳴時分出生的孩子是男孩。甲 19 貳

（四）十干占盜[①]

【釋文】

甲亡，盜在西方，一于（宇）[②]中食者五口，疵[③]在上，得[④]，男子殹。甲22

乙亡，盜青色，三人，其一人在室中，從東方入，行有［遺］[⑤]殹，不得，女子殹。甲23

丙亡，盜在西方，從西北入，折齒，得，男子殹，得[⑥]。甲24壹

丁亡，盜女子殹，在東方，其疵在足，已南［矣］[⑦]，不得。甲25壹

戊亡，盜在南方，食者五口一于（宇）閒，男子殹。亡［蚤］（早）[⑧]不得，亡莫（暮）而得。甲26

己亡，其盜在，爲人[⑨]黄皙，在西南，其室三人食，其一人已死矣，女子殹，得。甲27

庚亡，其盜丈夫[⑩]殹，其室在北方，其序扁匠[⑪]，其室有黑弆櫝[⑫]，男子，不得。甲28

辛亡，盜不得，外盜殹，女子殹。甲29壹

・壬亡，其盜可得殹。若得，必有死者。男子殹，青色。甲29貳

・癸亡，其盜女子殹，必得，爲人操（躁）不靖[⑬]。甲25貳

【匯釋】

①本篇以日干占算可否捕獲盜竊他人財物者，並推測盜者所在的方位、性别、家庭人口、外貌特徵等。陳偉主編（2016：15）説。

②于：**通“宇”，屋宇**。陳偉主編（2016：15）認爲“于”讀爲“宇”。復旦讀書會（2009）認爲此小句應讀爲“一于（宇）中食者五口”，可同後文“食者五口一于（宇）閒”比較。陳偉主編（2016：15）指出可對比參看睡虎地秦簡《日書》乙種中的《盜》作“一宇閒之食五口”一句。

③疵：**關於此詞的訓釋有兩説：其一，指痣、胎記、贅疣等**。陳偉主編（2016：15）引睡虎地秦簡《日書》甲種中的《盜者》一篇簡69背：“面有黑子焉，疵在耳。”認爲“疵”應不包括“黑斑（子）”。**其二，指黑斑、痣、胎記、贅疣等**。王子今（2003：451）認爲應是較顯著的體貌特徵，如黑斑、痣、胎記、贅疣等。《淮南子・氾論訓》：“故目中有疵，不害於視，不可灼也。”高誘注：“疵，贅。”

④得：**捕獲**。孫占宇（2013：74）引《尚書・金縢》：“周公居東二年，則罪人斯得。”孔穎達疏：“謂獲三叔及諸叛逆者。”

⑤遺：**有兩説：其一，釋爲“遺”，遺留的物品**。任步雲（1989）、劉樂賢（2003：57）説。**其二，釋爲“蹟”**。整理者説。

行有遺：**關於此小句的訓釋有兩説：其一，出來時留下了物品**。孫占宇

（2013：75）認爲指盜者走出來時留下了物品，是尋找失物及抓捕盜賊的證據綫索。**其二，人品上存在問題**。曹方向（2009A）認爲即爲“有遺行”。指盜賊人品上存在問題。

⑥得：孫占宇（2013：75）認爲疑似衍字，與前文重複。

⑦南矢：**有兩說：其一，釋爲“南矢”**。方勇（2009C）所釋。**其二，釋爲“索失”**。整理者說。

已南矢：**已經向南邊方向逃走了**。陳偉主編（2016：16）：盜賊已經向南邊方向逃走。

⑧蚤：**有兩說：其一，釋爲“蚤”，讀爲“早”**。曹方向（2009A）疑爲“蚤”。孫占宇（2013：75）、陳偉主編（2016：16）以乙種《十干占盜》作“蚤”，從曹說。**其二，釋爲“夙”**。整理者持此說。

⑨爲人：**人的形貌特徵**。孫占宇（2013：75）說。《史記·秦始皇本紀》：“秦王爲人，蜂準，長目……”下文“癸日”一條“爲人”指待人處事的方式方法，從孫占宇（2013：75），下不再注。《論語·學而》：“其爲人也孝悌，而好犯上者，鮮矣。”

⑩丈夫：**成年男子**。《穀梁傳·文公十二年》：“男子二十而冠，冠而列丈夫。”

⑪序：**有三說：其一，釋爲“序”**。施謝捷（1998）、劉樂賢（2003：57）說。**關於此詞的訓釋有兩說：或訓爲廂房**。陳偉主編（2016：16）據後文“其室有黑犖犢”，認爲“序”和“室”對舉，“序”應指廂房。**或解釋爲堂屋東西墻**。宋華強（2010）認爲“序”疑指堂屋東西墻。**其二，釋爲“扈”**。整理者說。**其三，釋爲“怉”**。秦簡整理小組（1989）說。

扁匜：**關於此語的訓釋有三說：其一，讀爲“匾匯”，低矮窄小**。施謝捷（1998）認爲指廂房低矮窄小，引《尚書·顧命》“西序東向”，孔傳：“東西廂謂之序。”扁匜，讀爲“匾匯”。**其二，讀爲“偏迤”，歪斜**。復旦讀書會（2009）引蔡偉說：“扁匜”或可讀爲“偏迤”，表示歪斜。**其三，指（墻體）較薄**。宋華強（2010）認爲此小句是指堂屋東西的墻體較薄。

⑫犖：牛身上有雜色。《説文》：“犖，駁牛也。”《集韻·覺韻》：“犖，駁牛，牛雜色。”

犢：**有三説：其一，釋爲“犢”**。施謝捷（1998）說。**其二，釋爲“櫝”**。整理者說。**其三，釋爲“犢”**。劉樂賢（2003：57）說。

黑犖犢：**黑色有雜毛的牛犢**。

⑬操不靖：**關於此小句的訓釋有四說：其一，“操”讀爲“躁”，“靖”如字讀**。范常喜（2006）認爲“操”當讀作“躁”，“靖”可如字讀，“操（躁）不靖”指盜者性子急躁不安定。**其二，“操”如字讀，“靖”讀爲“清”**。吳小強（2000：268）認爲“靖”讀作“清”，“操不靖”指缺乏操守。**其三，“操”讀爲“剿”，“靖”如字讀**。復旦讀書會（2009）認爲“操”或可讀爲“剿”，意爲“狡猾”。靖，善。**其四，“操”讀爲“燥”，“靖”讀爲“靜”**。整理者認爲“操”“靖”分

别是“燥”“靜”的通假字。

【今譯】

甲日財物丢失，盜賊在西方，一間屋宇内吃飯的人有五口，有黑痣等在（盜賊）身上，可以抓到，是男子。甲22

乙日財物丢失，盜賊身上有青色的東西，有三個人，其中一個人在屋子裏，從東邊方向進入，盜賊逃走時有遺留物品，抓不到，是女子。甲23

丙日財物丢失，盜賊在西方，從西北方向進入，牙齒折斷了，可以抓到，是男子，可以抓到。甲24壹

丁日財物丢失，盜賊是女子，在東邊方向，有黑痣等在足上，已經向南方方向逃走了，抓不到。甲25壹

戊日財物丢失，盜賊在南方，吃飯的人有五口，在一間屋宇内，盜賊是男子。早上逃走就抓不到，傍晚逃走就可以抓到。甲26

己日財物丢失，盜賊在，人長得皮膚黄白，在西南方向，家中有三個人吃飯，其中一個人已經死了，盜賊是女子，可以抓到。甲27

庚日財物丢失，盜賊是個成年男子，他所住的屋子在北邊方向，廂房低矮窄小，屋子裏有黑色雜毛牛犢，是男子，抓不到。甲28

辛日財物丢失，盜賊抓不到，是外面來的盜賊，是女子。甲29壹

壬日財物丢失，盜賊可以抓到。如果抓到了盜賊，一定會出現死去的人。盜賊是男子，身上有青色物品。甲29貳

癸日財物丢失，盜賊是個女子，一定可以抓到，爲人性子急躁不安定。甲25貳

（五）土功

【釋文】

■凡甲申、乙酉，絕天氣①，不可起土攻（功）②，不死必亡。甲24貳

【匯釋】

①絕天氣：**有兩說：其一，阻絕天的元氣。**吳小強（2000：269）説。**其二，同“天地離”有關。**陳偉主編（2016：17）引蕭吉《五行大義·論合》“五離者：甲申、乙酉天地離”，認爲此處“絕天氣”或同“天地離”有關。

②攻：**通“功”。**

土攻：**即“土功”，指與動土、修建有關的活動。**陳偉主編（2016：17）：《呂氏春秋·季夏》“不可興土功”，高誘注：“土功，築臺穿池。”

起土攻：**即“起土功”，興作動土、修建之事。**

【今譯】

凡是甲申日、乙酉日，都是阻絕上天元氣的日子，不可以進行與動土、修建有關的活動，（否則即使）不死，也一定會失踪逃亡。甲 24 貳

（六）十二支占盜[1]

【釋文】

■子，鼠殹。以亡，盜者中人[2]，取之，臧（藏）穴中畢〈糞〉[3]土中。爲人鞔（銳）面[4]、小目，目眅然，扁然[5]，名曰“輒”、曰“耳”、曰“蒠”、曰“聲”，賤人殹，得。甲 30A + 甲 32B

丑，牛殹。以亡，其盜從北方［入］[6]，憙（喜）大息[7]。盜不遠，旁桑[8]殹，得。甲 31

寅，虎殹。以亡，盜從東方入，有（又）從［之］[9]出，臧（藏）山谷中。其爲人方面[10]，面廣頰，睘（圜）[11]目。盜它所人[12]殹，不得。甲 32A + 甲 30B

卯，兔殹。以亡，盜從東方入，復從［之］出，臧（藏）野林草茅中。爲人短面、出［目］[13]，不得。甲 33

辰，虫（蟲）[14]殹。以亡，盜者從東方入，有（又）從［之］出，取者[15]臧（藏）谿谷窌內[16]中。外人殹，其爲人長頸、小首、小目。女子爲巫，男子爲祝[17]。名☑[18]甲 34

巳，雞（維）[19]殹。以亡，盜者中人殹，臧（藏）囷屋㡿糞土中、寋木下[20]。其爲人小面、長赤目，賤人殹，得。甲 35

【匯釋】

①本篇及下一篇以日支及其對應的十二禽爲綫索，占算可否捕獲盜竊財物者，並對盜竊財物者的出入方位、外貌特徵、身份貴賤、姓名、藏匿之處等情況加以推測。陳偉主編（2016：19）說。

②以：時間介詞，賓語省略。

以亡：**在（子日）失盜**。陳偉主編（2016：19）說。

中人：**關於此詞的訓釋有兩說：其一，爲家賊，內賊**。陳偉主編（2016：19）認爲此詞應同“外人”相對而言，後文辰日、午日對應條目有“外人”，可參看。**其二，釋爲“中入”**。復旦讀書會（2009）下評論認爲“中人”應改釋爲“中入”。

③取：**盜取**。

穴：**洞穴**。曹方向（2009A）指出，此處睡虎地秦簡《盜者》作“臧於垣內中糞蔡下”，孔家坡漢簡《盜日》作“臧安內中糞蔡下”。“內”同“穴”本不同，但秦漢簡中兩者不易區分。此處從整理者，作“穴”。

畢：**有兩說：其一，“糞”字之誤**。陳偉主編（2016：19）認爲是“糞”字誤寫。**其二，釋爲“糞”**。整理者說。

④鞔面：**即“銳面”，面部上小下大。“鞔”讀爲“銳”**。關於“鞔”字，孫占宇（2013：79）：此字从兑得聲，可讀爲“銳”。此處孔家坡漢簡《日書》及睡虎地秦簡《日書》整理者皆作“兑口”，整理者讀“兑”爲“銳”。

⑤盱然：**目光游離，避開人的視綫**。《說文》：“盱，蔽人視也。一曰直視也。”根據下文“扁然”可知此處應爲目光游離的樣子。

扁然：**即“翩然”，眼神飄忽，目光游移不定**。復旦讀書會（2009）：“扁”或可讀爲“翩”，“翩然”形容目光游移不定。

⑥原簡“北方”下脱“人”字，孫占宇（2013：79）據文例補出。後文“未日”一條“南方”下、“申日”一條“西方”下皆脱“人”字，均補出，下不注。

⑦憙：**有兩說：其一，釋爲“憙”，讀爲“喜”**。秦簡整理小組（1989）、方勇（2009C）、孫占宇（2013：79）、陳偉主編（2016：19）釋爲“憙”。孫占宇（2013：79）認爲“憙”通“喜”，引《說文》：“憙，說也。”《廣韻·志韻》：“憙，好也。”陳偉主編（2016：19）指出“憙”讀爲“喜”。**其二，釋爲“遠來”**。整理者說。

大息：**即“太息”，形容人喘氣嘆息**。李學勤（1993）：讀爲“太息”，當據牛好喘息而言。宋華強（2010）認爲此句當是指盜。孫占宇（2013：79）認爲李氏亦主盜“喜太息”，僅強調這一特徵是據牛嗜喘息而來。

⑧旁：**動詞，靠近**。《莊子·齊物論》：“奚旁日月，挾宇宙。”成玄英疏：“旁，依附也。”揚雄《羽獵賦》序：“武帝廣開上林，東南至宜春、鼎湖、御宿、昆吾，旁南山，西至長楊、五柞……”

旁桑：**靠近桑林**。施謝捷（1998）：靠近桑林，在桑林附近。

⑨原簡“從”下脱“之”字，孫占宇（2013：79）據文例補上。後文“卯日”條、“辰日”條及“未日”條相應之處皆通此條補上“之”字，下不注。

⑩面：**人臉**。曹方向（2009A）釋出，孫占宇（2013：79）引《說文》：“面，从百，象人面形。”此字殘泐不清，疑从百，當釋爲“面”。

⑪睘：**讀爲“圜”，圓**。《楚辭·離騷》：“何方圜之能周兮。”蔣驥注：“圜，圓同。”

⑫它所人：**有兩說：其一，釋爲“它所人”，其他地方的人**。復旦讀書會（2009）說。**其二，釋爲“也所人”**。整理者說。

⑬出：**突出**。孫占宇（2013：80）：據下文“未日”一條可知，“出”下脱一“目”字，已補出。

⑭虫：**有三說：其一，釋爲“虫”，同“蟲”**。《說文》段注云：“古虫、蟲不分。”陳偉主編（2016：20）認爲放馬灘秦簡《日書》甲乙兩種中的《十二支占盜》與孔家坡漢簡《日書》中的《盜日》皆以虫（蟲）與辰配對並非誤抄，辰與虫（蟲）的確存在對應關係。**其二，釋爲“它”**。任步雲（1989）釋爲“它”。**其三，疑“龍”字之誤**。劉樂賢（1994：275）疑爲“龍”之誤筆。

⑮者：**讀爲“諸”，相當於“之”**。《左傳·文公元年》：“能事諸乎？”楊伯峻

注："'諸'作'之'字用。"

⑯竈：**地窖。**《說文》："窖也。"《荀子・富國》："垣竈倉廩者，財之末也。"楊倞注："竈，窖也，掘地藏穀也。"

內：**當爲"穴"。**復旦讀書會（2009）認爲應當爲"穴"。

竈內：**地窖、洞穴。**近義名詞並列連用。

⑰此句疑似抄寫時誤入的其他篇章條目，不見於乙種《十二支占盜》。

⑱此處缺文，文意不明。

⑲雞：**有四說：其一，"維"字之誤，通"蛇"。**陳偉主編（2016：21）認爲是"維"字之誤，"維""蛇"古音相近，可通假。**其二，"蛇"字之誤。**劉樂賢（1994：274）認爲此處同酉重複，應爲"蛇"字之誤。**其三，"蟲"字之誤。**王輝（2010）認爲此爲"蟲"字之誤。**其四，應爲"蛇"或"蟲"。**李學勤（1993）提出巳禽雞應爲蛇或蟲，辰禽蟲也當校改正。

⑳屃：**有三說：其一，釋爲"屃"。**此處及下文共兩處"屃"字，施謝捷（1998）、王輝（2011）所釋。**關於此詞的訓釋有兩說：或訓爲深邃的房屋。**王輝（2011）引《玉篇》："宸，賈逵曰：室之奥者。"屃即深邃的房屋，與屋爲近義詞連用。**或訓爲屋宇。**施謝捷（1998）引《說文》："屃，一曰屋宇。"段注："與宀部宸音義同。"**其二，釋爲"屈"。**整理者說。**其三，釋爲"屎"。**秦簡整理小組（1989）說。

蹇：**有兩說：其一，釋爲"蹇"。**陳偉主編（2016：21）釋爲"蹇"，引《說文》："蹇，跛也。"**其二，釋爲"圈"。**施謝捷（1998）說。

蹇木：**歪脖子樹。**陳偉主編（2016：21）說。

【今譯】

子日，是鼠。在此日丟失財物，盜賊是家中的人，偷取了財物，把它藏在洞穴和糞土中。盜賊長了上小下大的面孔和小眼睛，目光游離不定，眼神飄忽，名字叫作"輒"、叫作"耳"、叫作"蒽"、叫作"聲"，是卑賤的人，可以抓到。甲30A＋甲32B

丑日，是牛。在此日丟失財物，盜賊從北邊方向進入，喜歡喘息嘆氣。盜賊沒有走遠，在桑林附近，可以抓到。甲31

寅日，是虎。在此日丟失財物，盜賊從東邊方向進入，又從東邊逃走，藏在山谷中。盜賊長了一張方形面孔，寬臉頰，圓形的眼睛。盜賊是其他地方的人，不能抓到。甲32A＋甲30B

卯日，是兔。在此日丟失財物，盜賊從東邊方向進入，又從東邊逃走，藏在野外樹林茅草中。盜賊長了一張短形面孔和一雙突出的眼睛，不能抓到。甲33

辰日，是蟲。在此日丟失財物，盜賊從東邊方向進入，又從東邊逃走，盜取東西的人藏在溪谷及地窖、洞穴中。盜賊是外來的人，他長了長脖子、小頭和小眼睛。是女子則爲巫婆，是男子則爲巫祝。名……甲34

巳日，是蛇。在此日丟失財物，盗賊是家中的人，藏在糧倉、屋子、內室及糞土中、歪脖子樹下。盗賊長了小臉，長長的紅眼睛，是卑賤的人，可以抓到。甲35

【釋文】

午，馬毄。盗從南方入，有（又）從之出，爯［才］（在）廄廡芻［稾］①［中。爲人長面、大目，喜疾行，外人，不遠］。甲36

未，羊［毄］②。盗者從南方［入］，有（又）從［之］出，爯在牢圈中。其爲人小頸、大復（腹）、出目③，必得。甲37

申，石④毄。盗從西方［入］，爯在山谷。爲人美⑤，不牷⑥，名曰“環”，遠所毄，不得。甲38

酉，雞毄。盗從西方入，復從西方出，爯在囷屋東屚水旁，名曰“灌”，有黑子疾（瘊）⑦。甲39

戌，犬［毄］。爯在責（積）薪、糞蔡中⑧，黑單⑨，多言，旬［月當］得⑩。甲40

亥，豕毄。盗者中人毄，爯在屏圂⑪方，及矢（屎）。其爲人長面、折鼽⑫、赤目、長髮，得。甲41

【匯釋】

①爯：**有三説：其一，釋爲“爯”。**施謝捷（1989）、劉樂賢（2003：59）所釋。**關於此字的訓釋有四説：或讀爲“側”，與“藏”義同。**宋華强（2010）認爲“爯”當讀爲“側”，引顔延之《宋文皇帝元皇后哀策文》：“上清朓側。”吕向注：“側，匿也。”與“藏”義同。**或訓爲“稱”，有藏意。**施謝捷（1998）認爲“爯”“偁”本一字異構，有揚舉意，文獻中往往借用爲“稱”；稱舉之“舉”古有藏意，輾轉相因滲透，“爯”即有藏意。**或解釋爲把失物拾取。**海老根量介（2014）認爲“爯”可能有“把失物拾取”的意思。**或訓爲“得”。**李家浩注九店楚簡《日書》簡25“以亡貨，不爯”一句，認爲“不爯”猶言“不得”，指出此意思用在“盗者”篇的“爯在＋某處”比較合適。**其二，釋爲“臧”。**整理者釋爲“臧”。**其三，釋爲“爾”。**秦簡整理小組（1989）釋爲“爾”。

才：**有兩説：其一，釋爲“才”，讀爲“在”。**宋華强（2010）疑作“才”。陳偉主編（2016：21）據字形殘筆認爲同“在”相異，同“才”相合，“才”讀爲“在”。**其二，釋爲“中”。**整理者説。

芻稾：**有兩説：其一，釋爲“芻稾”，乾草堆。**施謝捷（2003）、曹方向（2009A）所釋。其下文原簡殘缺，孫占宇（2013：80）據乙種《十二支占盗》補出。**其二，釋爲“多十”。**整理者、秦簡整理小組（1989）説。

②原簡“羊”下脱“毄”，下文“戌日”一條“犬”下也脱“毄”，孫占宇（2013：80）均據文例補出，下不注。

③復：**通“腹”，肚子。**睡虎地秦簡《封診式》簡85：“甲到室即病復

（腹）痛。”

出目：**突出的眼睛**。李學勤（1993）認爲即突目之意。吳小強（2000：268）理解作眼球突出。

④石：**有三說：其一，釋爲“石”**。甘肅省天水市北道區文化館（1990）所釋。陳偉主編（2016：22）以後世十二生肖猴與申相配。《日書》中多見申與“石”類東西相配之例，如孔家坡漢簡《日書》中的《盜日》作：“申，玉石也。”**其二，釋爲“矦”**。整理者說。**其三，釋爲“厝”**。任步雲（1989）說。

⑤美：**關於此詞的訓釋有兩說：其一，如字讀，壯碩健美**。陳偉主編（2016：22）引《詩經・邶風・簡兮》：“西方美人。”陳奐傳疏：“美人，碩人也。”認爲“爲人美”或言其人壯碩。**其二，疑讀爲“黴”，黧黑**。宋華強（2010）認爲讀作“黴”，引《廣雅・釋器》“黴，黑也”一句，“爲人美”就是說膚色黑。關於此說，孫占宇（2013：81）認爲本篇中“有黑子矦（瘊）”，此處當不似借“美（黴）”爲黑。

⑥牷：**有兩說：其一，釋爲“牷”，完整**。施謝捷（1998）所釋。孫占宇（2013：81）引《尚書・商書・微子》：“今殷民乃攘竊神祇之犧牷牲……”孔安國傳：“體完曰牷。”**其二，釋爲“拴”**。此字整理者釋爲“拴”。

不牷：**身體不完整，肢體有殘疾**。孫占宇（2013：81）說。

⑦矦：**有三說：其一，疑釋爲“瘊”，瘊子**。復旦讀書會（2009）評論認爲疑釋爲“瘊”，瘊子即今所言疣子。**其二，釋爲“侯”**。秦簡整理小組（1989）釋爲“侯”。吳小強（2000：268）認爲是黑痣。**其三，釋爲“殹”**。整理者說。

⑧責：**通“積”，積纍**。

責薪：**積薪，積纍的柴薪**。陳偉主編（2016：22）引疏勒河漢簡《蓬（烽）火品約》簡691“煩（燔）一責薪”，並指出“責薪”一詞在居延、敦煌漢簡多作“積薪”。

糞蔡：**糞草**。從孫占宇（2013：81）理解作糞草。《說文》：“蔡，艸也。”《玉篇》：“蔡，草芥也。”

⑨黑單：**有三說：其一，釋爲“黑單”，疑讀爲“黑啖”，黑色嘴巴**。吳小強（2000：268）認爲“單”疑讀爲“啖”，引申爲嘴巴。**其二，釋爲“黑單”，黑、大。“單”訓爲“大”**。孫占宇（2013：81）認爲“單”可訓爲“大”，“黑、單”是對某人體貌特徵的描繪。**其三，釋爲“男［子］殹”**。復旦讀書會（2009）認爲“黑單”二字應釋爲“男［子］殹”。

⑩旬月當得：**有三說：其一，釋爲“旬月當得”。一旬或一個月內應當會抓到**。此句簡文殘泐，孫占宇（2013：81）參照乙種《十二支占盜》補出。陳偉主編（2016：23）從之。**其二，釋爲“旬字宮得”**。整理者說。**其三，釋爲“穴中不得”**。復旦讀書會（2009）說。

⑪屏圂：**廁所**。從孫占宇（2013：81）理解作廁所。《集韻・偃韻》：“屏，偃廁。”《說文》：“圂，廁也。”

⑫折鞮：**關於此詞的訓釋有三説：其一，讀爲“折題”，抬頭紋，有皺紋的額頭**。復旦讀書會（2009）認爲“鞮”字應讀爲“題”，指額頭。“東山鐸”評論説“折”可能是由“曲折”義引申出來的與“皺紋”類似的意思。**其二，如字讀，瘸腳**。吴小強（2000：268）認爲是瘸腳。鞮原意指革履。**其三，讀爲“折頞”，塌鼻樑**。宋華強（2010）疑“鞮”爲“鞨”誤釋或誤抄。“鞨”當讀爲“頞”，《説文》：“頞，鼻莖也。”“折頞”似今言“塌鼻樑”。

【今譯】

午日，是馬。盜賊從南邊方向進入，又從南邊逃走，藏在馬厩、走廊及乾草堆中。盜賊長了長形面孔和大眼睛，喜歡快速行走，是外來的人，沒有走遠。甲 36

未日，是羊。盜賊從南邊方向進入，又從南邊逃走，藏在馬欄圍圈中。盜賊長了小脖子、大肚子和突出的眼睛，一定可以抓到。甲 37

申日，是石頭。盜賊從西邊方向進入，藏在山谷裏。盜賊長得壯美，肢體有殘疾，名字叫作“環”，在遠處，不能抓到。甲 38

酉日，是雞。盜賊從西邊方向進入，又從西邊逃走，藏在糧倉屋子東邊的水池邊，名字叫作“灌”，臉上有黑瘊子。甲 39

戌日，是狗。藏在堆積的柴薪及糞草堆中，長了黑嘴巴，愛説話，十天後或一個月後應當能抓到。甲 40

亥日，是豬。盜賊是家中的人，藏在有廁所的方向，以及有屎的方向。盜賊長了長形面孔、有皺紋的額頭、紅色眼睛和長頭髮，可以抓到。甲 41

（七）禹須臾行日①

【釋文】

■禹須臾行日甲 42 壹

入月一日，旦西吉，日中北吉，昏東吉，［中夜］②南吉。甲 43 壹

入月二日，旦西吉，日中北吉，昏東吉，中夜南吉③。甲 44 壹

入日〈月〉三日，旦西吉，日中北吉，昏東吉，中夜南吉。甲 45 壹

入月四日，旦西吉，日中南吉④，昏北吉，中夜東吉。甲 46 壹

入月五日，旦南吉，日中西吉，昏北吉，中夜東吉。甲 47 壹

入月六日，旦南吉，日中西吉，昏北吉，中夜東吉。甲 48 壹

入月七日，旦南吉，日中西吉，昏北吉，中夜南吉⑤。甲 49 壹

入月八日，旦南吉，日中西吉，昏北吉，中夜南吉。甲 50 壹

入月九日，旦南吉，日中西吉，昏北吉，中夜南吉。甲 51 壹

入月十日，旦南吉，日中西吉，昏北吉，中夜南吉。甲 52 壹

入月十一日，旦東吉，日中南吉，昏北吉⑥，中夜北吉。甲 53 壹

入月十二日，旦東吉，日中南吉，昏西吉，中夜北吉。甲 54 壹

入月十三日，旦東吉，日中南吉，昏西吉，中夜北吉。甲55壹
入月十四日，旦東吉，日中南吉，昏西吉，中夜北吉。甲56壹
入月十五日，旦東吉，日中南吉，昏西吉，中夜北吉。甲57壹
[入][⑦]月十六日，旦東吉，日中南吉，昏西吉，中夜北吉。甲58壹
入月十七日，旦東吉，日中南吉，昏西吉，中夜北吉。甲59壹
入月十八日，旦東吉，日中南吉，昏西吉，中夜北吉。甲60壹
入月十九日，旦北吉，日中東吉，昏南吉，中夜西吉。甲61壹
入月廿日，旦北吉，日中東吉，昏南吉，中夜西吉。甲62壹
入月廿一日，旦北吉，日中東吉，昏南吉，中夜西吉。甲63壹
入月廿二日，旦北吉，日中東吉，昏南吉，中夜西吉。甲64壹
入月廿三日，旦北吉，日中東吉，昏南吉，中夜西吉。甲65壹
入月廿四日，旦北吉，日中東吉，昏南吉，中夜西吉。甲66壹
入月廿五日，旦北吉，日中東吉，昏南吉，中夜西吉。甲67壹
[入月廿六] 日，旦西吉，日中北吉，昏東吉，中夜南吉。甲68
入月廿七日，旦西吉，日中北吉，昏東吉，中夜南吉。甲69壹
[入月廿八日，旦西吉,] 日中北吉，昏東吉，中夜南吉。甲70壹
入月廿九日，旦西吉，日中北吉，昏東吉，中夜南吉。甲71壹
入月卅[⑧]日，旦西吉，日中北吉，昏東吉，中夜南吉。甲72壹

【匯釋】

①本篇詳細排列了一月之中每日旦、日中、昏、中夜四個時段宜於出行的方向。陳偉主編（2016：26）說。

須臾：**古代數術流派的一種，見效快、可速成的一種巫術。**《後漢書·方術傳》："其流又有風角、遁甲、七政、元氣、六日七分、逢占、日者、挺專、須臾、孤虛之術。"李賢注："須臾，陰陽吉凶立成之法也。"孫占宇（2013：83）指出各地出土日書所見"須臾"術主要是與出行相關的、可據簡單綫索進行快速占卜的擇吉數術或厭禳術。陳偉主編（2016：25）：簡牘日書所見須臾術主要是一些可以根據簡單綫索快速查知占測結果的擇吉數或簡便易行的厭禳術，多與出行相關。

禹須臾：從孫占宇（2013：83）將須臾術託借禹之名而得名。

②原簡脱"中夜"兩字，孫占宇（2013：84）根據文例補出。

③入月：**月内，一個月之内。**

日中：**正午。**十二時之一，又可稱爲"日正"。

中夜：**半夜。**《尚書·冏命》："怵惕惟厲，中夜以興，思免厥愆。"

本篇簡文中出現的"東""西""南""北"均爲方位名詞活用作動詞，分别表示"去東方""去西方""去南方""去北方"，下不再注。

④孫占宇（2008：22）發現，四日至十日間旦、日中、昏、中夜利於出行的方向應分别爲南、西、北、東。可知此處的"旦西吉"應爲"旦南吉"之誤，"日中

南吉”爲“日中西吉”之誤。

⑤孫占宇（2008：22）發現，四日至十日間旦、日中、昏、中夜利於出行的方向應爲南、西、北、東，可知此下七日至十日，“中夜南吉”應爲“中夜東吉”之誤。

⑥孫占宇（2008：22）發現，十一日至十八日間旦、日中、昏、中夜利於出行的方向應爲東、南、西、北，可知此處的“昏北吉”應爲“昏西吉”之誤。

⑦原簡“月”上殘損，整理者據文例上補“入”。

⑧孫占宇（2013）釋爲“卅”，今據簡文字形來看，可從。《說文》：“三十年爲一卅。”“卅”在此條爲序數詞“三十”。

【今譯】

根據“禹須臾”的方法測定出行的日子甲 42 壹

一個月之內一日，早上去西方吉利，正午去北方吉利，黄昏去東方吉利，半夜去南方吉利。甲 43 壹

一個月之內二日，早上去西方吉利，正午去北方吉利，黄昏去東方吉利，半夜去南方吉利。甲 44 壹

一個月之內三日，早上去西方吉利，正午去北方吉利，黄昏去東方吉利，半夜去南方吉利。甲 45 壹

一個月之內四日，早上去西方（應爲南方）吉利，正午去南方（應爲西方）吉利，黄昏去北方吉利，半夜去東方吉利。甲 46 壹

一個月之內五日，早上去南方吉利，正午去西方吉利，黄昏去北方吉利，半夜去東方吉利。甲 47 壹

一個月之內六日，早上去南方吉利，正午去西方吉利，黄昏去北方吉利，半夜去東方吉利。甲 48 壹

一個月之內七日，早上去南方吉利，正午去西方吉利，黄昏去北方吉利，半夜去南方（應爲東方）吉利。甲 49 壹

一個月之內八日，早上去南方吉利，正午去西方吉利，黄昏去北方吉利，半夜去南方（應爲東方）吉利。甲 50 壹

一個月之內九日，早上去南方吉利，正午去西方吉利，黄昏去北方吉利，半夜去南方（應爲東方）吉利。甲 51 壹

一個月之內十日，早上去南方吉利，正午去西方吉利，黄昏去北方吉利，半夜去南方（應爲東方）吉利。甲 52 壹

一個月之內十一日，早上去東方吉利，正午去南方吉利，黄昏去北方（應爲西方）吉利，半夜去北方吉利。甲 53 壹

一個月之內十二日，早上去東方吉利，正午去南方吉利，黄昏去西方吉利，半夜去北方吉利。甲 54 壹

一個月之內十三日，早上去東方吉利，正午去南方吉利，黄昏去西方吉利，半

夜去北方吉利。甲55壹

一個月之內十四日，早上去東方吉利，正午去南方吉利，黄昏去西方吉利，半夜去北方吉利。甲56壹

一個月之內十五日，早上去東方吉利，正午去南方吉利，黄昏去西方吉利，半夜去北方吉利。甲57壹

一個月之內十六日，早上去東方吉利，正午去南方吉利，黄昏去西方吉利，半夜去北方吉利。甲58壹

一個月之內十七日，早上去東方吉利，正午去南方吉利，黄昏去西方吉利，半夜去北方吉利。甲59壹

一個月之內十八日，早上去東方吉利，正午去南方吉利，黄昏去西方吉利，半夜去北方吉利。甲60壹

一個月之內十九日，早上去北方吉利，正午去東方吉利，黄昏去南方吉利，半夜去西方吉利。甲61壹

一個月之內二十日，早上去北方吉利，正午去東方吉利，黄昏去南方吉利，半夜去西方吉利。甲62壹

一個月之內二十一日，早上去北方吉利，正午去東方吉利，黄昏去南方吉利，半夜去西方吉利。甲63壹

一個月之內二十二日，早上去北方吉利，正午去東方吉利，黄昏去南方吉利，半夜去西方吉利。甲64壹

一個月之內二十三日，早上去北方吉利，正午去東方吉利，黄昏去南方吉利，半夜去西方吉利。甲65壹

一個月之內二十四日，早上去北方吉利，正午去東方吉利，黄昏去南方吉利，半夜去西方吉利。甲66壹

一個月之內二十五日，早上去北方吉利，正午去東方吉利，黄昏去南方吉利，半夜去西方吉利。甲67壹

一個月之內二十六日，早上去西方吉利，正午去北方吉利，黄昏去東方吉利，半夜去南方吉利。甲68壹

一個月之內二十七日，早上去西方吉利，正午去北方吉利，黄昏去東方吉利，半夜去南方吉利。甲69壹

一個月之內二十八日，早上去西方吉利，正午去北方吉利，黄昏去東方吉利，半夜去南方吉利。甲70壹

一個月之內二十九日，早上去西方吉利，正午去北方吉利，黄昏去東方吉利，半夜去南方吉利。甲71壹

一個月之內三十日，早上去西方吉利，正午去北方吉利，黄昏去東方吉利，半夜去南方吉利。甲72壹

（八）禹須臾所以見人日[①]

【釋文】

■禹須臾所以見人日甲42貳

子，旦吉，安（晏）食[②]吉，日中凶，日失（昳）[③]吉，夕日凶。甲43貳

丑，旦凶，安（晏）食吉，日中凶，日失（昳）可，夕日凶。甲44貳

寅，旦凶，安（晏）食吉，日中凶，日失（昳）凶，夕日凶。甲45貳

卯，旦吉，安（晏）食吉，日中凶，日失（昳）凶，夕日凶。甲46貳

辰，旦凶，安（晏）食吉[④]，日失（昳）凶，夕日吉。甲47貳

巳，旦凶，安（晏）食吉，日中凶，日失（昳）凶，夕日可。甲48貳

午，旦凶，安（晏）食凶，日中吉[⑤]，夕日凶。甲49貳

未，旦吉，安（晏）食可，日中凶，日失（昳）吉，夕日凶。甲50貳

申，旦吉，安（晏）食凶，日中吉，日失（昳）吉，夕日凶。甲51貳

酉，旦吉，安（晏）食凶，日中吉，日失（昳）吉，夕日凶。甲52貳

戌，旦凶，安（晏）食凶，日中吉，日失（昳）吉，夕日凶[⑥]。甲53貳

【匯釋】

①本篇羅列子至戌十一日（缺亥日）中旦、安（晏）食、日中、日失（昳）、夕日五個時段與他人會見的吉凶，以便選擇與他人會見的時刻。陳偉主編（2016：26）説。

所：**結構助詞。**

以：**動詞，表示憑藉。**

禹須臾所以見人日：**根據“禹須臾”的方法測定與他人會見的日子。**

②安食：**讀爲“晏食”**。從陳偉主編（2016：26），即爲“晏食”，在“旦”與“日中”之間。《釋名》：“安，晏也。”孔家坡漢簡《禹須臾所以見人日》、香港中文大學藏簡牘相應條目皆爲“晏食”。

③日失：**即“日昳”，太陽偏西時分**。在“日中”與“夕日”之間。揚雄《太玄·將》：“日失烈烈，自光大也。”司馬光注：“失與昳同。”

④下應脱文“日中”的吉凶情況，乙種同。孫占宇（2013：86）引孔家坡漢簡《日書》中的《禹須臾所以見人日》作“日中凶”，可參考。

⑤下應脱文“日失（昳）”的吉凶情況，乙種同。孫占宇（2013：86）引孔家坡漢簡《日書》中的《禹須臾所以見人日》作“日失（昳）凶”，可參考。

⑥下缺“亥”條，乙種同。孫占宇（2013：86）引孔家坡漢簡《日書》中的《禹須臾所以見人日》作“亥，旦可，安（晏）食凶，日中吉，日失（昳）凶，夕日可”，可參考。

【今譯】

根據“禹須臾”的方法測定與他人會見的日子甲 42 貳

子日，早上與他人會見，吉利。上午與他人會見，吉利。正午與他人會見，凶險。日落與他人會見，吉利。晚上與他人會見，凶險。甲 43 貳

丑日，早上與他人會見，凶險。上午與他人會見，吉利。正午與他人會見，凶險。日落與他人會見，可以。晚上與他人會見，凶險。甲 44 貳

寅日，早上與他人會見，凶險。上午與他人會見，吉利。正午與他人會見，凶險。日落與他人會見，凶險。晚上與他人會見，凶險。甲 45 貳

卯日，早上與他人會見，吉利。上午與他人會見，吉利。正午與他人會見，凶險。日落與他人會見，凶險。晚上與他人會見，凶險。甲 46 貳

辰日，早上與他人會見，凶險。上午與他人會見，吉利。日落與他人會見，凶險。晚上與他人會見，吉利。甲 47 貳

巳日，早上與他人會見，凶險。上午與他人會見，吉利。正午與他人會見，凶險。日落與他人會見，凶險。晚上與他人會見，可以。甲 48 貳

午日，早上與他人會見，凶險。上午與他人會見，凶險。正午與他人會見，吉利。晚上與他人會見，凶險。甲 49 貳

未日，早上與他人會見，吉利。上午與他人會見，可以。正午與他人會見，凶險。日落與他人會見，吉利。晚上與他人會見，凶險。甲 50 貳

申日，早上與他人會見，吉利。上午與他人會見，凶險。正午與他人會見，吉利。日落與他人會見，吉利。晚上與他人會見，凶險。甲 51 貳

酉日，早上與他人會見，吉利。上午與他人會見，凶險。正午與他人會見，吉利。日落與他人會見，吉利。晚上與他人會見，凶險。甲 52 貳

戌日，早上與他人會見，凶險。上午與他人會見，凶險。正午與他人會見，吉利。日落與他人會見，吉利。晚上與他人會見，凶險。甲 53 貳

（九）吏[①]

【釋文】

子，旦有言，喜，聽。安（晏），不聽。晝[②]，得美言。夕[③]，得美言。甲 54 貳

丑，旦有言，怒。安（晏），得美言。晝，遇惡言。夕，惡言。甲 55 貳

［寅］[④]，［旦有言，怒。安（晏），說（悅）[⑤]。晝，不得言。夕，聽］。甲 56 貳

卯，旦有言，聽。安（晏），說（悅）。晝，聽。夕，不聽。甲 57 貳

辰，旦有言，不聽。安（晏），許。晝，不聽。夕，請謁，聽。甲 58 貳

巳，旦不聽。安（晏），聽。晝，不聽。夕，得後言[⑥]。甲 59 貳

午，旦不聽。安（晏），百事不聽。晝，許。夕，許。甲 60 貳

未，旦有美言。安（晏），後見之。晝，得惡言。夕，不聽。甲 61 貳

申，旦遇惡言。安（晏），許。晝，不說（悅）。夕，許。甲 62 貳

酉，旦得美言。安（晏），遇惡言。晝，不說（悅）。夕，許。甲 63 貳

戌，旦不聽。安（晏），遇惡言。晝，得言。夕，有惡［言］⑦。甲 64 貳

亥，旦有［求，得後言］⑧。安（晏），不聽。晝、夕有求，後見之。甲 65 貳

【匯釋】

①本篇羅列子至亥十二日中旦（平旦）、安（晏）、晝、夕四個時段求見長官的不同結果，便於下級官吏選擇求見上司的時機。陳偉主編（2016：26）說。

②晝：**正午，日中。**《玉篇》：“晝，日正中。”

③夕：**傍晚，日暮。**《説文》：“夕，莫也。”

④寅：此條原簡殘斷，依稀可辨“寅”字殘畫，孫占宇（2013：88）缺文部分參照乙種《吏》補出。

⑤說：**後作“悅”，喜悅，開心。**《詩經・召南・草蟲》：“亦既見止，亦既覯止，我心則說。”

⑥後言：**關於此詞语的訓釋有兩説：其一，背後的議論。**陳偉主編（2016：27）引睡虎地秦簡《日書》甲種中的《吏》簡 162 伍：“巳……夕見，有後言。”整理者注：“後言，背後的議論。”**其二，密言、密謀。**王子今（2003：306）認爲是密言、密謀。

⑦原簡“惡”下脱“言”，乙種《吏》也脱“言”字，孫占宇（2013：88）均補出，下不注。

⑧原簡殘缺不清，整理者釋爲“旦有美言，得言”。陳偉主編（2016：27）等參照乙種《吏》補出。

【今譯】

子日，早上去見長官，稟告有關事情，長官會很高興，會聽從。上午去見長官，（稟告有關事情）長官不會聽從。正午去見長官，會得到稱讚。傍晚去見長官，會得到稱讚。甲 54 貳

丑日，早上去見長官，稟告有關事情，長官會生氣。上午去見長官，會得到稱讚。正午去見長官，會遭到斥責。傍晚去見長官，會遭到斥責。甲 55 貳

寅日，早上去見長官，稟告有關事情，長官會生氣。上午去見長官，長官會開心。正午去見長官，不會得到評論。傍晚去見長官，（稟告有關事情）長官會聽從。甲 56 貳

卯日，早上去見長官，稟告有關事情，長官會聽從。上午去見長官，長官會開心。正午去見長官，（稟告有關事情）長官會聽從。傍晚去見長官，（稟告有關事情）長官不會聽從。甲 57 貳

辰日，早上去見長官，稟告有關事情，長官不會聽從。上午去見長官，（稟告有關事情）長官會同意批准。正午去見長官，（稟告有關事情）長官不會聽從。傍晚去見長官，請求拜見，（稟告有關事情）長官會聽從。甲 58 貳

巳日，早上去見長官，（稟告有關事情）長官不會聽從。上午去見長官，（稟告有關事情）長官會聽從。正午去見長官，（稟告有關事情）長官不會聽從。傍晚去見長官，長官會在背後議論。甲 59 貳

午日，早上去見長官，（稟告有關事情）長官不會聽從。上午去見長官，長官對所有事都不會聽從。正午去見長官，（稟告有關事情）長官會同意批准。傍晚去見長官，（稟告有關事情）長官會同意批准。甲 60 貳

未日，早上去見長官，會得到稱讚。上午去見長官，晚些時候才能見到他。正午去見長官，會遭到斥責。傍晚去見長官，（稟告有關事情）長官不會聽從。甲 61 貳

申日，早上去見長官，會遭到斥責。上午去見長官，（稟告有關事情）長官會同意批准。正午去見長官，長官會不開心。傍晚去見長官，（稟告有關事情）長官會同意批准。甲 62 貳

酉日，早上去見長官，會得到稱讚。上午去見長官，會遭到斥責。正午去見長官，長官會不開心。傍晚去見長官，（稟告有關事情）長官會同意批准。甲 63 貳

戌日，早上去見長官，（稟告有關事情）長官不會聽從。上午去見長官，會遭到斥責。正午去見長官，會得到長官的評論。傍晚去見長官，會受到斥責。甲 64 貳

亥日，早上去見長官，長官會有所求，會在背後議論。上午去見長官，（稟告有關事情）長官不會聽從。正午、傍晚去見長官，長官會有所求，晚些時候才能見到他。甲 65 貳

（十）禹須臾行不得擇日①

【釋文】

■禹須臾行不得擇日

出邑門，禹步②三，鄉（向）③北斗，質④畫甲 66 貳地。祝之曰："禹有直五横⑤。今利行，行毋（無）咎⑥。爲禹前除道⑦。" 甲 67 貳

【匯釋】

①本篇所述爲一種在沒有選擇吉日的情況下出行時所採取的厭禳術。陳偉主編（2016：28）說。

不得：**無法，不能，表示否定。**

②禹步：**巫術步法的一種。**《尸子・君治》："禹於是疏河決江，十年未闞其家，手不爪，脛不毛，生偏枯之疾，步不相過，人曰禹步。"《抱樸子・仙藥》："禹步法：前舉左，右過左，左就右。次舉右，左過右，右就左。次舉左，右過左，左就右。如此三步，當滿二丈一，後有九跡。" 陳偉主編（2016：28）引胡文輝（1997）：禹步可運用於各種各樣的巫術，如治病、隱身、辟兵等。

③鄉：**通"向"，面向，朝向。**

④質：**關於此詞的訓釋有四說：其一，匕首之類的鋒利之器**。孫占宇（2013：89）引《廣雅·釋詁三》："質，匕也。"《史記·范雎蔡澤列傳》："今臣之胸不足以當椹質。"司馬貞索引："質者，挫刃也。"**其二，副詞，清晰地**。夏德安（2012）認爲此字用作副詞，意爲"清晰地"。**其三，地，整理出地方並進行祭拜**。姜守誠（2012）訓爲"地"，上讀，並認爲"鄉（向）北斗，質"意爲面向北斗整理出一塊地方進行祭拜。**其四，疑讀爲"胝"，腳掌長繭處**。陳偉主編（2016：29）認爲當讀爲"胝"，引吳玉搢《別雅》卷一"骿蹟胼胝也"條："趙岐《孟子注》：'禹稷骿蹟。'……蹟則胝之入聲，以一音相通轉，故胝一用蹟。"

⑤祝：**有兩說：其一，釋爲"祝"**。吳小強（2000：276）：疑爲"祝"字誤書。陳偉主編（2016：28）從之。**其二，釋爲"視"**。整理者說。

直五橫：**厭禳術方法，先畫四縱再畫五橫之法**。睡虎地秦簡《日書》甲種中的《出邦門》"五畫地"與此相似。工藤元男（2010：252）認爲可以理解爲"直（從）五橫"，原簡脫一"四"字，是在大地上切劃出"四從（縱）五橫"九字的行爲。胡文輝（1997）認爲同後世方術文獻《增廣玉匣記》中的"四縱五橫法"有關，即在緊急事宜時先畫四縱再畫五橫以求平安順利。夏德安（2012）則認爲"禹有直五橫"同大禹治水有關。

⑥毋咎：**沒有災禍，沒有災殃**。

⑦道：**有兩說：其一，釋爲"道"**。孫占宇（2011A）所釋。**其二，釋爲"得"**。整理者說。

除道：**清除道路**。從陳偉主編（2016：29）。《左傳·莊公四年》："令尹鬬祁、莫敖屈重除道梁溠，營軍臨隨。"楊伯峻注："除道，猶開路。"

【今譯】

"禹須臾"方法下出行無法選擇好日子（時所採取的方法）

走出城門後，走三個禹步，面向天上北斗所在方向，用鋒利之器描畫甲66貳在地上，並祝告說："大禹有四縱五橫法。今天利於出行，出行沒有災禍。願爲大禹先清除道路。"甲67貳

（十一）衣[①]

【釋文】

衣新衣良日[②]：乙丑、丁卯、庚午、辛酉、己巳、壬子。甲69貳

材（裁）[③]衣良日：丁丑、丁巳、乙巳、己巳、癸酉、乙亥、乙酉、己丑、己卯、辛亥。甲70貳

【匯釋】

①本篇敘述穿新衣和裁製新衣的吉日。陳偉主編（2016：29）說。

②衣（第一個）：**動詞，穿**。

日：整理者釋爲“曰”，應爲排印之誤。

③材：**有兩說：其一，釋爲“材”，讀爲“裁”，裁製（衣服）**。方勇（2009C）所釋。陳偉主編（2016：30）指出秦漢時有專門的裁衣用書，引《論衡·譏日篇》：“裁衣有書，書有吉凶。凶日製衣則有禍，吉日則有福。”**其二，釋爲“利”**。整理者說。

【今譯】

穿新衣服的好日子：乙丑日、丁卯日、庚午日、辛酉日、己巳日、壬子日。甲69貳

裁製衣服的好日子：丁丑日、丁巳日、乙巳日、己巳日、癸酉日、乙亥日、乙酉日、己丑日、己卯日、辛亥日。甲70貳

（十二）填穴①

【釋文】

正月壬子窴（填）②穴，鼠弗居。甲71貳

【滙釋】

①本篇敘述的是一種針對老鼠的厭禳術。陳偉主編（2016：30）說。

②窴：**後作“填”，堵塞**。《說文》：“窴，塞也。”段注：“窴、填同義，填行而窴廢矣。”《玉篇》：“窴，今作填。”

【今譯】

在正月的壬子日堵塞洞穴，老鼠就不能居住了。甲71貳

（十三）犬忌①

【釋文】

犬忌

癸未、酉，庚申、戌，己②，燔③圂中犬矢（屎），犬弗尼（昵）④。甲72貳

【滙釋】

①本篇敘述的是一種針對犬的厭禳術。陳偉主編（2016：30）說。

②酉、戌：**癸酉、庚戌**。孫占宇（2013：93）、陳偉主編（2016：30）疑分別承前省略“癸”字及“庚”字。

己：孫占宇（2013：93）、陳偉主編（2016：30）認爲下文疑似脫一地支。

③燔：**焚燒**。《漢書・宣帝紀》："人民飢餓，相燔燒以求食……"

④尼：**有兩說：其一，釋爲"尼"，是"昵"之本字**。曹方向（2009A）所釋。**關於此詞的訓釋有兩說：或訓爲靠近**。曹方向（2009A）認爲"犬弗尼"猶言犬弗近，就是要使犬同所保護的對象保持距離。**或訓爲親近、親昵**。孫占宇（2013：93）認爲古人養犬是爲看家護院，通過此厭禳術使得犬不與生人親近。陳偉主編（2016：31）引《說文》"尼"字段注："尼訓近，故古以爲親昵字。"林義光《文源》："尼，象二人相昵形，實'昵'之本字。"**其二，釋爲"居"**。整理者說。

【今譯】

狗的禁忌日

在癸未日或癸酉日，庚申日或庚戌日，己日，在園子中焚燒狗屎，狗就不能靠近了。甲72貳

（十四）田龍①

【釋文】

田龍田②，秉③不得。甲73壹

【匯釋】

①本篇敘述田忌。陳偉主編（2016：31）說。

田：**有兩說：其一，釋爲"田"**。柯秋白（2010）所釋。**其二，釋爲"目"**。整理者說。

龍：**讀爲"讋"，禁忌**。劉樂賢（2003：98）讀爲"讋"，訓作"忌"。《淮南子・氾論訓》："故因其資以讋之。"高誘注："資，用。讋，忌也。"吳小強（2000：276）解作禁忌。

田龍：**田地的禁忌日**。陳偉主編（2016：31）：即田龍日。

②田：**有兩說：其一，釋爲"田"，播種，耕種**。陳偉主編（2016：31）根據字形及筆畫，認爲應釋爲"田"。**其二，釋爲"日"**。整理者說。

③秉：**關於此詞的訓釋有兩說：其一，量詞，一把**。孫占宇（2013：94）認爲此字猶如"把"，量詞。引《小爾雅・廣物》："把謂之秉。"陳偉主編（2016：31）從孫說。**其二，讀爲"柄"，指權柄**。吳小強（2000：276）認爲此字通"柄"，指權柄。

【今譯】

在種田之禁忌日播種耕地，連一把糧食都不會得到。甲73壹

（十五）塞穴置鼠壂困日①

【釋文】

■凡可塞穴置鼠、壂（壂）囷②日，雖（唯）③十二月子。五月、六月辛卯皆可以爲鼠□［方］④。甲73貳

【匯釋】

①本篇敘述的也是一種針對老鼠的厭禳術。陳偉主編（2016：31）說。

置鼠：**關於此詞語的訓釋有兩說：其一，填堵老鼠出洞的路徑。"置"讀爲"窒"，阻塞。**吳小強（2000：276）認爲"置"應讀爲"窒"，意爲阻塞。宋華強（2010）從吳說，引《詩經·七月》"穹窒熏鼠"，毛傳："窒，塞也。"**其二，熏鼠。"置"讀爲"熾"或"炙"，熏。**曹方向（2008）疑讀爲"熾鼠"或"炙鼠"，意爲熏鼠，引《詩經·七月》"穹室熏鼠"，孔穎達正義："穹塞其室之孔穴，熏鼠令出其窟。"

②壂：**有兩說：其一，釋爲"壂"。**曹方向（2009A）所釋。**關於此字的訓釋有兩說：或讀爲"塈"，訓爲"塗"。**用泥塗屋頂。宋華強（2010）疑"壂囷"當讀爲"塈囷"，"塈"訓爲"塗"。**或讀爲"溉"。**曹方向（2009A）認爲或可讀爲"溉"，或者讀爲"塈"，更傾向於讀爲"溉"。**其二，釋爲"溉"。**整理者說。

囷：**圓筒形的穀物存放處，儲糧圓倉。**

③雖：**讀爲"唯"，衹，僅。**

④"方"字整理者未釋，上一字待考。孫占宇（2013：95）第一字殘泐不清，疑爲"第"，暫缺釋。

【今譯】

凡是屬於可以堵塞洞穴、填堵老鼠出洞路徑，以及用泥給圓形糧倉塗抹屋頂的日子，衹有十二月的子日。五月、六月兩個月中的辛卯日，都可以在此日治理鼠患。甲73貳

二、《日書》乙種

（一）建除[1]

【釋文】

■正月，建寅，除卯，盈辰，平巳，定午，摯（執）未，彼（破）申，危酉，成戌，收亥，開子，閉丑。乙1壹

·二月，建卯，除辰，盈巳，平午，定未，摯（執）申，彼（破）酉，危戌，成亥，收子，開丑，閉寅。乙2壹

·三月，建辰，除巳，盈午，平未，定申，摯（執）酉，彼（破）戌，危亥，成子，收丑，開寅，閉卯。乙3壹

·四月，建巳，除午，盈未，平申，定酉，摯（執）戌，彼（破）亥，危子，成丑，收寅，開卯，閉辰。乙4壹

·五月，建午，除未，盈申，平酉，定戌，摯（執）亥，彼（破）子，危丑，成寅，收卯，開辰，閉巳。乙5壹

·六月，建未，除申，盈酉，平戌，定亥，摯（執）子，彼（破）丑，危寅，成卯，收辰，開巳，閉午。乙6壹

·七月，建申，除酉，盈戌，平亥，定子，摯（執）丑，彼（破）寅，危卯，成辰，收巳，開午，閉未。乙7壹

·八月，建酉，除戌，盈亥，平子，定丑，摯（執）寅，彼（破）卯，危辰，成巳，收午，開未，閉申。乙8壹

·九月，建戌，除亥，盈子，平丑，定寅，摯（執）卯，彼（破）辰，危巳，成午，收未，開申，閉酉。[2]乙9+乙13壹

·十月，建亥，除子，盈丑，平寅，定卯，摯（執）辰，彼（破）巳，危午，成未，收申，開酉，閉戌。乙10壹

十一月，建子，除丑，盈寅，平卯，定辰，摯（執）巳，彼（破）午，危未，成申，收酉，開戌，閉亥。乙11壹

·十二月，建丑，除寅，盈卯，平辰，定巳，摯（執）午，彼（破）未，危申，成酉，收戌，開亥，閉子。乙12壹

■建日：良日殹。可爲嗇夫，可以祝祠，可以畜大生（牲），不可入黔首。乙14壹

·除日：逃亡，不得，瘴疾死，可以治啬夫，可以㣙（徹）[3]言君子、除辠（罪）[4]。乙15壹

·平日：可取（娶）妻、祝祠、賜客，可以入黔首，作事吉殹。乙16壹

·定日：可以臧（藏）、爲府，可以祝祠。乙17壹

·摯（執）日：不可行，行遠，必摯（執）而于公。乙18壹

·彼（破）日：毋（無）可以有爲殹，雖（唯）利彼（破）水。乙19壹

·危日：可以責人及摯（執）人、毄人、外政。乙20壹

成日：可以謀事，可起眾及作有爲殹，皆［吉］。乙21壹

·收［日］：可以氐馬牛畜生（牲）盡可，及入禾粟，可以居處。乙22壹

·閉日：可以波（陂）渴（堨），入人奴妾。乙24壹

【匯釋】

①本篇與甲種《建除》相同，可參看。陳偉主編（2016：9）：簡文先按月羅列“建”“除”等十二神煞所值日支，後分別說明這些神煞所值日的吉凶宜忌。

②此處由兩段殘簡整理而成，如按簡文可發現其干支與九月建除干支不合而與一月相同，應爲一月的誤抄，據甲種《建除》訂正。

③㣙：古“徹”字。整理者徑釋爲“徹”。

④辠：古“罪”字。甲種《建除》作“罪”。《說文》：“辠，犯法也。……秦以辠似皇字，改爲罪。”

【今譯】

正月，寅日爲建日，卯日爲除日，辰日爲盈日，巳日爲平日，午日爲定日，未日爲執日，申日爲破日，酉日爲危日，戌日爲成日，亥日爲收日，子日爲開日，丑日爲閉日。乙1壹

二月，卯日爲建日，辰日爲除日，巳日爲盈日，午日爲平日，未日爲定日，申日爲執日，酉日爲破日，戌日爲危日，亥日爲成日，子日爲收日，丑日爲開日，寅日爲閉日。乙2壹

三月，辰日爲建日，巳日爲除日，午日爲盈日，未日爲平日，申日爲定日，酉日爲執日，戌日爲破日，亥日爲危日，子日爲成日，丑日爲收日，寅日爲開日，卯日爲閉日。乙3壹

四月，巳日爲建日，午日爲除日，未日爲盈日，申日爲平日，酉日爲定日，戌日爲執日，亥日爲破日，子日爲危日，丑日爲成日，寅日爲收日，卯日爲開日，辰日爲閉日。乙4壹

五月，午日爲建日，未日爲除日，申日爲盈日，酉日爲平日，戌日爲定日，亥日爲執日，子日爲破日，丑日爲危日，寅日爲成日，卯日爲收日，辰日爲開日，巳日爲閉日。乙5壹

六月，未日爲建日，申日爲除日，酉日爲盈日，戌日爲平日，亥日爲定日，子日爲執日，丑日爲破日，寅日爲危日，卯日爲成日，辰日爲收日，巳日爲開日，午日爲閉日。乙6壹

七月，申日爲建日，酉日爲除日，戌日爲盈日，亥日爲平日，子日爲定日，丑日爲執日，寅日爲破日，卯日爲危日，辰日爲成日，巳日爲收日，午日爲開日，未日爲閉日。乙7壹

八月，酉日爲建日，戌日爲除日，亥日爲盈日，子日爲平日，丑日爲定日，寅日爲執日，卯日爲破日，辰日爲危日，巳日爲成日，午日爲收日，未日爲開日，申日爲閉日。乙8壹

九月，戌日爲建日，亥日爲除日，子日爲盈日，丑日爲平日，寅日爲定日，卯日爲執日，辰日爲破日，巳日爲危日，午日爲成日，未日爲收日，申日爲開日，酉日爲閉日。乙9+乙13壹

十月，亥日爲建日，子日爲除日，丑日爲盈日，寅日爲平日，卯日爲定日，辰日爲執日，巳日爲破日，午日爲危日，未日爲成日，申日爲收日，酉日爲開日，戌日爲閉日。乙10壹

十一月，子日爲建日，丑日爲除日，寅日爲盈日，卯日爲平日，辰日爲定日，巳日爲執日，午日爲破日，未日爲危日，申日爲成日，酉日爲收日，戌日爲開日，亥日爲閉日。乙11壹

十二月，丑日爲建日，寅日爲除日，卯日爲盈日，辰日爲平日，巳日爲定日，午日爲執日，未日爲破日，申日爲危日，酉日爲成日，戌日爲收日，亥日爲開日，子日爲閉日。乙12壹

建日：是好日子。可以擔任嗇夫，可以在祠堂禱告祭祀，可以飼養大型牲畜，不可以買入奴隸。乙14壹

除日：如果逃亡，不會被抓獲。如果患勞病，會死去。可以管理嗇夫，可以同君子坦誠交談、除去罪過。乙15壹

平日：可以迎娶妻子、在祠堂禱告祭祀、對客人給予幫助或贈送禮物，可以買入奴隸，經營大事是吉利的。乙16壹

定日：可以收藏貨物、修建府庫，可以在祠堂禱告祭祖。乙17壹

執日：不可以出行，如果遠距離出行，一定會被朝廷官府捕獲。乙18壹

破日：不可以有所作爲，衹是有利於開堤放水。乙19壹

危日：可以向人索求所欠的財物以及拘捕人、攻擊人、對外征伐。乙20壹

成日：可以謀劃事情，可以興發民眾並有所作爲，（做這些事情）都是吉利的。乙21壹

收日：可以買入馬牛、其他牲畜等，（做這些事情）都可以，且可以買入穀物，可以定居生活。乙22壹

閉日：可以壅築堰塘、買入私家奴婢。乙24壹

（二）直室門[①]

【釋文】

■寡門，不寡濡泥興，輿毋（無）所定，妻不吉，必參（三）寡[②]。乙1貳

・倉門，是謂富[③]，井居西南，囷居西北，廥[④]必南鄉（向），乙2貳・毋絕縣肉。絕之，必有經[⑤]焉。乙3貳

・南門，是謂將軍門，可聚邦、使客[⑥]，八歲更。

辟門，廿乙4貳・歲更，主必富，使僕□□[⑦]。

大伍門，宜車馬，宗乙5貳・族、弟兄、婦女吉，十二月[⑧]更。

則光門，其主必昌，乙6貳・好歌無（舞）[⑨]，必施卒〈衣〉常（裳）[⑩]，十六歲更。不毆，必爲巫。乙7貳

・屈門，其主必昌富，婦人必宜疾，是謂鬼束之乙8貳之門[⑪]，三歲更。

大吉門，宜車馬，必爲嗇夫，□乙9+乙13貳［數］入輒虛[⑫]，□▨[⑬]乙10貳

失行門，雖（唯）爲嗇夫，□□□□，［財入］雖乙11貳多，□必[⑭]盡。乙12貳

・雲門，其主富三葉（世）[⑮]，之後乃宜畜生（牲），利爵祿[⑯]。乙14貳

［顧］門，是謂□甚多，毋（無）與居[⑰]，三歲而更。乙15貳・弗更，日出一布[⑱]。乙16叁

・北門，利爲邦門，詘[⑲]乙23貳上以爲家人之門，其主弗居。乙24貳

・不周門，其主富，臨邦政[⑳]，乙16貳八歲更。弗更，必□□，大乙17貳人必盡。乙19貳

・東門，是謂邦君子門[㉑]，賤人乙18貳居之凶，不吉。乙21貳

【匯釋】

①本篇及下一篇讲述“寡門”等二十一種门（缺“曲门”）的吉凶宜忌。陳偉主編（2016：37）說。

②濡：**“渜”字之誤，熱水。**周波（2010）疑爲“渜”字之誤。孔家坡漢簡作“日泥”，“渜”古音屬泥母元部，其聲符“耎”屬日母元部，“日”屬日母質部，聲韻相近，“渜”“日”應表示的是同一個詞。

興：**有三說：其一，釋爲“興”。**周波（2010）：即“興”字下加重文號。**其二，釋爲“聚”。**整理者說。**其三，與“聚”“興”均不類。**孫占宇（2013：103）認爲此字字形與“聚”“興”均不類。

毋：**有四說：其一，釋爲“毋”。**孫占宇（2008：42）、周波（2010）所釋。**其二，釋爲“易”。**整理者說。**其三，釋爲“亓”。**方勇（2009A）說。**其四，釋爲“其”。**晏昌貴（2010B）說。

定：**有兩說：其一，釋爲“定”。**孫占宇（2008：42）、周波（2010）所釋。**其二，釋爲“室”。**整理者說。

吉：**有兩説：其一，釋爲“吉”**。方勇（2009A）、晏昌貴（2010B）所釋。**其二，釋爲“去”**。整理者説。

參：**有兩説：其一，釋爲“參”**。方勇（2009A）、晏昌貴（2010B）所釋。**其二，釋爲“爲”**。整理者説。

③是謂：**此謂**。原簡“是”下標有符號“＝”。楊錫全（2009）認爲此爲重文符，“是＝”應讀作“是謂”，義同“此謂”。孫占宇（2013：103）認同楊説“是＝”應讀作“是謂”，並認爲“＝”也有用作合文符的例子，應將“是＝”看作“是謂”的合文。下文四處“是謂”不再另注。

疑原簡“富”下脱“門”字，孫占宇（2013：104）據文意補出。孔家坡漢簡《日書》中的《直室門》作“富門”，可參看。

④廥：**貯藏草料的場所**。孫占宇（2013：104）據簡文常規照片可見此字下从倉，可見疒旁，當釋爲“瘡”，疑爲“廥”字之誤。

⑤經：**自縊**。《字彙》：“經，縊也。”孔家坡漢簡《日書》中的《直室門》作“必有經死焉”，疑“經”下脱“死”字。

⑥聚邦、使客：**是“聚客、使邦”之誤，會聚門客、出使外邦**。陳偉主編（2016：38）認爲是“聚客、使邦”之誤抄。孔家坡漢簡《日書》中的《直室門》作“聚眾、使國”，可參看。

⑦“僕”下一字，**有四説：其一，釋爲“羔”**。整理者説。**其二，與下一字連釋爲“屬”**。周波（2010）認爲與下一字連釋爲“屬”。**其三，釋爲“恙”**。柯秋白（2010）説。**其四，釋爲“善”**。劉青（2010：6）説。

⑧馬：**有兩説：其一，釋爲“馬”**。方勇（2009A）、柯秋白（2010）説。**其二，釋爲“乘”**。整理者説。

月：**有兩説：其一，“歲”之誤字**。陳偉主編（2016：38）：“月”爲原簡錯字。**其二，釋爲“歲”**。晏昌貴（2010B）釋“月”爲“歲”。劉增貴（2010）認爲各門更改時間都以年爲單位，睡虎地秦簡《直室門》也作“歲”。

十二月：**即“十二歲”之誤，十二年**。

⑨好：**有兩説：其一，釋爲“好”**。呂亞虎（2009A）所釋。**其二，釋爲“奴”**。整理者説。

無：**讀爲“舞”**。整理者徑釋爲“舞”。

⑩施：**有兩説：其一，釋爲“施”**。呂亞虎（2009A）、周波（2010）釋爲“施”。**其二，釋爲“柁”，讀爲“袘”**。整理者説。孫占宇（2013：105）認爲此字右部从“它”，原釋不誤。睡虎地秦簡《日書》中的《直室門》整理者注“柁衣常”，“柁”讀爲“袘”。

施卒常：**即“袘衣裳”，衣裳鑲邊**。“施”讀爲“袘”，“卒”爲“衣”之誤，“常”即“裳”。陳偉主編（2016：383）引睡虎地秦簡《日書》甲種中的《直室門》整理者注：“柁，疑認爲袘。……袘衣裳，衣裳鑲邊，這是一種比較考究的服飾。”

⑪朿：**有兩說：其一，釋爲“朿”，讀爲“責”**。陳昭容（劉增貴，2010 引）改釋，讀爲“責”。**其二，釋爲“夾”**。整理者說。

之：簡乙 9 + 乙 13 貳首字“之”，陳偉主編（2016：38）認爲是上文重複衍文。

鬼朿之門：孔家坡漢簡作“鬼責門”，劉增貴（2010）認爲“鬼夾之門”即“鬼責門”。

⑫數：**有四說：其一，釋爲“數”，讀爲“速”，迅速地**。孫占宇（2013：105）認爲“數”讀爲“速”，引《禮記·曾子問》：“不知其已之遲數，則豈如行哉！”鄭玄注：“數讀爲速。”**其二，釋爲“與”**。整理者說。**其三，疑爲“貨”**。周波（2010）說。**其四，釋作“錢”**。劉增貴（2010）說。

數入輒虛：**錢財來得快，去得也快**。

⑬“虛”下一字，**有兩說：其一，釋爲“必”**。周波（2010）說。**其二，疑爲“主”**。陳偉主編（2016：39）據字形輪廓疑爲“主”。今按，暫缺釋。

⑭“必”上一字，整理者釋爲“財”。今按，暫缺釋。

⑮枼：**有兩說：其一，釋爲“枼”，讀爲“世”，代，世代**。陳偉主編（2016：39）說。**其二，釋爲“渫”**。整理者說。

⑯爵禄：**有兩說：其一，釋爲“爵禄”**。柯秋白（2010）說。**其二，釋爲“祝祠”**。整理者說。

“爵禄”上疑脫“毋（無）”字，孫占宇（2013：105）據文意補上。睡虎地秦簡《日書》甲種、孔家坡漢簡《直室門》皆作“利毋（無）爵者”。王子今（2003：242）：秦漢時代的一般庶民廣泛地成爲有爵者，然而也存在大量的“毋（無）爵者”。

⑰“甚”上一字，**有三說：其一，釋爲“之”**。整理者說。**其二，釋爲“大”**。周波（2010）說。**其三，疑似“武”**。陳偉主編（2016：39）說。

甚多：**有四說：其一，釋爲“甚多”，很多**。陳偉主編（2016：39）說。**其二，釋爲“尚門”**。晏昌貴（2010B）說。**其三，疑爲“富門”**。周波（2010）說。**其四，釋爲“畐門”**。劉增貴（2010）說。後三說皆不從。

毋：**否定副詞，不要，不能**。

與：**介詞，相當於“以”**。從陳偉主編（2016：39），作介詞，相當於“以”，引介地點處所。

毋與：**有兩說：其一，釋爲“毋與”，不能在，不要在**。陳偉主編（2016：39）說。**其二，釋爲“稷粟”**。劉增貴（2010）說。

⑱布：**古代貨幣單位**。孫占宇（2013：106）引睡虎地秦簡《秦律十八種·金布律》：“錢十一當一布。”

⑲詘：**貶抑，屈從**。陳偉主編（2016：39）指出本爲邦君門，屈貶爲家人門，則“主弗居”。

此處劉增貴（2010）認爲簡乙 23 貳上應同簡乙 24 貳連讀，簡乙 23 下欄文字一半應同簡乙 24 中欄通讀。

⑳臨：**有兩說：其一，釋爲“臨”。**劉增貴（2010）說。**其二，釋爲“殹”。**整理者說。

臨邦政：**處理國家政務。**陳偉主編（2016：39）說。

㉑邦君：**諸侯國的君主。**睡虎地秦簡《日書》、周家臺秦簡《日書》中的《直室門》分別作“邦君門”及“邦君之門”。此處“君”下“子”字，陳偉主編（2016：40）認爲應是誤抄。

【今譯】

寡門，不會孤寡，熱水和泥會（使家庭所在的地方）興旺，家庭興旺的地方如果不確定，妻子會不吉利，一定會有三次守寡的經歷。乙1貳

倉門，這個門叫作富（門），水井位於西南方向，糧倉位於西北方向，存放草料的倉庫一定要面向南邊的方向，乙2貳不能不懸掛肉。如果不懸掛肉，一定會有人在那裏自縊。乙3貳

南門，這個門叫作將軍門，可以會聚門客、出使外邦，八年之後要改建。

辟門，二十乙4貳年改建，主人一定會富有，家中使喚的僕人……

大伍門，適宜乘坐車馬，宗親乙5貳族人、兄弟、婦女會吉利，十二年之後要改建。

則光門，它的主人一定會昌盛興旺，乙6貳喜好歌舞，一定會穿鑲邊的衣裳，十六年之後要改建。不這樣的話，一定會成爲巫師。乙7貳

屈門，主人一定會昌盛富有，婦女一定會容易得病，這個門叫作鬼責之乙8貳門，三年之後要改建。

大吉門，適宜乘坐車馬，一定會成爲嗇夫，……乙9＋乙13貳錢財來得快，去得也快，……乙10貳

失行門，衹有作爲嗇夫，……財富收入雖然乙11貳很多，……一定會散盡。乙12貳

雲門，它的主人一定會富裕三代，之後適宜養殖牲畜，利於沒有爵位俸祿的人獲得爵位俸祿。乙14貳

顧門，這個門叫作……非常多，不能在一起居住，三年之後要改建。乙15貳不改建的話，每天將會失去一布的貨幣。乙16叁

北門，利於作國門，貶抑乙23貳上作爲家人之門，主人不能居住。乙24貳

不周門，它的主人富裕，處理國家政務，乙16貳八年之後要改建。不改建的話，一定……大乙17貳人一定會散盡死光。乙19貳

東門，這個門叫作邦君門，卑賤的人乙18貳居住在這個地方很凶險，不吉利。乙21貳

【釋文】

·食毆（禍）[①] 門，［毋（無）］所利[②]，數出毆（禍）喪[③]，乙20貳·必痒

(癃)④。乙22貳

起門，八歲始富，男子若木攻（功）⑤，十乙17叁下·六歲更。乙19叁

[徙]門，數實數婁（寠）⑥，并黔首家。乙18叁下

[獲]門，□□乙20叁下·臨邦，八歲而更。弗更，井居左，囷居右。乙24叁下

刑門，主必富，不爲輿□乙21叁下·爲左吏⑦。十二歲不更，不耐乃刑⑧。乙20叁上

·財門，所利雖（唯）利賈市，入財大吉，十二月⑨更。乙22叁

[高門⑩，宜豕，五歲]更。弗更，[必爲]巫，有宜央（殃）。乙91B

【匯釋】

①敃：**有兩說：其一，釋爲“敃”。**陳偉主編（2016：40）據字形輪廓，認爲此字即整理者所釋“敃”。**其二，釋爲“過”。**晏昌貴（2010B）說。

②疑“利”字上脫“毋（無）”字，孫占宇（2013：105）據睡虎地秦簡《日書》、孔家坡漢簡《日書》中的《直室門》所載此處皆爲大凶，在“所利”前補出“毋（無）”字。

利：**有兩說：其一，釋爲“利”。**陳偉主編（2016：40）：原釋似不誤。**其二，釋爲“鄉”。**晏昌貴（2010B）說。

③敃喪：**讀爲“禍喪”，災禍或死亡喪事等不幸的事。**陳偉主編（2016：40）說。

④痒：**有三說：釋爲“痒”，同“癃”，廢疾，足不能行。**《說文》：“癃，罷病也。从疒隆聲。痒，籀文癃省。”**其二，釋爲“瘴”。**整理者說。**其三，釋爲“痿”。**晏昌貴（2010）說。

⑤木攻：**有兩說：其一，釋爲“木攻”，即“木功”。**與伐木、木製品製造等相關的活動。孫占宇（2013：106）以原釋不誤。**其二，釋爲“干政”。**劉增貴（2010）說。

⑥數實數婁：**有兩說：其一，釋爲“數實數婁”，多次富有，多次空虛。**原簡第二個“數”下有合文符“=”。婁，通“寠”。《爾雅·釋言》：“寠，貧也。”**其二，釋爲“數富數虛”。**睡虎地秦簡《日書》中的《直室門》此處作“數富數虛”。晏昌貴（2010B）析讀作“數虛”。

⑦左吏：**讀爲“佐吏”，地方長官的僚屬。**朱起鳳《辭通》“佐史、佐吏、佑吏”條按：“史、吏古通用。”

⑧耐：**秦漢刑罰的一種，剃去頭髮和鬍鬚。**《禮記·禮運》：“故聖人耐以天下爲一家。”孔穎達疏：“古者犯罪以髡其鬚，謂之耐罪。”

刑：**肉刑，比耐更重的刑罰。**

⑨十二月：**有三說：其一，釋爲“十二月”。**應爲“十二歲”，即十二年。**其二，釋爲“十二歲”。**晏昌貴（2010B）說。**其三，釋爲“十一歲”。**王輝（2010）說。

⑩高門：整理者缺釋。**有兩說：其一，爲“高門”。**陳偉主編（2016：41）據字形輪廓，結合後文，推定爲“高門”。睡虎地秦簡《日書》中作“高門”。**其二，釋爲“曲門”。**晏昌貴（2010B）說。

【今譯】

食禍門，對甚麼都不吉利，多次出現災禍死喪，乙20貳一定會得殘廢的疾病。乙22貳

起門，八年才開始富裕，男子如果從事伐木、木工一類的工作活動，十乙17叄下六年之後要改建。乙19叄

徙門，多次富有，多次空虛，最終會被兼併入黔首之家。乙18叄下

獲門，……乙20叄下處理國家政務，八年之後要改建。不改建的話，水井要位於左邊，糧倉要位於右邊。乙24叄下

刑門，主人一定會富有，不爲興盛……乙21叄下擔任佐吏。十二年之後不改建，不是會受到耐刑，就是會受到肉刑的懲罰。乙20叄上

財門，祇有利於經商做買賣，收入錢財（方面）會很吉利，十二年之後要改建。乙22叄

高門，適宜養豬，五年之後要改建。如果不改建的話，主人就一定會成爲巫師，容易有災殃。乙91B

（三）爲門

【釋文】

·［午］①不可爲［南］②門，乙17叄上·申不可爲西門，乙18叄上·亥不可爲北門。乙21叄上

其築日必有喪過③之，必以壬午築之。■乙23貳下

【匯釋】

①午：**有四說：其一，釋爲“午”。**孫占宇（2013：108）、陳偉主編（2016：42）說。**其二，釋爲“出”。**整理者說。**其三，疑爲“寅”。**劉青（2010：8）、劉增貴（2010）說。**其四，疑爲“卯”或“戌”。**王輝（2010）說。

②南：**有三說：其一，釋爲“南”。**孫占宇（2013：108）作“南”，陳偉主編（2016：42）認爲從紅外影像來看似“南”字。**其二，釋爲“轉”。**整理者說。**其三，疑爲“東”。**劉青（2010：8）、劉增貴（2010）說。

③過：**有三說：其一，釋爲“過”。**劉增貴（2010）說，陳偉主編（2016：42）從之。**其二，釋爲“骶”。**整理者說。原釋爲“骶”。**其三，釋爲“禍”。**晏昌貴（2010B）說。

【今譯】

午日不可以築造南邊的門，乙17叁上申日不可以築造西邊的門，乙18叁上亥日不可以築造北邊的門。乙21叁上

築造門的當天一定會有喪事經過門那裏，一定要在壬午日築造它。乙23貳下

（四）禹須臾行日①

【釋文】

［·入月一日，旦西吉，日中北］②吉，昏（昏）③東吉，［中夜］④南吉。乙54+乙25壹

·入月二日，旦西吉，日中北吉，昏（昏）東吉，中夜南吉。乙26壹

入月三日，旦西吉，日中北吉，昏（昏）東吉，中夜南吉。乙27壹

·入月四日，旦西吉，日中南吉，昏（昏）北吉，中夜東吉。乙28壹

·入月五日，旦南吉，日中西吉，昏（昏）北吉，中夜東吉。乙29壹

［·入］⑤月六日，旦南吉，日中西吉，昏（昏）北吉，中夜東吉。乙30壹

入月七日，旦南吉，日中西吉，昏（昏）北吉，中夜［東吉］⑥。乙40A壹

·入月八日，旦南吉，日中西吉，昏（昏）北吉，中夜東吉。乙31壹

·入月九日，旦南吉，日中西吉，昏（昏）北吉，中夜南吉。乙32壹

·入月十日，旦南吉，日中西吉，昏（昏）北吉，中夜南吉。乙33壹

·入月十一日，旦東吉，日中南吉，昏（昏）北吉，中夜北吉。乙34壹

·入月十二日，旦東吉，日中南吉，昏（昏）西吉，中夜北吉。乙35壹

·入月十三日，旦東吉，日中南吉，昏（昏）西吉，中夜北吉。乙36壹

·入月十四日，旦東吉，日中南吉，昏（昏）西吉，中夜北吉。乙37壹

入月十五日，旦東吉，日中南吉，昏（昏）西吉，中夜北吉。乙38壹

·入月十六日，旦東吉，日中南吉，昏（昏）西吉，中夜北吉。乙42A+乙39壹

［·入月十七日，旦東吉，日中南吉，昏（昏）西吉，中］⑦夜北吉。乙40B壹

·入月十八日，旦東吉，日中南吉，昏（昏）西吉，中夜北吉。乙41壹

［·入月十九日，旦北吉，日中］［東］吉，昏（昏）南吉，中夜西吉。乙42B壹

·入月廿日，旦北吉，日中東吉，昏（昏）南吉，中夜西吉。乙43壹

［·入］月廿一日，旦北吉，日中東吉，昏（昏）南吉，中夜西吉。乙44壹

·入月廿二日，旦北吉，日中東吉，昏（昏）南吉，中夜西吉。乙45壹

·入月廿三日，旦北吉，日中東吉，昏（昏）南吉，中夜西吉。乙46壹

·入月廿四日，旦北吉，日中東吉，昏（昏）南吉，中夜西吉。乙47壹

·入月廿五日，旦北吉，日中東吉，昏（昏）南吉，中夜西吉。乙48壹

·入月廿六日，旦西吉，日中北吉，昏（昏）東吉，中夜南吉。乙49壹

·入月廿七日，旦西吉，日中北吉，昏（昏）東吉，中夜南吉。乙50壹

·入月廿八日，旦西吉，日中北吉，昏（昏）東吉，中夜南吉。乙51壹

·入月廿九日，旦西吉，日中北吉，昬（昏）東吉，中夜南吉。乙52壹

·入月卅日，旦西吉，日中北吉，昬（昏）東吉，中夜南吉。乙53壹

【匯釋】

①本篇與甲種《禹須臾行日》相同，可參看。

②簡首缺文，陳偉主編（2016：43）據甲種《禹須臾行日》補出。

③昬：同“昏”，整理者徑釋爲“昏”。《玉篇》：“昬，同昏。”

④原簡“南吉”上脱“中夜”二字，晏昌貴（2010B）補。

⑤此簡“月”上殘斷，晏昌貴（2010B）補“·入”。

⑥原簡“中夜”下字跡不存，陳偉主編（2016：43）據文例補出。

⑦簡乙40B壹及下文簡乙42B壹上部殘斷，陳偉主編（2016：43）據文意補出相應內容，下不注。

【今譯】

一個月之內一日，早上去西方吉利，正午去北方吉利，黄昏去東方吉利，半夜去南方吉利。乙54+乙25壹

一個月之內二日，早上去西方吉利，正午去北方吉利，黄昏去東方吉利，半夜去南方吉利。乙26壹

一個月之內三日，早上去西方吉利，正午去北方吉利，黄昏去東方吉利，半夜去南方吉利。乙27壹

一個月之內四日，早上去西方（應爲南方）吉利，正午去南方（應爲西方）吉利，黄昏去北方吉利，半夜去東方吉利。乙28壹

一個月之內五日，早上去南方吉利，正午去西方吉利，黄昏去北方吉利，半夜去東方吉利。乙29壹

一個月之內六日，早上去南方吉利，正午去西方吉利，黄昏去北方吉利，半夜去東方吉利。乙30壹

一個月之內七日，早上去南方吉利，正午去西方吉利，黄昏去北方吉利，半夜去東方吉利。乙40A壹

一個月之內八日，早上去南方吉利，正午去西方吉利，黄昏去北方吉利，半夜去東方吉利。乙31壹

一個月之內九日，早上去南方吉利，正午去西方吉利，黄昏去北方吉利，半夜去南方（應爲東方）吉利。乙32壹

一個月之內十日，早上去南方吉利，正午去西方吉利，黄昏去北方吉利，半夜去南方（應爲東方）吉利。乙33壹

一個月之內十一日，早上去東方吉利，正午去南方吉利，黄昏去北方（應爲西方）吉利，半夜去北方吉利。乙34壹

一個月之內十二日，早上去東方吉利，正午去南方吉利，黄昏去西方吉利，半

夜去北方吉利。乙35壹

一個月之內十三日，早上去東方吉利，正午去南方吉利，黃昏去西方吉利，半夜去北方吉利。乙36壹

一個月之內十四日，早上去東方吉利，正午去南方吉利，黃昏去西方吉利，半夜去北方吉利。乙37壹

一個月之內十五日，早上去東方吉利，正午去南方吉利，黃昏去西方吉利，半夜去北方吉利。乙38壹

一個月之內十六日，早上去東方吉利，正午去南方吉利，黃昏去西方吉利，半夜去北方吉利。乙42A+乙39壹

一個月之內十七日，早上去東方吉利，正午去南方吉利，黃昏去西方吉利，半夜去北方吉利。乙40B壹

一個月之內十八日，早上去東方吉利，正午去南方吉利，黃昏去西方吉利，半夜去北方吉利。乙41壹

一個月之內十九日，早上去北方吉利，正午去東方吉利，黃昏去南方吉利，半夜去西方吉利。乙42B壹

一個月之內二十日，早上去北方吉利，正午去東方吉利，黃昏去南方吉利，半夜去西方吉利。乙43壹

一個月之內二十一日，早上去北方吉利，正午去東方吉利，黃昏去南方吉利，半夜去西方吉利。乙44壹

一個月之內二十二日，早上去北方吉利，正午去東方吉利，黃昏去南方吉利，半夜去西方吉利。乙45壹

一個月之內二十三日，早上去北方吉利，正午去東方吉利，黃昏去南方吉利，半夜去西方吉利。乙46壹

一個月之內二十四日，早上去北方吉利，正午去東方吉利，黃昏去南方吉利，半夜去西方吉利。乙47壹

一個月之內二十五日，早上去北方吉利，正午去東方吉利，黃昏去南方吉利，半夜去西方吉利。乙48壹

一個月之內二十六日，早上去西方吉利，正午去北方吉利，黃昏去東方吉利，半夜去南方吉利。乙49壹

一個月之內二十七日，早上去西方吉利，正午去北方吉利，黃昏去東方吉利，半夜去南方吉利。乙50壹

一個月之內二十八日，早上去西方吉利，正午去北方吉利，黃昏去東方吉利，半夜去南方吉利。乙51壹

一個月之內二十九日，早上去西方吉利，正午去北方吉利，黃昏去東方吉利，半夜去南方吉利。乙52壹

一個月之內三十日，早上去西方吉利，正午去北方吉利，黃昏去東方吉利，半夜去南方吉利。乙53壹

(五) 禹須臾所以見人日[1]

【釋文】

■禹須臾所以見人日乙373貳

·子，旦吉，安（晏）食吉，日中凶，日失（昳）吉，夕日凶。乙54＋乙25貳

·丑，旦凶，安（晏）食吉，日中凶，日失（昳）可，夕日凶。乙26貳

·寅，旦凶，安（晏）食吉，日中凶，日失（昳）凶，夕日凶。乙27貳

·卯，旦吉，安（晏）食吉，日中凶，日失（昳）凶，夕日凶。乙28貳

辰，旦凶，安（晏）食吉[2]，日失（昳）凶，夕日吉。乙29貳

·巳，旦凶，安（晏）食吉，日中凶，日失（昳）凶，夕日可。乙30貳

[·午，旦凶，安（晏）食凶，日中吉，夕日凶][3]。乙40A貳

·未，旦吉，安（晏）食可，日中凶，日失（昳）吉，夕日凶。乙31貳

·申，旦吉，安（晏）食凶，日中吉，日失（昳）吉，夕日凶。乙32貳

酉，旦吉，安（晏）食凶，日中吉，日失（昳）吉，夕日凶。乙33貳

戌，旦凶，安（晏）食凶，日中吉，日失（昳）吉，夕日凶。[4]乙34貳

【匯釋】

①本篇與甲種《禹須臾所以見人日》相同，可參看。

②下應脫文“日中”的吉凶情況，甲種同。孫占宇（2013：112）引孔家坡漢簡《日書》中的《禹須臾所以見人日》作“日中凶”，可參考。

③原簡殘斷，缺文孫占宇（2013：113）據甲種《禹須臾所以見人日》補出。

④下缺“亥”條，甲種同。孫占宇（2013：113）引孔家坡漢簡《日書》中的《禹須臾所以見人日》作“亥，旦可，晏食凶，日中吉，日失（昳）凶，夕日可”，可參考。

【今譯】

根據“禹須臾”的方法測定與他人會見的日子乙373貳

子日，早上與他人會見，吉利。上午與他人會見，吉利。正午與他人會見，凶險。日落與他人會見，吉利。晚上與他人會見，凶險。乙54＋乙25貳

丑日，早上與他人會見，凶險。上午與他人會見，吉利。正午與他人會見，凶險。日落與他人會見，可以。晚上與他人會見，凶險。乙26貳

寅日，早上與他人會見，凶險。上午與他人會見，吉利。正午與他人會見，凶險。日落與他人會見，凶險。晚上與他人會見，凶險。乙27貳

卯日，早上與他人會見，吉利。上午與他人會見，吉利。正午與他人會見，凶險。日落與他人會見，凶險。晚上與他人會見，凶險。乙28貳

辰日，早上與他人會見，凶險。上午與他人會見，吉利。日落與他人會見，凶

險。晚上與他人會見，吉利。乙29貳

巳日，早上與他人會見，凶險。上午與他人會見，吉利。正午與他人會見，凶險。日落與他人會見，凶險。晚上與他人會見，可以。乙30貳

午日，早上與他人會見，凶險。上午與他人會見，凶險。正午與他人會見，吉利。晚上與他人會見，凶險。乙40A貳

未日，早上與他人會見，吉利。上午與他人會見，可以。正午與他人會見，凶險。日落與他人會見，吉利。晚上與他人會見，凶險。乙31貳

申日，早上與他人會見，吉利。上午與他人會見，凶險。正午與他人會見，吉利。日落與他人會見，吉利。晚上與他人會見，凶險。乙32貳

酉日，早上與他人會見，吉利。上午與他人會見，凶險。正午與他人會見，吉利。日落與他人會見，吉利。晚上與他人會見，凶險。乙33貳

戌日，早上與他人會見，凶險。上午與他人會見，凶險。正午與他人會見，吉利。日落與他人會見，吉利。晚上與他人會見，凶險。乙34貳

（六）吏①

【釋文】

■子，旦有言，喜，聽。安（晏），不聽。晝，得美言。夕，得美言。乙35貳

丑，旦有言，怒。安（晏），得美言。晝，遇惡言。夕，惡言。乙36貳

·寅，旦有言，怒。安（晏），說（悅）。晝，不得言。夕，聽。乙37貳

·卯，旦有言，聽。安（晏），說（悅）。晝，聽。夕，不聽。乙38貳

·辰，旦有言，不聽。安（晏），［許］②。晝，不聽。夕，請謁，聽。乙42A＋乙39貳

·巳，旦不聽。安（晏），聽。晝，不聽。夕，得後言。乙40B貳

·午，旦［不聽。安（晏）］③，百事不聽。晝，許。夕，許。乙41貳

·未，旦有美言。安（晏），後見之。晝，得惡言。夕，不聽。乙42B貳

·申，旦遇惡言。安（晏），許。晝，不說（悅）。夕，許。乙43貳

·酉，旦得美言。安（晏），［遇］④惡言。晝，不說（悅）。夕，許。乙44貳

·戌，旦不聽。安（晏），遇惡言。晝，得言。夕，有惡［言］。乙45貳

·亥，旦有求，得後言。安（晏），不聽。晝、夕有求，後［見之］⑤。乙46貳

【匯釋】

①本篇與甲種《吏》相同，可參看。

②許：此字整理者釋爲“說”，陳偉主編（2016：46）認爲根據簡文筆畫應是“許”，與甲種《吏》同。

③此條“旦”字下殘泐，缺文孫占宇（2013：115）參照甲種《吏》補出。

④“遇”字整理者釋爲“得”，陳偉主編（2016：46）根據筆畫認爲應是

"遇"，與甲種《吏》同。

⑤"後"字下文殘缺不清，晏昌貴（2010B）參照甲種《吏》補出。

【今譯】

子日，早上去見長官，稟告有關事情，長官會很高興，會聽從。上午去見長官，（稟告有關事情），長官不會聽從。正午去見長官，會得到稱讚。傍晚去見長官，會得到稱讚。乙35貳

丑日，早上去見長官，稟告有關事情，長官會生氣。上午去見長官，會得到稱讚。正午去見長官，會遭到斥責。傍晚去見長官，會遭到斥責。乙36貳

寅日，早上去見長官，稟告有關事情，長官會生氣。上午去見長官，長官會開心。正午去見長官，不會得到評論。傍晚去見長官，（稟告有關事情）長官會聽從。乙37貳

卯日，早上去見長官，稟告有關事情，長官會聽從。上午去見長官，長官會開心。正午去見長官，（稟告有關事情）長官會聽從。傍晚去見長官，（稟告有關事情）長官不會聽從。乙38貳

辰日，早上去見長官，稟告有關事情，長官不會聽從。上午去見長官，（稟告有關事情）長官會同意批准。正午去見長官，（稟告有關事情）長官不會聽從。傍晚去見長官，請求拜見，（稟告有關事情）長官會聽從。乙42A＋乙39貳

巳日，早上去見長官，（稟告有關事情）長官不會聽從。上午去見長官，（稟告有關事情）長官會聽從。正午去見長官，（稟告有關事情）長官不會聽從。傍晚去見長官，長官會在背後議論。乙40B貳

午日，早上去見長官，（稟告有關事情）長官不會聽從。上午去見長官，長官對所有事都不會聽從。正午去見長官，（稟告有關事情）長官會同意批准。傍晚去見長官，（稟告有關事情）長官會同意批准。乙41貳

未日，早上去見長官，會得到稱讚。上午去見長官，晚些時候才能見到他。正午去見長官，會遭到斥責。傍晚去見長官，（稟告有關事情）長官不會聽從。乙42B貳

申日，早上去見長官，會遭遇斥責。上午去見長官，（稟告有關事情）長官會同意批准。正午去見長官，長官會不開心。傍晚去見長官，（稟告有關事情）長官會同意批准。乙43貳

酉日，早上去見長官，會得到稱讚。上午去見長官，會遭遇斥責。正午去見長官，長官會不開心。傍晚去見長官，（稟告有關事情）長官會同意批准。乙44貳

戌日，早上去見長官，（稟告有關事情）長官不會聽從。上午去見長官，會遭遇斥責。正午去見長官，會得到長官的評論。傍晚去見長官，會受到斥責。乙45貳

亥日，早上去見長官，長官會有所求，會在背後議論。上午去見長官，（稟告有關事情）長官不會聽從。正午、傍晚去見長官，長官會有所求，晚些時候才能見到他。乙46貳

（七）往見貴人

【釋文】

·甲午、庚午日王（往）①見貴人，□②。乙47貳

【匯釋】

①王：**通“往”，前去**。《詩經·大雅·板》：“昊天日明，及爾出王。”毛傳：“王，往。”朱駿聲《說文通訓定聲》：“王，假借爲往。”

②簡文上此字不清晰，暫缺釋。**關於此字有兩說：其一，釋爲“行”**。整理者說。**其二，疑爲“拜”**。孫占宇（2013：116）認爲睡虎地秦簡《入官良日》內容與此簡有相通之處，疑此字爲“拜”。

【今譯】

在甲午日、庚午日前去晉見貴人，……乙47貳

（八）門

【釋文】

■築南門良日：壬申、午、甲申。乙48貳

·西門：戊午、辰、丙午。乙49貳

·北門：戊寅、丙寅、甲辰。乙50貳

·東門：戊寅、辰、壬寅。乙51貳

·門已成即壞①，祠②之。乙52貳

門忌：乙、辛、戊。宿直（值）胃、氐③，不可開門竇及祠。乙53貳

【匯釋】

①壞：**倒塌，傾頹**。《韓非子·說難》：“宋有富人，天雨墻壞。”

②祠：**祭祀**。《尚書·商·伊訓》：“伊尹祠於先王。”陸德明釋文：“祠，祭也。”

③宿直胃、氐：**胃、氐二星宿值守之日**。

【今譯】

修築南邊門的好日子：壬申日、壬午日、甲申日。乙48貳

（修築）西邊門（的好日子）：戊午日、戊辰日、丙午日。乙49貳

（修築）北邊門（的好日子）：戊寅日、丙寅日、甲辰日。乙50貳

（修築）東邊門（的好日子）：戊寅日、戊辰日、壬寅日。乙51貳

門已經修築好了就倒塌了，需要對它進行祭祀。乙52貳

修築門的禁忌日：乙日、辛日、戊日。是胃、氐二星宿所值守的日子，不可以開門戶以及祭祀。乙53貳

（九）十干占盜[1]

【釋文】

·甲亡，盜在西方，一于（宇）中食者五口，疵在上，得，男子殹。乙55壹

·乙亡，盜青色，三人，其一人在室中，從東方入，行有［遺殹，不得］[2]，女子殹。乙56壹

·丙亡，盜在西方，從西北入，折齒，得，男子殹，得。乙57壹

·丁亡，盜女子殹，在東方，其疵在足，已南矣，不得。乙58壹

·戊亡，盜在南方，食者五口一于（宇）閒，男子殹。亡蚤（早）不得，亡莫（暮）而得。乙59壹

·己亡，其盜在，爲人黄皙，在西南，其室三人食，其一人已死矣，女子殹，得。乙60壹

·庚亡，其盜丈夫殹，其室在北方，其序扁匜，其室有黑［犖犢］[3]，男子，不得。乙61壹

·辛亡，盜不得，外盜殹，女子殹。乙62壹

·壬亡，其盜可得殹。若得，必有死者。男子，青色。乙63壹

·癸亡，其盜女子，必得，爲人操（躁）不靖。乙64壹

【匯釋】

①本篇與甲種《十干占盜》相同，可參看。

②遺：整理者未釋，曹方向（2009A）釋出。

不得：整理者未釋，陳偉主編（2016：48）根據筆畫可辨。

③犖犢：整理者釋爲“犖櫝”。陳偉主編（2016：48）：甲種《十干占盜》作“犖犢”，從甲種。

【今譯】

甲日財物丟失，盜賊在西方，一間屋宇內吃飯的人有五口，有黑痣等在（盜賊）身上，可以抓到，是男子。乙55壹

乙日財物丟失，盜賊身上有青色的東西，有三個人，其中一個人在屋子裏，從東邊方向進入，盜賊逃走時有遺留物品，抓不到，是女子。乙56壹

丙日財物丟失，盜賊在西方，從西北方向進入，牙齒折斷了，可以抓到，是男子，可以抓到。乙57壹

丁日財物丟失，盜賊是女子，在東邊方向，有黑痣等在足上，已經向南方方向

逃走了，抓不到。乙58壹

戊日財物丟失，盜賊在南方，吃飯的人有五口，在一間屋宇內，盜賊是男子。早上逃走就抓不到，傍晚逃走就可以抓到。乙59壹

己日財物丟失，盜賊在，人長得皮膚黃白，在西南方向，家中有三個人吃飯，其中一個人已經死了，盜賊是女子，可以抓到。乙60壹

庚日財物丟失，盜賊是個成年男子，他所住的屋子在北邊方向，廂房低矮窄小，屋子裏有黑色雜毛牛犢，是男子，抓不到。乙61壹

辛日財物丟失，盜賊抓不到，是外面來的盜賊，是女子。乙62壹

壬日財物丟失，盜賊可以抓到。如果抓到了盜賊，一定會出現死去的人。盜賊是男子，身上有青色的東西。乙63壹

癸日財物丟失，盜賊是女子，一定可以抓到，爲人性子急躁不安定。乙64壹

（十）旦心①

【釋文】

·入八月四日己(一)丑旦心。乙55貳

【校記】

(一) 己：**有兩說：其一，釋爲“己”**。晏昌貴（2010B）所釋。**其二，釋爲“乙”**。整理者說。

【匯釋】

①旦：孫占宇（2013：120）疑爲“直（值）”字誤抄。

心：應爲二十八星宿中的心宿。睡虎地秦簡《直心》列舉了正月至十二月每月“直心”的日期，其中“入八月五日心”與本簡日期相差一日。

【今譯】

進入八月的四日己丑日是心宿所值守的日子。乙55貳

（十一）日夜①

【釋文】

■正月日七夜九。乙56貳

·二月日八夜八。乙57貳

·三月日九夜七。乙58貳

·四月日十夜六。乙59貳

·五月日十一夜五。乙60貳

·六月日十夜六。乙61貳
·七月日九夜七。乙62貳
·八月日八夜八。乙63貳
·九月日七夜九。乙64貳
·十月日六夜十。乙56叁
·十一月日五夜十一。乙57叁
·十二月日六夜十。乙58叁

【匯釋】

①本篇將一晝夜時間劃分爲十六等份，通過晝夜各自所佔份數消長來表現一年内各個月晝夜長短的變化情況。《論衡·說日》："儒者或曰：'日月有九道，故曰日行有近遠，晝夜有長短也。'夫復五月之時，晝十一分，夜五分；六月，晝十分，夜六分；從六月往至十一月，月減一分。此則日行月從一分道也。"可以參考。

【今譯】

正月，白天七分，夜晚九分。乙56貳
二月，白天八分，夜晚八分。乙57貳
三月，白天九分，夜晚七分。乙58貳
四月，白天十分，夜晚六分。乙59貳
五月，白天十一分，夜晚五分。乙60貳
六月，白天十分，夜晚六分。乙61貳
七月，白天九分，夜晚七分。乙62貳
八月，白天八分，夜晚八分。乙63貳
九月，白天七分，夜晚九分。乙64貳
十月，白天六分，夜晚十分。乙56叁
十一月，白天五分，夜晚十一分。乙57叁
十二月，白天六分，夜晚十分。乙58叁

（十二）十二支占盜[1]

【釋文】

■子，鼠殹。以亡，盜者中人，取之，臧（藏）穴中畢〈糞〉土中。爲人鋭（鋭）面、小目，[目眄][2]然，扁然，名曰"輒"、曰"耳"、曰"蔥"、曰"聲"，賤人殹，得[3]。乙66

丑，牛殹。以亡，其盜從北方[入]，憙（喜）大息。盜不遠，旁桑殹，得。乙67

·寅，虎殹。以亡，盜從東方入，[有（又）從][之][出][4]，臧（藏）山

谷中。其爲人方面，廣頰，睘（圜）目。盜它所人殹，不得。乙68

·卯，免〈兔〉殹。以［亡］，盜從東方入，復［從］［之］出，臧（藏）野林草茅中。爲人短面、出［目］，不得。乙69

［·辰，虫（蟲）殹。以亡，盜者從］［東］方⑤入，有（又）從之出，取者臧（藏）谿［谷窌內中。外人殹］⑥，其爲人長頸、小首、小目。乙70

·巳，雞（維）殹。以是亡，盜者中人殹，臧（藏）囷屋屍糞土中、寒木下。其爲人小面、長赤目，賤人殹，得。乙71

·午，馬殹。盜從南方入，有（又）從之出，再才（在）⑦廄［廡］芻稾中。爲人長面、大目，喜疾行，外人，不遠⑧。乙72

·未，羊［殹］。盜者從南方［入］，有（又）從之出，再在牢圈中。其爲人小頸、大復（腹）、出目，必得。乙73壹

·申，石殹。盜從西方［入］，再在山谷。爲人美，不牷，名曰“環”，遠所殹，不得。乙74壹

·酉，雞殹。盜從西方入，復從西方出，再在囷屋東屍水旁，名曰“灌”，有黑子矦（瘊）。乙75壹

［·戌，犬殹。再在責（積）薪、糞蔡中，黑單］，［多言］⑨，旬月當得⑩。乙76壹

·亥，豕殹。盜者中人殹，再在屛圂方，及矢（屎）。其爲人長面、折鼽、赤目、長髮，得。乙77壹

【匯釋】

①本篇與甲種《十二支占盜》相同，可參看。

②原簡“盰”字僅略見殘筆，孫占宇（2013：123）據甲種《十二支占盜》補出。

③此處“得”字整理者脫釋，並於此處使用斷簡符，復旦讀書會（2009）校正。

④有從出：**有三說：其一，釋爲“有從出”**。陳偉主編（2016：51）據字體殘筆依稀可辨爲“有從出”。**其二，釋爲“□□之”**。整理者說。**其三，釋爲“東方出”**。復旦讀書會（2009）說。

⑤此處“方”字上文字殘缺，孫占宇（2013：123）據甲種《十二支占盜》補出。

⑥此處整理者釋爲“臧野□□□七□北一處”，陳偉主編（2016：51）據甲種《十二支占盜》補出。

⑦才：**有三說：其一，釋爲“才”**。陳偉主編（2016：51）據甘肅省天水市北道區文化館（1990）所刊印圖版，認爲是“才”。**其二，疑爲“在”**。宋華強（2010）說。**其三，釋爲“中”**。整理者說。

⑧不遠：復旦讀書會（2009）疑爲“不得”誤筆。

⑨多言：文字殘損難以辨認，陳偉主編（2016：52）據殘筆補出。“多”字上文缺文據甲種《十二支占盜》補出。

⑩整理者釋“得”爲“閉”，下使用斷簡符。陳偉主編（2016：52）認爲此處原簡沒有折斷，標記有誤。

【今譯】

子日，是鼠。在此日丟失財物，盜賊是家中的人，偷取了財物，把它藏在洞穴和糞土中。盜賊長了上小下大的面孔和小眼睛，目光游離不定，眼神飄忽，名字叫作“輒”、叫作“耳”、叫作“葸”、叫作“聲”，是卑賤的人，可以抓到。乙66

丑日，是牛。在此日丟失財物，盜賊從北邊方向進入，喜歡喘息嘆氣。盜賊沒有走遠，在桑林附近，可以抓到。乙67

寅日，是虎。在此日丟失財物，盜賊從東邊方向進入，又從東邊逃走，藏在山谷中。盜賊長了一張方形面孔，寬臉頰，圓形的眼睛。盜賊是其他地方的人，不能抓到。乙68

卯日，是兔。在此日丟失財物，盜賊從東邊方向進入，又從東邊逃走，藏在野外樹林茅草中。盜賊長了一張短形面孔和突出的眼睛，不能抓到。乙69

辰日，是蟲。在此日丟失財物，盜賊從東邊方向進入，又從東邊逃走，盜取東西的人藏在溪谷及地窖、洞穴中，盜賊是外來的人，他長了長脖子、小頭和小眼睛。乙70

巳日，是蛇。在此日丟失財物，盜賊是家中的人，藏在糧倉、屋子、內室及糞土中，歪脖子樹下，他長了小臉、長長的紅眼睛，是卑賤的人，可以抓到。乙71

午日，是馬。盜賊從南邊方向進入，又從南邊逃走，藏在馬圈、走廊及乾草堆中。盜賊長了長形面孔和大眼睛，喜歡快速行走，是外來的人，沒有走遠。乙72

未日，是羊。盜賊從南邊方向進入，又從南邊逃走，藏在馬欄圍圈中。盜賊長了小脖子、大肚子和突出的眼睛，一定可以抓到。乙73壹

申日，是石頭。盜賊從西邊方向進入，藏在山谷裏。盜賊長得壯美，肢體有殘疾，名字叫作“環”，在遠處，不能抓到。乙74壹

酉日，是雞。盜賊從西邊方向進入，又從西邊逃走，藏在糧倉屋子東邊的水池邊，名字叫作“灌”，臉上有黑痣子。乙75壹

戌日，是狗。藏在堆積的柴薪及糞草堆中，長了黑嘴巴，說話多，十天後或一個月後應當能抓到。乙76壹

亥日，是豬。盜賊是家中的人，藏在有廁所的方向，以及有屎的方向。盜賊長了長形面孔、有皺紋的額頭、紅色眼睛和長頭髮，可以抓到。乙77壹

（十三）五行

【釋文】

■火生寅，壯午，老戌。乙73貳
·金生巳，壯酉，老丑。乙74貳
·水生申，壯子，老辰。乙75貳
·木生亥，壯卯，老未[①]。乙76貳
·土生木[②]，木生火，火生土[③]。乙77貳

【匯釋】

①以上描述火、金、水、木在十二辰中產生、壯大、消逝的三個階段，是爲“五行三合局”的主要内容（缺少土局）。《淮南子·天文訓》中有完整表述：“木生於亥，壯於卯，死於未，三辰皆木也。火生於寅，壯於午，死於戌，三辰皆火也。土生於午，壯於戌，死於寅，三辰皆土也。金生於巳，壯於酉，死於丑，三辰皆金也。水生於申，壯於子，死於辰，三辰皆水也。”可參考。

②土：孫占宇（2013：125）認爲此處應當爲“水”，或爲誤抄。整理者釋爲“水”，孫占宇（2008：120）、呂亞虎（2009A）改釋。

③陳偉主編（2016：53）疑下有缺簡，文意未完。

【今譯】

火產生於寅，壯大於午，衰老於戌。乙73貳
金產生於巳，壯大於酉，衰老於丑。乙74貳
水產生於申，壯大於子，衰老於辰。乙75貳
木產生於亥，壯大於卯，衰老於未。乙76貳
土產生木，木產生火，火產生土。乙77貳

（十四）禹須臾行喜[①]

【釋文】

·甲子、乙丑、壬申、癸酉、[庚戌、辛巳、甲午、乙未、壬寅、癸卯、庚辰、辛亥][②]，夕行，九憙（喜）[③]。乙78壹

·戊辰、己巳、壬午、癸未、庚寅、辛卯、戊戌、己亥、壬子、癸丑、庚申、辛酉，日失（昳）行，七憙（喜）。乙79壹

·丙子、丁丑、甲申、乙酉、壬辰、癸巳、丙午、丁未、甲寅、乙卯、壬戌、癸亥，日中行，五憙（喜）。乙80壹

·丙寅、丁卯、甲戌、乙亥、戊子、己丑、丙申、丁酉、甲辰、乙巳、戊午、

己未，日莫食北〈行〉[④]，三憙（喜）。乙 81 壹

·庚午、辛未、戊寅、己卯、丙戌、丁亥、庚子、辛丑、戊申、己酉、丙辰、丁巳，平旦行，二憙（喜）[⑤]。乙 82 壹

【匯釋】

①本篇將六十甲子日按納音的辦法分爲五組。每組含十二日，敘述每組日子中利於出行的時段以及吉利程度。陳偉主編（2016：53）說。

②原簡“癸酉”下文字殘缺不存，孫占宇（2008：88）、呂亞虎（2009F）據六十甲子日納音之法補出。陳偉主編（2016：53）從後文《六甲納音》來看，以上十二日均屬於商音。下文中，陳偉主編（2016：53）指出簡乙 79 壹中十二音均屬於角音，簡乙 80 壹中十二音均屬於羽音，簡乙 81 壹中十二音均屬於徵音，簡乙 82 壹中十二音均屬於宮音。下不再注。

③王子今（2003：259）提出，臚列喜數是戰國秦漢人的習慣。

九憙：有九件喜事。下文中所提“七憙”“五憙”“三憙”“二憙”皆意爲有對應數字的喜事。

④北：應爲“行”誤筆。孫占宇（2008：88）疑爲“行”誤。晏昌貴（2010B）釋爲“行”。

⑤陳偉主編（2016：54）指出，後文《日分》等篇目中五音配數與本篇有異，原因不明，待考。

【今譯】

甲子日、乙丑日、壬申日、癸酉日、庚戌日、辛巳日、甲午日、乙未日、壬寅日、癸卯日、庚辰日、辛亥日，傍晚出行，有九件喜事。乙 78 壹

戊辰日、己巳日、壬午日、癸未日、庚寅日、辛卯日、戊戌日、己亥日、壬子日、癸丑日、庚申日、辛酉日，日落時出行，有七件喜事。乙 79 壹

丙子日、丁丑日、甲申日、乙酉日、壬辰日、癸巳日、丙午日、丁未日、甲寅日、乙卯日、壬戌日、癸亥日，正午出行，有五件喜事。乙 80 壹

丙寅日、丁卯日、甲戌日、乙亥日、戊子日、己丑日、丙申日、丁酉日、甲辰日、乙巳日、戊午日、己未日，莫食的時候出行，有三件喜事。乙 81 壹

庚午日、辛未日、戊寅日、己卯日、丙戌日、丁亥日、庚子日、辛丑日、戊申日、己酉日、丙辰日、丁巳日，清晨出行，有兩件喜事。乙 82 壹

（十五）塞穴置鼠墍囷日[①]

【釋文】

■凡可塞穴置鼠、塈（墍）囷日，雖（唯）十二月子[②]。［五月、六月辛卯皆可以爲鼠□方］。乙 65 壹

【匯釋】

①本篇與甲種《塞穴置鼠壂囷日》相同，可參看。

②原簡“子”下文字跡不存，陳偉主編（2016：54）據甲種《塞穴置鼠壂囷日》補出。

【今譯】

凡是屬於可以堵塞洞穴、填堵老鼠出洞路徑，以及用泥給圓形糧倉塗抹屋頂的日子，衹有十二月的子日。五月、六月兩個月中的辛卯日，都可以在此日治理鼠患。乙65壹

（十六）衣①

【釋文】

·入月十四日、十七日、廿②三日，不可裚（製）衣冠、帶［劍、乘車馬］③，□□□□④。乙362壹

［·衣新衣良］⑤［日：乙］丑、丁卯、庚午、辛酉、己巳、壬［子］。乙372壹

·材（裁）衣良日：［丁丑、丁己、乙巳］、己巳、癸酉、乙亥、乙酉、己丑、己卯、辛亥。乙83壹

【匯釋】

①本篇與甲種《衣》略同，可參看。

②廿：**有兩說：其一，釋爲“廿”**。陳偉主編（2016：55）說。孫占宇（2013：128）認爲是廿日，“三”是復指前文所提及的入月十四日、十七日及廿日。**其二，徑釋爲“二十”**。整理者說。

③此處“劍、乘車馬”整理者未釋，劉青（2010：19）釋出。

④此四字殘缺不清，陳偉主編（2016：55）根據紅外影像認爲第三、四字或爲“必貧”。今按：字跡不清，暫缺釋。

⑤“日”上簡文殘斷，孫占宇（2013：128）據甲種《衣》補出。後文“丁丑、丁巳、乙巳”簡文殘泐不清，據甲種《衣》補出，下不注。

【今譯】

一個月之內的十四日、十七日及二十日這三天，不可以製作衣服冠帽、攜帶寶劍、乘坐車馬，……乙362壹

穿新衣服的好日子：乙丑日、丁卯日、庚午日、辛酉日、己巳日、壬子日。乙372壹

裁製衣服的好日子：丁丑日、丁己日、乙巳日、己巳日、癸酉日、乙亥日、乙酉日、己丑日、己卯日、辛亥日。乙83壹

（十七）牝牡月日①

【釋文】

·正月、二月、六月、七月、八月、十二月爲牡月。乙 84 壹

·三月、四月、五月、九月、十月、十一月爲牝月②。乙 85 壹

[·卯、巳、酉]③、戊、子、寅爲牡日。乙 86 壹

[·丑、辰]④、午、未、申、亥爲牝日。乙 87

[·牡月牝日、牝月]⑤牡日，取（娶）妻皆吉。乙 88

·牡日死必以牝日葬，牝日死必以牡日葬。不然，必復之。乙 89

【匯釋】

①本篇將十二月及十二支日劃分爲牝、牡兩類，強調嫁娶喪葬擇日時牝、牡月日的搭配。

本篇與睡虎地秦簡《日書》甲種簡 11 背、簡 12 背及孔家坡漢簡《日書》中的《牝牡月日》相似。程少軒（2010B）認爲牝牡月按照季節劃分，春秋爲牝，夏冬爲牡。陳偉主編（2016：56）認爲牝牡月同牝牡日配合使用，不宜拆開。

②睡虎地秦簡《日書》甲種所見牡月爲正月、七月、八月、十二月，所見牝月爲三月、四月、九月、十月。可與此篇對照參看。

③原簡“戊”字上文殘缺不清。孫占宇（2008：90）、程少軒（2010B）、晏昌貴（2010B）據甲種《剛柔日》補出“卯、巳、酉”。陳偉主編（2016：56）據紅外影像補出。

④原簡“午”字破裂，上文殘斷不存。孫占宇（2008：90）、程少軒（2010B）、晏昌貴（2010B）據甲種《剛柔日》補出“丑、辰、午”。陳偉主編（2016：56）據紅外影像，認爲“午”字可辨。

⑤整理者將第一個“牡”字釋爲“九”，將“牝”釋爲“牡”。

【今譯】

正月、二月、六月、七月、八月、十二月是牡月。乙 84 壹

三月、四月、五月、九月、十月、十一月是牝月。乙 85 壹

卯日、巳日、酉日、戊日、子日、寅日是牡日。乙 86 壹

丑日、辰日、午日、未日、申日、亥日是牝日。乙 87

在牡月的牝日、牝月的牡日當天，迎娶妻子都會很吉利。乙 88

在牡日死亡一定要在牝日下葬，在牝日死亡一定要在牡日下葬。如果不這樣的話，一定會再次有人死亡。乙 89

（十八）臽日及日夜[1]

【釋文】

■正月壬臽，日七夜九。乙78貳
·二月癸臽，日八夜八。乙79貳
·三月戊臽，日九夜七。乙80貳
［·四月］[2]［甲臽，日十夜六］。乙81貳
·五月乙臽，日十一夜五。乙82貳
［·六月戊］臽，日十夜六。乙65貳
·七月丙[3]［臽，日九夜七］。乙362貳
［·八月丁臽，日八夜八］[4]。乙372貳
·九月己臽，日七夜九。乙83貳
·十月庚臽，日六夜十。乙84貳
·十一月辛臽，日五夜十一。乙85貳
·十二月己臽，日六夜十。乙86貳

【匯釋】

①本篇内容由“臽日”及“日夜”兩部分組成。“臽日”對正月至十二月中何日爲臽日作出規定，“日夜”則描述一年之内各月晝夜長短變化。本篇未提及臽日吉凶宜忌，睡虎地秦簡《日書》甲種中的《臽日敫日》簡：“凡臽日，可以取（娶）婦、家（嫁）女，不可以行，百事凶。”可以參考。

②原簡“四月”下難以辨認，孫占宇（2008：92）、呂亞虎（2009B）據睡虎地秦簡《日書》乙種中的《臽日》補出。下文簡乙65貳“六月戊”處原簡字跡脱落，孫占宇補出，下不注。

③原簡“丙”下破裂，孫占宇（2008：92）、馮先思（2010）據睡虎地秦簡《日書》乙種中的《臽日》補出，陳偉主編（2016：58）根據紅外影像認爲大致可辨認。

④原簡字跡脱落，孫占宇（2008：92）、馮先思（2010）據睡虎地秦簡《日書》乙種中的《臽日》補出。

【今譯】

正月的壬日是臽日，白天七分，夜晚九分。乙78貳
二月的癸日是臽日，白天八分，夜晚八分。乙79貳
三月的戊日是臽日，白天九分，夜晚七分。乙80貳
四月的甲日是臽日，白天十分，夜晚六分。乙81貳
五月的乙日是臽日，白天十一分，夜晚五分。乙82貳

六月的戊日是臽日，白天十分，夜晚六分。乙 65 貳
七月的丙日是臽日，白天九分，夜晚七分。乙 362 貳
八月的丁日是臽日，白天八分，夜晚八分。乙 372 貳
九月的己日是臽日，白天七分，夜晚九分。乙 83 貳
十月的庚日是臽日，白天六分，夜晚十分。乙 84 貳
十一月的辛日是臽日，白天五分，夜晚十一分。乙 85 貳
十二月的己日是臽日，白天六分，夜晚十分。乙 86 貳

（十九）剛柔日（一）[①]

【釋文】

·男日，子、卯、寅、巳、酉、戌。[·女日，午]、未、申、丑、亥、辰。

·以女日病，以女日瘳，必女日復之。以女日死，以女日葬，必復之。男日亦如是。謂岡（剛）[②]。乙 91A + 乙 93B + 乙 92

【匯釋】

①本篇與甲種《剛柔日》相同，可參看。

②岡：整理者未釋，程少軒（2010B）釋出，指出下應有"楺（柔）之日"，可能在別簡之上。孫占宇（2013：131）據甲種《剛柔日》補出"楺（柔）之日"三字。

【今譯】

男日，是子日、卯日、寅日、巳日、酉日、戌日。女日，是午日、未日、申日、丑日、亥日、辰日。

在女日生病，又在女日痊愈，疾病必定會在女日中復發。在女日死去，又在女日下葬死者，必定將再死一個人。男日也是這樣。這叫作剛……乙 91A + 乙 93B + 乙 92

（二十）日衝

【釋文】

·三月庚辛，六月壬癸，九月乙甲[①]，十二月丙丁，不可興垣、蓋屋、上材[②]、爲祠、大會（禬）[③]，兇（凶）。雖（唯）利［壞］徹[④]，是謂日［衝］（衝）[⑤]。乙 94 壹

【匯釋】

①整理者釋"乙甲"爲"甲乙"。據簡文紅外影像可知爲"乙甲"。

②上材：**或指修造房屋時架設橫樑之工序**。陳偉主編（2016：59）說。

③會：**通“禬”，用來消災除病的祭祀**。陳偉主編（2016：59）認爲或讀爲“禬”。《周禮·天官·女祝》：“掌以時招、梗、禬、禳之事，以除疾殃。”鄭玄注：“除災害曰禬，禬猶刮去也。”

④壞徹：**拆除，拆毀，兩個近義動詞連用。**

壞：**有兩說：其一，疑爲“壞”**。孫占宇（2013：132）疑爲“壞”，陳偉主編（2016：59）引睡虎地秦簡《日書》甲種簡155背“利壞垣，彻（徹）屋”，可參考。**其二，釋爲“壞”**。整理者說。

⑤衝：**有兩說：其一，當爲“衝”**。孫占宇（2013：132）認爲此字中部从童，當爲“衝”，“日衝”讀爲“日衝”。**其二，徑釋爲“衝”**。柯秋白（2010）徑釋爲“衝”。香港中文大學藏簡61可見與本篇類似內容：“日衝之日，不可入官，爲室，囷蓋，復（覆）內及行□。”睡虎地秦簡甲1背也可見“大敗日……毋可有爲，日衝”。可參看。

【今譯】

在三月的庚日、辛日，六月的壬日、癸日，九月的乙日、甲日，十二月的丙日、丁日，不可以興修城墻、建蓋房屋、給房屋架設橫樑、進行祭祀、舉辦大型消災除病的祭祀，（若進行這些事務）會凶險。衹有利於拆毀建築，這些日子叫作日衝之日。乙94壹

（二十一）帝①

【釋文】

·啻（帝）② 以春三月爲室亥③，杓（剽）④ 卯，殺辰，四灋（廢）⑤ 庚辛。乙95壹

·夏三月啻（帝）爲室［寅］⑥，杓（剽）午，殺未，四灋（廢）壬癸。乙96壹

·秋三月啻（帝）爲室巳，杓（剽）酉，殺［戌］，四灋（廢）甲乙。乙97壹

·冬三月啻（帝）爲室申，杓（剽）子，殺［丑］，四灋（廢）丙丁。乙98壹

·凡四時啻（帝）爲室日毆，不可築大室內⑦，大人死之。乙99壹

·以築右序，［長子］☐中子□□□死之⑧。乙100壹

·築宫垣⑨，孫子死。築外垣，牛馬及羊死之。乙101壹

·殺日勿以殺六畜，不可出女、取（娶）妻、祠祀、出財。乙102壹

·四灋（廢）日不可以爲室□內，爲囷、倉及蓋⑩。乙103壹

【匯釋】

①本篇講述四時中“啻（帝）爲室”“杓（剽）”“殺”“四灋（廢）”等忌日

及其禁忌。

②啻：**讀爲“帝”，上帝。**從陳偉主編（2016：60），讀爲“帝”。睡虎地秦簡《帝》：“春三月，啻爲室申。”孔家坡漢簡《主歲》：“甲乙朔，青啻主歲，人炊行沒。”

③此處“亥”，睡虎地秦簡《日書》相應篇章作“申”，孫占宇（2013：133）認爲睡虎地及放馬灘兩種《啻》中“杓（剽）日”“殺日”在四時皆位於相互對衝的位置，由此“啻爲室日”四辰也應對衝。下文“冬三月啻（帝）爲室申”的“申”用法同，睡虎地秦簡《日書》相應篇章作“辰”，不再注。

④杓：**有三說：其一，讀爲“剽”，攻擊。**陳偉主編（2016：60）讀爲“剽”，引《玉篇》：“剽，行剽殺人也。”《史記·老子韓非列傳》“用剽剝儒墨”，張守節正義：“剽，猶攻擊也。”**其二，釋爲“利”。**整理者說。**其三，釋爲“材”。**柯秋白（2010）說。

⑤灋：**有兩說：其一，釋爲“灋”，讀爲“廢”。**吳大澂《說文古籀補》：“古文灋、廢爲一字也。”睡虎地秦簡《日書》相應篇章作“法”，香港中文大學藏漢簡《日書》簡61作“廢”。**其二，徑釋爲“廢”。**整理者說。

⑥原簡脫“寅”字，孫占宇（2008：12）、呂亞虎（2009B）據睡虎地秦簡《日書》甲種中的《帝》補出。下文“戌”“丑”皆同，不再注。

⑦內：**內室，卧室。**《漢書·爰盎晁錯傳》：“家有一堂二內。”顔師古注引張晏曰：“二內，二房也。”劉樂賢（1994：127）認爲“內”即內室、卧室。

大內：**即大卧室。**劉樂賢（1994：127）說。

大室內：睡虎地秦簡《日書》中的《帝》作“大內”。陳偉主編（2016：61）認爲可能指“大內”，也可能是“大室”“大內”連稱。

⑧此句及上句“長子☐”文字多殘泐不清，睡虎地秦簡《日書》中的《帝》分别作“長子婦死”及“筑（築）左圩（序），中子婦死”，可參看。

⑨宮：**有兩說：其一，釋爲“宮”，室，房室。**陳偉主編（2016：61）釋爲“宮”，認爲猶如“室”。宮垣似爲圍繞居室等主要建築的垣墻，與下文“外垣”相對舉。**其二，釋爲“序”。**晏昌貴（2010B）說。

⑩蓋：**疑指囷、倉之上的覆蓋。**陳偉主編（2016：61）引睡虎地秦簡《秦律十八種·田律》簡10：“勿用，復以薦蓋。”

【今譯】

春季三月帝爲室日是亥日，剽日是卯日，殺日是辰日，四廢日是庚日、辛日。乙95壹

夏季三月帝爲室日是寅日，剽日是午日，殺日是未日，四廢日是壬日、癸日。乙96壹

秋季三月帝爲室日是巳日，剽日是酉日，殺日是戌日，四廢日是甲日、乙日。乙97壹

冬季三月帝爲室日是申日，剽日是子日，殺日是丑日，四廢日是丙日、丁日。乙98壹

凡是四季帝爲室的日子，不可以修築大臥室，（不然）大官就會因此而死。乙99壹

（在這一天）修築右邊房宅，大兒子……排位中間的兒子……會因此而死。乙100壹

修築圍繞居室等主要建築的垣墻，孫子會因此而死。修築外墻，牛、馬及羊等牲畜會因此而死。乙101壹

在殺日不可以屠殺六畜，不可以嫁女兒、娶妻子、進行祭祀活動、賣出財物。乙102壹

在四廢日不可以修建房室……內室，（不可以）修建穀倉、糧倉及倉蓋。乙103壹

（二十二）乘馬[①]

【釋文】

■乘馬到邑□[②]不肎（肯）行者，以□中□入其口中[③]。乙104壹

■鼠［臾］其尾[④]［而有定[⑤]］見（現），邦有□[⑥]。乙105壹

■乘馬不肎（肯）行，☑衡[⑦]上從二七[⑧]，即引之令行。乙106壹

【匯釋】

①簡乙104壹、簡乙106壹講述馬不肯行走時採取的厭禳術，簡乙105壹介於其間，“鼠臾其尾”或是對馬的描述。陳偉主編（2016：62）說。

乘馬：**有三説：其一，釋爲“乘馬”**。方勇（2013A）所釋。**其二，釋爲“遠行”**。晏昌貴（2010B）說。**其三，未釋**。整理者說。

②“邑”下一字殘泐不清。**關於此字的考釋有兩說：其一，釋爲“遠”**。整理者說。**其二，疑爲“止”**。陳偉主編（2016：62）說。今按：此字難以辨認，暫缺釋。

③“以”下一字，從陳偉主編（2016：62），暫缺釋。**關於此字的考釋有兩說：其一，釋爲“轂”**。整理者說。**其二，與“轂”不類**。孫占宇（2013：135）認爲此字字形輪廓與“轂”不類。

“中”下一字，從陳偉主編（2016：62），暫缺釋。**關於此字的考釋有兩說：其一，釋爲“外”**。整理者說。**其二，左部从月**。孫占宇（2013：135）認爲此字左部从月，右部不可辨認。

④臾：**有兩說：其一，釋爲“臾”，牽引**。方勇（2013C）所釋，引《說文》段注：“臾、曳雙聲，猶牽引也。”疑秦文字中“臾”“曳”可能爲一字之分化。**其二，釋爲“申”**。整理者說。

鼠臾其尾：陳偉主編（2016：62）認爲或是對馬的描述。

⑤定：**關於此字的訓釋有三說：其一，釋爲“定”**。孫占宇（2013：135）、陳偉主編（2016：62）說。**其二，釋爲“臣”**。整理者說。**其三，釋爲“血”**。方勇（2013C）說。

⑥“有”下一字，從陳偉主編（2016：62），暫缺釋。**關於此字的考釋有兩說：其一，釋爲“盜”**。整理者說。**其二，疑爲“盈”**。方勇（2013C）說。

⑦銜：**有兩說：其一，釋爲“銜”，馬勒繩，馬嚼子**。孫占宇（2013：135）、陳偉主編（2016：62）釋爲“銜”，引《六書故·地理一》：“銜，馬勒吻金也。”**其二，釋爲“徵”**。整理者說。

⑧二七：**十四，十四次**。孫占宇（2013：136）指出簡牘日書及病方中用來表巫術動作次數時，多用“一七”“二七”之類爲度量。馬王堆帛書《五十二病方》：“以月晦日之丘井有水者，以敝帚騷（掃）尤（疣）二七，祝曰：‘今日月晦，騷（掃）尤（疣）北。’入帚井中。”

【今譯】

乘馬到達城邑……不肯前行，以……中……放進它的嘴裹。乙104壹

（馬）像老鼠牽引它的尾巴一樣然後從容安定地出現，國家就會有……乙105壹

乘馬不肯前行，……馬勒繩上十四次，就可以牽引它使得它前行。乙106壹

（二十三）五音日卜死①

【釋文】

·宮日：卜父及兄以死②，子孫燔（蕃）昌③。母死，有毀④。少者⑤，小有（又）死。乙108A＋乙107壹

［·徵日：☑］⑥燔（蕃）昌。小者以死，有（又）之少者。女〈母〉⑦死，取長子。長子死，取中子。中子死，取少子。乙108B壹

·羽日：卜父死，取長男。母死，取長女。長子死，毋（無）後害。乙109壹

［·商日：☑］□者死，□之⑧。母死，有［毀］。父死，取中子。死⑨，取長子。男死，取少子。乙110壹

·角日：長者死，有從女⑩吉。少男死，毋（無）後央（殃）⑪。乙111壹

【匯釋】

①本篇以五音日卜測某人之死對其家人的影響。

五音日：古代數術家將六十甲子日按照納音之法分別歸屬於五音，即宮、徵、羽、商、角，每音含十二日。下文“宮日”“徵日”“羽日”“商日”“角日”即爲五音日，下不再注。

②卜父及兄以死：**關於此小句的考釋有三說：其一，釋爲“卜父及兄以死”。**

陳偉主編（2016：63）說。**其二，釋爲“子父及兄以死”**。整理者說。**其三，釋爲“人父及兄以死”**。孫占宇（2013：137）說。

③燔昌：**有三說：其一，釋爲“燔昌”，讀爲“蕃昌”，繁榮昌盛**。孫占宇（2013：137）讀爲“蕃昌”。漢《白石神君碑》：“子子孫孫，永永番（蕃）昌。”**其二，釋爲“熠宮”**。整理者說。

④毀：**傷害，損壞**。《小爾雅·廣言》：“毀，壞也。”

有毀：孫占宇（2013：137）認爲或即“子孫有毀”，承上省去“子孫”二字。

⑤少：**有四說：其一，釋爲“少”，小，年少**。程少軒（2011：82）、陳偉主編（2016：64）釋爲“少”。**其二，釋爲“尐”，少**。孫占宇（2013：138）從原簡文，釋爲“尐”。《說文》：“尐，少也。”**其三，釋爲“止”**。整理者說。**其四，釋爲“之”**。晏昌貴（2010B）說。

“者”下或脱“死”字，孫占宇（2013：138）據文意補出。

⑥“燔昌”上文原簡不存，孫占宇（2013：138）據後文《六甲納音》《五音（一）》等篇中的五音排列次序補出“徵日”，下文簡乙 110 壹“商日”同，不再注。

⑦女：孫占宇（2013：138）認爲此字與後文“長子”“中子”“少子”並舉，應爲“母”誤筆。

⑧“之”上一字，**有兩說：其一，暫缺釋**。孫占宇（2013：138）、陳偉主編（2016：64）認爲字形與“家”不類，暫缺釋。**其二，釋爲“家”**。整理者說。

⑨孫占宇（2013：138）認爲“死”上疑有“中子”二字，或爲抄寫者疏忽誤筆，補出，此句應爲“中子死”。

⑩從女：**侄女**。

⑪央：**通“殃”，災禍**。

【今譯】

宮日：卜測父親及兄長在這一天死亡，子孫後代會繁榮昌盛。母親死亡，會有折損傷害。年少者死亡，年齡更小的也會死亡。乙 108A + 乙 107 壹

徵日：……繁榮昌盛。年齡小的在這一天死亡，死亡又會發生到年少者身上。母親死亡，死亡會選取大兒子。大兒子死亡，死亡會選取中間的兒子。中間的兒子死亡，死亡會選取年少的兒子。乙 108B 壹

羽日：占測父親在這一天死亡，死亡會選取大兒子。母親死亡，死亡會選取大女兒。大兒子死亡，沒有後續的災禍。乙 109 壹

商日：……的人死亡，……母親死亡，會有折損傷害。父親死亡，死亡會選取中間的兒子。中間的兒子死亡，死亡會選取大兒子。男子死亡，死亡會選取年少的兒子。乙 110 壹

角日：年長的人死亡，侄女會吉利。年少的男子死亡，沒有後續的災禍。乙 111 壹

（二十四）建除日占死[①]

【釋文】

凡建日死不利父，除日死不利母，開日死不利子，盈日死家不居。乙112壹

【匯釋】

①本篇以某人死亡日子所值建除神煞來測算其死亡對家人的影響。

【今譯】

凡是在建日死亡則不利於父親，在除日死亡則不利於母親，在開日死亡則不利於孩子，在盈日死亡則家屋不能居住。乙112壹

（二十五）剛柔日（二）[①]

【釋文】

■凡甲、丙、戊、庚、壬、子、寅、[卯、戌][②]、巳、酉，是胃（謂）岡（剛）日、陽[日][③]、牡日毆，女子之吉日毆。乙113壹

■凡乙、丁、己、辛、癸、丑、辰、午、未、申、亥，是謂柔日、陰日、牝日毆，男子之吉日毆[④]。乙114壹

【匯釋】

①本篇列舉剛日、柔日，並對其異名及屬性予以說明。陳偉主編（2016：65）說。

②“寅”下脫文，孫占宇（2013：140）據《剛柔日（一）》篇及《牝牡月日》篇補出。

③“陽”下脫“日”字，孫占宇（2013：140）補出。

④孫占宇（2013：140）：本篇以男日作爲女子吉日，女日爲男子吉日，是古代陰陽學說的基本內核。《黃帝蝦蟇經》：“屬陽之類，可以治女，屬陰之類，可以治男。甲、丙、戊、庚、壬皆陽日也，乙、丁、辛、己皆陰日也。”

【今譯】

凡是甲日、丙日、戊日、庚日、壬日、子日、寅日、卯日、戌日、巳日、酉日，這些日子叫作剛日、陽日和牡日，是女子的好日子。乙113壹

凡是乙日、丁日、己日、辛日、癸日、丑日、辰日、午日、未日、申日、亥日，這些日子叫作柔日、陰日和牝日，是男子的好日子。乙114壹

（二十六）十干占行[1]

【釋文】

■甲乙毋東行。乙95貳

·丙丁毋南行。乙96貳

·戊己毋作土攻（功）。乙97貳

·庚辛毋西行。乙98貳

壬癸毋北行。乙99貳

【匯釋】

①本篇根據天干的五行屬性規定諸日不宜出行的方向，並指出戊、己二日不宜興作土功。陳偉主編（2016：66）說。

【今譯】

甲日、乙日不要向東出行。乙95貳

丙日、丁日不要向南出行。乙96貳

戊日、己日不要興作與動土、修建有關的活動。乙97貳

庚日、辛日不要向西出行。乙98貳

壬日、癸日不要向北出行。乙99貳

（二十七）伐木忌（一）[1]

【釋文】

·四月中不可伐木。乙100貳

【匯釋】

①本篇講述伐木的時日禁忌。陳偉主編（2016：66）說。

【今譯】

在四月中不可以進行砍伐樹木的活動。乙100貳

（二十八）十二支占行[1]

【釋文】

·子，西兇（凶），北得[2]，東吉，南兇（凶）。乙101貳

·丑，西兇（凶），東、北吉，南得。乙102貳

·[寅]，西兇（凶），北得，東、南逢言[③]。乙103貳
·卯，西、東吉，南得，北兇（凶）。乙94貳
·辰，西毋行，北兇（凶），南得，東吉。乙95叁
·巳，西兇（凶），南吉，北得，東見疾人[④]。乙96叁
·午，西見言，南兇（凶），北得，東毋行。乙97叁
·未，西、南吉，東得，北兇（凶）。乙98叁
·申，西吉，東、北得，南兇（凶）。乙99叁
·酉，西吉，北兇（凶），東少可，南逢言。乙100叁
·戌，西、北見兵，東得，南兇（凶）。乙101叁
·亥，西見祠者，東、北吉，南兇（凶）。乙102叁

【匯釋】

①本篇講述諸支日出行四方的吉凶。陳偉主編（2016：67）說。

②得：**出行有所得益。**

③言：**關於此字的訓釋有兩説：其一，言語糾紛。**陳偉主編（2016：67）認爲“言”或指言語糾紛。**其二，消息。**孫占宇（2013：143）認爲指消息。“逢言”，似謂行途中會得到某種消息。

④此句睡虎地秦簡《日書》甲種相應篇章作“東見疾死”，陳偉主編（2016：67）認爲此處“人”或爲“死”之誤。

【今譯】

子日，去西邊凶險，去北邊可以有所得益，去東邊吉利，去南邊凶險。乙101貳

丑日，去西邊凶險，去東邊、北邊吉利，去南邊可以有所得益。乙102貳

寅日，去西邊凶險，去北邊可以有所得益，去東邊、南邊會遇到言語糾紛。乙103貳

卯日，去西邊、東邊吉利，去南邊可以有所得益，去北邊凶險。乙94貳

辰日，西邊不要去，去北邊凶險，去南邊可以有所得益，去東邊吉利。乙95叁

巳日，去西邊凶險，去南邊吉利，去北邊可以有所得益，去東邊會遇到疾病和死亡。乙96叁

午日，去西邊會遇到言語糾紛，去南邊凶險，去北邊可以有所得益，東邊不要去。乙97叁

未日，去西邊、南邊吉利，去東邊可以有所得益，去北邊凶險。乙98叁

申日，去西邊吉利，去東邊、北邊可以有所得益，去南邊凶險。乙99叁

酉日，去西邊吉利，去北邊凶險，去東邊稍稍可以有所得益，去南邊會遇到言語糾紛。乙100叁

戌日，去西邊、北邊會遇到兵事，去東邊可以有所得益，去南邊凶險。乙101叁

亥日，去西邊會看到祭祀的人，去東邊、北邊吉利，去南邊凶險。乙102叁

（二十九）遠行兇（凶）①

【釋文】

·遠乙 108B 貳

·行兇（凶）乙 109 貳

■正月壬子死亡②。乙 103 叁

·二月丑喪③。乙 104 貳

·三月甲寅死亡。乙 105 貳

·四月乙卯死亡。乙 106 貳

·五月辰疾喪。乙 108A + 乙 107 貳

·六月丁巳死亡。乙 108B 叁

·七月戊午死亡。乙 109 叁

·八月未疾喪。乙 110 貳

·九月庚申死亡。乙 111 貳

·十月辛酉死亡。乙 112 貳

·十一月戌疾喪。乙 113 貳

·十二月癸亥死亡。乙 114 貳

【匯釋】

①本篇列舉十二月中不宜遠行的日子。陳偉主編（2016：68）說。

②孫占宇（2013：144）提出，從後文四處“疾喪”來看，此處的“死亡”應爲非正常死亡。

③“喪”字上或脱“疾”字，孫占宇（2013：144）補出。

【今譯】

去遠的地方乙 108B 貳

會凶險乙 109 貳

在正月中的壬子日遠行會死亡。乙 103 叁

在二月中的丑日遠行會因疾病喪亡。乙 104 貳

在三月中的甲寅日遠行會死亡。乙 105 貳

在四月中的乙卯日遠行會死亡。乙 106 貳

在五月中的辰日遠行會因疾病喪亡。乙 108A + 乙 107 貳

在六月中的丁巳日遠行會死亡。乙 108B 叁

在七月中的戊午日遠行會死亡。乙 109 叁

在八月中的未日遠行會因疾病喪亡。乙 110 貳

在九月中的庚申日遠行會死亡。乙 111 貳

在十月中的辛酉日遠行會死亡。乙 112 貳
在十一月中的戌日遠行會因疾病喪亡。乙 113 貳
在十二月中的癸亥日遠行會死亡。乙 114 貳

（三十）土功（一）①

【釋文】

·丙子不可壞垣、闉（堙）谷②，妻必死。乙 115 壹
·丁巳不可初垣③，必死，不久。乙 116 壹
·丁未啻（帝）築丹宮④而不成。乙 117 壹
·乙亥啻（帝）築室而匜⑤不成。乙 118 壹
·庚申不可⑥垣室廡門。乙 119 壹
·己酉不可爲室，兇（凶），不死必亡。乙 120 壹
·壬癸⑦不可爲室，不居，其人逃亡。乙 122 壹
·己未不可爲室及門關⑧，先行之者死。乙 121 壹

【匯釋】

①本篇列舉一些不宜興作土功的日子以及觸犯這些忌日將引起的不良後果。陳偉主編（2016：69）說。

②闉：**通“堙”，堵塞**。此字整理者釋爲“䉂”，方勇（2013A）改釋。

闉谷：**關於此詞的訓釋有兩說：其一，填塞山谷坑穴**。方勇（2013A）認爲應是填塞山谷之事，引《史記·秦始皇本紀》：“三十五年，除道，道九原，抵雲陽，塹山堙谷，直通之。”**其二，填塞溝壑**。陳偉主編（2016：69）認爲“谷”有溝壑義，引《說文》“睿”字條下云：“谷，阬坎意也。”

③初：**有三說：其一，釋爲“初”**。孫占宇（2013：145）、陳偉主編（2016：69）說。**其二，釋爲“衣”**。整理者說。**其三，疑爲“卒”**。王輝（2010）說。

初垣：**開始修築垣墻**。陳偉主編（2016：69）說。

④丹宮：**宮殿名稱，帝王的宮殿**。沈休文《史記注》：“梁襄王之丹宮，趙成侯之檀臺，麗華冠於一時。”顏延之《直東宮答鄭尚書》詩：“流雲藹青闕，皓月鑒丹宮。”杜甫《解悶》詩之十二：“側生野岸及江蒲，不熟丹宮滿玉壺。”

⑤匜：**有三說：其一，釋爲“匜”，讀爲“阤”，崩壞**。陳偉主編（2016：69）疑讀爲“阤”。**其二，或爲衍文**。孫占宇（2013：145）認爲此字或爲衍文。**其三，釋爲“臣”**。整理者說。

⑥陳偉主編（2016：69）認爲“不可”下似脫“爲”字。

⑦癸：**有兩說：其一，釋爲“癸”**。陳偉主編（2016：69）說。孫占宇（2013：145）認爲原釋無誤。**其二，釋爲“辰”**。晏昌貴（2010B）說。

⑧關：**門閂，閂門的橫木**。《正韻》：“塞門也，門牡也。”《說文》：“關，以木

橫持門戶也。”

【今譯】

丙子日不可以拆毀垣墻、填塞山谷坑穴，（不然）妻子一定會死亡。乙115壹

丁巳日不可以開始修築垣墻，（不然）一定會死亡，時間隔得不久。乙116壹

丁未日帝修築丹宮卻不能修成。乙117壹

乙亥日帝修築屋室卻崩壞不能修成。乙118壹

庚申日不可以修築垣墻、屋室、廊屋及室門。乙119壹

己酉日不可以修築屋室，（不然會）凶險，不死也一定會逃亡失踪。乙120壹

壬癸日不可以修建房室，不能居住，住的人會逃跑流亡。乙122壹

己未日不可以修建房室及門閂，先進行的人會死亡。乙121壹

（三十一）六甲孤虛①

【釋文】

甲子旬，辰巳虛，戌亥孤。失②六，其虛在東南，孤在西北。若有死［者］，各六［兇］（凶），不出一歲③。乙115貳

·甲戌旬，寅卯虛，申酉孤。失④，虛在正東，孤在正西。若有死者，各四兇（凶），不出一月。乙116貳

·甲申旬，子丑虛，午未孤。失，虛在正北，孤在［正］南。若有死者，各一兇（凶），不出一歲。乙117貳

·甲午旬，戌亥虛，辰巳孤。失，虛在西北，孤在東南。若有死者，各三兇（凶），不出一日旬⑤。乙118貳

·甲辰旬，申酉虛，寅卯孤。失，虛在正西，孤在正東。若有死者，各參（三）兇（凶），不出五月。乙119貳

·甲寅旬，午未虛，子丑孤。失，虛☐⑥［若有］死者，各五兇（凶），不出一歲。乙120貳

【匯釋】

①本篇與孤虛有關。簡文將六十甲子劃分爲六旬，羅列各旬“孤”“虛”所值日辰及所在方位，預測在各旬死者帶來的吉凶。陳偉主編（2016：70）說。

孤虛：**古代數術中的一個流派**。《後漢書·方術傳》：“其流又有風角、遁甲、七政、元氣、六日七分、逢占、日者、挺專、須臾、孤虛之術。”《史記·龜策列傳》裴駰集解：“六甲孤虛法：甲子旬中無戌亥，戌亥爲孤，辰巳即爲虛。甲戌旬中無申酉，申酉爲孤，寅卯即爲虛。甲申旬中無午未，午未爲孤，子丑即爲虛。甲午旬中無辰巳，辰巳爲孤，戌亥即爲虛。甲辰旬中無寅卯，寅卯爲孤，申酉即爲虛。甲寅旬中無子丑，子丑爲孤，午未即爲虛。”

②失：**關於此詞的訓釋有三說：其一，死煞，鬼祟。**陳偉主編（2016：70）認爲同孔家坡漢簡《日書》中的《死失》篇有關。其整理者認爲“失”似爲一種人死後對生人作祟的死煞。**其二，讀爲“魅”，厲鬼。**陳炫瑋（2007：184）認爲“失”當讀爲“魅”，引《說文》：“厲鬼也。”**其三，魂魄的亡失。**晏昌貴（2013）認爲“失”或爲中性詞，指魂魄的亡失，後來發展成專門指厲鬼的“魅”，其觀念的産生同“祟”有關。

③懸泉漢簡中有類似表述：“辰……以死者，不出三年有五喪。”可參考。

④此處及下文“失”下均缺少具體數字。呂亞虎（2009F）認爲“失”數字大小與各句中“若有死者”所對應的“數”大小存在密切聯繫。下不再注。

⑤一日旬：**一日或一旬。**孫占宇（2013：146）釋爲“百旬”。據簡文字形，不從孫說。

⑥“虛”字至“若”字間文字難以辨別。**關於此處的考釋有四說：其一，補爲“在正南，孤在正北”。**孫占宇（2013：146）據文意補。**其二，補爲“在正南，孤在北”。**陳偉主編（2016：71）認爲據殘筆，“虛”下簡文似乎爲“在正北”三字，如然，則原簡“在正”與“北”之間脫“南，孤在”三字。**其三，釋爲“虛在東，孤在西”。**整理者釋爲“虛在東，孤在西”。**其四，釋爲“虛在北，孤在南”。**呂亞虎（2009F）改釋爲“虛在北，孤在南”。孫占宇（2013：146）指出呂說與甲申日情況重複，疑有誤。

【今譯】

在甲子旬，辰巳爲虛，戌亥爲孤。死煞有六個，虛在東南方向，孤在西北方向。如果有死亡的人，他的家人會遭遇六次凶險的事，不超出一年的時間。乙115貳

在甲戌旬，寅卯爲虛，申酉爲孤。死煞（有四個），虛在正東方向，孤在正西方向。如果有死亡的人，他的家人會遭遇四次凶險的事，不超出一個月的時間。乙116貳

在甲申旬，子丑爲虛，午未爲孤。死煞（有一個），虛在正北方向，孤在正南方向。如果有死亡的人，他的家人會遭遇一次凶險的事，不超出一年的時間。乙117貳

在甲午旬，戌亥爲虛，辰巳爲孤。死煞（有三個），虛在西北方向，孤在東南方向。如果有死亡的人，他的家人會遭遇三次凶險的事，不超出一日或十日的時間。乙118貳

在甲辰旬，申酉爲虛，寅卯爲孤。死煞（有三個），虛在正西方向，孤在正東方向。如果有死亡的人，他的家人會遭遇三次凶險的事，不超出五個月的時間。乙119貳

在甲寅旬，午未爲虛，子丑爲孤。死煞（有五個），虛……如果有死亡的人，他的家人會遭遇五次凶險的事，不超出一年的時間。乙120貳

（三十二）鼠食[①]

【釋文】

■大赤[②]［言］曰："鼠［食戶］以□[③]，其室空虛，取土地以連之，得財及肉，□□有□[④]殹。乙 122 貳 鼠食寇〈冠〉[⑤]則□，□□則・有央（殃），食領則有明[⑥]。"乙 121 貳

【匯釋】

①本篇似以老鼠咬食門戶、衣冠等現象爲占。陳偉主編（2016：71）說。

②赤：**有三說：其一，釋爲"赤"**。孫占宇（2013：148）、陳偉主編（2016：71）說。**其二，釋爲"蚩"**。整理者說。**其三，釋爲"禹"**。晏昌貴（2009B）說。

大赤：**人名，或爲當時民間有名的術士**。

③"以"下一字，**有三說：其一，暫缺釋**。今從陳偉主編（2016：71），暫缺釋。**其二，釋爲"衰"**。整理者釋爲"衰"。**其三，或爲"憂"**。孫占宇（2013：148）認爲字形與"衰"不類，或爲"憂"。

④"有"下一字，**有三說：其一，暫缺釋**。今從陳偉主編（2016：71），暫缺釋。**其二，釋爲"邑"**。整理者釋爲"邑"。**其三，右邊从邑**。孫占宇（2013：148）認爲此字右邊从邑，左邊尚有筆畫，難以辨認。

⑤寇：**爲"冠"之誤**。陳偉主編（2016：71）認爲應爲"冠"之誤抄，引睡虎地秦簡《日書》甲種中的《除》篇簡 13 貳："寇〈冠〉、尋車、折衣常（裳）、服帶吉。"整理者注："隸書'寇''冠'二字常不分。"

⑥明：**有兩說：其一，釋爲"明"，讀爲"盟"**。方勇（2013A）認爲此字讀爲"盟"，引《詩經・小雅・黃鳥》"不可與明"，鄭玄箋："明當爲盟。盟，信也。"**其二，釋爲"朋"**。孫占宇（2013：148）認爲此字爲"朋"。

【今譯】

大赤的占辭說："老鼠啃食門戶以……那裏的屋室會空虛，拿土地連接起來，（就可以）得到錢財及肉食，……有……乙 122 貳 老鼠啃食帽子就會……就會有災禍，啃食衣領就會結盟。"乙 121 貳

（三十三）歸行[①]

【釋文】

■丙寅、丁卯、壬戌、癸亥以行，亡。歸，死。乙 317 壹

・千里之行毋以壬戌、癸亥，歸死。行亡，不復［迹］（跡）[②]。乙 123 壹

・凡黔首行遠役[③]毋以甲子、戊辰、丙申，不死必亡。乙 124 壹

·入宦[④]、遠役不可到室之日：庚午、丙申、丁亥、戊申、戊戌、壬戌。此六旬龍日[⑤]□入□□□。乙125壹

·七月申、酉，合日[⑥]毆。不可西行，死。乙317貳

·行忌：春三月己丑不可［東行］[⑦]，乙123貳·夏三月戊辰不可南行，乙124貳［秋］三月己未不可以西行，乙125貳·冬三月戊戌不可北行。百里大兇（凶），二百里外必死[⑧]。乙126貳

·正月丑、酉，二月寅、申，三月卯、未，四月辰，五月巳、亥，六月午、戌，七月卯、未，八月申、寅，九月酉、丑，十月戌，十一月辰、巳，十二月巳、亥，凶日，不可以乙301初入官[⑨]，忌毆。乙366

·入月正月壬、二月癸、三月戊、四月甲、五月乙、六月戊、七月丙、八月丁、九月己、十月庚、十一月辛、十二月己，此日行卅里，遇言語，百里遇乙312將[⑩]，三百里不復迹（跡）。乙314

·凡爲行者，毋犯其鄉（向）之忌日：西毋犯亥、未，東毋犯丑、巳，北毋犯戌、寅，南毋犯辰、申。乙315

·凡大行[⑪]，龍日丙、丁、戊、己、壬、戌、亥，不可以行及歸。乙316

·丙寅、甲戌、戊寅、辛丑、己丑、癸巳、丙申、甲辰、戊申、辛亥、己未、癸亥，是謂離日[⑫]，不可入□[⑬]。乙318

·役居□若有所遠使[⑭]，千里外顧復歸，不可以壬癸到□[⑮]。以壬癸到□，必死。乙319

·吏［宦］[⑯]毋以壬戌歸及遠沒〈役〉。乙320

【匯釋】

①本篇列舉不利於出行、歸還的日子以及觸犯這些忌日的後果。陳偉主編（2016：74）說。

②迹：**即“跡”，行**。《說文》：“跡，步處也。”《楚辭·九章·悲回風》：“求介子之所存兮，見伯夷之放跡。”王逸注：“跡，行也。”

③行遠役：**到遠處服役**。嶽山秦簡中“壬戌、癸亥不可以之遠役及來歸入室”，可參考。

④入宦：**初入官府**。《晉書·陸機傳》：“機以三世爲將，道家所忌，又羈旅入宦，頓居群士之右。”

⑤六旬：**六甲**。六十甲子日可分爲六旬。

六旬龍日：**即六旬中各有一日爲忌日，出行不吉**。孫占宇（2013：150）認爲據簡文中所見，甲午旬有丙申、戊戌兩日，甲戌旬則無龍日。則甲午旬二日中必有一誤，二甲戌旬必有一日出行不吉。

⑥合日：**忌日**。睡虎地秦簡《日書》甲種中有“正月乙卯，四月丙午，七月辛酉，十月壬子，是胃（謂）召（招）畓（搖）合日，不可垣，凶”一句，陳偉主編（2016：74）認爲或相關。所謂招搖合日，爲占卜術語，土忌日之一。招搖爲北

斗杓外星名，多指代北斗。

⑦東行：孫占宇（2008：113）、晏昌貴（2010B）據文例補出。

⑧可與睡虎地秦簡《日書》甲種中的《歸行》篇簡131對照參看。

⑨入官：**初入官府爲官**。王子今（2003：308－309）認爲是錄用爲吏員。《孔子家語・入官》："子張問入官於孔子。"王肅注："入官，謂當官治民之職也。"《資治通鑒後編・熙寧四年》："今以少壯時，當講求天下正理，乃閉門學作詩賦，乃其入官，世事皆所不習。"

⑩將：**或讀爲"戕"，殘殺、殘害**。《國語・楚語下》韋昭注："戕，殘也。"《集韻》："慈盈切，音情。殺也。"《亢倉子・用道篇》："戕身損壽。"

⑪大行：**關於此語的訓釋有兩說：其一，意義重要的出行**。王子今（2003：248）引睡虎地秦簡《日書》甲種中的《行》"凡且有大行、遠行若歙（飲）食、歌樂、聚畜生及夫妻同衣，毋以正月上旬午，二月上旬亥……"一句，認爲出現的"大行"爲意義比較重大的出行活動，與"遠行"不同，"遠行"應爲路程比較遙遠的出行活動。**其二，遠行**。孫占宇（2013：150）認爲"大行"即遠行，引《左傳・哀公二十五年》："以魯國之密邇仇讎，臣是以不獲從君，克免於大行，又謂重也肥？"楊伯峻注："大行，猶遠行。"

⑫離日：**有兩說：其一，釋爲"離日"**。黃儒宣（2013：130）將六十甲子日按照順序置入睡虎地秦簡《日書》甲種中的《艮山圖》，所得離日與本篇離日大致相符，僅"辛巳"作"辛丑"。**其二，釋爲"䴌日"**。孫占宇（2013：150）釋爲"䴌日"，並指出睡虎地秦簡、孔家坡漢簡中的"離日"分別作"禹之離日"或"禹離日"，日期根據《艮山圖》確定，隨月朔而變化。而本篇中"䴌日"是按照月序固定排列的，同所謂離日是否相同尚需考證。

⑬"入"下一字，**有三說：其一，暫缺釋。其二，釋爲"宮"**。整理者說。**其三，可能是"官"**。陳偉主編（2016：75）據字形輪廓認爲也可能是"官"。

⑭使：劉青（2010：31）疑應爲"役"。

⑮"到"下一字，**有兩說：其一，暫缺釋**。今從陳偉主編（2016：75），字形難辨，暫缺釋。**其二，釋爲"家"**。整理者釋爲"家"，下應有重文符。

⑯吏宦：**官員**。陳偉主編（2016：75）指出秦漢時或吏、宦並舉，吏指行政官員，宦指侍奉皇帝的侍從、從官。張家山漢簡《二年律令》簡184："吏六百石以上及宦皇帝，而敢字貸錢財者，免之。"

【今譯】

丙寅日、丁卯日、壬戌日、癸亥日，在這些日子出行，會逃亡失踪。歸來，會死亡。乙317壹

千里的遠行不要在壬戌日、癸亥日進行，歸來就會死亡。出行就會逃亡失踪，不會再出現。乙123壹

凡是百姓到遠方服役不要在甲子日、戊辰日、丙申日出行，（否則）不死也一

定會逃亡失蹤。乙124壹

初入官府（的人）、到遠方服役（的人）不可以回到家的日子：庚午日、丙申日、丁亥日、戊申日、戊戌日、壬戌日。此六旬忌日……入……乙125壹

七月的申日、酉日，是忌日。不可以向西邊出行，（否則）會死亡。乙317貳

出行禁忌：春天三個月的己丑日不可以向東邊出行，乙123貳夏天三個月的戊辰日不可以向南邊出行，乙124貳秋天三個月的己未日不可以向西邊出行，乙125貳冬天三個月的戊戌日不可以向北邊出行。行程在一百里以內會有大凶險，行程在二百里以外一定會死亡。乙126貳

正月的丑日、酉日，二月的寅日、申日，三月的卯日、未日，四月的辰日，五月的巳日、亥日，六月的午日、戌日，七月的卯日、未日，八月的申日、寅日，九月的酉日、丑日，十月的戌日，十一月的辰日、巳日，十二月的巳日、亥日，都是凶日，不可以乙301初入官府爲官，是忌諱。乙366

正月之內的壬日、二月的癸日、三月的戊日、四月的甲日、五月的乙日、六月的戊日、七月的丙日、八月的丁日、九月的己日、十月的庚日、十一月的辛日、十二月的己日，這些日子中出行三十里，會遇到言語糾紛，出行一百里會遭遇乙312殘害，出行三百里就不會再出現。乙314

凡是作爲出行者，不要觸犯方向上的忌日：去西邊不要觸犯亥日、未日，去東邊不要觸犯丑日、巳日，去北邊不要觸犯戌日、寅日，去南邊不要觸犯辰日、申日。乙315

凡是意義比較重大的出行活動，忌日是丙日、丁日、戊日、己日、壬日、戌日、亥日，不可以（在這些日子）出行及歸家。乙316

丙寅日、甲戌日、戊寅日、辛丑日、己丑日、癸巳日、丙申日、甲辰日、戊申日、辛亥日、己未日、癸亥日，這些日子叫作離日，不可以入……乙318

服役居……如果有遠行服役，在千里之外會再次歸家，不可以在壬癸日到……在壬癸日到……一定會死亡。乙319

行政官員及侍從不要在壬戌日歸家及遠行服役。乙320

（三十四）反支[①]

【釋文】

·子朔巳亥，·丑朔子午，寅朔子午，卯朔丑未，辰朔丑未，巳朔寅申，午朔寅申，·未朔［卯酉，申朔[②]］［卯酉，酉朔辰戌，戌朔辰戌[③]］，乙127亥朔巳亥[④]，是胃（謂）反只（支）[⑤]。以徙官[⑥]，十徙。以受憂者，十喜。以亡者，得十。毄（繫）囚，亟出。不可冠帶、見人、取（娶）婦、嫁女、入巨（臣）妾，不可乙128主。歌樂鼓彝（舞）、殺畜生見血，人死之。利以出，不利以入，得一失十。以受賀喜，十憂。以去入官者，必去[⑦]。以歐（毆）治（笞）[⑧]人乙309者，必蓐（辱）。乙367

【匯釋】

①本篇記述反支日及其宜忌。其推算方法及其結果與孔家坡漢簡《日書》中的《反支》篇一致。陳偉主編（2016：76）説。

②卯酉，申朔：**有兩説：其一，釋爲“卯酉”“申朔”**。孫占宇（2013：152）原簡此處開裂，此處可辨識爲“卯酉”“申朔”。陳偉主編（2016：76）認爲孫説可從。**其二，釋爲“未酉”**。柯秋白（2010）説。

③“酉朔”字以下原簡斷殘。孫占宇（2008：124）、晏昌貴（2010B）據孔家坡漢簡《日書》中的《反支》補出。

④此處晏昌貴（2010：26）釋爲“乙亥”。

⑤反只：**即“反支”。依據日支推測行事吉凶的擇日項目，在方位上互相對衝的六對地支互爲“反支”**。孫占宇（2011A）：反支日禁忌以“相反”爲主要特徵。睡虎地秦簡《日書》甲種中的《反支》“支”皆作“枳”。

⑥徙官：**遷官，與“居官”相對**。晏昌貴（2010：27）釋爲“遷宮”，不從。

⑦去：陳偉主編（2016：76）認爲同後文相抵牾，疑似衍文。

入官：**從政，做官**。

⑧治：**有兩説：其一，釋爲“治”，讀爲“笞”**。“歐治”，讀爲“毆笞”，用鞭、杖、竹板毆打。陳偉主編（2016：76）認爲應讀爲“毆笞”，引睡虎地秦簡《法律答問》簡79：“妻悍，夫毆治之，夬（決）其耳……”**其二，釋爲“治”，如字讀，統治他人**。孫占宇（2013：153）認爲此處“治”指統治他人，引《孟子·滕文公上》：“勞心者治人，勞力者治於人。”

【今譯】

子月的朔日是巳日、亥日，丑月的朔日是子日、午日，寅月的朔日是子日、午日，卯月的朔日是丑日、未日，辰月的朔日是丑日、未日，巳月的朔日是寅日、申日，午月的朔日是寅日、申日，未月的朔日是卯日、酉日，申月的朔日是卯日、酉日，酉月的朔日是辰日、戌日，戌月的朔日是辰日、戌日，乙127亥月的朔日是巳日、亥日，這些日子叫作反支日。在這些日子裏遷官，會多次遷動。在這些日子裏感到憂傷的人，會多次喜悦。在這些日子裏失去的東西，會多次得回。（在這些日子裏）入獄成爲囚犯（的人），次次都會被釋放出來。不可以佩戴冠帽綬帶、會見他人、娶妻、嫁女、買入奴隸，不可以乙128主事。（如果）唱歌作樂擊鼓跳舞、屠殺畜生見到血，人就會因此而死亡。利於賣出貨物，不利於買入貨物，（否則）買入一個就會失去十個。在這些日子裏受到恭賀道喜，會有更多的憂愁。在這些日子裏初入官府爲官的人，一定會離職。在這些日子裏用鞭、杖、竹板毆打人乙309的人，一定會被侮辱。乙367

（三十五）土功（二）①

【釋文】

·土良日：癸巳、乙巳、甲戌。乙306

·春子、夏卯、秋午、冬酉，是謂②人彼日，不可築室、爲嗇夫、取（娶）妻、嫁女，兇（凶）。乙129壹

·春乙卯、夏丙午、秋辛酉、冬壬子，是謂咸池旱牛晨弇日③毆，不可垣其鄉（向），必死亡。乙130壹

·春乙亥、夏丁亥、秋辛亥、冬癸亥，是谓［牝］日④，不可操土攻（功），必死亡。乙131壹

·寅、巳、申、亥、卯、午、酉、子、辰、未、戌、丑⑤，凡是謂土禁，不可垣。垣一版⑥，貲⑦。三版，耐。成垣，父母死。乙133壹

·亥、酉、未、寅、子、戌、巳、卯、丑、申、午、辰，凡是謂土□⑧，不可［興］垣土攻（功），大兇（凶）。乙132壹

·子、巳、酉、寅、午、戌、卯、未、亥、辰、申、丑，凡是謂土□月，不可取土其□。壞垣、［興］垣其［鄉］（向）⑨，不死必亡。乙135壹

·卯、丑、寅、午、辰、巳、酉、未、申、子、戌、亥，凡是地司空⑩，不可操土攻（功），不死必亡。乙134壹

·寅、巳、申、亥、卯、午、酉、子、辰、未、戌、丑，凡是謂地［杓］⑪，不可垣。穿地井，到厀（膝），少子死。到要（腰），中子死。到夜（腋），長子死。乙136到巠（頸），妻死。沒人，母父死。以它辰⑫垣杓鄉（向），不死大兇（凶）。以辰垣它鄉（向），吝⑬。延（征）⑭行以杓辰鄉（向），必死亡。乙137

☑三日不可□土攻（功）。□土攻（功），不出一月死。不可行，百事凶。乙138

·正月東方，四月南［方］，七月西方，十月［北方］⑮，凡是謂咸池會月⑯毆，不可垣其鄉（向）。垣高庳⑰，死。□谷⑱兵，男子死。□壞⑲，女子死。乙139

【匯釋】

①本篇敘述土良日與各種土忌，與睡虎地秦簡《日書》及孔家坡漢簡《日書》中的《土良日》篇內容相近，可參看。

②原簡“是”下有合文符號“＝”，今從陳偉主編（2016：78），讀爲“是謂”，詳細可見《直室門》篇注釋。下文十一處“是謂”同，不再注。

③咸池：**方位神煞**。即“大時”“太歲”，三者爲同神異名。《淮南子·天文訓》：“咸池爲太歲，二〈正〉月建〈起〉卯，月從右行四仲，終而復始。……大時者，咸池也。”即咸池正月起居於卯位，逆行四仲，終止又會周而復始。

旱牛晨弇日：孫占宇（2013：154）疑誤釋，引睡虎地秦簡《日書》中的《土

忌》篇：“正月乙卯、四月丙午、七月辛酉、十月壬子，是胃（謂）召𦉪（招搖）合日，不可垣，凶。”認爲似與本條一致，此處應當爲“招搖合日”。

④此處原簡“日”上文字不清難辨，孫占宇（2008：111）、吕亞虎（2009F）據睡虎地秦簡《日書》中的《土忌》篇簡136補出“牝”字。

⑤孫占宇（2008：116）指出此條内容與孔家坡漢簡《土功》篇圖二大致一樣，釋讀爲“正月寅、二月巳、三月申、四月亥、五月卯、六月午、七月酉、八月子、九月辰、十月未、十一月戌、十二月丑，□□□月所在。爲室，主死。垣，二版，□□；[三版，弗]居；四版，賤人死之；六版，母死之；七版，父死之”。其中逐月所忌方位與本條相同，所引起後果相似。陳偉主編（2016：79）指出本條中的十二支是按照月份順序排列的，即正月寅、二月巳、三月申、四月亥等，用來表示神煞方位。以下各條皆同，不再注。

⑥版：**量詞**。從陳偉主編（2016：79），修築土墻使用的夾板，此處用作量詞。《爾雅·釋器》：“大版謂之業。”郭璞注：“築墻版也。”孔家坡漢簡《日書》中有相應使用方法，可參看本篇匯釋⑤。

⑦貲：從陳偉主編（2016：79），秦漢時刑罰的一種，犯罪者可通過繳納甲或盾抵消罪過。此字整理者釋爲“首”，晏昌貴（2010B）改釋。《説文》：“貲，小罰以財自贖也。”睡虎地秦簡《秦律十八種·關市律》：“不從令者貲一甲。”

⑧“土”下一字不清，待考。整理者釋爲“星”，陳偉主編（2016：79）引睡虎地秦簡《日書》中的《土忌》篇簡132背和簡133背所記諸月所在方位内容同此條相似，作“是胃（謂）土神”，或爲同神異名，可參考。

⑨鄉：文字殘泐不清，陳偉主編（2016：80）據文意擬補出。

⑩此條所記諸月所在方位同孔家坡漢簡《日書》中的《司空》篇不同，孫占宇（2013：117）指出此兩者非同一神煞。陳偉主編（2016：80）引孔家坡漢簡《日書》中的《司空》一篇中簡218至簡220：“[正月司空在亥，大徼在亥。]二月司空在酉，大徼在巳。三月司空在未，大徼在申。四月司空在寅，大徼在亥。[五月司空在子，大徼在]卯。六月司空在戌，大徼在午。七月司空在巳，大徼在酉。八月司空在卯，大徼在子。九月司空在丑，大徼在辰。十月司[空在申，大徼在未。十一月司空]在午，大徼在戌。十二月司空在辰，大徼在丑。”指出所述司空諸月方位與本篇不同。

⑪杓：**有兩説：其一，釋爲“杓”**。晏昌貴（2010B）所釋。陳偉主編（2016：80）認爲本篇“地杓”所在方位同上文簡乙133壹“土禁”一致，與睡虎地秦簡《土忌》篇中簡138背所記不同。孫占宇（2013：117）認爲本篇同睡虎地秦簡《日書》中相應部分所記並非同一神煞。**其二，釋爲“利”**。整理者説。

⑫辰：**十二地支的通稱**。

⑬吝：**有兩説：其一，釋爲“吝”，不利**。陳偉主編（2016：80）釋爲“吝”，引睡虎地秦簡《日書》甲種中的《除》簡2貳“結日，作事不成，以祭閵（吝）”，整理者注：“吝，小不利。”**其二，“咎”字之誤**。孫占宇（2013：117）疑爲“咎”

字之誤。

⑭延：**有兩説：其一，釋爲“延”，讀爲“征”**。陳偉主編（2016：80）讀爲“征”，引《國語・晉語四》：“夙夜征行，不遑啓處，猶懼無及。”**其二，釋爲“延”，長**。整理者釋爲“延”，孫占宇（2013：117）從原釋，認爲“延行”指“長行”。

⑮“十月”原簡下脱“北方”，孫占宇（2011A）補出。

⑯咸池會月：孫占宇（2011A）指出，根據《淮南子・天文訓》及孔家坡漢簡中的記録，在正月、四月、七月、十月，大時（咸池）與小時相會於同一方位，或謂之“咸池會月”。

⑰庳：**有兩説：其一，釋爲“庳”，低矮，與“高”相對**。陳偉主編（2016：81）釋爲“庳”，引《淮南子・時則訓》：“營丘壟之小大高庳。”高誘注：“小大、高下各有度量也。”**其二，釋爲“厚”**。整理者、孫占宇（2013：160）説。

⑱“谷”上一字，整理者釋爲“取”，今從陳偉主編（2016：77），暫缺釋。

⑲“壞”上一字，**有三説：其一，暫缺釋**。今從陳偉主編（2016：77），暫缺釋。**其二，釋爲“谷”**。整理者説。**其三，釋爲“垣”**。孫占宇（2011A）説。

【今譯】

興作土事的好日子：癸巳日、乙巳日、甲戌日。乙 306

春季的子日、夏季的卯日、秋季的午日、冬季的酉日，這些日子叫作人彼日，不可以修築屋室、擔任嗇夫、娶妻、嫁女，（否則）凶險。乙 129 壹

春季的乙卯日、夏季的丙午日、秋季的辛酉日、冬季的壬子日，這些日子叫作咸池旱牛晨弃日，不可以在其方向修築垣墻，（否則）一定會死亡。乙 130 壹

春季的乙亥日、夏季的丁亥日、秋季的辛亥日、冬季的癸亥日，這些日子叫作牝日，不可以進行與動土有關的工事，（否則）一定會死亡。乙 131 壹

寅日、巳日、申日、亥日、卯日、午日、酉日、子日、辰日、未日、戌日、丑日，凡是這些日子叫作土禁日，不可以修築垣墻。如果修築一版垣墻，則會受到眥刑。如果修築三版垣墻，則會受到耐刑。垣墻建成，父母會亡死。乙 133 壹

亥日、酉日、未日、寅日、子日、戌日、巳日、卯日、丑日、申日、午日、辰日，凡是這些日子叫作土……不可以興建垣墻及動土的工事，非常凶險。乙 132 壹

子日、巳日、酉日、寅日、午日、戌日、卯日、未日、亥日、辰日、申日、丑日，凡是這些日子叫作土……月，不可以從其方向取土……如果拆毁垣墻、在其方向修築垣墻，不死也一定會逃亡失踪。乙 135 壹

卯日、丑日、寅日、午日、辰日、巳日、酉日、未日、申日、子日、戌日、亥日，凡是這些日子叫作地司空日，不可以進行動土一類的工事，（否則）不死也一定會逃亡失踪。乙 134 壹

寅日、巳日、申日、亥日、卯日、午日、酉日、子日、辰日、未日、戌日、丑日，凡是這些日子叫作地杓日，不可以修築垣墻。穿鑿通往地下的井，（深度）到

了膝蓋，年少的兒子會死亡。（深度）到了腰，中間的兒子會死亡。（深度）到了腋下，大兒子會死亡。乙136（深度）到了頸部，妻子會死亡。（深度）超過了人的高度，父母會死亡。於其他地支在地杓神的方向修築垣墻，（即使）不死也會非常凶險。在地支內的其他方向修築垣墻，不利。以地杓所在的地支和方向出征，一定會死亡。乙137

……三天內不可以（從事）動土一類的工事。……動土一類的工事，不超過一個月就會死亡。不可以出行，所有的事都很凶險。乙138

正月的東方，四月的南方，七月的西方，十月的北方，凡是這些叫作咸池會月，不可以在這些方向修築垣墻。垣墻高低，死亡。……谷兵，男子會死亡。……壞，女子會死亡。乙139

【釋文】

·甲、乙、丙、丁、戊、己、庚、辛、壬、癸，凡是謂十二毀，不可操土攻（功）。木日長子死，土日中子死，水日少子死，百事皆然①。乙140

·正月二月丁、庚、癸，三月四月丙、己、壬，五月六月乙、戊、辛，七月八月甲、丁、庚，九月十月丙、己、庚，十一月十二月甲、戊、辛，凡是謂九忌②，不可垣，一堵③必有死□。乙141

·春三月申、夏寅、秋巳、冬亥，戊子、庚申、癸未、己亥及戊己。正月寅、二月癸、三月甲、四月乙、五月戊、六月己、七月丙、八月丁、九月□④。乙302

·凡入月七日及春戊、夏丑、秋辰、冬未，不可垣及□☑⑤乙363

【匯釋】

①木日：**五行屬木的日子**。即上文所指“甲、乙”之日。

土日：**五行屬土的日子**。即上文所指“戊、己”之日。

水日：**五行屬水的日子**。即上文所指“壬、癸”之日。

百事皆然：柯秋白（2010）釋出，原簡下端收縮，不便釋讀。

②九忌：**有兩說：其一，釋爲“九忌”**。陳偉主編（2016：81）引孔家坡漢簡《日書》中的《十功》篇圖三近似簡文：“十忌：正月二月丁庚，三月四月丙己，五月六月乙戊辛，七月八月丁庚，九月十月丙己癸，十一月十二月甲戊辛，此胃（謂）九忌，不可立垣。”睡虎地秦簡《日書》甲種中的《土忌》篇亦有與此條略同的記錄，可參看。**其二，釋爲“垣忌”**。晏昌貴（2010B）說。

③堵：**古代用於修築墻的計量單位**。與前文“版”有一定的計算關係。《詩經·大雅·緜》：“百堵皆興，鼛鼓弗勝。”鄭玄箋：“五版爲堵。”《公羊傳·定公十二年》：“五版而堵，五堵而雉，百雉而城。”

④“月”下一字，**有兩說：其一，暫缺釋**。從陳偉主編（2016：81），此字難以辨認，暫缺釋。**其二，釋爲“己”**。晏昌貴（2010B）釋爲“己”。此句可與睡虎地秦簡《日書》甲種中的《土忌》篇簡104參看。

⑤“及”下一字，**有兩説：其一，暫缺釋**。整理者未釋。**其二，疑爲“壞”**。陳偉主編（2016：82）據殘筆疑爲“壞”。此句可與睡虎地秦簡《日書》甲種中的《門》篇簡143背和簡144背，以及《土忌》篇（簡107壹）對照參看。

【今譯】

甲日、乙日、丙日、丁日、戊日、己日、庚日、辛日、壬日、癸日，凡是這些日子叫作十二毀日，不可以進行動土一類的工事。（否則）五行屬木之日大兒子會死亡，五行屬土之日中間的兒子會死亡，五行屬水之日年少的兒子會死亡，所有的事都是這樣。乙140

正月及二月的丁日、庚日、癸日，三月及四月的丙日、己日、壬日，五月及六月的乙日、戊日、辛日，七月及八月的甲日、丁日、庚日，九月及十月的丙日、己日、庚日，十一月及十二月的甲日、戊日、辛日，凡是這些日子叫作九忌日，不可以修築垣墻，即使衹修築一堵墻也一定會死亡……乙141

春季三月的申日、夏季的寅日、秋季的巳日、冬季的亥日，戊子日、庚申日、癸未日、己亥日及戊己日。正月的寅日、二月的癸日、三月的甲日、四月的乙日、五月的戊日、六月的己日、七月的丙日、八月的丁日、九月……乙302

凡是一個月之内七日及春季的戌日、夏季的丑日、秋季的辰日、冬季的未日，不可以修築垣墻及……乙363

（三十六）伐木忌（二）[①]

【釋文】

■春三月甲乙不可伐大榆東方，父母死。乙129貳

夏三月［丙丁不］可伐大棘[②]南［方］，長男死。乙130貳

·戊己不可伐大桑中［央］[③]，長女死之。乙131貳

【匯釋】

①本篇内容講述伐木忌日及觸犯後果。文中所見“大榆”“大棘”“大桑”等樹木在古代數術文獻中各有其五行屬性，可以同干支配合，如孔家坡漢簡《日書》中的《伐木忌》：“甲子、乙丑伐榆，父死。庚辛伐桑，妻死。丙寅、丁卯、己巳伐棗□，母死。壬癸伐□□，少子死。”再如睡虎地秦簡《日書》乙種簡67：“木忌：甲乙榆，丙丁棗，戊己桑，庚辛李，壬辰漆。”同本篇或觸犯後果類似，或樹木與天干對應關係類似，可參看。

②棘：**棗樹的一種**。陳偉主編（2016：82）認爲是棗的一種，引《説文》：“棘，小棗叢生者。”《詩經·國風·魏風·園有桃》：“園有棘，其實之食。”毛傳：“棘，棗也。”孫占宇（2013：155）認爲“棘”通“棗”。

③央：整理者原釋爲“災”。

【今譯】

春季三個月中的甲日、乙日不可以在東方砍伐大榆樹，（否則）父母會死亡。乙 129 貳

夏季三個月中的丙日、丁日不可以在南方砍伐大棘樹，（否則）大兒子會死亡。乙 130 貳

戊、己日不可以在中間位置砍伐大桑樹，（否則）大女兒會死亡。乙 131 貳

（三十七）門戶[①]

【釋文】

■凡啟門，以七星、[張]、翼、[亢]、奎[②]皆[③]。門忌乙 133 貳乙、辛、戊、五丑[④]。乙 132 貳

■祠門良日：甲申、庚申、壬申。乙 135 貳

■戶忌丁及五丑，凶。乙 134 貳

【匯釋】

①本篇講述與門戶有關的良日及忌日。陳偉主編（2016：83）說。

②七星、張、翼、亢、奎：皆爲星宿名。

③孫占宇（2013：156）認爲原簡“皆”下或脫一“吉”字，據文意補出。此句謂似七星、張、翼、亢、奎等星宿所值之日啟門都是吉利的。簡牘《日書》中有“二十八宿紀日法”，劉樂賢（2003：70－84）有專門探討，可參看。

④五丑：**即乙丑、丁丑、己丑、辛丑、癸丑五日。**

【今譯】

凡是開門，在七星宿、張宿、翼宿、亢宿、奎宿所值守的日子都是（吉利的）。門忌日（爲）乙 133 貳乙日、辛日、戊日、五丑日。乙 132 貳

祭祀門的好日子：甲申日、庚申日、壬申日。乙 135 貳

門戶忌諱丁日及五丑日，凶險。乙 134 貳

（三十八）生男女[①]

【釋文】

平旦生女，日出生男，夙食女，莫食男，日中女，日過中男，日則（側）女，日下則（側）男，日未入女，日入男，昏（昏）[②]女，夜莫（暮）乙 142 男，夜未中女，夜中男，夜過中女，雞鳴男。乙 143

【匯釋】

①本篇與甲種《生男女》篇相同，可參看。

②昬：整理者徑釋爲“昏”。

【今譯】

在清晨出生的孩子是女孩，在日出時出生的孩子是男孩，在食時前一段時間出生的孩子是女孩，在食時後一段時間出生的孩子是男孩，在正午出生的孩子是女孩，在正午後一段時間出生的孩子是男孩，在太陽偏西時分出生的孩子是女孩，在太陽更偏西時分出生的孩子是男孩，在太陽下山之前出生的孩子是女孩，在太陽下山時出生的孩子是男孩，在黃昏時分出生的孩子是女孩，在剛進入夜晚的一段時間142出生的孩子是男孩，在沒有到夜半時分出生的孩子是女孩，在夜半時分出生的孩子是男孩，在夜半之後一段時間出生的孩子是女孩，在雞鳴時分出生的孩子是男孩。乙143

（三十九）四時首[①]

【釋文】

·春三月東首，夏三月南首，秋三月西首，冬三月北首，皆吉。乙303A＋乙304

【匯釋】

①首：**向，朝向**。《禮記·玉藻》：“君子之居恒當戶，寢恒東首。”《楚辭·九歎·遠遊》“登昆侖而北首兮”，王逸注：“首，鄉也。”《史記·淮陰侯列傳》“北首燕路”，張守節正義：“首，向也。”

陳偉主編（2016：84）引周家臺秦簡《日書》中的《產子占》“東首者貴，南首者富，西首者壽，北首者北”，並結合睡虎地秦簡《日書》乙種指出，此篇中的“首”在睡簡相應部分作“鄉（向）”。雖無直接證據，但本篇可能同《產子占》相當。

【今譯】

春季三個月中（孩子出生時）頭朝向東邊方向，夏季三個月中（孩子出生時）頭朝向南邊方向，秋季三個月中（孩子出生時）頭朝向西邊方向，冬季三個月中（孩子出生時）頭朝向北邊方向，都是吉利的。乙303A＋乙304

（四十）雜忌[①]

【釋文】

■人[②]忌：丁未、戊戌、壬戌[③]、壬午、戊午、壬申。·吉日：乙丑、庚辰、壬

辰、己亥、己丑、未[4]、己酉。153 壹

▨□□、□□、[己酉][5]。乙 152 壹

▨[忌][6]：乙巳、未、己[丑]、癸[未、乙]未[7]、丑、辛丑、戊戌、辰。·吉日：甲寅、丙午、甲辰、[戌]、未[8]。▨乙 151 壹

·羊忌：壬辰、戌、丁酉、癸亥、未、乙巳、丙申。·吉日：辛巳、未卯、庚寅、辰。乙 150 壹

□[忌]：丙午、戌、庚午、乙卯、巳、丙戌、壬辰、癸卯、五寅[9]。·吉日：乙巳、未、亥、甲午、乙未、丑、丙辰、丁亥。乙 148 壹

彘忌：丁丑、未、亥[10]、乙亥、丙辰。·吉日：庚寅[11]、乙丑、癸未、壬辰、戌、戊辰。乙 149 壹

·雞忌：辛巳、庚辰、未、卯、寅、丙辰、丁亥。·吉日：乙巳、丙戌、辰、庚午、甲辰。乙 147 壹

·井忌：己巳、庚申、壬戌。·吉日：乙丑、乙未、甲辰、辛丑、亥[12]、丑、丙申、丁酉、辛巳。乙 146 壹

·衣忌：丁酉、丁亥、丙午、辰、戊戌、五[13]寅。·吉日：辛巳、辛丑、丁丑、丁巳、癸丑。乙 145 壹

【匯釋】

①本篇記列人、羊、彘、雞、井、衣等的忌日與吉日。陳偉主編（2016：85）說。

②人：從陳偉主編（2016：85），據後文來看應釋爲“人”，引嶽山秦牘《七畜日》中的《人良日》及睡虎地秦簡《日書》乙種中的《良日》一篇，可參看。

③壬戌：整理者漏釋，孫占宇（2013：163）補出。

④未：孫占宇（2013：163）疑此處“未”當爲“己未”，承前省“己”字，後文單獨出現的日支較多，如簡乙 151 壹的“未”“丑”“辰”“戌”“未”，簡乙 150 壹的“戌”“未”“辰”等，應皆爲承前省去日干。下不再注明。

⑤己酉：整理者未釋。其上四字，從陳偉主編（2016：86），暫缺釋。

⑥▨[忌]：殘字晏昌貴（2010B）擬補爲“牛”。據睡虎地秦簡《日書》簡 70—71：“牛日：牛良日，甲午、寅，戊午，庚午、寅，丙寅，壬寅，丁酉、未。甲辰，可以出入牛、服之。·其忌，乙巳，□□□□未，辛丑，戊辰，壬午。”可見日期相類，從晏說。

⑦己[丑]、癸[未、乙]未：此爲孫占宇（2013：164）所釋。整理者釋爲“己壬、癸未、丑未”。

⑧甲寅：**有兩說：其一，釋爲“甲寅”**。孫占宇（2013：164）、陳偉主編（2016：86）認爲原釋無誤。**其二，釋爲“甲午”**。晏昌貴（2010B）說。

甲辰：**有三說：其一，釋爲“甲辰”**。陳偉主編（2016：86）說。**其二，釋爲“甲寅”**。整理者說。**其三，暫缺釋**。孫占宇（2013：164）認爲此處字形難辨，暫

缺釋。

戊：整理者原釋爲“午”。

未：**有兩說：其一，釋爲“未”**。整理者釋爲“未”，陳偉主編（2016：86）暫從原釋。**其二，釋爲“丑”**。柯秋白（2010）說。

⑨五寅：**即甲寅、丙寅、戊寅、庚寅、壬寅五日。**

⑩亥：晏昌貴（2010B）釋爲“巳”。

⑪庚寅：晏昌貴（2010B）釋爲“庚辰”。

⑫亥：晏昌貴（2010B）釋爲“癸”。

⑬五：整理者釋爲“壬”。

【今譯】

人的禁忌日：丁未日、戊戌日、壬戌日、壬午日、戊午日、壬申日。（人的）好日子：乙丑日、庚辰日、壬辰日、己亥日、己丑日、己未日、己酉日。乙 153 壹

……己酉日。乙 152 壹

（牛）的禁忌日：乙巳日、乙未日、己丑日、癸未日、乙未日、乙丑日、辛丑日、戊戌日、戊辰日。（……）好日子：甲寅日、丙午日、甲辰日、甲戌日、甲未日。……乙 151 壹

羊的禁忌日：壬辰日、壬戌日、丁酉日、癸亥日、癸未日、乙巳日、丙申日。（羊的）好日子：辛巳日、未卯日、庚寅日、庚辰日。乙 150 壹

……的禁忌日：丙午日、丙戌日、庚午日、乙卯日、乙巳日、丙戌日、壬辰日、癸卯日、五寅日。（……）好日子：乙巳日、乙未日、乙亥日、甲午日、乙未日、乙丑日、丙辰日、丁亥日。乙 148 壹

豬的禁忌日：丁丑日、丁未日、丁亥日、乙亥日、丙辰日。（豬的）好日子：庚寅日、乙丑日、癸未日、壬辰日、壬戌日、戊辰日。乙 149 壹

雞的禁忌日：辛巳日、庚辰日、庚未日、庚卯日、庚寅日、丙辰日、丁亥日。（雞的）好日子：乙巳日、丙戌日、丙辰日、庚午日、甲辰日。乙 147 壹

井的禁忌日：己巳日、庚申日、壬戌日。（井的）好日子：乙丑日、乙未日、甲辰日、辛丑日、辛亥日、辛丑日、丙申日、丁酉日、辛巳日。乙 146 壹

製衣的禁忌日：丁酉日、丁亥日、丙午日、丙辰日、戊戌日、五寅日。（製衣的）好日子：辛巳日、辛丑日、丁丑日、丁巳日、癸丑日。乙 145 壹

（四十一）無毒之方①

【釋文】

·毋（無）毒之方

歙（飲）②必審［鳥桮（杯）］③中，不見童（瞳）子④勿歙（飲）。言酉（酒）⑤甘□□⑥子之，惡主［笱（苟）把］毒⑦殹。乙 144 壹

【匯釋】

①本篇講述避免飲用毒酒的方法。陳偉主編（2016：87）說。

②歙：**古“飲”字**。《説文》：“歙，歠也。”《玉篇》：“歙，古文飲。”周家臺秦簡301：“取十餘叔（菽）置鬻（粥）中而歙（飲）之，已腸辟。”

③鴡：**用眼睛仔細看**。《廣雅》：“鴡，視也。”方勇（2013C）釋：鴡，《説文》：“目孰視也。”

審鴡：**仔細觀察審視**。兩個近義動詞連用。

棓：**讀爲“桮”“杯”，古代盛羹湯及注酒的器皿**。整理者徑釋爲“桮”。《逸周書·器服》：“四棓禁，豐一觴。”朱右曾校釋：“棓讀爲桮……棓與桮、杯並同。”

④童子：**讀爲“瞳子”，眼瞳，眼眸，眸子**。童，通“瞳”。《正字通·立部》：“童，與瞳通。”《漢書·陳勝項籍傳》：“舜蓋重童子，項羽又重童子。”顔師古注：“童子，目之眸子。”

⑤酉：**古“酒”字**。《六書正譌》：“酉，古酒字。”睡虎地秦簡《秦律十八種·田律》中有“百姓居田舍者毋敢醢酉（酤酒）”。

⑥“甘”下二字，**有兩説：其一，暫缺釋**。“甘”下二字殘泐不清，從陳偉主編（2016：87），暫缺釋。**其二，釋爲“味稚”**。整理者説。孫占宇（2013：165）將此小句及下一小句斷句爲“言酉（酒）甘味，稚子之惡”。

⑦笱：**關於此字的訓釋有兩説：其一，釋爲“笱”，读爲“苟”，誠**。此字整理者未釋，方勇（2013C）釋出，認爲可表示誠意，引《左傳·昭公二十八年》：“苟非德義，則必有禍。”孔穎達疏：“苟，誠也。”**其二，釋爲“莒”**。孫占宇（2013：165）釋此字爲“莒”。

把：**有三説：其一，釋爲“把”**。方勇（2013C）所釋，引《説文》：“握也。”**其二，釋爲“抆”**。孫占宇（2013：165）釋“把”字爲“抆”。**其三，釋爲“杞”**。整理者説。

把毒：**有兩説：其一，手握毒酒**。方勇（2013C）理解爲“手握毒酒”。**其二，帶毒**。陳偉主編（2016：87）引睡虎地秦簡《封診式·毒言》：“丙而不把毒，毋（無）它坐。”整理者注：“把毒，帶毒。”認爲本簡中的“把毒”可能存在投毒的含義。

【今譯】

（飲酒）不會有毒的方法

飲酒的時候一定要仔細觀察審視酒杯中（的酒），（如果）看不到眼眸就不能飲用。言説酒水甘甜……子之，邪惡的主人（假意）誠摯地手握毒酒。乙144壹

（四十二）六甲圖[1]

【釋文】

壬子|癸丑乙 153 貳

庚子辛丑|壬寅癸卯乙 152 貳

［戊子己丑庚寅|辛卯壬辰癸巳］[2]乙 151 貳

丙子丁丑戊寅己卯|庚辰辛巳壬午癸未乙 150 貳

甲子乙丑丙寅丁卯戊辰|己巳庚午辛未壬申癸酉乙 148 貳

甲寅乙卯丙辰丁巳戊午|己未庚申［辛］酉壬戌癸亥乙 149 貳

甲辰乙巳丙午丁未|戊申己酉庚戌[3]辛亥乙 147 貳

甲午乙未丙申|丁酉戊戌己亥乙 146 貳

甲申乙酉|丙戌丁亥乙 145 貳

甲戌|乙亥乙 144 貳

【匯釋】

①本圖按照規律將六十甲子排列爲菱形，構圖與尹灣漢牘《占雨》類似。陳偉（2010）認爲此圖可能與後文《占盜（二）》篇簡乙 322 有關。黃儒宣（2013：148）認爲同後文《候歲》篇簡乙 154—163 有關。

②原簡殘斷，孫占宇（2008：123）、呂亞虎（2009F）據文意補出爲“戊子己丑庚寅|辛卯壬辰癸巳”。下文簡乙 149 貳“酉”上脫“辛”字，孫占宇（2008：123）、呂亞虎（2009F）據文意補出。

③孫占宇（2013：166）、陳偉主編（2016：88）從原釋。晏昌貴（2010B）釋“庚戌”爲“庚戌”。

（四十三）候歲[1]

【釋文】

・入正月一日而[2]風不利雞，二日風不利犬，三日風不利豕，四日風不利羊，五日風不利牛，六月〈日〉[3]風不利馬，七日風不利人[4]。乙 166

・入正月一日風，風道[5]東北[6]，禾黍將[7]。從正東，卒者丈夫。從東南，手梟[8]坐坐。從正南，［衣之必死］。☐乙 162A＋93A 兵，邦君必或死之。從正北，水［潦來］[9]。乙 313

・正月甲乙雨，禾不享[10]，［邦］[11]有木攻（功）。丙丁雨，大旱，鬼神北行，多疾。戊己雨，大有年[12]，邦有土攻（功）。庚辛雨，有年，大作[13]邦乙 154・中。壬癸雨，大水，禾粟□起[14]，民多疾。入正月一日而有雨正月旱，二日雨二月旱，三日雨三月旱，四日雨四月旱，五日乙 158・雨五月旱，六日雨六月旱，七日雨七月

旱。乙159

·七月雨爲湆（澍）[15]，正月湆（澍）。八月雨，二月湆（澍）。九月雨，三月湆（澍）。十月雨，四月湆（澍）。十一月雨，五月湆（澍）。十二月雨，六月湆（澍）。正月、四月，婁爲上泉，畢爲中乙160·泉，東井爲下泉[16]。上泉雨，稙享。中泉雨，稙[17]享，中［穜］[18]享。下泉雨，［稺］[19]享。三泉皆雨，大有黍[20]。三泉不雨，大飢（饑）[21]。乙161

【匯釋】

①本篇以某些日期的風雨等天氣狀況來占卜年景。陳偉主編（2016：89）說。

②而：**假設連詞，如果**。《詞詮》卷十："而，假設連詞，用同如。"《論語·爲政》："人而無信，不知其可也。"《清稗類鈔·戰事類》："諸君而有意，瞻余馬首可也。"

③此處陳偉主編（2016：89）認爲"月"爲"日"誤筆。

④秦漢時期存在以正月一日至八日天氣占測來年人畜命運的習俗，一直延續到南北朝時期，傳世文獻典籍較爲常見，如今甘肅鄉間仍有此習俗。如《開元占經》引《京房占》云："正月初一日爲雞，二日爲狗，三日爲豬，四日爲羊，五日爲牛，六日爲馬，七日爲人，八日爲穀。"《北齊書·魏收傳》也有類似記載。

⑤道：**介詞，從，由**。《漢書·淮南王傳》："諸使者道長安來。"《山海經·大荒西經》："風道北來。"《管子·禁藏》："故凡治亂之情，皆道上始。"尹知章注："道，從也。"

⑥孫占宇（2013：169）指出，漢代有正月旦決八方來風以占斷來年水旱兵疫的習俗。《史記·天官書》："風從南方來，大旱；西南，小旱；西方，有兵；西北，戎菽爲，小雨，趣兵；北方，爲中歲；東北，爲上歲；東方，大水；東南，民有疾疫，歲惡。"《開元占經》所引《京房占》及孔家坡漢簡《占》篇均有此類描述，可參看。

⑦將：**壯大，茂盛**。《詩經·小雅·北山》："嘉我未老，鮮我方將。"毛傳："將，壯也。"《爾雅·釋詁上》："將，大也。"

⑧手：**有三說：其一，釋爲"手"，持、取**。陳偉主編（2016：90）認爲"于"有持、取等義，引《詩經·小雅·賓之初筵》："賓載手仇，室人入又。"毛傳："手，取也。"《逸周書·克殷》："武王乃手大白以麾諸侯，諸侯畢拜，遂揖之。"朱右曾校釋："手，持也。"**其二，釋爲"牛"**。孫占宇（2016：169）將此字連同下一字釋爲"牛枲"，認爲是枲麻的一種。**其三，釋爲"之"**。整理者說。

枲：**麻，牡麻**。《說文·木部》："枲，麻也。"《儀禮·喪服》："牡麻者，枲麻也。"

⑨水潦：**有兩說：其一，釋爲"水潦"，大雨，大水**。陳偉主編（2016：90）釋爲"水潦"，引睡虎地秦簡《秦律十八種·田律》："早〈旱〉及暴風雨、水潦、蚤（螽）蚰、群它物傷稼者，亦輒言其頃數。"《左傳·襄公十年》："水潦將降，懼

不能歸，請班師。”**其二，釋爲“水漬”**。孫占宇（2013：169）從整理者將“潦”字釋爲“漬”。

⑩享：**有兩說：其一，疑爲“孰”之省或誤**。孫占宇（2013：170）、陳偉主編（2016：90）疑“享”爲“孰”字省寫或誤書。**其二，釋爲“孰”**。宋華強（2010）、王輝（2010）釋爲“孰”。

⑪此處“有”上一字不存，晏昌貴（2010B）據文意補出。

⑫大有年：**大豐收**。《穀梁傳・宣公十六年》：“五穀大熟，爲大有年。”《竹書紀年》卷下：“秋，大有年。”

⑬大作：**興作大事，大興土木工程**。《易・益》：“初九，利用爲大作，元吉，無咎。”孔穎達疏：“大作，謂興作大事也。”

⑭“粟”下一字，陳偉主編（2016：91）據字形殘筆看疑爲“弗”，暫缺釋，待考證。

起：**建造，興建**。《漢書・昭帝紀》：“起雲陵。”

⑮澍：**疑爲“澍”之省或誤**。澍：**時雨，及時的雨**。《說文》：“澍，時雨，所以澍生萬物。”司馬相如《難蜀父老》：“群生澍濡，洋溢乎方外。”《論衡・雷虛》：“故，雨潤萬物名曰澍。”《後漢書・孝和孝殤帝紀》：“未及還宮而澍雨。”《後漢書・段熲傳》：“連獲甘澍，歲時豐稔。”

⑯劉國勝（2010）指出婁、畢、東井皆爲以星宿紀日。孫占宇（2013：171）指出古文認爲婁、畢、東井等星宿主雨水。《詩經・小雅・漸漸之石》：“月離於畢，俾滂沱矣。”《史記・天官書》：“東井爲水事。”

⑰稙：**早種植的穀物**。《詩經・魯頌・閟宮》：“黍稷重穋，稙稺菽麦。”毛傳：“先種曰稙，後種曰稺。”賈思勰《齊民要術・種穀》：“二月三月種者爲稙禾，四月五月種者爲稺禾。”

⑱穜：**有三說：其一，應爲“穜”之殘，中間時間段種植的穀物**。時間介於前文“稙”與後文“稺”之間。陳偉主編（2016：91）認爲據圖版，此字似有“禾”旁，應爲“穜”之殘筆。引《周禮・天官・內宰》“而生穜稑之種”，鄭玄注引鄭司農云：“先種後孰謂之穜。”指出孔家坡漢簡《日書》中的《占》篇簡417“七日稙禾爲，九日中禾爲，廿日稺禾爲”一句中“中禾”同“稙禾”“稺禾”對應，同本文中的“中穜”近同。**其二，釋爲“竜”**。整理者釋爲“竜”，孫占宇（2013：171）從原釋，並認爲“中竜”爲種植時間介於稙禾與稺禾之間的農作物。**其三，疑爲“稺”或“種”**。劉國勝（2010）說。

⑲稺：**晚熟的穀物**。整理者未釋，孫占宇（2008：110）、劉國勝（2010）疑爲“稺”，陳偉主編（2016：92）據殘筆及文意而從。《說文》：“稺，幼禾也。”稺亦作稚。《尚書考靈曜》：“百穀稚熟，日月光明。”注：“晚熟曰稚。”

⑳黍：劉國勝（2010）疑爲“年”之誤抄。

㉑飢：**饑，五穀不熟**。饑荒，災荒。

【今譯】

進入正月的第一天如果起風就會對雞不利，第二天如果起風就會對犬不利，第三天如果起風就會對豬不利，第四天如果起風就會對羊不利，第五天如果起風就會對牛不利，第六天如果起風就會對馬不利，第七天如果起風就會對人不利。乙166

進入正月的第一天如果起風，風從東北方向開始吹，禾苗黍穀就會壯大。風從正東方向開始吹，死去的人是成年男子。風從東南方向開始吹，持取牡麻會長得很結實。風從正南方向開始吹，穿衣服一定會死。……乙162A＋93A起兵，國家中一定有人會因此而死。風從正北方向開始吹，大雨大水就會到來。乙313

正月甲日、乙日下雨，禾苗就會不成熟，國內會有與伐木、木工相關的工事。丙日、丁日下雨，就會大旱，鬼怪神煞會向北行，多有疾病。戊日、己日下雨，會有大豐收，國內會有與動土、修築相關的工事。庚日、辛日下雨，會豐收，在國內大興土木工程。乙154壬日、癸日下雨，會有大水，禾苗粟米……生長，百姓會多生疾病。進入正月的第一天下雨，正月就會干旱，第二天下雨，二月就會干旱，第三天下雨，三月就會干旱，第四天下雨，四月就會干旱，第五天乙158下雨，五月就會干旱，第六天下雨，六月就會干旱，第七天下雨，七月就會干旱。乙159

七月的雨是及時雨，如果正月所下的是及時雨的話。八月會下雨，如果二月下的是及時雨的話。九月會下雨，如果三月下的是及時雨的話。十月會下雨，如果四月下的是及時雨的話。十一月會下雨，如果五月下的是及時雨的話。十二月會下雨，如果六月下的是及時雨的話。正月及四月，婁宿所值守的日子爲上泉日，畢宿所值守的日子是中乙160泉日，東井宿所值守的日子是下泉日。在上泉日下雨，早種植的穀物就會成熟。在中泉日下雨，早種植的穀物就會成熟，中間時間種植的穀物就會成熟。在下泉日下雨，晚種植的穀物就會成熟。三泉日都下雨，黍子就會有大豐收。三泉日都不下雨，就會有大饑荒。乙161

【釋文】

·□□二月□□矦（候）①歲：戊雨，堇（堇）蒿②毆。己雨，禾秀③毆。庚雨，上下④。辛雨，有年。壬雨，上中。癸雨，禾秀毆。甲雨，堇（堇）蒿。乙155

·五月辰辰日大雨，大虫（蟲）⑤。小雨，小虫（蟲）。乙157

·七月甲乙雨，飢（饑）。丙丁雨，小飢（饑）。戊己雨，歲中。庚辛雨，有年。乙156

【匯釋】

①矦：**古“侯”字，讀爲“候”，測問。**從陳偉主編（2016：92），讀爲“候”。《字彙·矢部》：“矦，古侯字。”《廣韻·侯韻》：“侯，候也。”《史記·天官書》：“凡候歲美惡，謹候歲始。歲始或冬至日，產氣始萌……四始者，候之日。”張守節正義：“言以四時之日候歲吉凶也。”

②堇：**有兩説，其一，讀爲“僅”，少。**陳偉主編（2016：92）指出“多蒿”

同本文中的“堇蒿”對應，“堇”或當讀爲“僅”。《漢書·董仲舒傳》“廑能勿失耳”，顔師古注：“廑與僅通。僅，少也。”**其二，指烏頭，一種毒藥**。孫占宇（2013：171）認爲“堇”指烏頭，一種毒藥。

蒿：**疑讀爲“槁”，指禾苗乾枯、枯萎**。陳偉主編（2016：92）與下文“禾秀”相對，“蒿”疑讀爲“槁”，指禾苗乾枯、枯萎。引《孟子·公孫丑上》“苗則槁矣”，趙岐注：“槁，乾枯也。”又引孔家坡漢簡《日書》簡398：“正月甲乙雨，雨膏；丙丁雨，田嚚；戊己雨，禾饒；庚辛雨，田多蒿；壬癸雨，禾消。”

③秀：**茂盛**。《廣雅·釋言》：“秀，茂也。”

④上下：**上等中的下等，此處指年景收成情況**。下文“上中”意爲上等中的中等，下不再注。

⑤虫：**通“蟲”，蟲災，產生蟲害**。《說文》段注：“古虫、蟲不分。”《齊民要術·種穀》：“薄田不能糞者，以原蠶矢雜禾種之，則禾不蟲。”孫占宇（2013：171）指出前文以“辰”與“蟲”相配，五月又爲農作物蟲害多發季節，故本條簡文用五月辰日雨水情況來占測蟲害程度。

【今譯】

……二月……測問收成：戊日下雨，禾苗會枯萎。己日下雨，禾苗會長得茂盛。庚日下雨，收成是上等中的下等。辛日下雨，會豐收。壬日下雨，收成是上等中的中等。癸日下雨，禾苗會長得茂盛。甲日下雨，禾苗會枯萎。乙155

五月中的辰日下大雨，會遭遇大型蟲害。下小雨，會遭遇小型蟲害。乙157

七月中的甲、乙日下雨，會遭遇饑荒。丙日、丁日下雨，會遭遇小饑荒。戊日、己日下雨，收成中等。庚日、辛日下雨，會豐收。乙156

（四十四）土功（三）①

【釋文】

·凡甲申、乙酉，絕天氣，不可起土攻（功），不死必亡。乙308壹

【匯釋】

①本篇與甲種《土功》相同，可參看。

【今譯】

凡是甲申日、乙酉日，都是阻絕上天元氣的日子，不可以進行與動土、修建有關的活動，（否則）即使不死，也一定會失蹤逃亡。乙308壹

（四十五）刑德[1]

【釋文】

■□□年，刑直（德）[2]并在土[3]。刑徙所勝[4]直（德），直（德）徙所不勝刑，五歲而復并於土。乙 347 貳

·直（德）之所在主歲[5]。乙 308 貳

【匯釋】

①本篇與刑德說有關。

②直：**讀爲“德”，即陰陽中的陽。**

刑直：即“刑德”。道分萬物爲陰陽，陰陽衍生四時，四時推出刑德。古人以刑爲陰克，德爲陽生，將刑德與陰陽並稱，附會五行生克之說，用於各類占卜活動。《春秋繁露·陰陽義》：“天道之常，一陰一陽。陽者天之德也，陰者天之刑也。”阮侃《宅無吉凶攝生論》：“世有安宅、葬埋、陰陽、度數、刑德之忌，是何所生乎!”

③土：**五行中的土位。**

④勝：**克**。《爾雅·釋詁上》：“勝，克也。”孔家坡漢簡《日書》中的《歲》：“於是令火勝金，令水勝火，令土勝水，令木勝土，令金勝木……”

⑤主歲：周家臺秦簡《日書》五見“主歲”，意爲置（德）居於某一方位，則有相應神煞主歲。

【今譯】

……年，刑、德二神並居土位。刑移動到克德的方位，德移動到不克刑的方位，五年之後刑、德二神再一次並居土位。乙 347 貳

德居於某一方位，則會有相應的神煞主歲。乙 308 貳

（四十六）五種忌[1]

【釋文】

·五穜（種）[2]忌

子麥、丑黍、寅稷、卯村（菽）[3]、辰麻[4]、[戌]秫、亥稻，不可始[穜]（種）、穫及賞（嘗）[5]。乙 164

【匯釋】

①本篇講述麥、黍等七種農作物的播種、收穫及嘗新的忌日。陳偉主編（2016：92）說。

②穜：**有兩說：其一，釋爲“穜”，讀爲“種”。**從孫占宇（2013：176）通

"種"，整理者徑釋爲"種"。《廣雅·釋詁三》："穜，類也。"王念孫疏證："穜，經傳皆作種。"馬王堆帛書《黄帝四經·經法·論》："動靜不時，穜樹失地之宜……"**其二，徑釋爲"種"。**整理者說。

五穜：**泛指各種穀物。**《周禮·夏官·職方氏》："河南曰豫州……其穀宜五種。"鄭玄注："五種，黍、稷、菽、麥、稻。"《荀子·儒效》："相高下，視墝肥，序五種，君子不如農人。"楊倞注："五種，黍、稷、豆、麥、麻。"《齊民要術·種穀》："小豆忌卯，稻麻忌辰，禾忌丙，黍忌丑，秫忌寅未，小麥忌戌，大麥忌子，大豆忌申卯，凡九穀有忌日。"可參看。

③尗：**有三說：其一，釋爲"尗"，同"叔"，後作"菽"，豆類，特指大豆。**孫占宇（2013：176）釋爲"尗"，指出是"叔"的異體字，後作"菽"。《淮南子·墬形訓》"其地宜菽"，高誘注："菽，豆也。"**其二，釋爲"菽"。**整理者說。**其三，釋爲"叔"。**王輝（2010）說。

④麻：孫占宇（2008：135）、柯秋白（2010）釋出。其下整理者釋有"巳□"，孫占宇（2013：176）認爲原簡無此二字。

⑤始穜：整理者釋爲"種種"。

穫：**收穫、收割莊稼。**《尚書·金縢》："秋，大熟，未穫……"孔穎達疏："其秋大熟，未及收穫。"

嘗：**嘗新。**

【今譯】

五穀的禁忌

子日是麥子、丑日是黄米、寅日是稷穀、卯日是豆類、辰日是麻、戌日是高粱、亥日是稻穀，不可以開始播種、收穫及嘗新。乙 164

（四十七）禹須臾行不得擇日[①]

【釋文】

■禹須臾行不得擇日

出邑門，禹步三，鄉（向）北斗，質畫地，視〈祝〉[②]之曰："禹有直五横，今利行，行毋（無）咎，爲禹前除道。"乙 165

【匯釋】

①本篇與甲種《禹須臾不得擇日》相同，可參看。

②視：**有兩說：其一，疑爲"祝"之誤。**陳偉主編（2016：95）疑爲"祝"字誤抄。**其二，釋爲"祝"。**晏昌貴（2010B）說。

【今譯】

“禹須臾”方法下出行無法選擇好日子（時所採取的方法）

走出城門後，走三個禹步，面向天上北斗所在方向，用鋒利的利器在地上描畫，並祝告說：“大禹有四縱五橫法。今天利於出行，出行沒有災禍。願爲大禹先清除道路。”乙165

（四十八）伐木忌（三）[①]

【釋文】

·丁未、癸亥、酉[②]、甲寅、五月申[③]，不可之山谷亲（新）[④]以材木[⑤]及伐空桑[⑥]。乙305

【匯釋】

①本篇講述伐木的時日禁忌。陳偉主編（2016：96）說。

②孫占宇（2013：178）疑“酉”前承上省“癸”字。

③甲寅：整理者釋爲“申寅”；五月申：整理者釋爲“五月中”。

④亲：**有兩說：其一，爲“辛”之誤，讀爲“新”，取木，伐木。**孫占宇（2013：178）認爲此字爲“辛”之誤抄，“辛”通“新”。《釋名·釋天》：“辛，新也。”《說文》：“新，取木也。”**其二，釋爲“采”。**晏昌貴（2010B）說。

⑤木：**木材。**《孟子·梁惠王上》：“斧斤以時入山林，材木不可勝用也。”

⑥空桑：**關於此語的訓釋有兩說：其一，空心桑樹。**孫占宇（2013：178）認爲可理解爲“空心桑樹”，引《呂氏春秋·孝行覽·本味》：“有侁氏女子采桑，得嬰兒於空桑之中，獻之其君，其君令烰人養之。”**其二，疑同地名有關。**陳偉主編（2016：96）疑或同地名有關，待考。《楚辭·九歌·大司命》：“君回翔兮以下，踰空桑兮從女。”王逸注：“空桑，山名，司命所經。”

【今譯】

丁未日、癸亥日、（癸）酉日、甲寅日、五月的申日，不可以去山谷砍伐木材及砍伐空心的桑樹。乙305

（四十九）犬忌[①]

【釋文】

犬忌[②]

癸未、酉，庚申、戌，己，［燔］[③]園中犬矢（屎），犬弗尼（昵）。乙307

【匯釋】

①本篇與甲種《犬忌》篇相同，可參看。

②整理者未釋，陳偉主編（2016：96）據紅外影像釋出。

③據甲種《犬忌》補出。

【今譯】

狗的禁忌日

在癸未日或癸酉日，庚申日或庚戌日，己日，在園子中焚燒狗屎，狗就不能靠近了。乙307

（五十）邦居軍[①]

【釋文】

·邦居軍

丙丁畾（雷）[②]，軍後徙。戊己畾（雷），軍［敬］（警）[③]。庚辛畾（雷），軍前徙，爲[④]雨不徙。壬癸纍（雷）[⑤]，戰。乙346

【匯釋】

①本篇以雷日占測軍事活動。陳偉主編（2016：97）說。

邦：**有兩說：其一，釋爲“邦”**。陳偉主編（2016：97）認爲應釋爲“邦”。**其二，釋爲“弗”**。整理者釋爲“弗”，孫占宇（2013：180）從原釋。

邦居軍：從孫占宇（2013：180）對此小句結構的分析及缺文補充，理解爲“軍邦居”，即軍隊停留在國家中。孫占宇（2013：180）認爲猶言“軍弗居”，主語後置，並認爲從簡文內容來看，“邦”上應有“甲乙畾（雷）”，補出。

②畾：**古“雷”字**。鄭珍《說文逸字》：“畾，古文雷。”

③敬：**有三說：其一，釋爲“敬”，讀爲“警”，肅敬警覺**。陳偉主編（2016：97）據字形輪廓不似“殹”“收”，似爲“敬”，通“警”，肅敬警覺。《釋名·釋言語》：“敬，警也，恒自肅敬也。”**其二，釋爲“殹”**。整理者說。**其三，釋爲“收”**。晏昌貴（2010B）說。

④爲：**如果，假設連詞**。

⑤纍：**有兩說：其一，爲“畾”之誤**。孫占宇（2013：180）認同原釋，“纍”顯爲“畾”之誤。**其二，釋爲“畾”**。晏昌貴（2010B）說。

【今譯】

（甲日、乙日打雷，）軍隊停留在國家中

丙日、丁日打雷，軍隊向後移動位置。戊日、己日打雷，軍隊肅靜警覺。庚日、辛日打雷，軍隊向前移動位置，如果遇到下雨就不移動位置。壬日、癸日打雷，

（軍隊）要戰鬬。乙 346

（五十一）司①

【釋文】

未戌□□□東方司主員司大男□□□司主丞居□□□□□司東方長司日方司火司成司陰司損月乙 339

令□□司□司空天□□□□□□□司空司☑司宮益居孟中居子居乙 323

居毆大吉午季居季權司西方司□□□□□□□居中居午季居季龍司火司刑乙 330

季乙 194 壹

【匯釋】

①本篇四簡文字多不可辨，内容不詳，待考證。

（五十二）五音（一）①

【釋文】

·宫一［之②，戊己。徵］三之，［甲乙］。［羽］［五］［之③，丙丁。商］［七之］④，庚辛。角九之，壬癸。乙 195 壹

［·宫立（位）戊己，主中央，時□□，主］⑤人毆，色黄，所執者□⑥［毆，司土］。乙 196 壹

·［徵］⑦立（位）甲乙卯未亥，主東方，［時］平旦，色青，主人［毆］，所執者規⑧毆，司木。乙 197 壹

·［羽立］（位）丙丁午戌寅，客毆，時日中，色赤，主南方，所［執］者［矩］⑨毆，司火。乙 198 壹

［·商立（位）］⑩庚辛酉丑巳，主西方，時日入，主人，白色，所［執］者［權］⑪毆，司［金］。乙 199 壹

·［角］⑫立（位）壬癸子申辰，主北方，時夜［半］，客毆，色黑，所［執］者［衡］⑬毆，司水。乙 200 壹

【匯釋】

①本篇講述五音與干支、方位以及五時、五色、五執、五行、主客的搭配。陳偉主編（2016：97）說。

②之：**有三說：其一，似爲“之”**。孫占宇（2013：182）認爲字形輪廓似爲“之”，陳偉主編（2016：98）從孫說。**其二，釋爲“上”**。整理者釋爲“上”。**其三，釋爲“止”**。程少軒（2011：71）引陳劍釋爲“止”。

③此處簡文殘損不清，難以辨别。孫占宇（2013：182）據文意並結合後文

《日分》篇“宮一，徵三，栩（羽）五，商七，角九”補爲“羽五之”。陳偉主編（2016：99）指出“五”字殘畫依稀可辨，補出文字從孫說。

④此處整理者釋爲“□乙巳”，陳偉主編（2016：99）指出“七之”兩字可依稀辨認，“商”字不可辨，據文意補出。

⑤原簡“人”字上的文字：**有三說：其一，補爲“宮立（位）戊己，主中央，時□□，主”**。孫占宇（2013：183）據文意補出“宮立（位）戊己，主中央，時□□，主”，陳偉主編（2016：99）從。**其二，補爲“宮立戊己，主中央，主客”**。程少軒、蔣文（2009A）說。**其三，補爲“宮立，戊己……主”**。晏昌貴（2010B）說。

⑥執：**掌管**。從孫占宇（2013：183）說。《周禮・天官・小宰》：“執邦之九貢、九賦、九式之貳，以均財節邦用。”

原簡“者”下的文字：**有三說：其一，補爲“□毆，司土”**。陳偉主編（2016：99），“者”下一字暫缺釋，補爲“□毆，司土”。**其二，補爲“繩毆，司土”**。晏昌貴（2010B）據文意補爲“繩毆，司土”，孫占宇（2013：183）認爲晏說可從。**其三，補爲“人毆，司土”**。程少軒、蔣文（2009A）說。

⑦徵：整理者釋爲“角”，晏昌貴（2009A），程少軒、蔣文（2009A）據文意釋爲“徵”，陳偉主編（2016：99）指出前文已見“徵”同甲、乙相配，此處應爲“徵”而非“角”。

⑧規：**圓規，衡器**。《荀子・賦》：“圓者中規，方者中矩。”《詩經・小雅・沔水》序箋：“規者，正圓之器也。”

⑨矩：**曲尺，衡器**。整理者釋爲“蛇”，晏昌貴（2009A）改釋爲“矩”。陳偉主編（2016：100）指出簡文上此字左邊殘損，右邊从巨，晏說可從。《楚辭・離騷》：“圓曰規，方曰矩。”《墨子・法儀》：“百工爲方以矩。”《荀子・不苟》：“五寸之矩，盡天下之方也。”楊倞注：“矩，正方之器也。”

⑩“商立”兩字殘損不清，程少軒、蔣文（2009A）及晏昌貴（2010B）據文意擬補，陳偉主編（2016：100）指出前文已見“商”配庚辛，從此擬釋。

⑪權：**秤，專指秤砣、秤錘，衡器**。《孟子・梁惠王上》：“權，然後知輕重。”《漢書・律曆志》：“權者，銖兩斤鈞石也。”《論語・堯曰》：“謹權量、審法度、脩廢官，四方之政行焉。”

⑫整理者釋“角”爲“羽”，晏昌貴（2009A）據文意擬釋爲“角”。陳偉主編（2016：100）據紅外影像，認爲此字筆畫依稀可辨認，晏說可從。

⑬衡：**秤桿，衡器**。《墨子・經說下》：“衡，加重於其一旁，必捶。”《韓非子・揚權》：“衡不同於輕重。”《國語・周語下》：“先王之製鐘也，大不出鈞，重不過石，律度量衡，於是乎生。”韋昭注：“衡，稱上衡。衡有斤兩之數。”

【今譯】

宮對應一，在戊、己。徵對應三，在甲、乙。羽對應五，在丙、丁。商對應七，

在庚、辛。角對應九，在壬、癸。乙195壹

宮位於戊、己，主持中央，時……是主人，顏色爲黄色，所掌管的是……主管土。乙196壹

徵位於甲、乙、卯、未、亥，主管東邊方向，對應五時爲平旦，顏色爲青色，是主人，所掌管的是圓規，主管木。乙197壹

羽位於丙、丁、午、戌、寅，是客人，對應五時爲日中，顏色爲赤紅色，主管南邊方向，所掌管的是曲尺，主管火。乙198壹

商位於庚、辛、酉、丑、巳，主管西邊方向，對應五時爲日入，是主人，顏色爲白色，所掌管的是秤錘，主管金。乙199壹

角位於壬、癸、子、申、辰，主管北邊方向，對應五時爲夜半，是客人，顏色爲黑色，所掌管的是秤桿，主管水。乙200壹

（五十三）六甲納音①

【釋文】

[·宮：己卯、己酉、庚子、庚][午]、戊寅、戊申、[丙辰、丙戌、丁巳、丁亥]、辛丑、辛未②。乙201壹

·[徵]③：甲辰、甲戌、乙[巳]、乙亥、丙寅、丙申、丁酉、丁卯、戊子、戊午、己丑、己未。乙202壹

·羽：壬辰、壬戌、癸巳、癸亥、甲寅、甲申、乙卯、乙酉、丙子、丙午、丁丑、丁未。乙203壹

·商：庚辰、庚戌、辛巳、辛亥、壬寅、壬申、癸卯、癸酉、甲子、甲午、乙丑、乙未。乙204壹

·角：戊辰、戊戌、己巳、己亥、庚寅、庚申、辛卯、辛酉、壬子、壬午、癸丑、癸未。乙205壹

【匯釋】

①本篇内容爲六十甲子納音。陳偉主編（2016：101）說。

六甲納音：即六十甲子納音。孫占宇（2013：185）指出其原理是仿照律呂相生的辦法將六十甲子按“同位娶妻，隔八相生”的次序分配五音。放馬灘秦簡所見納音術主要用於選擇出行日期以及占卜某人死亡對家庭成員的影響，具體可參見前文《禹須臾行喜》及《五音日卜死》等篇。

②午：**有三說：其一，疑爲“午”**。孫占宇（2013：185）據字形輪廓疑爲“午”，陳偉主編（2016：101）從孫說。**其二，釋爲“夫”**。柯秋白（2010）釋“午”爲“夫”。**其三，未釋**。整理者未釋。

原簡“戊申”下至“辛丑”上簡文磨損嚴重，孫占宇（2013：185）據納音說補出，陳偉主編（2016：101）認爲孫說可從。

③徵：原簡“徵”處破裂。**有兩說：其一，補爲“徵”**。晏昌貴（2010B）據文意擬補“徵”，孫占宇（2013：185）認爲其筆畫依稀可辨爲“徵”，晏說可從。其二，**釋爲“角”**。程少軒、蔣文（2009A）釋爲角。

【今譯】

宮：己卯日、己酉日、庚子日、庚午日、戊寅日、戊申日、丙辰日、丙戌日、丁巳日、丁亥日、辛丑日、辛未日。乙201壹

徵：甲辰日、甲戌日、乙巳日、乙亥日、丙寅日、丙申日、丁酉日、丁卯日、戊子日、戊午日、己丑日、己未日。乙202壹

羽：壬辰日、壬戌日、癸巳日、癸亥日、甲寅日、甲申日、乙卯日、乙酉日、丙子日、丙午日、丁丑日、丁未日。乙203壹

商：庚辰日、庚戌日、辛巳日、辛亥日、壬寅日、壬申日、癸卯日、癸酉日、甲子日、甲午日、乙丑日、乙未日。乙204壹

角：戊辰日、戊戌日、己巳日、己亥日、庚寅日、庚申日、辛卯日、辛酉日、壬子日、壬午日、癸丑日、癸未日。乙205壹

（五十四）律數（一）[①]

【釋文】

·黄[②]十七萬七千一百卌七，[下][林鐘][③]。乙194貳

·大吕[④]十六萬五千[八][⑤]百八十八，下[夷則][⑥]。乙195貳

[·大（太）族十五萬七][⑦]千四百六十四，下[南][⑧]。乙196貳

·夾[⑨]十四萬七千四百五十六，下毋（無）射[⑩]。乙197貳

·姑先（洗）[⑪]十三萬九千九百六十八，下應（應）[⑫]。乙198貳

·中吕[⑬]十三萬一千七十二，下生[⑭]黄。乙199貳

·[荼（蕤）賓][⑮]十二萬四千四百一十六，上大吕。乙200貳

林鐘十一萬八千九十八，上大（太）族。乙201貳

·夷則十一萬五百九十二，上夾。乙202貳

南吕十四萬四千九百七十六，上姑。乙203貳

·毋（無）射九萬八千三百四，上中吕。乙204貳

·應（應）鐘九萬三千三百一十二，上荼（蕤）。乙205貳

■黄鐘以至姑先（洗）皆下生，三而二。·從中吕以至應（應）鐘皆上生，三而四[⑯]。乙193

【匯釋】

①本篇記録十二律數及相生次序。與後文《律數（二）》相關聯，可參看。不同之處在於本篇所述爲“大數”，《淮南子·天文訓》：“十二各以三成，故置一而十

一，三之爲積，分十七萬七千一百四十七，黃鐘大數立焉。”後文《律數（二）》則爲“小數”，詳細參看後文。

②黃：**即黃鐘，十二律中第一律，陽律。**《呂氏春秋·古樂》：“其雄鳴爲六，雌鳴亦六，以比黃鐘之宮，適合。”《漢書·律曆志》：“黃鐘：黃者，中之色，君之服也……始於子，在十一月。”《資治通鑑·後周世宗顯德六年》：“昔黃帝吹九寸之管，得黃鐘正聲，半之爲清聲，倍之爲緩聲，三分損益之以生十二律。”

陳偉主編（2016：102）認爲此處爲“黃鐘”之省寫，下文“南”爲“南呂”之省，“夾”爲“夾鐘”之省，“癄”爲“癄（應）鐘”之省，“姑”爲“姑洗”之省，“蒃（蕤）”爲“蕤賓”之省，下不再注。

③原簡此處“林鐘”殘泐不清，孫占宇（2013：187）據後文《生律》補爲“林鐘”，下文所缺“夷則”“南”皆同，不再注。

林鐘：**十二律中第八律，陰律。**《漢書·律曆志》：“林鐘：林，君也。言陰氣受任，助蕤賓君主種物使長大楙盛也。位於未，在六月。”

④大呂：**十二律中第二律，陰律。**《周禮·春官·大司樂》：“乃奏黃鐘，歌大呂，舞雲門，以祀天神。”《漢書·律曆志》：“大呂：呂，旅也。言陰大，旅助黃鐘宣氣而牙物也。位於丑，在十二月。”

⑤原簡此處的“八”字殘損不清，程少軒、蔣文（2009A）釋爲“八”，陳偉主編（2016：103）據紅外影像認爲此處有“八”殘筆，從。

⑥夷則：**十二律中第九律，陽律。**《周禮·春官·大司樂》：“乃奏夷則，歌小呂，舞大濩，以享先妣。”《漢書·律曆志》：“夷則：則，法也。言陽氣正法度而使陰氣夷當傷之物也。位於申，在七月。”

⑦原簡此處磨損難辨，孫占宇（2008：100），程少軒、蔣文（2009A）擬補出，陳偉主編（2016：103）從此補文，並指出此處數字可由後文推算而出。

大族：**即“太族”，十二律中第三律，陽律。**傳世文獻多作“太簇”“泰簇”或“太族”。《淮南子·天文訓》：“太簇者，簇而未出也。”《漢書·律曆志》：“太族：族，奏也。言陽氣大，奏地而達物也。位於寅，在正月。”

⑧南：**即南呂，十二律中第十律，陰律。**《淮南子·天文訓》：“南呂者，任包人也。”《漢書·律曆志》：“南呂：南，仼也。言陰氣旅助夷則任成萬物也。位於酉，在八月。”

⑨夾：**即夾鐘，十二律中第四律，陰律。**《周禮·春官·大司樂》：“乃奏無射，歌夾鐘。”鄭玄注：“夾鐘，一名圜鐘。”《禮記·月令·仲春之月》：“其音角，律中夾鐘。”《漢書·律曆志》：“夾鐘，言陰夾助太族宣四方之氣而出種物也。位於卯，在二月。”

⑩毋射：**即無射，十二律中第十一律，陽律。**傳世文獻多作“無射”或“亡射”。《周禮·春官·大司樂》：“乃奏無射，歌夾鐘，舞大武，以享先祖。”《漢書·律曆志》：“亡射：射，厭也。言陽氣究物而使陰氣畢剝落之，終而復始，亡厭已也。位於戌，在九月。”

⑪姑先：**即姑洗，十二律中第五律，陽律**。後文又作“古先”或“姑洗”，傳世文獻作“姑洗”。《周禮·春官·大司樂》：“乃奏姑洗，歌南吕，舞大韶，以祀四望。”《漢書·律曆志》：“姑洗：洗，絜也。言陽氣洗物辜絜之也。位於辰，在三月。”

⑫癄：**即應鐘，十二律中第十二律，陽律**。《史記·律書》：“應鐘者，陽氣之應，不用事也。”《漢書·律曆志》：“應鐘，言陰氣應亡射，該臧萬物而雜陽閡鐘也。位於亥，在十月。”

⑬中吕：**十二律中第六律，陰律**。後世文獻也作“仲吕”。《漢書·律曆志》：“中吕，言微陰始起未成，著於其中旅助姑洗宣氣齊物也。位於巳，在四月。”

⑭生：**有兩説：其一，釋爲“生”**。陳偉主編（2016：104）認爲此字中部磨損難辨，暫從原釋。**其二，釋爲“主”**。晏昌貴（2010B）釋爲“主”。

⑮蕤賓：**十二律中第七律，陽律**。《周禮·春官·大司樂》：“乃奏蕤賓，歌函鐘，舞大夏，以祭山川。”《禮記·月令·仲夏之月》：“其音徵，律中蕤賓。”鄭玄注：“蕤賓者應鐘之所生，三分益一，律長六寸八十一分寸之二十六，仲夏氣至，則蕤賓之律應。”《漢書·律曆志》：“蕤賓：蕤，繼也，賓，導也。言陽始導陰氣使繼養物也。位於午，在五月。”

⑯《吕氏春秋·音律》中有相關記録：“黄鐘、大吕、太簇、夾鐘、姑洗、仲吕、蕤賓爲上，林鐘、夷則、南吕、無射、應鐘爲下。”可參看。

【今譯】

黄鐘大數爲十七萬七千一百四十七，下生林鐘。乙194貳

大吕大數爲十六萬五千八百八十八，下生夷則。乙195貳

太族大數爲十五萬七千四百六十四，下生南吕。乙196貳

夾鐘大數爲十四萬七千四百五十六，下生無射。乙197貳

姑洗大數爲十三萬九千九百六十八，下生應鐘。乙198貳

中吕大數爲十三萬一千七十二，下生黄鐘。乙199貳

蕤賓大數爲十二萬四千四百一十六，上生大吕。乙200貳

林鐘大數爲十一萬八千九十八，上生太族。乙201貳

夷則大數爲十一萬五百九十二，上生夾鐘。乙202貳

南吕大數爲十四萬四千九百七十六，上生姑洗。乙203貳

無射大數爲九萬八千三百四，上生中吕。乙204貳

應鐘大數爲九萬三千三百一十二，上生蕤賓。乙205貳

黄鐘直到姑洗都是三分損一爲二，下生它律。從中吕直到應鐘都是三分益一爲四，上生它律。乙193

（五十五）日辰[1]

【釋文】

·甲九，木。乙180壹
·乙八，木。乙181壹
·丙七，火。乙182壹
·丁六，火。乙183壹
·戊五，土。乙184壹
己九，土。乙185壹
庚八，金。乙186壹
［·辛七，金］[2]。乙187壹
·壬五〈六〉[3]水。乙188壹
·癸五，水。乙189壹
·日前，乙190壹
·辰後。乙191壹
·子九，水。乙180貳
丑八，金。乙181貳
寅七，火。乙182貳
卯六，木。乙183貳
辰五，水。乙184貳
巳四，金。乙185貳
午九，火。乙186貳
［未八，木］[4]。乙187貳
申七，水。乙188貳
酉六，金。乙189貳
戌五，火。乙190貳
亥四，木。乙191貳

【匯釋】

①本篇講述干支與數字、五行的搭配。陳偉主編（2016：106）說。

②此句原簡殘斷不存，孫占宇（2008：68），呂亞虎（2009F），程少軒、蔣文（2009A）據文意補爲“辛七，金”。陳偉主編（2016：106）引揚雄《太玄·玄數》“甲己之數九，乙庚八，丙辛七，丁壬六，戊癸五”，並指出其中十干所配之數與本篇一致。《淮南子·天文训》中十干所配五行皆一致，可參考。

③五：孫占宇（2013：190）認爲顯然爲“六”之誤。

④此句原簡殘斷不存，孫占宇（2008：68），呂亞虎（2009F），程少軒、蔣文

（2009A）據文意補爲“未八，木”。陳偉主編（2016：106）引揚雄《太玄·玄數》“子午之數九，丑未八，寅申七，卯酉六，辰戌五，巳亥四”，並指出其中十二支所配之數與本篇一致，擬補可從。

【今譯】

甲對應九，對應木。乙 180 壹
乙對應八，對應木。乙 181 壹
丙對應七，對應火。乙 182 壹
丁對應六，對應火。乙 183 壹
戊對應五，對應土。乙 184 壹
己對應九，對應土。乙 185 壹
庚對應八，對應金。乙 186 壹
辛對應七，對應金。乙 187 壹
壬對應六，對應水。乙 188 壹
癸對應五，對應水。乙 189 壹
日前，乙 190 壹
辰後。乙 191 壹
子對應九，對應水。乙 180 貳
丑對應八，對應金。乙 181 貳
寅對應七，對應火。乙 182 貳
卯對應六，對應木。乙 183 貳
辰對應五，對應水。乙 184 貳
巳對應四，對應金。乙 185 貳
午對應九，對應火。乙 186 貳
未對應八，對應木。乙 187 貳
申對應七，對應水。乙 188 貳
酉對應六，對應金。乙 189 貳
戌對應五，對應火。乙 190 貳
亥對應四，對應木。乙 191 貳

（五十六）占圖①

【釋文】

風

【音五】　八　二地　乙183叁

| 申　酉　戌 |　乙184叁

| 未 ┛ | ┗ 亥 |　乙185叁

【星】七 | 午 — ＋ — 子 | 四時　乙186叁

［| 巳 ┓ | ┏ 丑 |］　乙187叁

| 辰　卯　寅 |　乙188叁

【人】三　六　［一天］　乙189叁

律　乙190叁

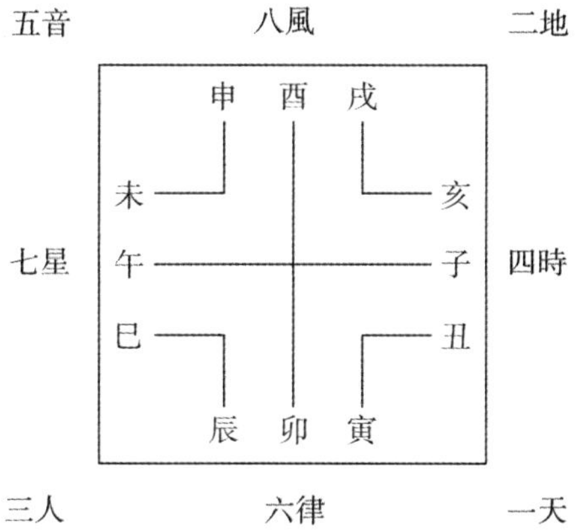

復原圖

【匯釋】

①本圖爲“鉤繩圖”。周家臺秦簡《日書》中的《三十六年置居》配圖及孔家坡漢簡《日書》中的《日廷圖》與本圖構圖相似。關於此圖的用處，陳偉（2010）指出此圖同《占病祟除》一篇有密切聯繫。孫占宇（2013：193）以陳說爲確，並針對黃儒宣（2013：35）認爲此圖爲配合鐘律學說、表達特定宇宙模式的圖畫之說表示否定，指出目前尚未找到此圖同鐘律學說有直接關係的證據。

（五十七）時（一）[1]

【釋文】

平旦九，徵，[木]。乙 179 肆

日出八，宮，水。乙 180 肆

蚤（早）食七，栩（羽），火。乙 181 肆

莫食[2]六，角，火。乙 182 肆

東中[3]五，土。乙 183 肆

日中五，宮，土。乙 184 肆

西中[4]九，徵，土。乙 185 肆

[夙] 市[5]八，商，金。乙 186 肆

莫（暮）中[6]七，羽，金。乙 187 肆

夕 [市][7]六，角，水。乙 188 肆

日入五，□[8]。乙 189 肆

昏時[9]九，徵，□。乙 191 肆

【匯釋】

①本篇講述時與數字、五音、五行的搭配。陳偉主編（2016：109）說。

②莫食：**關於此詞的訓釋有三說：其一，與“晏時”相當**。陳偉主編（2016：109）認爲此處“莫食”與“晏時”相當，可見前文《生男女》篇。**其二，即爲“暮食”**。程少軒、蔣文（2009A）認爲“莫食”即爲“暮食”，此處“莫食”爲“廷食”誤抄。**其三，與“廷食”同義**。蘇建洲（2010）則認爲此處“莫食”同“廷食”同義，並非誤抄。

③東中：**緊接“日中”前的一段時間，太陽位置相較偏東**。西北漢簡中常見此對時間的稱呼。

④西中：**緊接“日中”後的一段時間，太陽位置相較偏西**。“東中”“日中”“西中”三者相連，均爲時稱。

⑤夙：**有兩說：其一，疑爲“夙”**。孫占宇（2013：194）據字形輪廓疑爲“夙”，陳偉主編（2016：109）認爲孫說可從。**其二，釋爲“昏”**。整理者釋爲“昏”。

夙市：**或爲“市日”前的一段時間**。

⑥莫中：**即“暮中”，正當日暮的一段時間**。程少軒（2011：43）疑爲“莫（暮）市”之誤，孫占宇（2013：194）從程說。

⑦夕市：**或爲“市日”後的一段時間**。孫占宇（2013：194）指出睡虎地秦簡《日書》乙種中的《禹須臾行喜》篇有“莫市”，或此即“夕市”。陳偉主編（2016：109）指出周家臺秦簡《日書》簡 367 有“夕市”。《周禮・地官・司市》：“夕市，夕時而市，販夫販婦爲主。”

⑧“五”下一字，**有三說：其一，暫缺釋**。陳偉主編（2016：109）作“日入五，□”，“□”暫缺釋。**其二，擬補爲“水”**。程少軒、蔣文（2009A）將“五”字下所缺五行名稱擬補爲“水”。**其三，似爲一豎墨綫**。孫占宇（2013：194）認爲“日入”下兩字殘泐不清，第一字與“五”字形不類，第二字似爲一豎墨綫。

⑨昏時：孫占宇（2013：194）引懸泉漢簡“時稱牘”，將其列於“日入”之後，“定昏”之前。陳偉主編（2016：109）從。

【今譯】

平旦對應九，對應徵，對應木。乙179肆
日出對應八，對應宫，對應水。乙180肆
早食對應七，對應羽，對應火。乙181肆
暮食對應六，對應角，對應火。乙182肆
東中對應五，對應土。乙183肆
日中對應五，對應宫，對應土。乙184肆
西中對應九，對應徵，對應土。乙185肆
夙市對應八，對應商，對應金。乙186肆
暮中對應七，對應羽，對應金。乙187肆
夕市對應六，對應角，對應水。乙188肆
日入對應五，……乙189肆
昏時對應九，對應徵，……乙191肆

（五十八）時（二）[①]

【釋文】

晦食、大辰（晨）[②]八。乙179伍
□食[③]、□□七。乙180伍
人［鄭］（定）、中鳴[④]六。乙181伍
夜半、後鳴五。乙182伍
日出、日失（昳）八。乙183伍
食時、市日[⑤]七。乙184伍
過中、夕時[⑥]六。乙185伍
日中、入[⑦]五。乙186伍
□□、□□九。乙187伍
每（晦）食、大晨八。乙188伍
夜半、後鳴五。乙189伍
莫食、［前］[⑧]鳴七。乙190肆

【匯釋】

①本篇講述的是時刻與數字的搭配。陳偉主編（2016：110）説。

②晦食：**有兩説：其一，釋爲"晦食"，相當於"夕食""夜食"**。陳偉主編（2016：110）作"晦食"。《左傳·昭公元年》"晦淫惑疾"，杜預注："晦，夜也。"懸泉漢簡"時稱牘"中有夜食，在"定昏"之後，"人定"之前。**其二，釋爲"安食"，是"晏食"**。整理者釋爲"安食"，孫占宇（2013：195）從原釋，認爲是"安（晏）食"。

大辰：**有三説：其一，釋爲"大辰"，讀爲"大晨"**。陳偉主編（2016：110）中釋"辰"讀爲"晨"。懸泉漢簡"時稱牘"將其列於"夜大半"之後，"雞鳴"之前。**其二，是"大晨"之誤**。孫占宇（2013：195）認爲是"大晨"之誤。**其三，釋爲"旦辰"**。晏昌貴（2010B）説。

③"食"上一字，從陳偉主編（2016：110），難以辨認，暫缺釋。整理者釋爲"蚤"，孫占宇（2013：195）從原釋，認爲是"蚤（早）"。

④人鄭：**讀爲"人定"，夜深人靜的時候**。懸泉漢簡"時稱牘"中將其列於"夜食"之後，"（夜）幾少半"之前。周家臺秦簡中將其列於"夕食"之後，"夜三分之一"之前。

中鳴：**即雞鳴**。後文"前鳴""後鳴"與"中鳴"前後連接，懸泉漢簡"時稱牘"將此三者列於"大晨"之後，"幾旦"之前。

⑤市日：**有兩説：其一，與"日失（昳）"相當**。孫占宇（2013：195）指出，睡虎地秦簡《日書》甲種簡99背有"市日以行，有七喜"。放馬灘秦簡《禹須臾行喜》篇中與之相應時間爲"日失（昳）行，七憙（喜）"，則"市日"與"日失（昳）"應相當。周家臺秦簡中"日失（昳）"與"餔時"前後相連。**其二，同於"餔時"**。劉樂賢（1994：163）認爲此處"市日"應當同於"餔時"。

⑥過中：即《生男女》篇中的"日過中"，緊接正午即"日中"的一段時間。

夕時：懸泉漢簡"時稱牘"將其列於"下餔"之後，"日未入"之前。周家臺秦簡《日書》將其列於"下餔"之後，"日毚入"之前。

⑦"入"前承前省"日"字，晏昌貴（2010B）、孫占宇（2013：196）補出。程少軒、蔣文（2009A）指出"日中入"顯然應當爲"日中日入"，或是漏抄，或是承前省。

⑧前：**有兩説：其一，疑爲"前"**。程少軒（2011：43）疑爲"前"，孫占宇（2013：196）指出字形輪廓似爲"前"，且前文已有"後鳴"，此處重複可能不大，從抄寫位置來看，此句寫在第四欄，内容應當歸爲本篇，或爲抄寫者疏忽，移至此處。**其二，釋爲"後"**。整理者説。

【今譯】

晦食、大辰對應八。乙179伍

……食、……對應七。乙180伍

人定、中鳴對應六。乙 181 伍
夜半、後鳴對應五。乙 182 伍
日出、日昳對應八。乙 183 伍
食時、市日對應七。乙 184 伍
過中、夕時對應六。乙 185 伍
日中、日入對應五。乙 186 伍
……對應九。乙 187 伍
晦食、大晨對應八。乙 188 伍
夜半、後鳴對應五。乙 189 伍
暮食、前鳴對應七。乙 190 肆

（五十九）生律①

【釋文】

黄鐘下生林鐘。乙 179 陸
林鐘生大（太）族。乙 180 陸
大（太）族生南吕。乙 181 陸
南吕生姑洗。乙 182 陸
姑洗生瘫（應）鐘。乙 183 陸
瘫（應）鐘生荍（蕤）賓。乙 184 陸
荍（蕤）賓生大吕。乙 185 陸
大吕生夷則。乙 186 陸
夷則［生夾鐘］②。乙 187 陸
夾鐘生毋（無）射。乙 188 陸
［毋（無）射生中吕］③。乙 189 陸

【匯釋】

①本篇講述十二律相生次序，黄鐘、太族、姑洗、蕤賓、夷則、無射爲陽律，大吕、夾鐘、中吕、林鐘、南吕、應鐘爲陰律。《吕氏春秋·音律》中有相關內容，其所記生律次序同本篇一致，其文爲：“黄鐘生林鐘，林鐘生太簇，太簇生南吕，南吕生姑洗，姑洗生應鐘，應鐘生蕤賓，蕤賓生大吕，大吕生夷則，夷則生夾鐘，夾鐘生無射，無射生仲吕。”可參看。

②此處原簡殘斷，“夷則”可據紅外影像釋出，孫占宇（2008：71）、晏昌貴（2010B）據文意補出“生夾鐘”，陳偉主編（2016：112）從此補文。

③此句原釋爲“夷則生夾鐘”，孫占宇（2008：71）、晏昌貴（2010B）將上兩字擬補爲“毋射”，孫占宇（2013：196）據簡文“生中吕”三字左邊可辨。陳偉主編（2016：112）認爲孫説可從。

【今譯】

自黃鐘開始下生林鐘。乙179陸
林鐘下生太族。乙180陸
太族下生南呂。乙181陸
南呂下生姑洗。乙182陸
姑洗下生應鐘。乙183陸
應鐘下生蕤賓。乙184陸
蕤賓下生大呂。乙185陸
大呂下生夷則。乙186陸
夷則下生夾鐘。乙187陸
夾鐘下生無射。乙188陸
無射下生中呂。乙189陸

（六十）律數（二）①

【釋文】

黃鐘八十一，□山②。乙179柒
大呂七十六，□山。乙180柒
大（太）族七十二，參阿③。乙181柒
夾鐘六十八，參阿。乙182柒
姑先（洗）六十四，湯④谷。乙183柒
中呂六十，俗山。乙184柒
冡（蕤）賓五十七，毚⑤都。乙185柒
林鐘五十四，俗山。乙186柒
夷則［五十一，□□］⑥。乙187柒
南呂卌八，俗山。乙188柒
毋（無）射卌五，昏陽⑦。乙189柒
癮（應）鐘卌二，并閭⑧。乙190柒

【匯釋】

①本篇記錄十二律數，前文《生律》篇與此篇所記生律次序及律數在《淮南子·天文訓》中有相關記載。其文云："故黃鐘位子，其數八十一，主十一月，下生林鐘。林鐘之數五十四，主六月，上生太簇。太簇之數七十二，主正月，下生南呂。南呂之數四十八，主八月，上生姑洗。姑洗之數六十四，主三月，下生應鐘。應鐘之數四十二，主十月，上生蕤賓。蕤賓之數五十七，主五月，上生大呂。大呂之數七十六，主十二月，下生夷則。夷則之數五十一，主七月，上生夾鐘。夾鐘之數六十八，主二月，下生無射。無射之數四十五，主九月，上生仲呂。仲呂之數六

十，主四月，極不生。”可參看。

與前文《律數（一）》不同的是，本篇所記皆爲“小數”。《管子·地員》：“凡將起五音，凡首，先主一而三之，四開以合九九，以是生黃鐘小素之首，以成宫。”其中“小素”讀爲“小數”。

②“山”上一字，**有三說：其一，暫缺釋。**孫占宇（2013：198）指出此字殘泐不清，據字形來看同“課”“蒙”皆不類似。今從陳偉主編（2016：113），暫缺釋。**其二，釋爲“課”。**整理者說。**其三，釋爲“蒙”。**程少軒（2010D）說。

程少軒（2010D）指出簡179至簡190的簡文每一欄並非獨立，而是同屬於一個式法占卜系統。本篇各條末尾二字應爲地名且有可能是山的名字，並與太陽運行方位有關。蒙山對應正北，文獻中“蒙谷”是傳說中的極北之地。而古代傳說中的地名，山、谷互换之例極多，此“蒙山”與文獻中的“蒙谷”所指應相同。

③參阿：程少軒（2010D）指出參阿對應正東，放馬灘秦簡《日書》中“三”常作“參”，“參阿”應即“三阿”。《漢書·地理志》中常見東部地區以“阿”命名。晉時有三阿縣，在今江蘇省内，其地名爲何使用此名稱不得而知，不知是否同簡文中“三阿”有關。

④湯：**有三說：其一，應爲“湯”。**孫占宇（2013：198）認爲此字左邊似从氵，應爲湯。陳偉主編（2016：113）認爲孫說可從。**其二，釋爲“陽”。**整理者說。**其三，釋爲“昜”。**程少軒（2010D）釋爲“昜”，對應方位爲東偏南。文獻中有“陽谷”“湯谷”等稱呼，應爲“昜谷”異寫。陽谷是古代神話傳說中朝陽升起時所經過的山體名稱。

⑤㲋：**有三說：其一，釋爲“㲋”。**孫占宇（2013：198）、陳偉主編（2016：114）皆從原釋。**其二，釋爲“冕”。**晏昌貴（2010B）釋爲“冕”。**其三，釋爲“昆”。**程少軒（2010D）釋爲“昆”，指出昆都對應正南，先秦兩漢文獻中並無“昆都”作爲山名的記載，但存在與正午、正南聯繫的地名則有“昆吾”，或爲“昆都”一詞來源。

⑥原簡殘斷，孫占宇（2008：71），程少軒、蔣文（2009A），晏昌貴（2010B）補出。

⑦昏陽：對應方位爲西偏北，恰是日落所在，程少軒（2010D）認爲此名應同黃昏落日相關。

⑧間：**有三說：其一，釋爲“間”。**孫占宇（2013：198）作“間”。**其二，釋爲“閡”。**整理者釋爲“閡”。

幷間：程少軒（2010D）認爲其釋讀應有兩種可能：其一，可能與“八垓”有關，表示極遠的邊陲之地；其二，可能是“玄闕”誤寫或誤釋。文獻中並無關於“幷閡”的記載。

【今譯】

黃鐘的律數是八十一，對應……山。乙179柒

大呂的律數是七十六，對應……山。乙 180 柒
太族的律數是七十二，對應參阿。乙 181 柒
夾鐘的律數是六十八，對應參阿。乙 182 柒
姑洗的律數是六十四，對應湯谷。乙 183 柒
中呂的律數是六十，對應俗山。乙 184 柒
蕤賓的律數是五十七，對應毚都。乙 185 柒
林鐘的律數是五十四，對應俗山。乙 186 柒
夷則的律數是五十一，對應……乙 187 柒
南呂的律數是四十八，對應俗山。乙 188 柒
無射的律數是四十五，對應昏陽。乙 189 柒
應鐘的律數是四十二，對應幷間。乙 190 柒

（六十一）占黃鐘[①]

【釋文】

■凡占黃鐘，一左一右，壹行壹［止］[②]，一□□□□□□□□□□。·生黃鐘，置一而自十二之[③]，上三益一，下三奪一[④]。·占□。乙 333

·中數中律，是謂［有］[⑤]同，毋（無）所不利，大吉。不中數不中律，是謂不和，中［恐而外］危[⑥]。乙 365+292

·中數不中律，是謂□□□其後［乃］成。中律不中數，是謂前有難[⑦]後喜。乙 364A+358B

入﨣（舞）投黃鐘，投日、投辰、投時而三并之。中麗首者可以見人，有初［毋（無）後］[⑧]。因而三之，中六律，□□，［毋（無）初有後］[⑨]。再中，前［後］[⑩]皆吉。乙 241

·投黃鐘以多，爲病益［篤］[⑪]，市旅得，事君吉，毄（繫）者久。以少，病有瘳，市旅折[⑫]，事君不遂，居家者家毀。乙 242

【匯釋】

①本篇諸簡似皆以黃鐘爲占。陳偉主編（2016：115）說。

②原釋爲“復行食之”，程少軒（2011：149）改釋，此處用“壹”，應當是避免重複前文“一”。

③黃鐘大數的計算方法。程少軒（2011：150）疑似同《淮南子·天文訓》中的“十二各以三成，故置一而十一，三之爲積，分十七萬七千一百四十七，黃鐘大數立焉”一句有關。

④以黃鐘大數計算其他十一律的方法，即“三分損益法”。程少軒（2011：60）指出“上三益一”即爲以中呂至應鐘七律之數分別除以三再乘四則得到其所生之音的數字。“下三奪一”即爲將黃鐘至姑洗五律之數分別除以三再乘二則得到所生之

音的數字。

⑤有：**有兩說：其一，應爲“有”**。陳偉主編（2016：115）指出此字上面殘存部分爲“又”，據文意應爲“有”。**其二，疑爲“和”**。程少軒（2010A）說。

⑥陳偉主編（2016：116）認爲此處“中恐”和“外危”相對。陳劍（程少軒，2011：174引）認爲“外”應爲“又”。

⑦難：**有兩說：其一，釋爲“難”**。陳偉主編（2016：116）說。**其二，釋爲“離”**。晏昌貴（2010B）說。

⑧毋後：整理者釋爲“凶復”。

⑨整理者釋爲“善者有得”。今從陳偉主編（2016：116），作“毋初有後”。

⑩原簡此處殘損難辨，陳偉主編（2016：116）據文意補爲“後”。

⑪篤：**有三說：其一，釋爲“篤”，病勢嚴重**。施謝捷（程少軒，2011：152引）所釋。陳偉主編（2016：116）：《史記·范雎蔡澤列傳》：“昭王強起應侯，應侯遂稱病篤。”《三國志·蜀書·諸葛亮傳》：“孫權病篤。”馮夢龍《東周列國志》：“次年秋，莊公疾篤，心疑慶父。”**其二，釋爲“蔟”**，此字整理者說。**其三，釋爲“疾”**，晏昌貴（2010B）說。

⑫折：**生意虧損**。《荀子·修身》：“良賈不爲折閱不市。”楊倞注：“折，損也；閱，賣也。”《三國演義》第五十五回：“周郎妙計安天下，賠了夫人又折兵。”

【今譯】

凡是以黃鐘爲占，應在一左一右，一動一止，一……以黃鐘來計算，即爲將第一律黃鐘至最後一律應鐘，其中將中呂至應鐘七律之數分别除以三再乘四得到所生之音的數字，將黃鐘至姑洗五律之數分别除以三再乘二得到所生之音的數字。占卜……乙333

（如果占測結果）對應了（黃鐘之）數也對應了（黃鐘之）音律，這叫作有同，（做事情）沒有哪裏是不吉利的，特别吉利。（如果占測結果）不對應（黃鐘之）數也不對應（黃鐘之）音律，這叫作不和，會導致内部恐慌且外部危險。乙365＋292

（如果占測結果）對應了（黃鐘之）數但不對應（黃鐘之）音律，這叫作……在後面才會達成。（如果占測結果）對應了（黃鐘之）音律但不對應（黃鐘之）數，這叫作先有災難之後會有喜悦的事。乙364A＋358B

入舞時投黃鐘來占測，投日數、投辰數、投時數然後乘三合併。中了麗首的人可以外出會見他人，初期有小問題，後期就沒有凶險。由此再乘三，如果是投中六律，……初期就沒有凶險，（但）後期會有問題。再一次投中，前期後期都會吉利。乙241

投黃鐘占測得到較多的數字，病勢就會更加嚴重，買賣出行會有所得益，侍奉君主會吉利，被捆綁囚禁的人（被困）時間會比較長久。（投黃鐘占測）得到較少的數字，生病會痊愈，買賣出行會虧損折返，侍奉君主不會順遂，在家居住的人家

宅會損毀。乙 242

【釋文】

·投黃鐘之首，先[①]［投］日，上，父殹。投辰，下，母殹[②]。投時，其中，子殹。上多下少，事君有初毋（無）後，賈市、行［販］[③]皆然，唯利貞辠（罪）、蠱、言語。乙 243

諸羣凶之物盡［去］。［上多］[④]下甚少爲逐有辠（罪），賈市喪，行［販］折。［下］婁（數）多者爲上立（位），賈市、行［販］有，諸羣美皆吉。□惡[⑤]，大凶立（位）者。乙 288

☐其賤凶。投黃鐘，得其月[⑥]之鐘數，辱。乙 247B

【匯釋】

①先：**有兩說：其一，釋爲“先”。**程少軒（2011：162）疑作“先”。陳偉主編（2016：116）據紅外影像，認爲是“先”。**其二，釋爲“光”。**整理者說。

②“上”“下”分別爲對應較大的數和對應較小的數。程少軒（2011：60）指出“對應之數大的爲‘上’，小的爲‘下’”。

③販：**有兩說：其一，釋爲“販”。**陳偉主編（2016：116）根據文意並結合字形殘筆釋爲“販”。**其二，釋爲“財”。**整理者釋爲“財”。

④“上多”及前句“去”所在原簡磨損難辨，陳偉主編（2016：116）據文意擬釋。

⑤“惡”上一字，**有三說：其一，暫缺釋。**待考證。**其二，釋爲“變”。**整理者釋爲“變”。**其三，上部似从“虍”。**陳偉主編（2016：117）認爲從字形看，此字上部似从“虍”。

⑥月：整理者釋爲“呂”。

【今譯】

投黃鐘占測之首，首先是投日數，對應之數大，則預言父親。投辰數，對應數字小，則預言母親。投時數，對應數字中等大小，則預言子女。如果結果大數多小數少，侍奉君主就會開始時有小問題之後沒有災禍，買賣經商、出行販賣做生意都是這樣，僅有利於占測犯罪、巫蠱、言語糾紛。乙 243

所有凶險的事物都會完全去除。大數多而小數非常少則爲驅逐犯罪的人，買賣經商會慘淡，出行販賣做生意會虧損。小數多則爲比較好的情況，買賣經商、出行販賣做生意都會有所得益，所有美好的事物都會吉利。……惡，這種情況就是非常凶險的。乙 288

……卑賤凶險。投黃鐘以占測，得到該律的鐘數，就會受辱。乙 247B

（六十二）陰陽鐘[①]

【釋文】

■［凡陰］陽鐘，各殳（投）所卜大婁（數）曰置婁（數）[②]者，旦［到］日中從多，日中至晦從少。乙359

■殳（投）者[③]參（三）合日辰求星從，期三而一。·中期如參（三）合之數，遠數有（又）參（三）之，即以鐘音之數矣[④]。乙321

■凡日者［天］[⑤]毆，辰者地毆，星者游變[⑥]毆。［得天］［者貴，得地］[⑦]者富，得游變者其爲事成。三游變［會］[⑧]▨乙志6

九與八、七與六、五與四，皆妻夫毆。日爲夫，晨（辰）爲妻，星爲子。欲夫妻之和而中數毆，［甚眾］者盍[⑨]，少者失。乙344

妻之▨［數貴］者不和，□不失，數□不□[⑩]。乙324

【匯釋】

①本篇諸簡似皆以陰陽鐘爲占。陳偉主編（2016：118）說。

陰陽鐘：**即陰陽律，包含六陽律和六陰呂。**

②殳：**有兩說：其一，疑爲“殳”，讀爲“投”。**陳偉主編（2016：118）說。**其二，釋爲“鐘”。**整理者說。

大婁：即前文《律數（一）》所指黃鐘大數，詳細可參看前文。

置：**有三說：其一，釋爲“置”。**陳偉主編（2016：118）說。**其二，釋爲“寔”。**整理者說。**其三，釋爲“辰”。**晏昌貴（2010B）說。

③程少軒（2011：149）釋“者”爲“諸”。

④程少軒（2011：149）疑此條斷句應爲“殳（投）者參（三）合日辰求星，從期三而一”。指出此條爲求“從期”“中期”“遠數”三組數，“三而一”“參（三）合之數”“有（又）參（三）之”分別爲求值計算方法。計算“鐘音之數”的方法暫不明。

⑤原簡此處殘損不清，曹方向（2009B）、程少軒（2010A）據文意擬補出，陳偉主編（2016：118）認爲補文可從。

⑥游變：**有三說：其一，釋爲“遊變”。有兩種訓釋：或訓爲流變、移動、變化。**程少軒（2010A）認爲“游變”義即“變化”，是古書中常與天地相搭配的哲學範疇。“天地”與“變化”是第一性與第二性的關係。**或訓爲遊魂爲變。**李零（2010）認爲，疑指遊魂爲變。**其二，釋爲“斿變”。**曹方向（2009B）釋爲“斿變”。**其三，釋爲“流變”，流變、移動。**王輝（2010）認爲“游”應釋爲“流”。二十八星宿在天上的位置隨月變化，即爲流變、移動。

⑦原簡此處殘損，“得天”“者貴”與“得地”整理者未釋，程少軒（2010A）據文意補釋。

⑧“會”字下整理者曾標記缺字符，陳偉主編（2016：119）認爲此處無缺字。意義尚不明。

⑨盍：合。《爾雅·釋詁上》：“盍，合也。”《易·豫卦》：“勿疑，朋盍簪。”王弼注：“盍，合也；簪，疾也。”

⑩此處簡文殘損不清，難以辨認。“不失”上一字，程少軒（2011：174）釋爲“律”。

“數”下一字及“不”下一字，陳偉主編（2016：119）認爲或分別爲“盈”與“和”。今按：暫缺釋，待考證。

【今譯】

凡是以陰陽律來占測，各投所占測的黃鐘大數叫作置數，早上到正午時從多數，正午到晚上從少數。乙 359

投者通過日、辰、星三者來推算求數，“從期”即爲日、辰、星對應數字相加再乘三分之一。“中期”即爲日、辰、星對應數字相加之值，“遠數”即爲三者相加之後再乘三，如此便可以求得鐘律數。乙 321

凡是日數即爲天，辰數即爲地，星數即爲移動變化。占測得到天的會顯貴，占測得到地的會富有，占測得到移動變化的做事會做成。三移動變化……乙志 6

九與八、七與六、五與四，這些都與妻子、丈夫有關。日數即爲丈夫，辰數即爲妻子，星數即爲子女。夫妻之間和諧即占測結果爲中間的數，太多的會和諧，少的會失和。乙 344

妻子……數目多的不和諧，……不會失和，數目……不會……乙 324

【釋文】

▨之數以日辰。日辰星各有勿（物）數①，而各三合。令三而一，盈三者爲死若矢②殹。乙 327B

·大呂多二，[蚤]（早）莫（暮）[自]死。夾鐘多一，自死。少二，旦至日中自[死]。□③日中歸姑洗，姑洗少一死，姑洗以其□辰爲式。林鐘得其□乙 286

▨[者]，占病④益病，占獄訟益辠（罪），占行益久，占賈市益利，占憂益憂。少其數者，乙 360A＋162B占病有[瘳]，占[獄訟]益[輕]，占行益易，占賈市少[贏]。下毋（無）所比者，旦以至日中以其雄占，日中以至晦以其雌乙 297占。占長年不定家，占男子槒⑤妻，女子[去]夫，百事槒。乙 310

·凡殳（投）黃鐘不合音婁（數）者，是謂天絕紀殹。婁（數）有六十六，旦從六十八，夕從六十四。婁（數）[有]七十五，占七十六，婁（數）有卌四，占卌二。[陰]陽乙 283鐘已備。乙 368

【匯釋】

①勿：**有兩說：其一，釋爲“勿”，讀爲“物”**。陳偉主編（2016：119）引

《儀禮·特牲饋食禮》"佐食盛肵俎，俎釋三個"，鄭玄注："個猶枚也。今俗言物數有若干個者，此讀然。"**其二，釋爲"主"**。整理者說。

勿數：**即物數，物件數量。**

②矢：陳劍（程少軒，2011：165 引）釋爲"失"。

③**此字有三說：其一，暫缺釋**。陳偉主編（2016：118）說。**其二，釋爲"投"**。整理者說。**其三，應當是"過""逾"之類意思的詞**。程少軒（2011：151）說。

④占病：**有三說：其一，釋爲"占病"**。陳偉主編（2016：120）說。**其二，釋爲"日無"**。整理者說。**其三，釋爲"占疾"**。晏昌貴（2010B）說。

⑤榣：**動搖不安**。陳偉主編（2016：120）：《說文》："榣，樹動也。"張家山漢簡《奏讞書》："皆榣恐。"睡虎地秦簡《爲吏之道》："百姓榣貳乃難請。"

【今譯】

……的數目以日數、辰數。日、辰、星各有物件數量，各自乘三後合併。將這些數目乘以三分之一，盈滿三者會死亡或會失去東西。乙 327B

（占測結果爲）大呂數目多二，會在早上或夜晚時分死亡。（占測結果爲）夾鐘數目多一，自己會死亡。少二，自己會在早上至正午之間死亡。……正午之後歸爲姑洗，（占測結果爲）姑洗數目少一會死亡，姑洗以這個人的……辰數爲式。在林鐘得到這個人的……乙 286

……者，占測病情會加重病情，占測獄事訴訟會加重罪過，占測出行會使出行時間變得更久，占測買賣經商會更加盈利，占測憂愁之事會加重憂愁。比它的數目少的，乙 360A + 162B 占測病情就會痊愈，占測獄事訴訟會減輕，占測出行會使得出行更加容易，占測經商買賣會減少盈利。在下沒有甚麼可以比的，早上到正午用其雄性占測，正午到晚上用其雌性乙 297 占測。占測多年不定居在家的情況，占測男子會使妻子動搖不安，女子會離開夫家，所有的事都會動搖不安。乙 310

凡是投黃鐘來占測卻數目不合的情況，這叫作天絕紀。數目有六十六，上午從六十八，傍晚從六十四。數目有七十五，占測七十六，數目有四十四，占測四十二。陰陽乙 283 律已經具備。乙 368

（六十三）星分度①

【釋文】

·角十二，[八月]②。乙 167 壹

亢十二。乙 174 壹

氐十七，·九月。乙 168 + 乙 374 壹

房七。乙 173 壹

心十、十二，·十月。乙 169 壹

尾九。乙 176 壹
箕十。乙 175 壹
斗廿三、廿二，·［十一］月。乙 170 + 乙 325 壹
·［十二］月③。乙 361 壹
虛十四。乙 171 壹
危九。乙 177 壹
營宮廿，·正月。乙 172 壹
東壁十三。乙 178 壹
［奎］十五，·二月。乙 167 貳
婁十三。乙 174 貳
胃十四、十三，·三月。乙 168 + 乙 374 貳
［卯（昴）十］五。乙 173 貳
畢十五，·四月。乙 169 貳
此（觜）觽六。乙 176 貳
參九。乙 175 貳
［東井廿九］，［五月］。乙 170 + 乙 325 貳
［輿鬼五］。乙 361 貳
［柳］□□，·六月。乙 171 貳
七星十三。乙 177 貳
張□□，·七月。乙 172 貳
翼十三。軫十五。乙 178 貳

【匯釋】

①本篇記錄二十八星宿分度及十二月朔宿。孫占宇（2008：61）指出，同《淮南子·天文訓》及《漢書·天文志》中的“今度”系統相比，本篇二十八星宿分度存在較大差異。而同阜陽西漢汝陰侯墓所出土的“二十八宿圓盤”以及唐代《開元占經》中所引劉向《洪範傳》中的“古度”接近。

星分度：陳偉主編（2016：121）認爲是二十八宿中相鄰兩個星宿距星間的赤經差，後稱“距度”。

爲使本篇內容更加清晰，現按照本篇記敘順序將本篇所記星宿情況及阜陽西漢汝陰侯墓所出土的“二十八宿圓盤”同劉向《洪範傳》中的“古度”進行列表，詳見下表。

②原簡此處墨痕脫落，整理者未釋。孫占宇（2008：61），程少軒、蔣文（2009A）根據其上有“角”，爲八月朔宿，擬補出。陳偉主編（2016：121）指出睡虎地秦簡《除》《玄戈》及阜陽西漢汝陰侯墓所出的“六壬式盤”等文獻中皆有部分星宿同十二月固定搭配。太陽在黃道面上進行視運動，於某月朔日到達的星宿，即爲“朔宿”。據比較，本篇所記朔宿同上述文獻屬於同一系統，由此可補出“八

月”，下文缺文或難以辨認者皆同，不再注。

③此處簡文殘缺，推測有“牛”“女”二宿。“牛”即北方玄武七宿之第二宿，也稱“牽牛”，有六星。《洪範傳》及“二十八宿圓盤”古度皆爲九。“女”爲北方玄武七宿之第三宿，也稱“須女”或“務女”，有四星。《洪範傳》及“二十八宿圓盤”古度皆爲十。此推測兩者均不在下表中。

放馬灘秦簡《日書》中的《星分度》篇與《洪範傳》古度、“二十八宿圓盤”古度對照表

星宿名稱	星宿屬性	本篇所記度數	朔宿月份	《洪範傳》古度	“二十八宿圓盤”古度
角宿	東方蒼龍七宿之第一宿，有二星	十二	八月	十二	十□
亢宿	東方蒼龍七宿之第二宿，有四星	十二		缺載，推算爲九或八	十一
氐宿	東方蒼龍七宿之第三宿，亦稱“天根”，有四星	十七	九月	十七	十□
房宿	東方蒼龍七宿之第四宿，亦稱“天駟”“房駟”，有四星	七		七	七
心宿	東方蒼龍七宿之第五宿，亦稱“鶉星”“大辰”“大火”“商星”，有三星	十、十二	十月	十二	十一
尾宿	東方蒼龍七宿之第六宿，有九星	九		九	九
箕宿	東方蒼龍七宿之第七宿，有四星	十		十，又十一度四分之一	十
斗宿	北方玄武七宿之第一宿，亦稱“南斗”，有六星	二十三、二十二	十一月	二十二	二十二
……			十二月		
虛宿	北方玄武七宿之第四宿，有二星	十四		十四	十四
危宿	北方玄武七宿之第五宿，有三星	九		九	六
營宮宿	北方玄武七宿之第六宿，亦稱“營室”“營星”“定星”，有二星	二十	正月	二十	二十
東壁宿	北方玄武七宿之第七宿，亦稱“東辟”，有二星。	十三		十五	十五
奎宿	西方白虎七宿之第一宿，有十六星	十五	二月	十二	十四

（續上表）

星宿名稱	星宿屬性	本篇所記度數	朔宿月份	《洪範傳》古度	“二十八宿圓盤”古度
婁宿	西方白虎七宿之第二宿，有三星	十三		十五	十五
胃宿	西方白虎七宿之第三宿，有三星	十四、十三	三月	十一	十一
昴宿	西方白虎七宿之第四宿，亦稱“髦頭”“旄頭”，有七星	十五		十五	十五
畢宿	西方白虎七宿之第五宿，有八星	十五	四月	十五	十五
此觿宿	西方白虎七宿之第六宿，亦稱“觜觿”“觜蠵”“此巂”，有三星	六		六	六
參宿	西方白虎七宿之第七宿，有七星	九		十	九
東井宿	南方朱雀七宿之第一宿，有八星	二十九	五月	二十九	二十六
輿鬼宿	南方朱雀七宿之第五宿，有四星	五		五	五
柳宿	南方朱雀七宿之第三宿，有八星	……	六月	十八	十八
七星宿	南方朱雀七宿之第四宿，有七星	十三		十三	十二
張宿	南方朱雀七宿之第五宿，亦稱“鶉尾”，有六星	……	七月	十三	缺記載
翼宿	南方朱雀七宿之第六宿，有二十二星	十三		十三	缺記載
軫宿	南方朱雀七宿之第七宿，有四星	十五		十六	缺記載

注：□表示殘字，……表示簡文中無法確認的字，空格表示簡文未提及。

【今譯】

角宿，分度數爲十二，是八月朔日所到達的星宿。乙 167 壹

亢宿，分度數爲十二。乙 174 壹

氐宿，分度數爲十七，是九月朔日所到達的星宿。乙 168 + 乙 374 壹

房宿，分度數爲七。乙 173 壹

心宿，分度數爲十、十二，是十月朔日所到達的星宿。乙 169 壹

尾宿，分度數爲九。乙 176 壹

箕宿，分度數爲十。乙 175 壹

斗宿，分度數爲二十三、二十二，是十一月朔日所到達的星宿。

乙 170 + 乙 325 壹

十二月。乙 361 壹

虛宿，分度數爲十四。乙 171 壹

危宿，分度數爲九。乙 177 壹

營宫宿，分度數爲二十，是正月朔日所到達的星宿。乙 172 壹

東壁宿，分度數爲十三。乙 178 壹

奎宿，分度數爲十五，是二月朔日所到達的星宿。乙 167 貳

婁宿，分度數爲十三。乙 174 貳

胃宿，分度數爲十四、十三，是三月朔日所到達的星宿。乙 168 + 乙 374 貳

昴宿，分度數爲十五。乙 173 貳

畢宿，分度數爲十五，是四月朔日所到達的星宿。乙 169 貳

此觿宿，分度數爲六。乙 176 貳

參宿，分度數爲九。乙 175 貳

東井宿，分度數爲二十九，是五月朔日所到達的星宿。乙 170 + 乙 325 貳

輿鬼宿，分度數爲五。乙 361 貳

柳宿，……是六月朔日所到達的星宿。乙 171 貳

七星宿，分度數爲十三。乙 177 貳

張宿，……是七月朔日所到達的星宿。乙 172 貳

翼宿，分度數爲十三。軫宿，分度數爲十五。乙 178 貳

（六十四）日分[①]

【釋文】

日分：甲以到戊，·己以到癸。·辰分：子以到巳，·午以到亥。乙 167 叁

［時分］[②]：旦以到東中，·西中以到日入。乙 174 叁

［星分：角以］［到］[③]東壁，·奎以到軫[④]。乙 168 + 乙 374 叁

殳（投）日、辰、時數并而三之以爲母，乙 173 叁下八而生者三而爲二，上六而生者三而爲四。乙 169 叁

宫一，徵三，栩（羽）五，商七，角九[⑤]。乙 176 叁

［壹］（一）倍之二。二倍之四[⑥]。三以三倍之，到三止。四以四倍之，至於四□[⑦]。乙 175 叁

□［至於］五而止。［六以］三倍之，至於六而止。七以五乙 170 + 乙 325 叁［倍］之，至於七而［止。八以］八［倍］之，至於八而止。九以三倍［之］，至於九□乙 361 叁

□日到行日，星道角若奎到行日，星及日、辰、時數皆□乙 177 叁

并其數而以除母，而以餘期之。乙 172 叁

【匯釋】

①本篇記述日、辰、時、星的劃分及其相關運算，內容難以詳知。陳偉主編（2016：125）說。

②時分：整理者原釋作"□巳"，孫占宇（2008：64）、柯秋白（2010）、晏昌貴（2010B）據字形殘筆及文意擬補出，陳偉主編（2016：126）從此補文。

③此處原簡殘缺，孫占宇（2013：206）認爲缺文可據文意補爲"星分：角以"，陳偉主編（2016：126）從此補。

④前文所提"日分""辰分""星分"，孫占宇（2008：63）指出本篇應是爲了方便與日數、辰數及星數（分度）搭配而將三者各自分爲兩組。《周禮・哲蔟氏》："以方書十日之號、十有二辰之號……二十有八星之號，縣其巢上，則去之。"鄭玄注："日謂從甲至癸，辰謂從子至亥……星謂從角至軫。"

⑤孫占宇（2013：207）認爲此句中五音所對應之數或同後世數術之學中的"五音六屬"說有關。《抱樸子・仙藥》："一言得之者，宮與土也；三言得之者，徵與火也；五言得之者，羽與水也；七言得之者，商與金也；九言得之者，角與木也。"可見同本篇所記一致。

⑥"四"後程少軒（2011：93）認爲存在重文符。今按：陳偉主編（2016：126）據圖版可見"四"下一點，應爲句讀標誌。

⑦"四"下一字，今按：字形難辨，暫缺釋。整理者釋爲"取"，陳劍（程少軒，2011：93引）釋爲"而"，並在其後補"止"字，皆不從。

【今譯】

日分：從甲到戊，從己到癸。辰分：從子到巳，從午到亥。乙167叁

時分：從旦到東中，從西中到日入。乙174叁

星分：從角宿到東壁宿，從奎宿到軫宿。乙168＋乙374叁

投日數、辰數、時數，三者相加之後乘三並以這個數爲分母，乙173叁三分損一得八數，三分益一得六數。乙169叁

宮對應一，徵對應三，羽對應五，商對應七，角對應九。乙176叁

一加兩次得二。二加兩次得四。三同三相加，一共加三次爲止（得九）。四同四相加，一共四次……乙175叁

……一共五次爲止。六同三相加，一共加六次爲止。七同五乙170＋乙325叁相加，一共加七次爲止。八同八相加，一共加八次爲止。九同三相加，一共加九次乙361叁

……太陽進行視運動的日子，運行到星道中的角宿或奎宿的日子，將星數及日數、辰數、時數全部……乙177叁

相加然後作爲分母，然後以餘數作爲週期。乙172叁

（六十五）問病[①]

【釋文】

·凡人來問病者，以來時投日、辰、時數并之。上多下占[②]病已[③]，上下［等］曰陲（垂）已[④]，下多上一曰未已而幾已[⑤]，下多上二曰未已，下多三曰乙345日尚久，多四、五、六曰久未智（知）[⑥]已時，多七曰瘁（癃）[⑦]不已，多八、九曰死。乙348

【匯釋】

①本篇以日、辰、時數的某種運算來占斷疾病的預後。陳偉主編（2016：127）説。

占：**有兩説：其一，釋作“占”**。陳偉主編（2016：127）説。**其二，爲“曰”之誤**。程少軒（2011：162）疑“占”字爲“曰”誤抄。

②病已：**病好，痊愈**。枚乘《七發》：“太子曰：‘諾。病已，請事此言。’”“涊然汗出，霍然病已。”《史記·扁鵲倉公列傳》：“一飲汗盡，再飲熱去，三飲病已。”

③陲已：**接近痊愈**。陲，讀爲“垂”，接近，將要。《廣韻·支部》：“垂，幾也。”《後漢書·隗囂傳》：“吾年垂四十。”杜甫有《垂老别》。

④“幾已”下整理者標注重文符。陳偉主編（2016：127）指出此處實際上爲墨丁。

⑤智：**通“知”**。《墨子·經説下》：“夫名，以所明正所不智，不以所不智疑所明。”睡虎地秦簡《爲吏之道》：“審智（知）民能，善度民力。”

⑥瘁：**有三説：其一，釋爲“瘁”，同“癃”，多病**。陳偉主編（2016：128）説。**其二，釋爲“痛”**。整理者説。**其三，釋爲“病”**。晏昌貴（2010B）、程少軒（2011：162）説。

【今譯】

凡是有人到來占問疾病，用到來的時間投相應的日數、辰數、時數，三者相加。如果上數多於下數，占測的預後則爲病情會痊愈，上下數字相等則爲病情將近痊愈，下數多於上數則爲沒有痊愈而將近痊愈，下數比上數多二則爲沒有痊愈，下數比上數多三則爲乙345病愈所需時日尚久，（下數比上數）多四、五、六則爲病愈時日需要很久，不知道痊愈的時間，（下數比上數）多七則爲病症不會痊愈，（下數比上數）多八、九則爲疾病會致死。乙348

（六十六）占疾[①]

【釋文】

・占疾

投其病日、辰、時，以其所中之辰閒[②]，中其後爲已閒，中其前爲未閒。得其月之剽[③]，恐死。得其乙338□[④]，［瘁］（瘽）[⑤]。得其□，善。得其閉，病中□[⑥]□。得其建，多餘病。得除，恐死。得其盈，駕（加）病。得其吉，善。得乙335其臽，病久不☐ 乙358A

☐□，乃復病。乙364B

【匯釋】

①本篇諸簡以日、辰、時數及建除諸日來占斷疾病的預後。陳偉主編（2016：128）說。

②閒：**病愈，痊愈**。《論語・子罕》："子疾病，子路使門人爲臣。病閒，曰：'久矣哉，由之行詐也……'"何晏集解引孔安國注曰："病少差曰閒也。"劉寶楠正義："《方言》云：南楚病瘉者謂之差，或謂之閒。"

③剽：**剽日**。劉青（2010：68）：即春三月卯、夏三月午、秋三月酉、冬三月子。可參見前文《帝》篇。

④"其"下一字，**有四說：其一，暫缺釋**。陳偉主編（2016：128）認爲放馬灘秦簡建除系統中不存"敫"，據字形來看，此字从"攴"，爲"收"的可能性較大。暫缺釋，待進一步考證。**其二，釋爲"攻"**。整理者說。**其三，疑爲"敫"**。程少軒（2011：163）說。**其四，釋爲"收"**。孫占宇（2013：215）說。

⑤瘁：整理者釋爲"辜"，陳劍（程少軒，2011：163引）改釋。

⑥"病中"下一字，**有三說：其一，暫缺釋**。從陳偉主編（2016：129），暫缺釋。**其二，釋爲"雖"**。整理者釋爲"雖"，孫占宇（2013：215）從原釋。**其三，釋爲"唯"**。晏昌貴（2010B）說。

【今譯】

占測疾病

對（病人）生病的日數、辰數、時數進行抽籤，（病人生病的日數、辰數、時數）在所抽中的時辰會痊愈，在所抽中的時辰之後則爲已經痊愈，在所抽中的時辰之前則爲尚未痊愈。（如果占測結果）得到那個月的剽日，恐怕會死亡。（如果占測結果）得到乙338……會病痛。（如果占測結果）得到……會好。（如果占測結果）得到閉日，就會在病中……（如果占測結果）得到建日，就會有很多其他的病症。（如果占測結果）得到除日，恐怕會死亡。（如果占測結果）得到盈日，會得更多的病症。（如果占測結果）得到吉日，會好。（如果占測結果）得到乙335臽日，病了

很久不會……乙358A

……就會再一次生病。乙364B

（六十七）占病

【釋文】

·占病者，以其來問時直日、辰、時，因而三之，即直［六］結四百五，而以［所］三□□［除焉］。令[①]不足［除殹，乃］□□者曰久易，如其［餘］□，以乙355

■九者首殹，八者肩、肘殹，七、六者匈（胸）、腹、腸殹，五者股、胻[②]殹，四者［厀］（膝）、足殹。此所以［智］（知）病疵之所殹。乙343

【匯釋】

①令：**有兩說：其一，假設連詞，假使、假如。**陳偉主編（2016：129）理解爲"假如"，引《史記·陳涉世家》："藉第令毋斬，而戍死者固十六七。"《晏子春秋·諫上四》："令章遇桀、紂者，章死久矣。"**其二，釋爲"以"。**陳劍（程少軒，2011：164引）釋"令"爲"以"。

②胻：**小腿，腳脛。**《黃帝內經·素問·骨空論》："胻骨空在輔骨之上端。"《醫宗金鑒·正骨心法要旨》："胻骨，即膝下踝上之小腿骨，俗名臁脛骨者也。"《史記·龜策列傳》："壯士斬其胻。"集解："胻，腳脛也。"

【今譯】

爲病人占測疾病時，用病人來占問的時間所對應的日數、辰數、時數，在此數值上乘三，所得到的值六結四百五十，然後所三……去除。假使不夠除，就……的情況叫作久易，如果它的餘數……以乙355

（得到數字）九的話，（疾病發病部位）在頭，（得到數字）八的話，（疾病發病部位）在肩膀、手肘，（得到數字）七、六的話，（疾病發病部位）在胸部、腹部、腸子，（得到數字）五的話，（疾病發病部位）在大腿、腳脛，（得到數字）四的話，（疾病發病部位）在膝蓋、腳。這就是知道病症之所在的方法。乙343

（六十八）占病祟除[①]

【釋文】

·占病祟除

一天殹，公外[②]。二［地］，社及立（位）[③]。三人鬼[④]，大［父］及殤[⑤]。四［時］，大遏及北公[⑥]。五音，巫帝〈帝〉[⑦]、陰雨公。六律，司命[⑧]、天□。七星，死者[⑨]。乙350八風，相莨[⑩]者。九水，大水[⑪]殹。乙192

【匯釋】

①本篇占測致病作祟的鬼神。陳偉主編（2016：130）説。

病祟：**致病之祟**。陳偉（2010）指出生病後占卜作祟鬼神是春秋戰國乃至秦漢的習慣。《論衡・祀義》："世信祭祀，以爲祭祀者必有福，不祭祀者必有禍。是以病作卜祟，祟得修祀，祀畢意解，意解病已……"

除：**有兩説：其一，如字讀，解除**。陳偉（2010）理解爲"解除"。《梁書・顧憲之傳》："皆開塚剖棺，水洗枯骨，名爲除祟。"**其二，讀爲"餘"**。程少軒（2011：167）認爲"除"讀爲"餘"，與下文"一"連讀。

②公外：**外君、外公**。從陳偉（2010），疑是"外公"倒書。認爲公、君均爲尊稱，外公、外君應爲一物。程少軒（2011：169）認爲鬼神名中"公某"和"某君"應爲同一鬼神。

③社：**土地神**。應劭《風俗通義》引《孝經》："社者，土地之主。土地廣博不可遍敬，故封土以爲社而祀之，報功也。"

立：**讀爲"位"，神祠**。從陳偉（2010）引睡虎地秦簡《日書》乙種整理者注："立，疑讀爲位。野位，野外的神祠。"晏昌貴（程少軒，2011：170引）：楚簡中有"社立""漸木立"，當即"社位"或"業社"一類，這裏的"社及立"可能也指社及社位（業）。

④人鬼：**人死後的鬼魂**。

⑤大父：**祖父**。從陳偉（2010），大父即祖父，另稱王父。睡虎地秦簡《病篇》《有疾》等篇有"王父爲祟"。

孫占宇（2013：218）將"大父"同前句"鬼"連讀，認爲"鬼大父"即爲"祖父死後的鬼魂"，從孫説，在今譯中從孫説法譯出。

殤：**人死後的鬼魂**。晏昌貴（程少軒，2011：170引）指出"大父""殤"均見於楚卜筮簡等材料，當屬於"人鬼"。

⑥大遏：**有四説：其一，釋爲"大遏"**。陳偉（2010）所釋。陳偉（2010）認爲或讀爲"大害"，待考證。**其二，釋爲"六過"**。整理者説。**其三，釋爲"大過"**。晏昌貴（2010B）説。**其四，與四時有關的鬼神**。晏昌貴（程少軒，2011：170引）疑似與四時有關的鬼神。

北公：**同"北君"**。陳偉（2010）疑與"北君"爲同一事物。晏昌貴（程少軒，2011：170引）則認爲"北公"同《潛夫論・巫列》中的"北君"可能存在關聯。

⑦帝：**有三説：其一，即"大巫"**。陳偉（2016：132）認爲是群巫之長，即"大巫"。**其二，"帝"字之訛**。孫占宇（2013：219）疑爲"帝"字之訛寫。**其三，群巫之首**。程少軒（2011：170）認爲可能是指群巫之首，也可能是《山海經・大荒西經》中的"巫抵"。

⑧司命：**掌管生命之神**。程少軒（2011：171）：《史記・封禪書》："壽宮神君最貴者太一，其佐曰太禁、司命之屬，皆從之。"《索隱》："司命主老幼。"

⑨死者：**死鬼**。從程少軒（2011：71）認爲“死者”當爲“死鬼”。陳偉（2010）指出包山楚簡中有“兵死”“溺人”等，或與此有關。

⑩相莨：**疑爲“方良”，草澤之神**。陳偉（2010）疑爲“方良”，《文選·張衡〈東京賦〉》“斬蟃蛇，腦方良”，李善注：“方良，草澤之神也。”

⑪大水：陳偉（2010）指出，大水作爲作祟之物亦可見於簡265，在楚卜筮禱詞中也有所見。

【今譯】

占測致病作祟的鬼神及解除方法

（占測結果是）一天，則爲外君。（占測結果是）二地，則爲土地神及神祠。（占測結果是）三人，則爲祖父及死後的鬼魂。（占測結果是）四時，則爲大遏神及北公。（占測結果是）五音，則爲巫帝及陰雨公。（占測結果是）六律，則爲掌管生命之神、天……（占測結果是）七星，則爲死鬼。乙350（占測結果是）八風，則爲方良。（占測結果是）九水，則爲大水。乙192

（六十九）占盜（一）①

【釋文】

·［占盜］

［投］□□□②，除一到九有（又）除一□上，復除九。毋余（餘），盜在中。除（餘）八，［西］八③。上至④七，南七。六，東六。五，西南五。四，北四。三，東南乙342三。二，西北二。一而東北一。乙326

【匯釋】

①本篇占卜盜者所在的方位，或與類似“九宮格”的圖案配合使用。陳偉主編（2016：133）說。

②“投”下三字，**有三說：其一，暫缺釋**。從陳偉主編（2016：133），暫缺釋，待考證。**其二，釋爲“一日春”**。整理者說。**其三，或爲“日辰時”**。孫占宇（2013：221）認爲此三字殘泐難以辨認，或爲“日辰時”，暫缺釋。

③“西”後的“八”，以及下文方位名詞後的數字“七”“六”“五”“四”“三”“二”“一”，暫不明其意思。或爲對各自對應前文所述餘數的再次強調。

④上至：**有三說：其一，作“上至”**。今從陳偉主編（2016：133），作“上至”，意義暫不明。**其二，釋爲“達”**。整理者說。**其三，釋爲“乚至”**。夔一（2010）說。

【今譯】

占測盜者

投……除一到九又除一……上，再除九。（如果）結果沒有餘數，盜賊在中間方向。（如果）餘八，（盜賊在）西邊方向。（如果）餘七，（盜賊在）南邊方向。（如果）餘六，（盜賊在）東邊方向。（如果）餘五，（盜賊在）西南方向。（如果）餘四，（盜賊在）北邊方向。（如果）餘三，（盜賊在）東南方向。乙342（如果）餘二，（盜賊在）西北方向。（如果）餘一，（盜賊在）東北方向。乙326

（七十）占盜（二）①

【釋文】

占盜

以亡辰②爲式③，投得其式爲有中④，閒⑤得其前五⑥爲得、爲聞⑦，得其後伍（五）爲不得，不得其前後之伍（五）爲復亡。乙322

【匯釋】

①本篇用財物失竊的日辰來占卜失物可否復得。陳偉主編（2016：134）說。

②亡辰：**財物失竊的日辰**。

③式：**目標，標的，目的地**。陳偉主編（2016：134）認爲此處意爲標的。陳偉（2010）：有標準、楷模義。《說文》："式，法也。"《尚書・微子之命》："世世享德，萬邦作式。"蕭統《文選序》："孝敬之準式。"

④有中：**有得，此處指失物可以得回**。

⑤閒：**距離，間距，間隔**。《淮南子・俶真訓》："溝中之斷，則醜美有閒矣。"高誘注："閒，遠也。"

⑥前五：**財物失竊的前五個日辰和後五個日辰**。陳偉（2010）認爲本篇同《六甲圖》存在一定關聯。"前五"及下文的"後伍（五）"皆與財物失竊日辰有關。

⑦聞：**獲知同失物有關的消息**。

【今譯】

占測盜者

以財物失竊的日辰爲標的，投到標的則爲可以得回，投到距離標的前五個日辰則爲可以得回或者可以獲知有關財物失竊的消息，投到距離標的後五個日辰則爲不能得回，沒有投到距離標的前後五個日辰的則意味着財物會再次失竊。乙322

（七十一）占亡貨①

【釋文】

占亡［貨］

［以］亡而［來］問之，［并］日、辰、時數②，因而☐乙90

☐三☐并而五［之］，☐☐☐之起☐乙 331

辰爲存，今[③]得。得其前參（三）爲始。得其後參（三）爲已，爲往，爲去。乙 299

【匯釋】

①本篇諸簡以日、辰、時數之間的某些運算來占卜亡貨。陳偉主編（2016：134）說。

貨：**有三說：其一，釋爲“貨”，財物**。陳偉主編（2016：134）：《說文》：“貨，財也。”《儀禮·聘禮》：“多貨則傷於德。”鄭玄注：“貨，天地所化生，謂玉也。”《尚書·洪範》：“一曰食，二曰貨。”孔穎達疏：“貨者，金玉布帛之總名。”**其二，釋爲“者”**。整理者說。**其三，釋爲“道”**。程少軒（2011：166）說。

②數：**有兩說：其一，釋爲“婁”，讀爲“數”**。程少軒（2011：166）說。**其二，釋爲“婁”**。整理者說。

③今：**有三說：其一，釋爲“今”**。陳偉主編（2016：135）說。**其二，釋爲“合”**。整理者說。**其三，釋爲“乃”**。陳劍（程少軒，2011：165 引）說。

【今譯】

占測失去的財物

以失去財物的時間來占測，將其日數、辰數、時數相加，然後……乙 90

……三……相加然後乘以五，……之起……乙 331

辰就是貨物被存貯起來，今天會得回。得到其前三個就是剛剛開始。得到其後面三個就是財物已經停止移動流轉，就是應離開這裏去別的地方找尋，就是財物已經失去（無法得回）。乙 299

（七十二）占亡人[①]

【釋文】

·占亡人

［投］其音數[②]，其所中之鐘賤，亡人不出其界。其鐘貴，亡人遂[③]。男子反行其伍，女子［順］行鐘伍。乙 287

【匯釋】

①本篇以音數占卜亡人的去向。陳偉主編（2016：135）說。

②音數：陳偉主編（2016：135）認爲是前文《日分》篇中的五音之數，或爲前文《律數（一）》《律數（二）》兩篇中十二律之數。

③遂：**逃亡，成功逃脫**。陳劍（程少軒，2011：152 引）釋此字爲“旞”。睡虎地秦簡《秦律雜抄》：“豹旞（遂），不得，貲一盾。”整理者注：“《說文》：‘遂，

亡也。’即逃掉。”

【今譯】

占測逃亡失蹤的人

投擲五音之數或十二律之數，所投中的鐘數低賤，逃亡失蹤的人就跨越不出邊界。所投中的鐘數高貴，逃亡失蹤的人就會成功逃脱。（如果是）男子就要逆着鐘伍順序排列，（如果是）女子就要順着鐘伍順序排列。乙287

（七十三）日爭勝[①]

【釋文】

·日爭勝者：甲六、乙三、丙四、丁二、戊九、己四、庚八、辛六、壬一、癸十二。子四、丑二、寅一、卯四、辰八、巳五、午七、未六、申九、酉四、戌七、亥六。乙349

·日爲客，辰爲主人。數多者□[②]，數等者□[③]，□□□□冬忌勝日[④]，□□先者□[⑤]。乙340

[多支][⑥]，宜春夏。主人多，女子吉，宜[秋]冬。乙329

爲客□主[⑦]。卜[獄訟、□斲]（鬬），多者勝客。乙282

【匯釋】

①本篇諸簡皆以日辰、主客爲占，似有關聯。陳偉主編（2016：136）說。

勝：**關於此字的訓釋有兩説：其一，**孫占宇（2013：226）認爲此字殘泐不清，據字形輪廓似爲“勝”，陳偉主編（2016：136）從孫説。**其二，**整理者釋作“時”。

爭勝：**競勝，競爭勝利。**《論語·八佾》：“君子無所爭。”劉寶楠正義：“爭者，競勝之意。”《荀子·儒效》：“用百里之地，而千里之國莫能與之爭勝。”

②“者”下一字，今從陳偉主編（2016：136），暫缺釋。**關於此字的訓釋有兩説：其一，**孫占宇（2013：226）據字形輪廓認爲似爲“吉”，暫缺釋。陳偉主編（2016：136）認爲孫説可從。**其二，**整理者釋爲“若”。

③孫占宇（2013：226）指出，此處似乎爲以日、辰之數互相比較，日數多則爲吉利，日、辰數相等則爲憂患。

④前兩字整理者釋爲“日失”，孫占宇（2013：226）據字形輪廓認爲與“日失”不類，或爲“三瘳”，暫缺釋。

⑤前兩字整理者釋爲“喜禁”，陳偉主編（2016：137）據原簡字形認爲是“數薄”，暫缺釋。

⑥陳偉主編（2016：137）結合後文認爲此處“支”字或爲“丈”，下脱“夫吉”二字，即簡文應爲“……多，丈夫吉，宜春夏”。

⑦“主”上一字，今從陳偉主編（2016：137），暫缺釋，待考證。**關於此字的**

訓釋有三說：**其一，**陳偉主編（2016：137）據字形殘筆及文意認爲或爲同後文"勝"對應的"贏"，暫缺釋，待考證。**其二，**整理者釋爲"貿"。**其三，**宋華強（2010）釋爲"儥"。

【今譯】

爭勝的日子有：甲六、乙三、丙四、丁二、戊九、己四、庚八、辛六、壬一、癸十二。子四、丑二、寅一、卯四、辰八、巳五、午七、未六、申九、酉四、戌七、亥六。乙349

日數居於客位，辰數居於主位。數字多的……數字相等的……冬季忌諱爭勝的日子，……先……乙340

……多，（對成年男子來說是吉利的，）適宜春夏兩季。主人多，對女子來說是吉利的，適宜秋冬兩季。乙329

是客位……主位。占測牢獄訴訟、……鬬爭，（數字）多的會爭勝客位。乙282

（七十四）五音（二）[①]

【釋文】

■宮之音奔[②]，如［牛］處窖[③]中。宮，腸毆，囷倉毆。宮音貴，其畜牛，其［器］奔[④]□，其［穜］（種）重（穜）[⑤]，其［事］□[⑥]，其事貴，其［處］[⑦]安，其味乙353甘[⑧]，其病中。徵之音下［出］，如［負[⑨]虎而］□。□□□□［毆。徵音善[⑩]，其畜虎］，其器□，其穜（種）華[⑪]，其事嗇夫，其處整□乙352長，其［味酸］，其［病］□。［羽］之音如野鳴馬[⑫]。［羽］，面［毆］、□毆[⑬]。羽音［吉］，其畜［馬］，其器□□，其［穜］（種）禾黍，其［事］賤，其乙354［處］實，其味苦，其病頭。乙375

【匯釋】

①本篇記述五音的音色及其與所主身體部位、建築物、五畜、五器、五種、五味等的搭配。陳偉主編（2016：138）說。

②奔：**深邃**。《呂氏春秋·仲冬》："君子齋戒，處必奔。"高誘注："奔，深邃也。"

③"如"下脫"牛"，陳偉主編（2016：138）據後文補出。

窖：**地窖**。《說文·穴部》："窖，地室。"《廣韻·沁韻》："窖，地屋。"

④奔：**器物小口大腹**。《周禮·春官·典同》："侈聲筰，奔聲鬱。"鄭玄注："奔，謂中央寬也。"《呂氏春秋·孟冬》："其器宏以奔。"

⑤重：**通"穜"，先種植後成熟的穀類作物**。可見前文《候歲》篇。《詩經·豳風·七月》："黍稷重穋，禾麻菽麥。"

⑥孫占宇（2013：230）認爲"其事"可以辨出，據字形此處應爲"其事貴"，

而下文又有“其事貴”，疑爲衍文。

⑦處：整理者釋爲“室”，陳偉主編（2016：138）據字形殘筆及文意擬釋。

⑧味甘：整理者釋爲“除日”。

⑨負：**有兩說：其一，釋爲“負”**。陳劍（程少軒，2011：72引）據文意釋爲“負”，孫占宇（2013：230）據字形認爲此處第二字下从“貝”，可爲“負”，陳偉主編（2016：138）从陳劍說，引《管子·地員》“凡聽徵，如負豬豕覺而駭”，認爲此字爲“負”的可能性較大。**其二，釋爲“貞”**。整理者說。

⑩徵音善：**有四說：其一，釋爲“徵音善”**。陳偉主編（2016：139）說。**其二，釋爲“從喜□”**。整理者說。**其三，釋爲“徵音□”**。趙岩（2009）說。**其四，釋爲“徵音得”**。晏昌貴（2010B）說。

⑪華：**有兩說：其一，釋爲“華”，瓜果**。陳偉主編（2016：139）理解爲“瓜果”，引《禮記·郊特牲》：“天子樹瓜華，不斂藏之種也。”鄭玄注：“華，果蓏也。”**其二，釋爲“菽”**。晏昌貴（2009A）說。

⑫羽：整理者未釋，晏昌貴（2009A）釋出。

馬：**有兩說：其一，釋爲“馬”**。陳偉主編（2016：139）引《管子·地員》“凡聽羽，如鳴馬在野”釋爲“馬”。**其二，釋爲“肩”**。整理者說。

⑬面殹：整理者釋爲“面宇”。下一字，整理者釋爲“囚”，孫占宇（2013：230）認爲此處“囚”應當是某建築物，或爲囚牢。今從陳偉主編（2016：139），暫缺釋，待考證。

【今譯】

宮之音深邃幽遠，如同牛在地窖中（發出的聲音）。宮，（對應）腸子，（對應）糧倉穀庫。宮音高貴，對應的牲畜是牛，器物小口大腹……所種植的是先種後熟的穀物，其事情是……其侍奉的人尊貴，處所安定，味道乙353甘甜，處於病中。徵音從下出，如同背負老虎……徵音善柔，對應的牲畜是虎，對應的器物……所種植的是瓜果，其擔任的是嗇夫，處所整齊……乙352很長，味道發酸，病……羽音如同野馬鳴叫。羽，（對應）臉部……羽音吉利，對應的牲畜是馬，對應的器物……所種植的是禾苗黍稻，其侍奉的人卑賤，其乙354處所結實，味道發苦，發病的地方在頭部。乙375

【釋文】

［商之音☑］□[①]，其畜羊□，其器危[②]，其穜（種）［稷，其事］□乙289A

［角之音☑］□鳴[③]犢。角，頭殹、［項殹、門殹］。角［音］［榣］（搖）[④]，其畜□［犢］，其器棓（杯），其穜（種）村（菽），其事有辠（罪），［其］處榣（搖），其味咸，乙303B＋乙289B其病久。乙370

【匯釋】

①原簡此小句殘斷缺損。孫占宇（2013：231）據《管子·地員》“凡聽商，如離群羊”補出。晏昌貴（2009A）將此條歸爲角音下，似誤。

②危：高。**關於此處的訓釋有兩說：其一，**孫占宇（2013：231）引《莊子·盜跖》“使子路去其危冠”，陸德明釋文引李雲：“危，高也。”**其二，**陳偉主編（2016：140）疑此字爲“卮”之訛誤。

③“鳴”上一字，**有兩說：其一，疑爲“壄（野）”。**孫占宇（2013：231）認爲此字爲“土”，疑爲“壄（野）”字殘筆，陳偉主編（2016：140）認爲孫說可從。**其二，釋爲“之”。**整理者說。

④榣：**讀爲“搖”，疾，快速。**《廣雅·釋詁一》：“搖，疾也。”《漢書·禮樂志》：“將搖舉，誰與期?”班固《西都賦》：“遂乃風舉雲搖，浮游溥覽。”王念孫《讀書雜志餘編·楚辭》：“搖起，疾起也。疾起與橫奔，文正相對。《方言》曰：‘搖，疾也。’”

【今譯】

商音……對應的牲畜是羊，器物高，所種植的是稷穀，其侍奉……乙289A

角音……鳴叫的牛犢。角，（對應）頭部、頸部，處所在門。角音疾，對應的牲畜是……牛犢，器物爲杯子，所種植的是豆類，其侍奉的人有罪，處所飄搖不定，味道發鹹，乙303B + 乙289B生病會很久。乙370

（七十五）黃鐘[①]

【釋文】

·黃鐘

平旦至日中投[②]中黃鐘，鼠殹，兑（鋭）顔[③]，兑（鋭）頤[④]，赤黑，免（俛）僂[⑤]，善病心、腸。乙206

日中至日入投中黃鐘，胸濡[⑥]殹，小面，多黑艮（眼）[⑦]，善[⑧]下視，黑色，善弄[⑨]，隋隋[⑩]，不旬人[⑪]。乙207

【匯釋】

①本篇以一晝夜中三個時段所“投中”的十二律對應於三十六種禽獸，列述這些禽獸的外貌特徵以及“善病”的部位。陳偉主編（2016：144）說。

②投：**有兩說：其一，擲，抽。**孫占宇（2008：74）：古時候有“投策”“投鉤”，猶今日之擲骰子、抽籤。**其二，計算。**程少軒（2011：177）：根據文意，似乎是“依計算取數”一類的意思。

③兑顔：**高額頭。**孫占宇（2013：235）：兑通“鋭”。《墨子·備蛾傳》：“木長短相雜，兑其上而外內厚塗之。”孫詒讓詁：“兑，同鋭。”

④頤：**下巴**。《易・噬嗑》："彖曰：'頤中有物曰噬嗑。'"《方言》卷十："頤，下頜也。"《新唐書》："方額廣頤。"

⑤免僂：**有兩說：其一，讀爲"俯僂"，行走時低頭曲背的樣子**。王輝（2010）讀爲"俯僂"，認爲《說文》中"頫"字即爲後世"俯"字，異體作"俛"。**其二，讀爲"俛僂"**。宋華強（2010）讀爲"俛僂"，《漢書・蔡義傳》："貌似老嫗，行步俛僂。"

⑥朐：**有兩說：其一，疑爲"朐"**。宋華強（2010）疑爲"朐"。陳偉主編（2016：144）認爲宋說可從。**其二，釋爲"胎"**。整理者釋爲"胎"，孫占宇（2013：236）從原釋。

濡：**有兩說：其一，釋爲"濡"，疑讀爲"獳"**。宋華強（2010）疑讀爲"獳"，"朐濡"即《山海經》中的"獳犬"。孫占宇（2013：236）認爲宋說可從。程少軒（2011：104）指出本簡動物名在子位，不應有戌位之犬，宋說不妥。**其二，應爲"腮"**。陳偉主編（2016：144）認爲據殘筆，此字應爲"腮"。

朐濡：**有三說：其一，蚯蚓**。陳偉主編（2016：144）認爲此動物爲蚯蚓，且下文敘述特徵同蚯蚓相合。**其二，犬類**。宋華強（2010）認爲此動物爲犬類。**其三，小狐**。孫占宇（2013：236）認爲此動物爲小狐。

⑦艮：**有兩說：其一，讀爲"眼"，眼睛**。宋華強（2010）："艮"當讀爲"眼"。陳偉主編（2016：144）根據下文"善下視"，從宋說。**其二，讀爲"根"，鼻樑**。方勇（2009B）認爲"艮"讀爲"根"，即爲山根，義爲鼻樑。

⑧善：**喜好，喜歡**。

⑨弄：**遊戲，玩耍**。睡虎地秦簡《日書》甲種中的《盜者》有"盜者銳口，稀鬚，善弄手，黑色"，可參看。

⑩陳偉主編（2016：145）認爲"隋隋"上或脫"行"字。

⑪旬人：**讀爲"殉人""徇人"，曲從別人**。孫占宇（2013：236）讀爲"殉人""徇人"，陳偉主編（2016：145）從孫說。《孟子・盡心》："未聞以道殉乎人者也。"趙氏注："殉，從也。"《史記・李斯列傳》："以己徇人，則己賤而人貴。"

【今譯】

黃鐘

在平旦到日中期間投中黃鐘，對應的是鼠，（長了）高額頭，尖下巴，呈紅黑色，（行走的時候）低頭曲背，容易在心臟、腸子處發病。乙206

在日中到日入期間投中黃鐘，對應的是蚯蚓，（長了）小臉，多黑眼睛，喜歡向下看，呈黑色，喜歡玩耍遊戲，（行走的時候）緩慢下垂，不曲從別人。乙207

【釋文】

・旦至日中投中大呂，牛殹，廣顏，恒鼻、緣①，大目，肩［僂］②，恶，行微微③殹，土④，色白黑，善病［風痹］⑤。乙209

日中至日入投中大吕，冢（兕）[⑥]牛殹，廣顏，大鼻，大目，裹重[⑦]，言閒閒（閑閑）[⑧]，惡，行僂僂[⑨]，要[⑩]，白色，善病要（腰）。乙210

【匯釋】

①恒：**疑讀爲"亘"，長**。孫占宇（2013：236）疑讀爲"亘"，《文選·左思〈蜀都賦〉》："經途所亘，五千餘里。"呂向注："亘，長也。"

緣：**疑爲"喙"之誤**。陳劍（程少軒，2011：105引）疑爲"喙"誤抄，孫占宇（2013：236）認爲陳説可從。

②僂：**彎曲**。整理者釋爲"婁"，孫占宇（2013：236）認爲原簡所見"肩"字左部撇畫殘損不存，由此推斷，"婁"字應有左部，即"僂"。陳偉主編（2016：145）從孫説。

③微微：**疑讀爲"亹亹"，表示行進的樣子**。程少軒（2011：105）疑讀作"亹亹"。《楚辭·九辯》："時亹亹而過中兮，蹇淹留而無成。"王逸注："亹，進貌。"本文多用疊詞描述行進貌，如下文"行僂僂""行丘丘""行延延"等。

④土：孫占宇（2013：237）認爲是指"土色"，後文又有"白色"，疑此處爲衍字。陳偉主編（2016：145）認爲孫説可從。

⑤風痹：**風濕病**。《説文》："痹，濕病也。"

⑥冢：**同"兕"，獸名，牛的一種**。《字彙·豕部》："冢，同兕。"

⑦裹重：**肚皮肥重**。裹，花的子房。孫占宇（2013：237）認爲此處指動物的腹部。

⑧言閒閒：**即"言閑閑"，説話不急不慢，從容不迫**。

⑨行僂僂：**走路身體彎曲的樣子**。

⑩要：**有兩説：其一，應爲"殹"**。晏昌貴（2010B）認爲"要"應爲"殹"，陳偉主編（2016：146）認爲晏説可從。**其二，應爲衍字**。孫占宇（2013：237）認爲後文又有"善病要（腰）"，此字應爲衍字。

【今譯】

在旦到日中期間投中大吕，對應的是牛，（長了）寬廣的額頭，長鼻子和長嘴巴，大眼睛，肩膀彎曲不平，惡毒，向前行進，土色，黑白色，容易得風濕病。乙209

在日中到日入期間投中大吕，對應的是冢牛，（長了）寬廣的額頭，大鼻子，大眼睛，肚皮肥重，説話不急不慢，惡毒，走起路來身體彎曲，白色，容易在腰部生病。乙210

【釋文】

日入至晨投中大吕，旄牛[①]殹，免（俛）[②]顏，大頸，長面，其行丘丘[③]殹，蒼皙色，善病頸項。乙211

·旦至日中投中大（太）族，虎殹，戠（纖）[4]色，大口，長要（腰），其行延延[5]殹，色赤黑，虛虛，善病中[6]。乙212

日中至日入投中大（太）族，［豹］殹，隋（橢）頤，長目，長要（腰），其行延延殹，色蒼赤，善病肩。乙213

日入至晨投中大（太）族，□殹[7]，好目，［短］喙，其行延延殹，色雜，善病耳目閒。乙214A＋乙223

·旦至日中投中夾鐘，兔殹，［圜][8]面，陰□下，吊目，□□□大，蒼□[9]，善病要（腰）、腹。乙215

日中至日入投中夾鐘，□殹，廣顏，大唇、目，大瘫（膺）[10]，善□□，善後顧，土色，善病心、腸。乙216

【匯釋】

①旄牛：**牦牛**。《山海經·中山經》“其中多犛牛”，郭璞注：“旄牛屬也，黑色，出西南徼外也。”

②免：**讀爲“俛”，凹形。**

③行丘丘：**走路頻頻回頭的樣子**。宋華強（2010）疑讀爲“瞿瞿”，《詩經·唐風·蟋蟀》“良士瞿瞿”，朱熹集傳：“瞿瞿，卻顧之貌。”

④戠：**有兩說：其一，讀爲“纖”，黑白相間的顔色**。陳偉主編（2016：146）引《禮記·間傳》鄭玄注：“黑經白緯曰纖。”**其二，山韭的顔色**。孫占宇（2013：237）認爲是指山韭的顔色。

⑤行延延：**走路安步緩慢的樣子**。延延，宋華強（2010）疑當爲“延延”，《說文》：“延，安步延延也。”

⑥中：**腹部，腹中**。《黄帝内經·素問·脈要精微論》“中盛藏滿”，王冰注：“中，爲腹中。”

⑦“殹”上一字，**有兩說：其一，暫缺釋**。陳偉主編（2016：146）指出此字右部似爲“丩”，疑爲“豿（狗）”字，暫缺釋，待考證。**其二，釋爲“豺”**。整理者說。

⑧圜：**有兩說：其一，釋爲“圜”**。王輝（2010）、陳劍（程少軒，2011：106引）皆釋爲“圜”。**其二，釋爲“圓”**。整理者釋爲“圓”。

⑨蒼□：陳偉主編（2016：147）疑爲“蒼皙”。

⑩瘫：**讀爲“膺”，胸部**。《國語·魯語下》“無掐膺”，韋昭注：“膺，胸也。”

【今譯】

在日入到晨期間投中大吕，對應的是牦牛，（長了）凹形的額頭，大脖子，長臉，走起路來頻頻回頭，顔色蒼白，容易在頸項處發病。乙211

在旦到日中期間投中太族，對應的是虎，顔色黑白相間，（長了）大嘴，長腰，走起路來緩步而行，顔色紅黑，虛空，容易在腹部發病。乙212

在日中到日入期間投中太族，對應的是豹，（長了）橢圓形的下巴，長眼睛，長腰，走起路來緩步而行，顏色黑紅，容易在肩膀發病。乙 213

在日入到晨期間投中太族，對應的是……（長了）好看的眼睛，短嘴，走起路來緩步而行，顏色雜亂，容易在耳朵、眼睛處發病。乙 214A + 乙 223

在旦到日中期間投中夾鐘，對應的是兔，（長了）圓臉，陰……在下，吊眼睛，……大，黑……容易在腰部、腹部發病。乙 215

在日中到日入期間投中夾鐘，對應的是……（長了）寬大的額頭，大嘴唇和大眼睛，大胸部，喜歡……（走起路來）喜歡向後回頭，土色，容易在心臟、腸子處發病。乙 216

【釋文】

日入至晨投中夾鐘，［狐］□毆[①]，［薄］顏，短頸，惡，色蒼□黑，善病北（背）［癃］（膺）瘇（腫）[②]。乙 240

·旦至日中投中姑洗，龍毆，土黃色，折頸，長要（腰）延延[③]，善夅[④]步，女子巫，男子畜夫，善病［脅[⑤]、鼻］。乙 218

日中至日入投中姑洗，蛇毆，兑（鋭）頤，中□，中廣，其行□，色蒼白，善病［四體］[⑥]。乙 219

日入至晨投中姑洗，□毆，［免（俛）顏］，□［口］，大耳，肩僂，行［嫣嫣］[⑦]毆，色蒼黑，善病顏。乙 220

·旦至日中投中中呂，雉毆，啟顏，兑（鋭）頤，反癃（膺）[⑧]，細胻，色蒼皙，善病要（腰）、脾。乙 221

【匯釋】

①“狐”下一字，**有兩說：其一，或爲蝟、貉之屬。**孫占宇（2013：238）指出夾鐘爲卯，上海博物館藏六朝銅式、蕭吉《五行大義》中皆以蝟、兔、貉同卯相配，此處或爲蝟、貉之屬。**其二，或爲“貍”。**陳偉主編（2016：147）認爲或爲貍。

②北癃瘇：**應爲“背膺腫”，背部及胸部腫痛。**宋華強（2010）：“癃”應爲“痽”，“北痽瘇”應爲“背膺腫”。楚簡常見“背膺疾”。“背腫”和“膺腫”皆爲古代醫書常見病症。

③延延：**蜿蜒得很長的樣子。**

④夅：**效仿。**《說文》：“夅，放也。”段玉裁注：“放、仿古通用。”

⑤脅：**肋骨。**《左傳·僖公二十三年》：“曹公共聞其駢脅，欲觀其裸。”孔穎達疏：“脅是腋下之名，其骨謂之肋。”

⑥四體：**四肢。**

⑦嫣嫣：**形容走路的樣子。**程少軒（2011：108）疑讀爲“規規”。

⑧癃：**有三說：其一，釋爲“癕”。**陳偉主編（2016：148）釋爲“癃”。**其二，**

釋爲“痛”。晏昌貴（2010B）釋爲“痛”。**其三，似爲“瘽”或“瘫”之誤**。孫占宇（2013：239）據字形輪廓認爲似“瘽”，或爲“瘫”誤抄。

【今譯】

在日入到晨期間投中夾鐘，對應的是狐……（長了）薄額頭，短脖子，惡毒，顏色蒼……黑，背部及胸部容易腫痛。乙240

在旦到日中期間投中姑洗，對應的是龍，土黄色，（長了）折起來的脖子，長腰蜿蜒得很長，喜歡仿效别人的步伐，是女子就會是巫婆，是男子就會是嗇夫，容易在肋骨和鼻子發病。乙218

在日中到日入期間投中姑洗，對應的是蛇，（長了）尖下巴，中……腹部寬廣，走起來……顏色蒼白，容易在四肢發病。乙219

在日入到晨期間投中姑洗，對應的是……（長了）凹形的額頭，……嘴，……大耳朵，肩部彎曲不平，走起路來規規矩矩，顏色蒼黑，容易在額頭發病。乙220

在旦到日中期間投中中吕，對應的是雉雞，（長了）開闊的額頭，尖下巴，顛倒的胸部，細腳脛，顏色蒼白，容易在腰部、脾部發病。乙221

【釋文】

日中至日入投中中吕，□毆，兑（鋭）喙，圜顏，翕肩[①]，不善衣，其行昌昌毆，色蒼黑。善病脅。乙222

·旦至日中投中蕤（蕤）賓，馬毆，連面[②]，天目，裹大，脣（唇）□，吻[倨][③]，行吾吾毆，色皙，善病右脾。乙224

日中至日入投中蕤（蕤）賓，閭[④]毆，長面，長頤，免（俛）耳，行□□毆，白皙，善病［項］。乙225

日入至晨投中蕤（蕤）賓，□毆，兑（鋭）顏，兑（鋭）□，廣□□，［行］□□［毆，善］病中、腸。乙226

·旦至日中投中林鐘，羊毆，啟顏，恒（亘）鼻、［喙］，□多日[⑤]，［善下視］，長［北］（背）□□，［善］病□、［腸、目］。乙227

日中至日入投中林鐘，猊[⑥]毆，連面□，大口、鼻、目，不□長，善僂步，□□［毆］，色［緑］黑，善□目病乳。乙228

日入至晨投中林鐘，射（麝）[⑦]毆，廣顏，兑（鋭）頤，□□毆，要（腰）僂，色赤［黑］，［善病□、］足。乙229

·旦至日中投中夷則，王龜毆，蒼皙，圜面，免（俛）僂，惡，行夸夸然[⑧]，善病心。乙230

日中至日入投中夷則，鼉龜毆，顛顛[⑨]□，葴眉，多□，色□，［免］（俛）僂，皙色，善病要（腰）。乙231

【匯釋】

①翕肩：**縮肩膀**。《文選·揚雄〈解嘲〉》：“翕肩蹈背，扶服入橐。”呂向注：“翕肩，畏懼貌。”

②連面：**長臉**。方勇（2010A）認爲似爲“長面”。《莊子·大宗師》：“連乎其似好閉也，悗乎忘其言也。”成玄英疏：“連，長也。”陸德明《釋文》引李雲：“連，綿長貌。”

③倨：**有兩説：其一，釋爲“倨”，歪曲**。孫占宇（2013：239）指出此字右邊从“居”，以爲是“倨”字殘筆。陳偉主編（2016：148）認爲“倨”即“歪曲”意。**其二，釋爲“猹”**。整理者釋爲“猹”。

吻倨：**嘴唇歪斜**。

④閭：**有兩説：其一，讀如本字，獸名**。孫占宇（2013：239）認爲當讀如本字。《山海經·北山經》：“其上多玉，其下多銅，其獸多閭、麋，其鳥多白翟白鵺。”郭璞注：“閭，即羭也……一名山驢。”陳偉主編（2016：148）認爲是獸名。**其二，讀爲“驢”**。蔡偉、陳炫瑋（程少軒、蔣文，2009B引）説。

⑤多日：從陳偉主編（2016：149），此二字殘損難辨，暫從原釋。晏昌貴（2010B）釋爲“名曰”。

⑥猊：**有三説：其一，釋爲“猊”，獅子，獸名**。陳偉主編（2016：149）據慧琳《一切經音義》卷第八十八“猊國”注：“猊，師子。”**其二，釋爲“貌”**。整理者原釋爲“貌”。**其三，釋爲“鼩”**。程少軒、蔣文（2009B）釋爲“鼩”。

⑦射：**有三説：其一，釋爲“射”，疑讀爲“麝”**。陳偉主編（2016：149）疑應讀爲“麝”。《説文》：“麝，如小麋，臍有香。”**其二，釋爲“鼠”**。整理者説。**其三，釋爲“鼩”**。程少軒、蔣文（2009B）説。

⑧夸夸然：**有兩説：其一，讀爲“偊偊然”，縱情疏離的樣子**。宋華強（2010A）認爲讀作“偊偊”。《列子·力命》“偊偊而步”，《釋文》引《字林》曰：“疏行貌。”**其二，讀爲“誇誇然”**。孫占宇（2013：241）作“誇誇然”。

⑨顓顓：**莊重恭謹的樣子**。

【今譯】

在日中到日入期間投中中呂，對應的是……（長了）尖嘴，圓額頭，縮肩膀，不喜歡穿衣服，走起路來很放縱的樣子，顏色蒼黑，容易在肋骨上發病。乙222

在旦到日中期間投中蕤賓，對應的是馬，（長了）長臉，朝天的眼睛，肚皮肥大，嘴唇……嘴唇歪斜，走起路來很疏遠的樣子，顏色白皙，容易在右邊脾臟上發病。乙224

在日中到日入期間投中蕤賓，對應的是閭，（長了）長臉，長下巴，凹形的耳朵，走起路來……顏色白皙，容易在脖子上發病。乙225

在日入到晨期間投中蕤賓，對應的是……（長了）高額頭，尖……寬廣的……走起路來……容易在腹部、腸子發病。乙226

在旦到日中期間投中林鐘，對應的是羊，（長了）開闊的額頭，長鼻子和長嘴巴，……多日，喜歡向下看，長背部……容易在……腸子、眼睛發病。乙227

在日中到日入期間投中林鐘，對應的是猊，（長了）長臉……大嘴巴和大鼻子、大眼睛，不……長，喜歡彎曲身子走路，……顏色綠黑色，容易在……眼睛、乳房發病。乙228

在日入到晨期間投中林鐘，對應的是麝鹿，（長了）寬廣的額頭，尖下巴，對應的是……腰部彎曲，顏色紅黑，容易在……足部發病。乙229

在旦到日中期間投中夷則，對應的是王龜，顏色蒼白，（長了）圓臉，低頭曲背，惡毒，走起路來縱情疏離，容易在心臟發病。乙230

在日中到日入期間投中夷則，對應的是鼉龜，走起路來莊重恭謹，（長了）葴草一樣的眉毛，多……顏色……（走起路來）低頭曲背，顏色白皙，容易在腰部發病。乙231

【釋文】

日入至晨投中夷則，黿龜[①]殹，□［殹］，□殹，□殹，［免（俛）顏］，□鼻，長靖靖殹，其行隕，黃皙，善病肩、腸。乙232

·旦至日中投中南呂，雞殹，赤色，小頭，圜目而□，善病［匈］（胸）、脅。乙233壹

日中至日入投中南呂，雝（鶲）殹，連面，不倍[②]而長，善，步跨跨殹，病，色蒼白。乙234壹

日入至晨投中南呂，赤烏[③]殹，兑（銳）［顏］，兑（銳）頤，啗啗[④]殹，善□□，［赤］色，善病心、腹。乙235壹

·旦至日中投中毋（無）射，犬殹，戴色，大口，多黃艮（眼），長要（腰），延延殹，皙，善病攣中。乙236壹

日中至日入投中毋（無）射，□殹，連面，大口，大目，［倪倪］殹，色黃黑，善病要（腰）、［脾］。乙237壹

日入至晨投中毋（無）射，狐殹，啟顏，兑（銳）喙，長要（腰），色黃，善病腹、腸、要（腰）、脾。乙208

·旦至日中投中䧹（應）鐘，□殹，長頤，折鼻，爲人免（俛）僂，□面，惡，行彼彼[⑤]［殹］，［色］黑，善病腹、腸。乙238

日中至日入投中䧹（應）鐘，［虞］[⑥]殹，長目，大喙，長□，肩僂，行任任殹，色［蒼］黑，善病風痹。乙239

日入至晨投［中䧹（應）］鐘，谿（貕）[⑦]［殹］，衺[⑧]痽（膺），長喙而脫，其行跡跡，黑色，善病肩、手。乙217

☐□，［善］病心。乙360B

【匯釋】

①鼃龜：**大鱉**。《楚辭·九歌·河伯》"乘白黿兮逐文魚"，王逸注："大鱉爲黿，魚屬也。"

②倍：**有三説：其一，釋爲"倍"**。陳劍（程少軒，2011：109 引）説。**其二，釋爲"信"**。整理者説。**其三，"信"字之訛，伸**。方勇（2012A）認爲"倍"是"信"的訛字，"信"可以引申爲"伸"，"不信而長"可理解爲形容動物身軀的特點。

③赤烏：**祥瑞之鳥**。《呂氏春秋·有始》："赤烏銜丹書集於周社。"

④啗啗：似爲吞東西之意，意義尚待考證。

⑤彼彼：**疑讀"跛跛"，行不正**。宋華強（2010）疑讀爲"跛跛"，陳偉主編（2016：151）認爲宋説可從。《説文》："跛，行不正也。……讀若彼。"

⑥虞：**有兩説：其一，應爲"虞"**。陳偉主編（2016：151）認爲據字形來看應爲"虞"。《説文》："虞，騶虞也。白虎黑文，尾長於身，仁獸，食自死之肉。"**其二，釋爲"虎"**。整理者説。

⑦谿：**有兩説：其一，釋爲"谿"，讀爲"豯"，小豬**。程少軒、蔣文（2009B）認爲"谿"當爲"豯"，《方言》卷八："豬，其子或謂之豯。"陳偉主編（2016：151）認爲程説可從。《本草綱目·獸一·豕》："（豕）生三月曰豯。"**其二，疑爲"谿"，讀爲"鶴"**。宋華強（2010）疑爲"谿"，當讀爲"鶴"。

⑧袤：**長**。《廣雅·釋詁二》："袤，長也。"《墨子·雜守》："三十步一弩廬，廬廣十尺，袤丈二尺。"

【今譯】

在日入到晨期間投中夷則，對應的是鼃龜，……（長了）凹形的額頭，……鼻子，總是十分謙恭的樣子，走起路來從高處向下，顏色黄白，容易在肩部、腸子發病。乙 232

在旦到日中期間投中南呂，對應的是雞，紅色，（長了）小腦袋，圓眼睛而……容易在胸部、肋骨發病。乙 233 壹

在日中到日入期間投中南呂，對應的是鷂，（長了）長臉，身體不伸展就很長，喜歡……走起路來步子一邁一邁的，生病，顏色蒼白。乙 234 壹

在日入到晨期間投中南呂，對應的是赤烏，（長了）高額頭，尖下巴，總是在吞東西的樣子，喜歡……紅色，容易在心臟、腹部發病。乙 235 壹

在旦到日中期間投中無射，對應的是狗，黑白相間，（長了）大嘴，多黄色眼睛，長腰，走路時安步緩行，白皙，容易在攀爬過程中發病。乙 236 壹

在日中到日入期間投中無射，對應的是……（長了）長臉，大嘴，大眼睛，總是十分和善安樂的樣子，顏色黄黑，容易在腰部、脾部發病。乙 237 壹

在日入到晨期間投中無射，對應的是狐，（長了）開闊的額頭，尖嘴，長腰，黄色，容易在腹部、腸子、腰部、脾部發病。乙 208

在旦到日中期間投中應鐘，對應的是……（長了）長下巴，折起來的鼻子，長得低頭曲背，……臉，惡毒，走路走不正，黑色，容易在腹部、腸子發病。乙 238

在日中到日入期間投中應鐘，對應的是虞，（長了）長眼睛，大嘴巴，長……肩膀彎曲不平，走路很隨意的様子，顔色蒼黑，容易得風濕病。乙 239

在日入到晨期間投中應鐘，對應的是小豬，（長了）長胸，長嘴巴會脱落，走起來跌跌撞撞，黑色，容易在肩膀、手上發病。乙 217

……容易在心臟發病。乙 360B

（七十六）五音（三）[①]

【釋文】

■卓[②]角。乙 233 貳

弇宫。乙 234 貳

辰分徵[③]。乙 235 貳

啟商。乙 236 貳

布栩（羽）[④]。乙 237 貳

【匯釋】

①本篇與五音學説有關，或爲對五音音色的描繪。陳偉主編（2016：151）説。

②卓：**高遠**。《説文》："卓，高也。"《論語》："如有所立，卓爾。"《漢書·成帝紀》："使卓然可觀。"《後漢書·祭遵傳》"卓如日月"，李賢注："卓，高也。"《漢書·淮陽憲王欽傳》"卓爾非世俗之所知"，顔師古注曰："卓爾，高遠貌也。"

③辰：孫占宇（2013：243）引程少軒"似是此段之小標題"，尚未知此字同文意之間的關係。今按："辰"意義不明，待考。

分徵：**徵音雜亂**。孫占宇（2013：243）認爲後文有"金聲分分（紛紛）"，由此可見聲音可用"分（紛）"形容。

④啟：**暫理解爲給人啟迪、啟發**。布：**暫理解爲流傳廣佈**。此兩者尚待進一步考證。程少軒（2011：76）認爲其意義不明，推測有兩種可能性：其一，該篇篇題爲《辰》，可能與星象有關；其二，古書中常見時令術語"八節"，即二分、二至、二啟、二閉，或同此相關。孫占宇（2013：243）認爲是對商音、羽音音色的描述，尚不知如何理解。

【今譯】

角音高遠卓絶。乙 233 貳

宫音深邃幽遠。乙 234 貳

徵音紛亂嘈雜。乙 235 貳

商音給人啟迪。乙 236 貳

羽音流傳廣佈。乙237貳

（七十七）自天降令[1]

【釋文】

［自］天降令，乃出六正[2]，閒呂六律[3]。皋陶[4]所出，以五音、十二聲[5]爲某貞卜：某自首春夏到十月，黨（儻）有□［獲］辠（罪）蠱、言語、疾病□死者[6]。乙285

從天出令，乃下六正，閒呂六律。皋陶所出，以而五音、十二聲以求其請。乙284

■參[7]黄鐘、古先（姑洗）、夷則之卦曰：是謂大贏，以□[8]三，以子爲貞。不失水火，安愳[9]大敬，不歌不哭，□室有言，［聲］有□乙244聖，和應（應）神靈。乙332

姑先（洗）、夷則、黄鐘之卦曰：是謂自天以戒，室有大司壽[10]，吾康康[11]發，中宵[12]畏忌。室有靈巫[13]，弗敬戒逢山水□乙259＋乙245

【匯釋】

①本篇各簡皆以十二律爲貞，與“五行三合局”關係密切。簡文所記六正、六律、十二聲等，包含後文諸卦律文。陳偉主編（2016：155）說。

②六正：**人臣侍奉君主應具備的六種良好品行**。劉向《說苑・臣術》：“故人臣之行，有六正六邪。”具體意義待考。

③閒呂六律：**即十二律**。又分陰呂陽律。

④皋陶：**舜時期掌管司法的官員**。

⑤十二聲：孫占宇（2013：227）疑指十二律。陳偉主編（2016：155）指出《漢書・藝文志》中所見以五音、十二律爲貞的典籍較多，皆屬於五行家。

⑥“辠”上一字，**有四說：其一，疑爲“獲”**。陳偉主編（2016：156）疑似爲“獲”，“獲罪”爲古人習語。**其二，釋爲“隼”**。此字整理者釋爲“隼”，孫占宇（2013：227）從原釋。**其三，釋爲“維”**。晏昌貴（2010B）說。**其四，釋爲“難”**。劉青（2010：65）說。

“死”上一字，**有三說：其一，暫缺釋**。從陳偉主編（2016：155），此字殘損不清，暫缺釋。**其二，釋爲“葬”**。整理者說。**其三，釋爲“爽”**。陳劍（2015）釋爲“爽”，讀爲“創”。

⑦參：程少軒（2011：135）認爲應讀爲“三”，指三個中呂組成的三合局。孫占宇（2013：245）認爲程說可從，並指出鐘律分組後分別對應的五行。

⑧“以”下一字，**有五說：其一，暫缺釋**。從陳偉主編（2016：155），此字不清難辨，暫缺釋。**其二，釋爲“寘”**。整理者、任步雲（1989）說。**其三，釋爲“置”**。晏昌貴（2010B）說。**其四，疑作“買”**。宋華強（2010）說。**其五，釋爲**

“寅”。程少軒（2011：134）說。

⑨安恩：**安逸恭敬**。程少軒（2009）疑讀爲“安宴”，暫從程說。

⑩大司壽：**有三說：其一，指大司命**。陳偉主編（2016：156）認爲是指大司命。**其二，六司，壽**。程少軒（2011：134）認爲“大”應爲“六”，此處應讀爲“六司，壽”。**其三，大司，壽**。孫占宇（2013：246）從程少軒所斷句讀，認爲此處爲“大司，壽”，“大司”指“大事”。

此處程少軒（2011：136）認爲應同前文“壽”連讀，即“壽吾”，並認爲“壽”應讀爲“籌”，即卜筮的工具，“籌吾”應爲“籌五”，即用籌得五，恰同本卦所對數字五相合。

⑪康康：**有兩說：其一，康康**。孫占宇（2013：246）認爲程說似可商榷，指出“壽”即保全之意思，《國語·楚語下》“臣能自壽也”，韋昭注：“壽，保也。”康，安樂，安康。壽吾康康即保我安康的意思。**其二，讀爲“庚庚”**。程少軒（2011：136）：康康，讀爲“庚庚”。

⑫中宵：**夜中時分**。

⑬靈巫：**神巫**。孫占宇（2013：246）認爲“靈”即“巫”，《楚辭·九歌·東皇太一》“靈偃蹇兮姣服”，王逸注：“靈，謂巫也。”此處爲同義詞連用。

【今譯】

由上天降下了指令，就擬出了人臣事君的六種品行，十二律。皆爲皋陶所制定，用五音、十二聲進行占測貞問：從第一個春夏到十月，曾經有……得罪、言語糾紛、生疾病……死亡的。乙 285

從上天頒出了指令，就將人臣事君的六種品行普及下達，十二律。皆爲皋陶所制定，用五音、十二聲來期盼能求得所請求達成的事。乙 284

黃鐘、姑洗、夷則三個鐘律組成的三合局表示：這叫作大贏，用……三，以地支之子位進行占測貞問。不失水火，安逸恭敬，不歌不哭，……室中有言語，聲音有……神聖，與神靈相應和。乙 332

姑洗、夷則、黃鐘三個鐘律組成的三合局表示：這叫作由上天以爲戒，室內有大司命，會保祐事情會向安樂安康的方向發展，中夜會有畏難及忌諱。室內有神巫，若不警戒會逢遇山水……乙 259 + 乙 245

【釋文】

夷則、黃鐘、古先（姑洗）之卦曰：是謂可（何）亡不復，可（何）求弗得，中聞不樂，又若席□[①]，上下行往，莫中吾步。乙 246

■大呂、中呂、南呂之卦曰：是謂龍之□☒ 乙 247A

［中呂、南呂、大呂之卦曰：］[②]是謂非（飛）[③]龍之□□，食□之所□，□□□□□生呂□□，□且不可，其處□［高］，有所☒乙 248

南呂、大呂、中呂之卦曰：是謂□者[④]☒乙 249

·大（太）族、莈（蕤）賓、毋（無）射之卦曰：是謂夫婦皆居，若不居□，□其居家[5]，卦類[6]雜虛，孰爲大祝、靈巫，畜生（牲）[7]之▨乙 250

莈（蕤）賓、毋（無）射、大（太）族之卦曰：是謂反□……［言貞］……□□□以作事□。乙 251

▨乙 251 反

·毋（無）射、大（太）族、莈（蕤）賓之卦曰：是謂水火之貧貧，雖憂以云，奎□可論，可言□[8]□室，［或］罨（遷）徙（徙）投其戶，門□認認，婦是乙 252熒熒[9]。婦是熒熒，施（弛）[10]登於城，朝作而夕不成。乙 351

【匯釋】

①席□：**有兩說：其一，釋爲“席舞”**。整理者釋爲“席舞”。**其二，釋爲“虎□”**。孫占宇（2013：246）認爲第一字應釋爲“虎”，第二字難以辨認，但同“舞”字不類。今按：第一字从“席”，第二字暫缺釋。

②此處簡文殘斷，晏昌貴（2010B）、程少軒（2011：134）據文例補出。

③非：**有三說：其一，釋爲“非”，讀爲“飛”**。陳偉主編（2016：157）認爲“非”讀爲“飛”。**其二，釋爲“北”**。整理者說。**其三，釋爲“赤”**。程少軒（2011：134）說。

④“者”上一字，**有三說：其一，暫缺釋。其二，釋爲“眥”**。整理者說。**其三，是“智”字**。陳偉主編（2016：157）據字形輪廓認爲是“智”。

⑤居家：**住所**。此卦象指夫婦宜居家中。

⑥類：**形象**。《淮南子·俶真訓》“又況未有類也”，高誘注：“類，形象也。”

卦類：**卦象**。

⑦大祝：**官名，執掌祭祀祈禱事務的官員**。《禮記·曲禮下》：“天子建天官，先六大，曰大宰、大宗、大史、大祝、大士、大卜，典司六典。”《周禮·春官·敘官》：“大祝，下大夫二人，上士四人。”鄭玄注：“大祝，祝官之長。”

畜生：**指六畜，包括馬、牛、羊、雞、狗、豬**。此處指用六畜來祭祀大祝、靈巫。

⑧“言”下一字，**有三說：其一，釋爲“裏”**。整理者說。**其二，釋爲“可□（文?）”**。程少軒（2011：135）說。**其三，疑作“亟大”**。陳偉主編（2016：158）說。

⑨婦是：**讀爲“婦氏”，宗婦**。方勇（2013B）認爲“是”讀爲“氏”。“婦氏”一詞可見於五年琱生簋，林澐認爲“婦氏”即“宗婦”，爲“宗婦”變稱。

熒熒：**形容女子美麗的樣子**。《史記·趙世家》：“美人熒熒兮，顏若苕之榮。”

⑩施：**疑讀“弛”，緩慢**。方勇（2013B）指出疑讀爲“弛”。《禮記·孔子閒居》：“弛其文德，協此四國。”鄭玄注：“弛，施也。”

【今譯】

夷則、黃鐘、姑洗三個鐘律組成的三合局表示：這叫作何處的亡人不會復回，何種所求的事情不會達成，在室中聽聞不好的音樂，還連同席間的……上下行來送往，不要踏中我的步伐。乙 246

大呂、中呂、南呂三個鐘律組成的三合局表示：這叫作龍的……乙 247A

中呂、南呂、大呂三個鐘律組成的三合局表示：這叫作飛龍的……食……所……生呂……且不可以，其位處……高，有所乙 248

南呂、大呂、中呂三個鐘律組成的三合局表示：這叫作……者……乙 249

太族、蕤賓、無射三個鐘律組成的三合局表示：這叫作夫婦兩個都宜居於家中，如果不居……他們的住所，卦象會雜亂虛空，誰來爲大祝、神巫來用牲畜祭祀？乙 250

蕤賓、無射、太族三個鐘律組成的三合局表示：這叫作反……言說貞問……來處理事情……乙 251

…………乙 251 反

無射、太族、蕤賓三個鐘律組成的三合局表示：這叫作水火運行平平，雖然會有憂愁，奎……可以探論，可以言說……室，也可以遷徙投靠他人，門……辨認，婦人乙 252十分美麗。婦人十分美麗，緩慢地登上城樓，早上可以但是晚上就不能達成。乙 351

【釋文】

夾鐘、林鐘、瘀（應）鐘之卦曰：是謂有□[①]大木，有穿（窖）罙（深）[②]☐乙 253

林鐘、瘀（應）鐘、夾鐘之卦曰：是謂作（乍）居作（乍）行[③]，［左］右[④]可（何）望。日中爲期，［剝］此羭羊[⑤]。有親弟兄，或死乙 254或亡。君子往役，來歸爲喪。□支唐唐[⑥]，哭靈□，夫妻皆憂，若朝雺[⑦]霜。有疾不死，轉如☐乙 294

·瘀（應）鐘、夾鐘、林鐘之卦曰：是謂大木有槐，其水耐耐，居室離別，□三在方，寇盜且起，大［備］[⑧]耐耐，［先］是毋（無）事，☐乙 255

☐□二人西行，詣虎之斲（鬬）[⑨]，或折其首，或□其頸毆。乙 258B

□胃（謂）登於上而望於下，吾心且憂，吾腸且□，□□□□若□□□，室毋（無）大正[⑩]，必有□者。乙 290

【匯釋】

①“有”下一字，**有三說：其一，暫缺釋**。整理者未釋。**其二，釋爲“聞”**。晏昌貴（2010B）說。**其三，釋爲“縣”**。程少軒（2011：136）說。

②穿：**通“窖”，地窖**。《周禮·考工記·匠人》“囷穿倉城”，鄭玄注：“穿地曰穿。”

罙：**疑讀爲“深”**。宋華強（2010）疑應讀爲“深”。《詩經·商頌·殷武》：

“罙入其阻，裒荆之族。”毛傳：“罙，深。”

③作居作行：**讀爲“乍居乍行”，走走停停。**宋華強（2010）認爲“作”疑應讀爲“乍”，“居”有停留義。“乍居乍行”應等同《說文》“乍行乍止”。

④左右：**追隨者**。從宋華強（2010）說。此句應是指左右的人難以取捨。

⑤剝：**剝皮**。《詩經·小雅·楚茨》：“或剝或亨，或肆或將。”鄭箋：“祭祀之禮，各有其事。有解剝其皮者，有煮熟之者……”

羭羊：《左傳·僖公四年》：“專之渝，攘公之羭。”孔穎達疏：“羭是羊之名，美善之字皆从羊，故羭爲美也。”程少軒（2009）指出本卦以羭羊爲象，應該是因爲林鐘對應十二禽中的羊。

⑥唐唐：**浩大的樣子。**

⑦雯：**有三說：其一，釋爲“雯”，下雨的樣子。**陳偉主編（2016：159）引《集韻·勿韻》：“雯，雨皃。”**其二，釋爲“霧”**。整理者說。**其三，釋爲“露”**。晏昌貴（2010B）說。

⑧備：**具備**。整理者未釋，今從陳偉主編（2016：159）引《莊子·徐無鬼》：“夫大備矣，莫若天地。”成玄英疏：“備，具足也。”

大備：**一切都具備。**

⑨詣：**前往到達，去往到達**。《漢書·楊王孫傳》：“王孫苦疾，僕迫從上祠雍，未得詣前。”顔師古注：“詣，至也。”

斲：**有兩說：其一，釋爲“斲”，疑讀爲“鬭”**。今按陳偉主編（2016：160）疑應讀爲“鬭”。**其二，釋爲“男”**。整理者說。

⑩大正：**職官名稱**。《逸周書·嘗麥》：“是月，王命大正正刑書。”朱右曾校釋：“大正，蓋司寇也。”《尚書·冏命》：“今予命汝作大正，正於群僕侍御之臣。”蔡沈集傳：“大正，太僕正也。”

【今譯】

夾鐘、林鐘、應鐘三個鐘律組成的三合局表示：這叫作有……大樹，有地窖很深……乙253

林鐘、應鐘、夾鐘三個鐘律組成的三合局表示：這叫作乍行乍止、走走停停，左右的人難以取捨。以日中爲約定時期，將羭羊剝皮。如果有親生兄弟，或死亡乙254或逃亡失踪。君子去往徭役，歸來是爲了喪葬。……支浩大，哭靈神……夫妻全都會憂愁，（眼淚）就像早上的雨露冰霜。有疾病不會死亡，轉動如同……乙294

應鐘、夾鐘、林鐘三個鐘律組成的三合局表示：這叫作大樹中有槐樹，其水能承受，在家中離別，……三在方，土匪盜賊開始起事，一切都具備進行抵抗，在此之前無事，……乙255

……兩個人向西前行，前往時遇到老虎的爭鬭，有的頭斷了，有的脖子……乙258B

……叫作登於上方而望於下方，我的心情憂愁，我的肝腸……好像……室內沒

有大正，就一定有……的人。乙 290

【釋文】

［慮］臣妾作逋[①]，出財租、口舌者□[②]，非（飛）鳥□□，其黑如烏，皆相爭斵（鬬），立死其□，一目不乘，很□□□。乙 296

□訟克，若龍鳴□□，□雖合聚，登于天一夜十□。直（值）此卦是利以合[③]人。乙 300

所環耳，以責（債）不得，以訟不克。直（值）此［卦者］利於［犮］（祓）事[④]。乙 328

［鳳鳴[⑤]於］□□善母父，若室家，［孰詣言］語，可有□［是］卦來到吾所□□□□於北［野］，登絕［野］。乙 336

不死，厚而□，主台（始）有□[⑥]毆，後［智］（知）其請（情）。有［命且］□，［發］[⑦]自雞鳴。直（值）此卦者有君子之貞。乙 356

□［益］之占，［木］□[⑧]□□，有士毋（無）妻，當□其田。有女毋（無）辰[⑨]，大息申申。吾心且憂，不［可以告人］。乙 357

【匯釋】

①慮：陳偉主編（2016：160）疑應作“虜”。

作：**逃跑**。宋華強（2010）疑爲“逃”，“逃逋”意義即爲“逋逃”。王輝（2010）釋爲“逃”，指出《說文》“逋，亡也”，逃、逋意義相近。《左傳·僖公十五年》：“六年其逋，逃歸其國，而棄其家。”

②“者”下一字，或爲“誣”。今按：暫缺釋，待考證。

③合：**令，使**。陳劍（程少軒，2011：138 引）將“合”釋爲“令”。

④犮事：**起事**。

⑤鳳：**有三說：其一，應爲“鳳”**。陳偉主編（2016：161）認爲此字右邊从凡，左邊難辨，貌似爲鳥的殘筆，應爲“鳳”。**其二，釋爲“孰”**。陳劍（程少軒，2011：138 引）說。**其三，釋爲“訊”**。整理者說。

鳴：陳偉主編（2016：161）據殘筆及文意認爲是“鳴”，“鳳鳴”可同前文“龍鳴”及後文“雞鳴”對照。

⑥“有”下一字，**有三說：其一，暫缺釋。其二，釋爲“遷”**。整理者說。**其三，疑爲“憂”**。陳劍（程少軒，2011：138 引）說。

⑦發：**有兩說：其一，“發”字之誤**。陳偉主編（2016：162）認爲此處可能爲“發”字之誤。**其二，釋爲“晨”**。整理者說。

⑧“木”下一字，原釋爲“凶”，整理者在下標注斷簡符號。陳偉主編（2016：162）認爲此處應爲一簡，簡的茬口應有兩個字，疑似“一人”，暫缺釋，待考證。

⑨毋辰：**有兩說：其一，釋爲“毋辰”，讀爲“無辰”**。方勇（2013B）指出應爲女子出嫁沒有好日子。孔家坡漢簡《日書》：“甲午旬，嫁女，毋（無）辰。”**其**

二，釋爲“毋辰”，讀爲“無娠”。劉青（2010：70）讀爲“無娠”。

【今譯】

擄到出逃的奴隸，出賣財物租物……舌者……飛鳥……黑得如同烏鴉一樣，都相互鬬爭，立刻死亡其……一隻眼睛都不會剩下，十分……乙 296

……訴訟勝利，如同龍鳴叫……雖然合聚在一起，登於天一夜十……值此卦象是利於令使人的。乙 300

所環繞耳朵的，去催債則不能得到債款，去訴訟則不會勝利。值此卦象是利於起事的。乙 328

鳳鳴叫於……對母親父親和善，如果在家中，會在言語上有所達成，可有……這個卦象來到我的居所……於北邊鄉野，登邊鄉野。乙 336

不死，厚重而……主現有……之後才會知曉實情。有命令且……發自雞的鳴叫。值此卦象則意味擁有君子一般的品行。乙 356

……益的占測，木……有男子沒有妻子，應當……他的田地。有女子出嫁沒有好日子，總是喘息嘆氣。我的心情憂慮，不能夠把這些告訴別人。乙 357

（七十八）貞在黃鐘[1]

【釋文】

·黃鐘，音毆[2]。貞在黃鐘，天下清明，以視陶陽（唐）[3]。啻（帝）[4]乃詐（作）之，分其短長。比于宮聲，以爲音尚。久乃處之，十月再周[5]，復其故所。其祟上君、乙 260 先□[6]。卜疾人三禺（遇）黃鐘死，卜事君吉。乙 261

·大呂，音毆。貞在大呂，陰陽溥（薄）氣[7]，翼凡三□，居引其心。牝牡相求，徐得其音。後相得毆，[說]（悅）于黔首心。其祟大乙 262 街、交原。卜[疾]人不死，取（娶）婦、嫁女吉。乙 267

·大（太）族，憂毆，□事毆。貞在大（太）族，北方之啻（帝），□□□□□□□□，乃直（值）大（太）族。凶言[狗，眾]人皆促[8]。天子失正（政），乃亡其乙 264 [福。作] □以嗀[9]，不見大喪，安□[10]敗辱。其祟恒軨公、社[11]。卜祠祀不吉。乙 278

【匯釋】

①本篇亦以十二律爲占。各條皆先記十二律所主事項，次說貞在某律相對應的徵兆，再說對應的鬼祟神靈以及吉凶宜忌。

②此句指以黃鐘爲占，黃鐘律所主的事項是音。

③陶陽：**即“陶唐”，指唐堯**。初封在陶地，之後遷徙於唐，故稱陶唐。《孔子家語·五帝德》：“高辛氏之子，曰陶唐。”

④啻：**即“帝”，應爲黃帝**。相傳黃帝曾截取竹子作爲管樂，制定十二律，並

以律管的長短確定音階高低，以此貞測季節變化。

⑤十月再周：**在十月再次重合**。程少軒（2011：124）指出，《鐘律式占》使用建亥曆法，以十月作爲歲首，操作時天盤地盤均以十月爲起點，旋轉一周在十月再次重合，所以叫“十月再周”。

⑥“先”下一字，**有三説：其一，暫缺釋**。陳偉主編（2016：165）暫缺釋。**其二，釋爲“陽”**。晏昌貴（2008B）説。**其三，釋爲“殤”**。程少軒（2011：122）説。

⑦溥：**有兩説：其一，釋爲“溥”，讀爲“薄”**。陳偉主編（2016：165）説。**其二，釋爲“溥”，讀爲“搏”**。程少軒（2011：122）説。

陰陽溥氣：**即“陰陽薄氣”，陰陽二氣此消彼長，即陰陽相搏**。陳偉主編（2016：165）指出古書中可見“薄氣”連用，引《淮南子·原道訓》：“人大怒破陰，大喜墜陽；薄氣發瘖，驚怖爲狂。”《史記·律書》中多有描述十二律同陰陽二氣的消長情況，同簡文類似，可參看。

⑧狗：原釋爲“陰”，孫占宇（2013：254）認爲此字下或脱一重文符號，應作“狗狗”。

促：**窘迫**。桓寬《鹽鐵論·國疾》：“是以民年急而歲促，貧即寡耻，乏即少廉。”

⑨“作”下一字，原釋爲“常”。今從陳偉主編（2016：165），字形難辨，暫缺釋。

殸：從胡平生、張德芳（2001：183），作“哭”解。李學勤（1990）引《説文》：“歐（嘔）吐貌”。

⑩“安”下一字，原釋爲“所”，陳劍（程少軒，2011：125引）作“取”。今從陳偉主編（2016：165），字形不清難辨，暫缺釋。

⑪恒輅公：**有兩説：其一，一個鬼神名**。陳偉主編（2016：166）指出包山楚簡中有“縣狢公”一稱，認爲或與“恒輅公”有關。**其二，鬼神名和社神**。“公”與下面的“社”連讀。程少軒（2011：125）認爲此處句讀應爲“恒輅、公社”，分别爲鬼神名和社神。

社：**社神**。

【今譯】

黄鐘，主音。貞在黄鐘律，天下會清正廉明，（相應的例子）可以參看唐堯時期。黄帝制定十二律，區分律管的短長來確定音階高低。黄鐘之音與宫音等同，是爲音律之尊。長久地運行，十月的時候會再次重合，會回到它原來的地方。作祟的是上君及乙260先……占卜疾病的人三次投中黄鐘之卦會死亡，占卜侍奉君主會吉利。乙261

大吕，主音。貞在大吕律，陰陽會相互搏擊抗爭，翼宿一共三次……停留引領其心。牝牡互相求得和諧，緩緩會得到回音。之後互相得益，百姓心中喜悦。作祟

的是大乙262街、交原。占卜疾病的人不會死亡，娶妻及嫁女會吉利。乙267

太族，主憂，……事。貞在太族律，北方的帝王，……值守的是太族。凶惡的言語很不和善，所有人都很窘迫。天子在政治上失行導致政治混亂，失去了所擁有的乙264福氣吉祥。作……會哭，不會出現大型喪事，安……失敗受辱。作祟的是恒輅公及社神。占卜祭祀不吉利。乙278

【釋文】

·［夾鐘，憂殹］，□□殹，□［音］殹，疾殹。貞在夾鐘，之北之東，□□之南，皋陶出令，是以爲凶。室有病者，□□作□□。乙266

□［在項頸］，不見大患，乃見死人。其祟外君殹。□及□□□□凶，占曰有惡人①。乙269

姑先（洗），善殹，喜殹，田宇、池澤之事殹。曰穆王入正②，河之滔，則水百沕③，有人自處。乃作爲□，比于反栩（羽），啻（帝）復右。乙268

□，以［政］九野④。天子大說（悅），布（佈）⑤賜天下。其祟北君、大水、［街］⑥。卜行道及事君吉。乙265

·中呂，利殹，材（財）殹，市販事殹，有合某（謀）殹。曰貞在中呂，是謂中澤⑦。有水不滕⑧，有言不惡。利以賈市，可受田宅。乙270

擅受其利，人莫敢若。其祟田及曼桑炊者⑨。卜賈市有利。乙271

·苿（蕤）賓，□殹，别離、上事殹，外野某殹。貞在苿（蕤）賓，［是謂］始新。啻（帝）堯乃韋九州⑩，以政下黔首。斬伐冥冥，殺戮申申。乙272

【匯釋】

①陳偉主編（2016：167）認爲此處“人”也可能是“卜”。

②正：**有兩説：其一，疑爲“征”，征伐**。陳偉主編（2016：167）疑爲“征”，此句話或同周穆王遠征有關。**其二，釋爲“正”，讀爲“政”**。孫占宇（2013：254）認爲“正”通“政”，“入正”即“爲政”。

③則：**“縣（懸）”字之誤**。方勇（2009A）文下評論認爲“則”應爲“縣（懸）”之誤寫。

沕：**讀爲“仞”，長度單位**。

④政：陳偉主編（2016：167）認爲“政”疑讀爲“征”。

九野：**即九州之野**。《後漢書·馮衍傳下》“疆理九野”，李賢注：“九野，謂九州之野。”

⑤布：**即“佈”，施予，給予**。《廣雅·釋詁三》：“佈，施也。”

⑥北君：**凶神的名稱**。程少軒（2011：126）中談及孔家坡漢簡《日書》中的《死》篇有“北君”，或同此處“北君”同。

大水：**作祟之物，或爲水災**。可見於《占病祟除》篇。

街：**行道神**。孔家坡漢簡《日書》中的《死》篇、《有疾》篇中均有“街”。

程少軒（2011：126）認爲應同本篇“街”爲同一事物，皆指五祀中的“行”，即“行道神”。

⑦中澤：**澤中，水澤之中**。

⑧滕：**有三說：其一，讀爲“斷”**。蔡偉（程少軒，2011：126引）讀爲“斷”。**其二，釋爲“豚”**。晏昌貴（2010B）釋爲“豚”。**其三，孫占宇（2013：255）從原釋**。

⑨田：**田神**。《周禮·地官·大司徒》：“設其社稷之壝而樹之田主，各以其野之所宜木。”鄭玄注：“田主，田神。”

炊者：程少軒（2011：127）認爲同《史記·封禪書》“先炊”有關。孔家坡漢簡《日書》中的《有疾》等篇多見“人炊”，或與本篇“炊者”同。

⑩韋：**讀爲“圍”**。從宋華強（2010）認爲應讀爲“圍”。《詩經·商頌·長發》：“帝命式於九圍。”孔穎達疏：“謂九州爲九圍者，蓋以九分天下，各爲九處，規圍然，故謂之九圍也。”古書常見“九州”作“九圍”者。

韋九州：**劃分九州土地範圍**。

【今譯】

夾鐘，主憂，……音，迅速。貞在夾鐘律，到達北方到達東方，……到達南方，皋陶發出使令，這被看成是凶險的。屋子中有生病的人，……作……乙266

……在脖子處，不會見到大病患，衹會見到會死亡的人。作祟的是外君。……及……凶，占測結果表示有惡人。乙269

姑洗，主柔善，主喜慶，主田地宇野、池塘水澤中的事。昔日周穆王遠征，河水滔滔不絕，水流長達百仞，有人自處。於是作……與反羽音等同，帝於是再一次向右。乙268

……來征伐九州之野。天子十分高興，（將物品）施予天下人。作祟的是北君、大水及街。占卜出行以及侍奉君主會吉利。乙265

中呂，主利，主財富，主與經商販賣有關的事，有聯合的謀劃。貞在中呂律，這叫作水澤之中。有水不會斷流，有言語糾紛但不會惡毒。利於經商買賣，可以接受田地宅院。乙270

擅自接受利益好處，沒有人能比得上。作祟的是田神及曼桑炊者。占卜經商買賣會有利。乙271

蕤賓，……主別離、國事，在野外謀劃。貞在蕤賓律，這叫作開始從新。帝堯劃分九州範圍，將政策向下施於百姓。斬殺征伐使得天地昏暗，殺戮反復不休。乙272

【釋文】

死不生憂心，毋（無）所從容。其祟大父親及布[①]。卜行［歸］及事君不吉。乙280

·［林］鐘，行［毆］。貞在林鐘，曰有人將［來，來］遺錢資財，歆（飲）食□□，□□□□，以□②行者，［遠］至于南。其祟門、戶。卜還者吉。乙274

·夷則，盜事也。貞在夷則，□［能亡］其德。□寶之則，不以其言德。三人偕行，不家（稼）不嗇（穡），不［差］不德（忒）③，［分］資或或。其乙275☐祟及其三友以入一□□□□☐ 乙273

·南呂，［賊］也，［斳］（鬭）事也。曰貞才（在）南呂，南呂之數，［出］於大（太）族。□□□□，［夅人］④相求，夜半而斳（鬭）。□金聲分分，其務有血无（無）望，如乙277見兵寇。其祟原死者⑤。卜見人不吉。乙276

［·毋（無）射，……貞］在毋（無）射，禹以成略，溉（既）就溉（既）成。乃告民申辠（罪）人，在此憂心。貞身右（有）苛（疴）疵，憂心申申，不可乙279以告人。其［祟］□□犬主。卜毄（繫）囚不免。乙311

·瘛（應）鐘，音毆。貞在瘛（應）鐘，是胃（謂）夅人兢兢⑥，有惡有增（憎）。室有法（廢）祠，口舌不埅。不死不亡，恐弗能勝。其祟友、布、室中⑦乙281祠有不治者。卜獄訟、毄（繫）囚不吉。乙263

【匯釋】

①大父親：**有兩說：其一，祖父、父親。**大父即爲“祖父”“太父”。親，父親。《史記·韓信盧綰列傳》“盧綰親與高祖太上皇相愛”，集解引如淳曰：“親，謂父也。”**其二，大父。**程少軒（2011：125）認爲“大父親”即爲“大父”。

布：李家浩（2005）認爲此處應爲一種主人物災害的鬼神。

②“以”下一字，**有三說：其一，暫缺釋。**今從陳偉主編（2016：170），暫缺釋，待考證。**其二，釋爲“遣”。**整理者說。**其三，釋爲“送”。**陳劍（程少軒，2011：128引）說。

③不差不德：**有兩說：其一，讀爲“不差不忒”。**陳偉主編（2016：170）認爲“德”應讀爲“忒”，同“差”同義，連用指差錯。**其二，讀爲“不差不慝”。**蔡偉（程少軒，2011：128引）認爲此處應讀爲“不差不慝”。

④夅人：**有兩說：其一，釋爲“夅人”，讀爲“仇人”。**宋華強（2010）疑當讀爲“仇人”，“夅”“仇”音近可通。陳偉主編（2016：171）認爲此處可同下文簡乙281處比看。**其二，釋爲“北人”。**程少軒（2011：123）釋爲“北人”。

⑤原死者：程少軒（2011：125）理解爲“死於原野者所化之鬼”。

⑥兢兢：**有兩說：其一，釋爲“兢兢”。**程少軒（2011：123）釋爲“兢兢”。**其二，釋爲“競競”，讀爲“勍勍”。**從宋華強（2010），釋爲“競競”，讀爲“勍勍”，引《廣雅·釋訓》：“勍勍、競競，武也”。程少軒（2011：123）認爲競、兢有別，不可等同。宋說似可以商榷。

⑦室中：**民間神祇。**睡虎地秦簡《日書》乙種中有“祠室中日：辛丑、癸亥、乙酉、己酉，吉”，可參看。

【今譯】

死去不生憂愁之心，沒有哪裏是悠閒舒緩的。作祟的是祖父、父親及布。占卜出行歸家及侍奉君主會不吉利。乙 280

林鐘，主行。貞在林鐘律，表示有人將到來，來饋贈錢幣財物，飲食……用來……出行的人，最遠可以到達南邊。作祟的是門神、戶神。占卜遷徙的人會吉利。乙 274

夷則，主與盜有關的事。貞在夷則律，……能失去德行。……填補它，不因其議論德行。三個人一起出行，不播種不收穫，不出差錯，瓜分財物時會感到困惑。乙 275……作祟會波及同行的三人以人一……乙 273

南呂，主賊，主爭鬬一類的事。貞在南呂律，南呂之數字，出於太族。……仇人相求，半夜發生鬬爭。……金屬聲音紛雜，事務不用指望有體恤和周濟，如同乙 277遇到兵人土寇。作祟的是死於原野的人的鬼魂。占卜會見他人會不吉利。乙 276

無射，……貞在無射律，大禹進行治理已經有小成，會逐漸成功。於是告誡人民揭發犯罪的人，憂愁在心。貞測身上有重病，憂愁的心情反復不休，不可以乙 279把這個情況告訴別人。作祟的是……犬主。占卜被捆綁囚禁的人不會被赦免。乙 311

應鐘，主音。貞在應鐘律，這叫作仇人強壯有力，心中有厭惡有憎恨。屋子中有廢舊的祠堂，口舌沒有遮蔽。不會死亡也不會逃亡失踪，恐怕不能夠戰勝。作祟的是友、布和民間神祇乙 281不修整的祠堂。占卜牢獄、訴訟、被捆綁囚禁的人會不吉利。乙 263

（七十九）十二律吉凶[①]

【釋文】

·［黄鐘］[②]、大呂、姑先（洗）、中呂、林鐘皆曰：請謁得，有爲成，取（娶）婦嫁女者吉，病者不死，毄（繫）囚者免。乙 257

·大（太）族、䕒（蕤）賓、夷則、南呂皆曰：請謁［不得[③]，有爲不］成，取（娶）婦嫁女不吉，疾人死，毄（繫）囚者不免。乙 258A＋371

·夾鐘、毋（無）射、瘛（應）鐘皆曰：請謁難得，有爲難成，取（娶）婦嫁女[④]可毆，疾人危，毄（繫）囚難出。乙 256

【匯釋】

①本篇亦以十二律爲占。簡文將十二律分爲三類，對各類所主請謁、有爲、娶婦嫁女、病、繫囚五類事項的吉凶宜忌加以說明。陳偉主編（2016：173）說。

②黄鐘：整理者漏釋，晏昌貴（2010B）補出。

③請謁不得：**有三說：其一，釋爲“請謁不得”。**孫占宇（2013：259）據文意殘筆釋爲“請謁不得”，陳偉主編（2016：173）認爲孫說可從。**其二，釋爲“黄鐘**

大族”。整理者說。**其三，釋爲“請謁得”**。晏昌貴（2010B）說。

④女：晏昌貴（2010B）釋爲“婦”。

【今譯】

（占測到）黃鐘、大呂、姑洗、中呂、林鐘全都表示：請求謁見（貴人、長官）可以達成，在做事上會有所作爲並會有所成就，娶妻嫁女會吉利，生病的人不會死亡，被捆綁囚禁的人會被赦免。乙257

（占測到）太族、蕤賓、夷則、南呂全都表示：請求謁見（貴人、長官）不能夠達成，在做事上不會有所作爲且沒有成就，娶妻嫁女會不吉利，生病的人會死亡，被捆綁囚禁的人不會被赦免。乙258A＋乙371

（占測到）夾鐘、無射、應鐘全都表示：請求謁見（貴人、長官）很難達成，在做事上很難有所作爲及有所成就，娶妻嫁女是可以的，生病的人會有危險，被捆綁囚禁的人難以獲釋出來。乙256

（八十）即有生[①]

【釋文】

■節（即）[②]有生者而欲智（知）其男女，投日、辰、星而參（三）合之，奇者男毆，禺（偶）[③]者女毆。因而參（三）之，即以所中鐘數[④]爲卜□。乙293

【匯釋】

①本篇以數之奇偶占測生子之事。陳偉主編（2016：175）說。

②節：**讀爲“即”**。睡虎地秦簡《日書》乙種中的《行》篇有“節（即）有爲也，其央（殃）不出歲中，小大必至”。

③禺：**古“偶”字**。禺者，與上文“奇者”相對。

④鐘數：孫占宇（2013：211）認爲或爲前文《律數（一）》《律數（二）》兩篇中十二律之數，陳偉主編（2016：174）從。

【今譯】

即將要生產的婦人想要知道她要生的是男孩還是女孩，投日數、時數、星數然後將所得數字三者合併，奇數就是生男孩，偶數就是生女孩。由此乘三，即以所中十二律之數進行占卜……乙293

（八十一）殘篇[①]

【釋文】

☐［土］[②]，其□□□[③]，貞西□□□[④]，［其定所］□□[⑤]，其氣西東于五，利

以作事。乙 93C

【匯釋】

①因殘篇難以理解，故無譯文。

②土：整理者未釋，下“定”字同。陳偉主編（2016：174）釋出。

③“其”下一字，**有兩説：其一，脱釋**。整理者脱釋。**其二，疑爲“角”**。陳劍（2016：174）根據字體輪廓，疑爲“角”字。

本小句第三字帶有重文符號，整理者釋爲“啓”，陳偉主編（2016：174）認爲此字抑或爲“叚”。

④“西”下三字，整理者釋爲“東庚未”。原簡不清，从陳偉主編（2016：174）不釋。

⑤“所”下第二字同，整理者釋爲“陽”，由於原簡不清，从陳偉主編（2016：174）不釋。

【釋文】

七曰①星央（殃），八曰風央（殃），九曰州②央（殃）毆。乙 163

【匯釋】

①整理者釋本條釋文中的“曰”字爲“日”，程少軒（2010C）改釋，陳偉主編（2016：174）从程少軒之説。

②州：**有三説：其一，釋爲“州”**。程少軒（2010C）所釋，並認爲此簡文字同《孫子算經》中的“術曰：置四十九加難月……七星除七，八風除八，九州除九……”相合（程少軒，2011：173）。陳偉主編（2016：175）同程説。**其二，釋爲“艸”**。整理者説。**其三，釋爲“草”**。晏昌貴（2010B）説。

【釋文】

☑可□其□央①非□□兇（凶）☑ 乙 214B

蛣蠻疾兄［而］②槓其□③心野家毋此有及以或兄☑ 乙 291

【匯釋】

①央：**有兩説：其一，釋爲“央”**。陳偉主編（2016：175）説。**其二，釋爲“皮”**。整理者説。

②兄：陳偉主編（2016：175）認爲抑或是“也”字。

而：**有兩説：其一，釋爲“而”**。陳偉主編（2016：175）認爲此字作“而”。**其二，重文符號**。整理者認爲此爲重文符號。

③“其”下一字，**有三説：其一，不釋**。陳偉主編（2016：175）不釋。**其二，釋爲“巺”**。整理者説。**其三，釋爲“照”**。晏昌貴（2010B）録作“照”。

【釋文】

□[①]溥騷村（菽）[②]一半秭兩錢□罟者羊脂□，投土鬲中，□［央］中，入禾，炊其上，□復上。乙295

【匯釋】

①陳偉主編（2016：175）認爲此字似从“𡌥”或“𡏿”，或釋作“瀰”，引《說文》：“瀰，滿也。”

②村：**有四說：其一，釋爲“村”，讀爲“菽”。**陳偉主編（2016：175）根據紅外影像，認爲此字筆畫可以辨認爲“村”，讀爲“菽”。**其二，疑爲“叔”，讀爲“菽”。**方勇（2013C）說。**其三，釋爲“犸”。**整理者說。**其四，釋爲“貂”。**晏昌貴（2010B）說。

【釋文】

□□□□[①]若［有］□妾前日家有喪毆[②]，居家若有不□。乙298

【匯釋】

①**此處有兩說：其一，不釋。**陳偉主編（2016：176）根據紅外影像，認爲圖版中難以看出，故不釋出。**其二，釋爲“凡室有盜”。**整理者說。

②“若”下“有”字，整理者脫釋，陳偉主編（2016：176）補釋。

“有”下一字，**有兩說：其一，不釋。**陳偉主編（2016：176）根據紅外影像認爲無法釋出，故不釋。**其二，釋爲“朔”。**整理者說。

整理者認爲“喪”字下有重文符號，根據紅外影像，陳偉主編（2016：176）認爲並無重文符號。

【釋文】

☐□□冬而喜之。乙303C

■犬豕之生[①]毆，其命日爲[②]牝牡☐乙327A

【匯釋】

①生：**有兩說：其一，釋爲“生”。**陳劍（程少軒，2011：165引）所釋。**其二，釋爲“主”。**整理者說。

②日爲：**有三說：其一，釋爲“日爲”。**陳偉主編（2016：176）說。**其二，釋爲“日辰”。**晏昌貴（2010B）說。**其三，釋爲“白黃”。**陳劍（程少軒，2011：165引）說。

【釋文】

蕭（簫）[①]揬（篌）[②]，男子［如射］（麝）麋[③]，女子如鴇聞聲毆，如此者閒

事。鼓竽，男子［如］□□□，女子如野鳴［狐］，如此者［徵］事。乙334

【匯釋】

①蕭：**有三說：其一，釋爲"蕭"，讀爲"簫"，一種竹管樂器。**陳偉主編（2016：176）說。**其二，釋爲"簫"。**整理者說。**其三，釋爲"篪"。**晏昌貴（2010B）說。

②猴：**有三說：其一，釋爲"猴"，可讀爲"篌"。**陳偉主編（2016：176）認爲指箜篌，一種古撥弦樂器。**其二，釋爲"推"。**整理者說。**其三，釋爲"篌"。**晏昌貴（2010B）說。

③如：整理者未釋，陳偉主編（2016：177）根據殘筆，並結合文意釋出。下文補出的"如"皆同。

麇：整理者未釋，宋華強（2010）釋出。

【釋文】

■凡占勝生，其今［節］①㱿，鐘其成貞實㱿。·凡所以相生者，以□□②㱿。乙337

【匯釋】

①節：**有三說：其一，釋爲"節"。**程少軒（2011：149）所釋。**其二，釋爲"欲"。**整理者說。**其三，釋爲"敬"。**王輝（2010）說。

②"以"下一字，**有兩說：其一，未釋。**整理者說。**其二，疑作"數"。**程少軒（2011：149）說。

"以"下第二字，**有兩說：其一，釋爲"世"。**整理者說。**其二，釋爲"之"。**程少軒（2011：149）說。

【釋文】

有二□□①，有女□［環，旦］欲□□□□□［閒］②□□見㱿，居邦而［環］③，居室若□④□ 乙341

【匯釋】

①有：**有兩說：其一，釋爲"有"。**陳偉主編（2016：178）說。**其二，釋爲"者"。**整理者說。

二：**有兩說：其一，釋爲"二"。**陳偉主編（2016：178）說。**其二，釋爲"之"。**整理者說。

"二"下兩字，整理者釋爲"臧種"。

②閒：整理者釋爲"明月"。

③環：**有兩說：其一，釋爲"環"，讀爲"還"。**陳偉主編（2016：178）認爲

此字疑讀爲“還”。**其二，釋爲“還”**。整理者說。

④“若”下一字，**有兩說：其一，釋爲“責”**。整理者說。**其二，録作“煮”**。晏昌貴（2010B）說。

【釋文】

□□①。乙369

·有則凶，无（無）有則吉②。〼乙376

〼□環③其家贊喪車。乙377

〼入而幸其出而□④不利〼乙378

【匯釋】

①**此處有兩說：其一，有兩個字**。陳偉主編（2016）根據墨跡認爲此處僅有兩個字。**其二，有三個字，釋爲“□毆書”**。整理者說。

②凶：整理者釋爲“兇”，根據原簡字形辨別，同陳偉主編（2016）爲“凶”。

无：整理者釋爲“光”，程少軒（2011：180）疑作“先”，方勇（2013B）改釋，陳偉主編（2016）同方說。

③“環”上一字，陳偉主編（2016）疑作“歸”，並認爲如此字爲“歸”，“環”應讀爲“還”。

④“而”下一字，**有三說：其一，不釋**。陳偉主編（2016：179）認爲原簡殘缺不清，無法辨認。**其二，釋爲“蘵”**。整理者說。**其三，釋作“生”**。晏昌貴（2010B）說。

【釋文】

〼□□□□□①。乙379

〼□日②。乙380

〼□［居］室出麗若［母］③大穀稅不入□④〼乙381

【匯釋】

①本小句後兩字，整理者釋爲“妻凶”。原簡不清，同陳偉主編（2016）不釋。

②“日”上一字，整理者釋爲“波”，原簡不清，不釋。

③“居”及“母”字，整理者分别釋爲“弓”及“毋”，同陳偉主編（2016）之說。

④“入”字，整理者未釋，陳偉主編（2016）補釋。其下一字整理者脱釋，由於原簡不可辨别，無法釋出。

摹本（《日書》甲種）

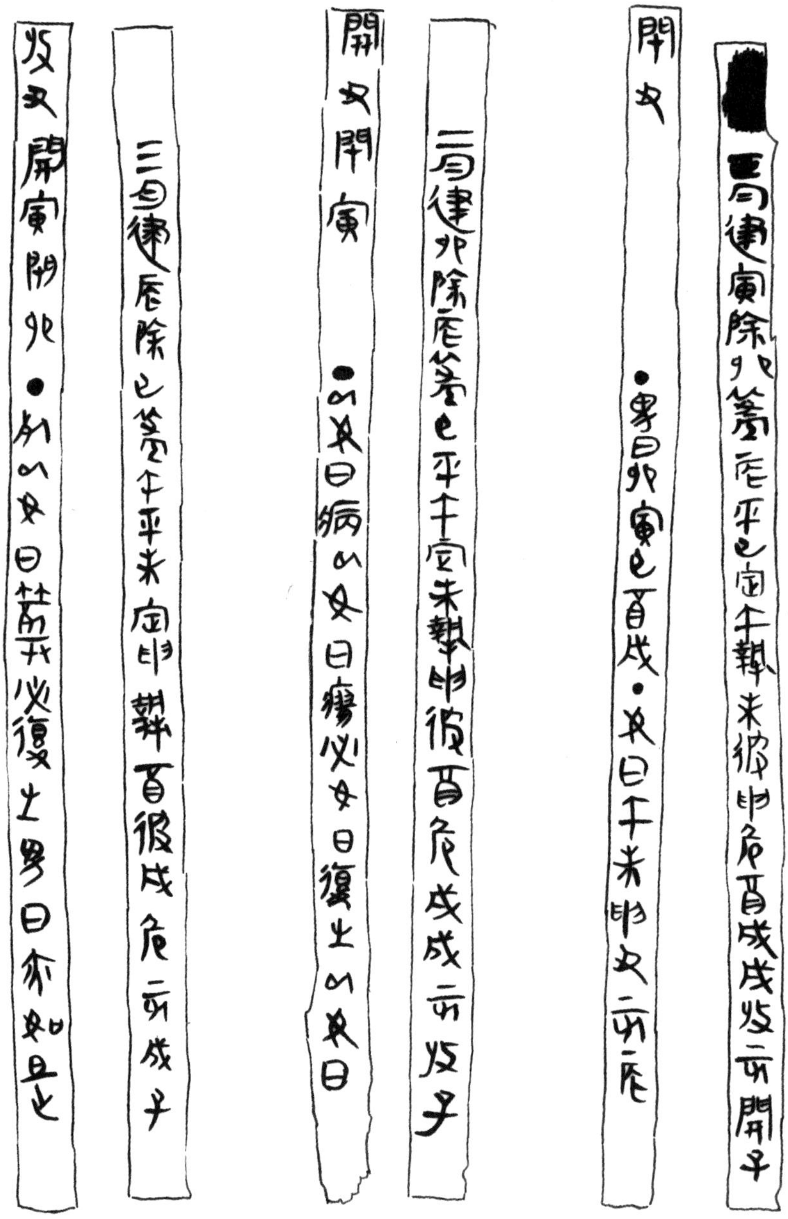

3　　2　　1

開巳閉午

六月建未除申盈酉平戌定亥執子彼丑危寅成卯收辰

開辰閉巳

五月建午除未盈申平酉定戌執亥彼子危丑成寅收卯

寅開外庀 ·謂图㿻上日

四月建巳除午盈未平申定酉執戌彼亥危子成丑收

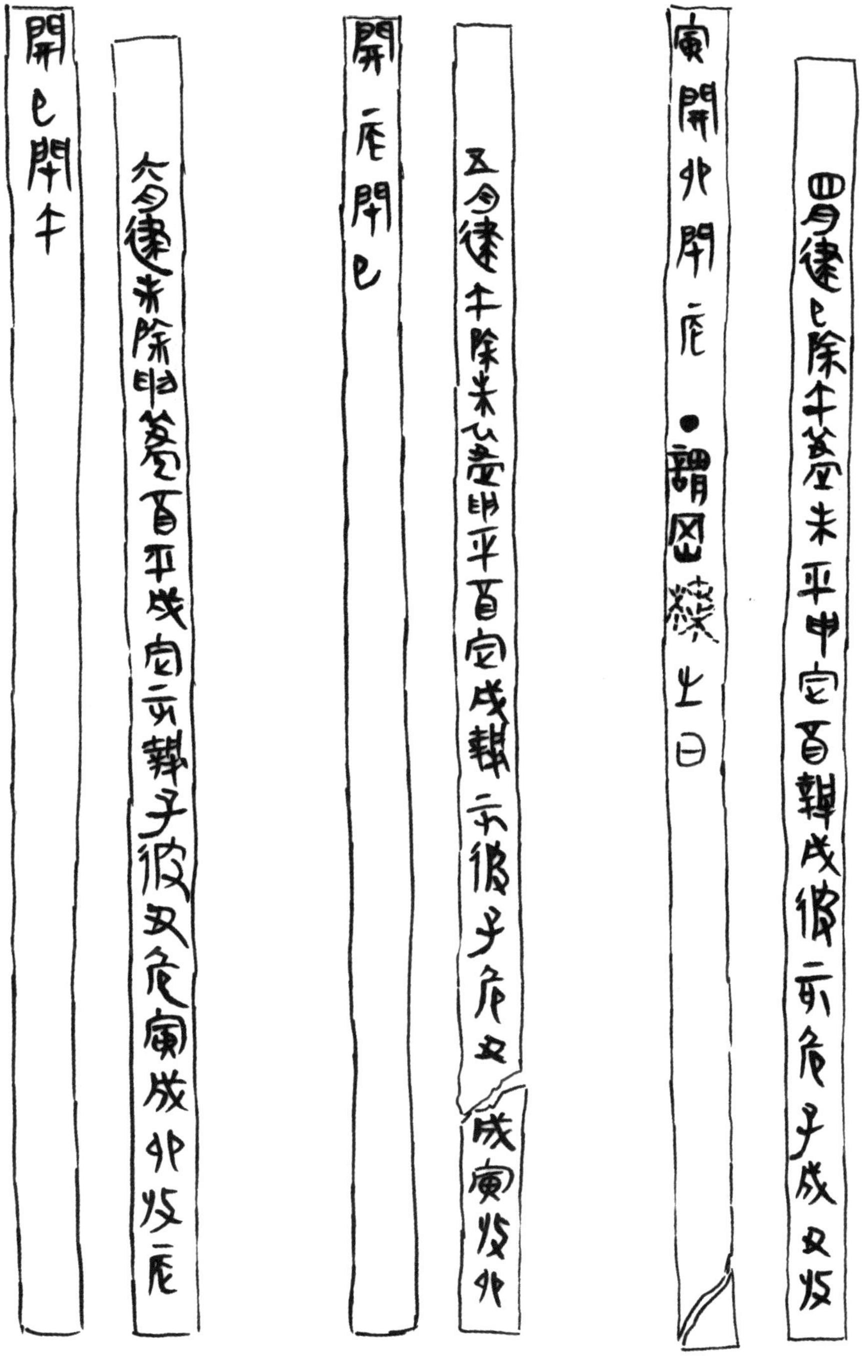

6　　　5　　　4

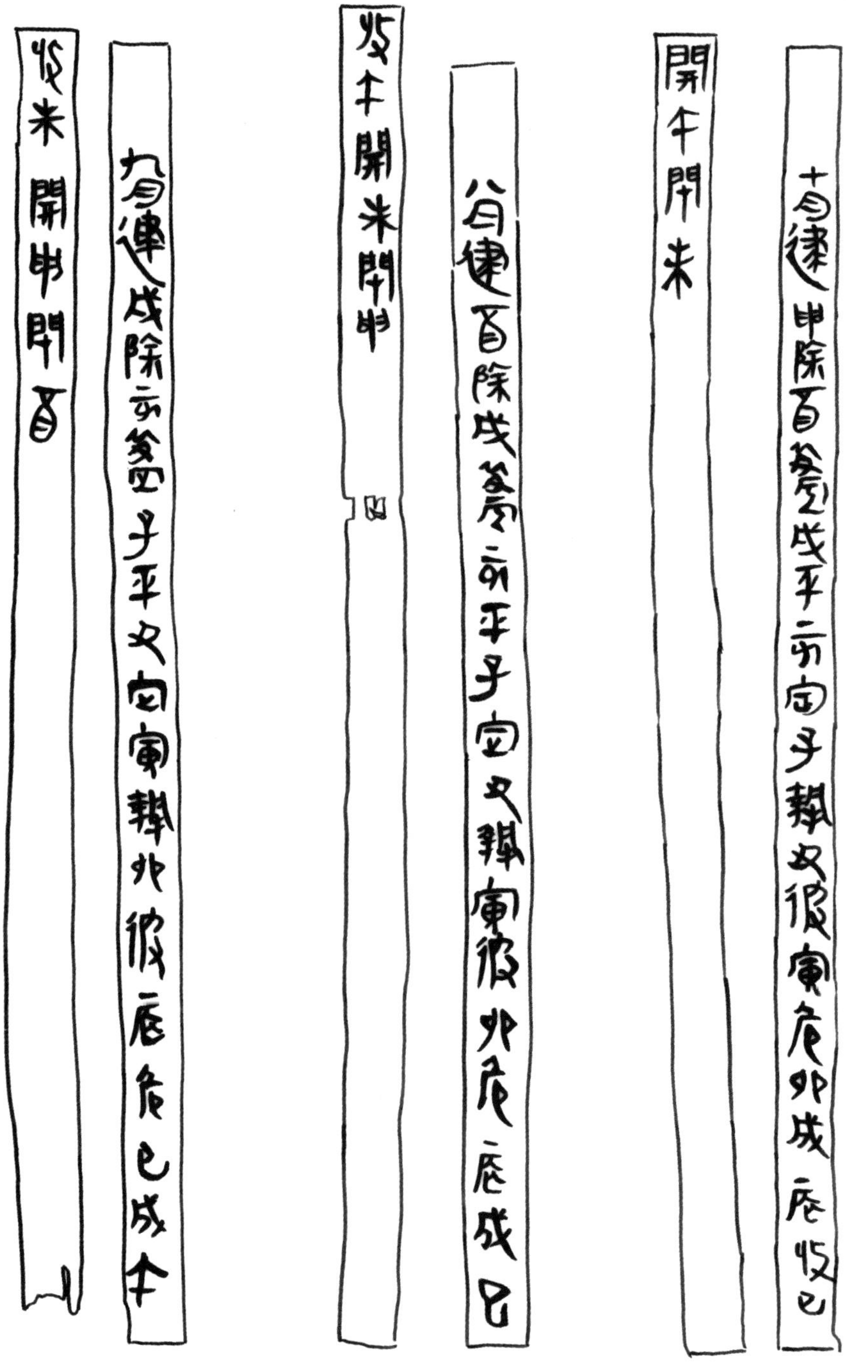
七月建申除酉盈戌平亥定子摯丑彼寅危卯成辰收巳
開午閉未
八月建酉除戌盈亥平子定丑摯寅彼卯危辰成巳
收午開未閉申
九月建戌除亥盈子平丑定寅摯卯彼辰危巳成午
收未開申閉酉

9　　8　　7

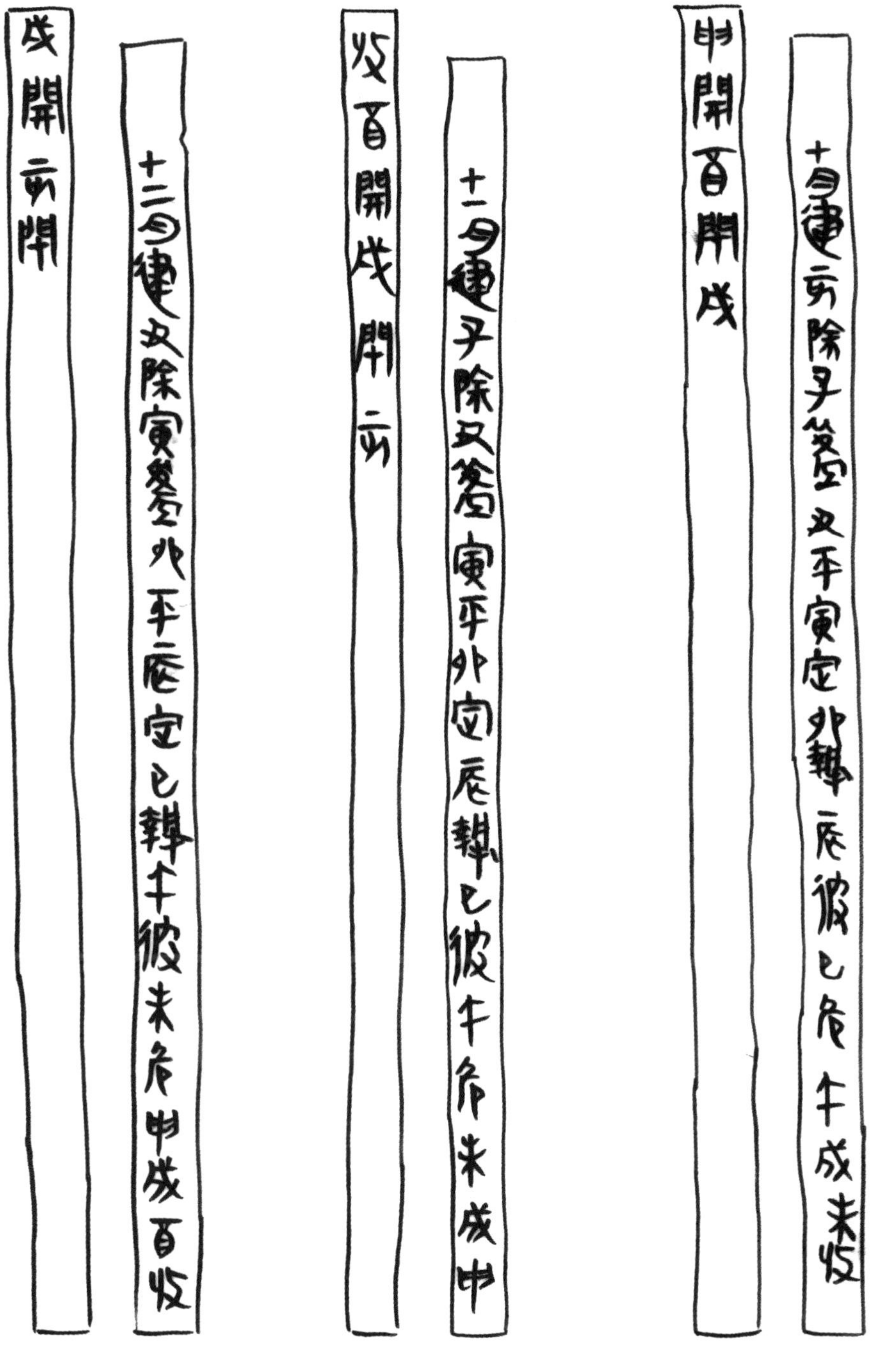
十月建亥除子盈丑平寅定卯執辰彼巳危午成未收
申開酉閉戌
十一月建子除丑盈寅平卯定辰執巳彼午危未成申
收酉開戌閉亥
十二月建丑除寅盈卯平辰定巳執午彼未危申成酉收
戌開亥閉

12　　11　　10

疾聾瘍

笄日可筑東廚中可人生利築宮室為小畜末乂有

除屍

除日逆人不得癉疾外可以治畜末可以徵音多子

黔首

律日晨日毆可以為畜末可以祈祠可以畜大生不可人

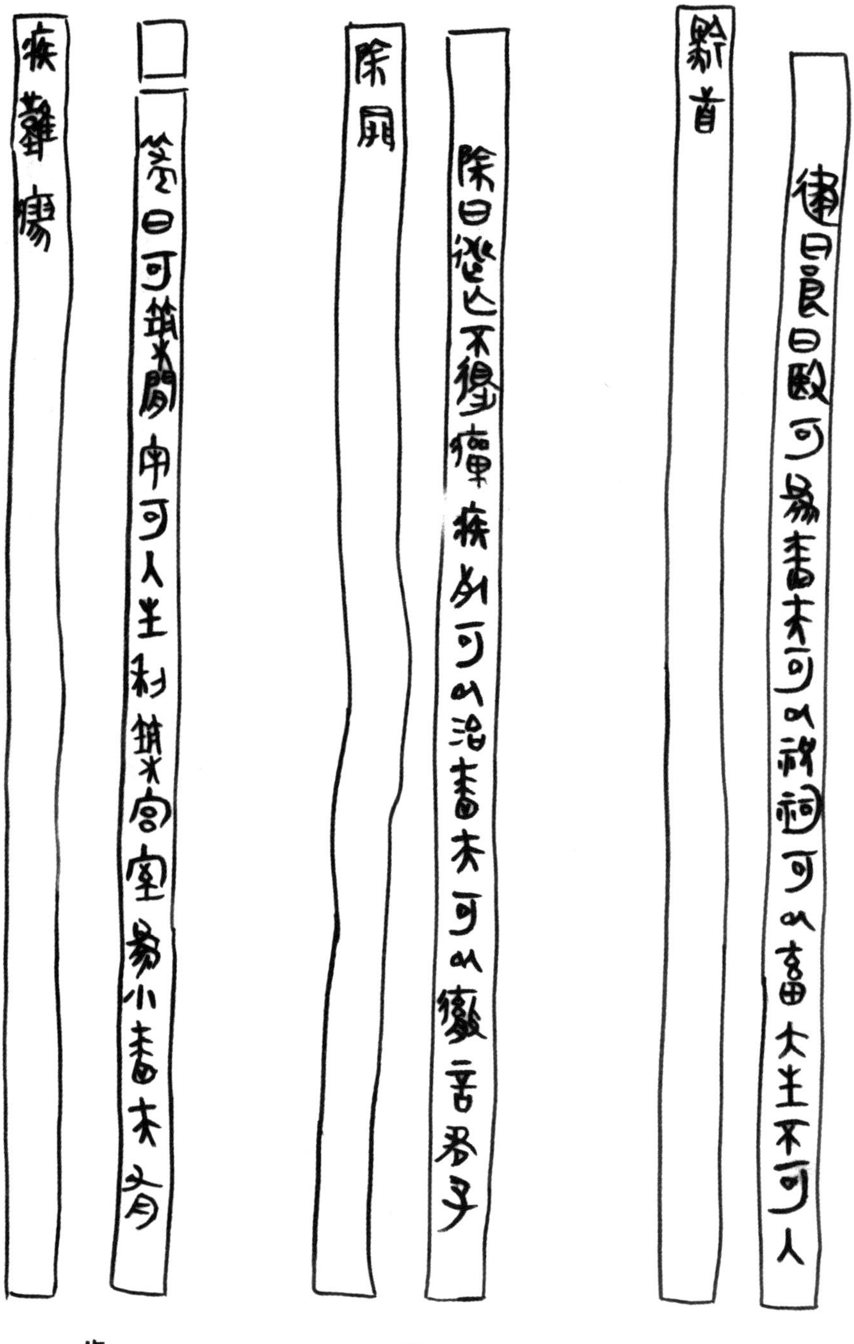

15　　　　　　14　　　　　　13

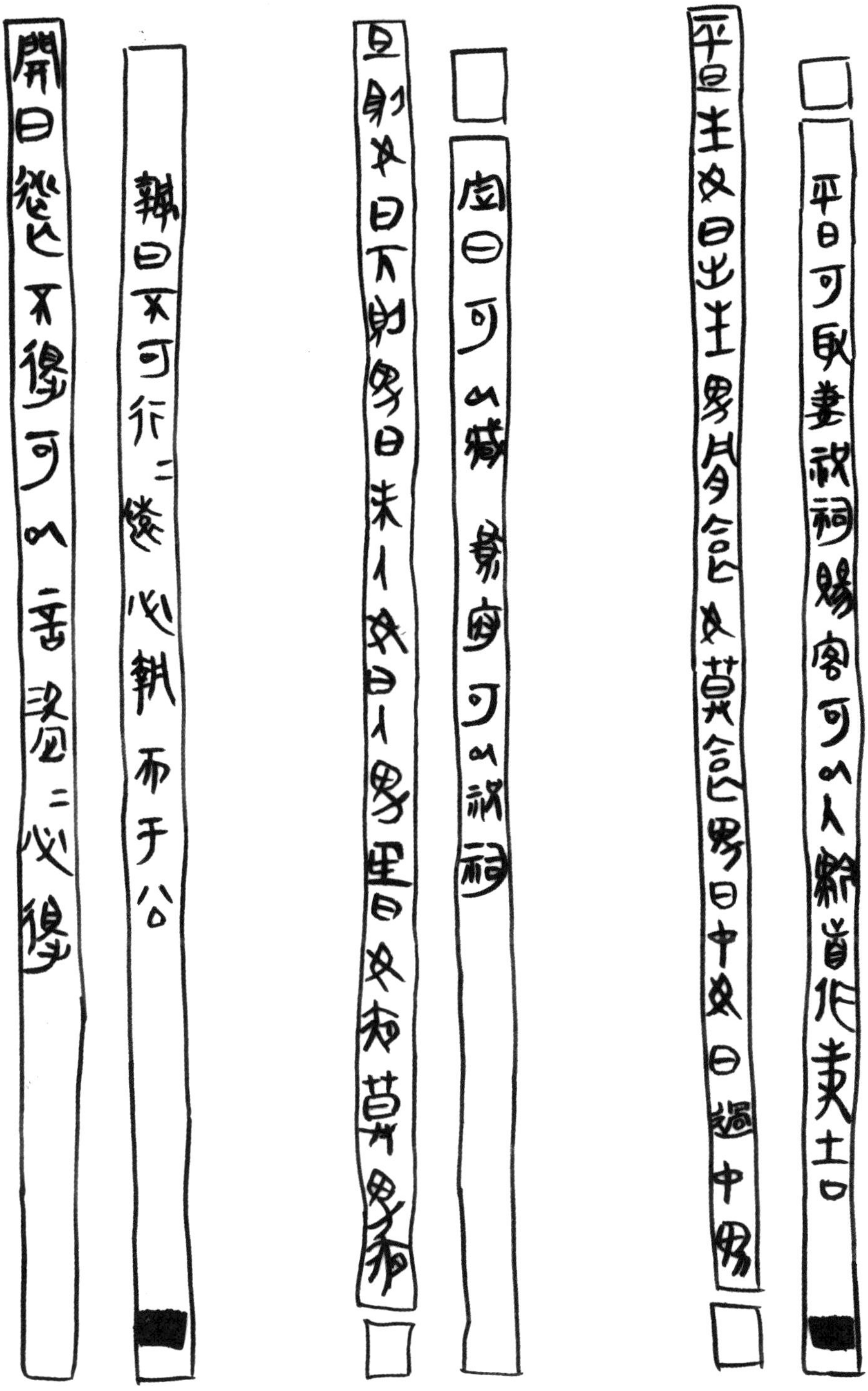

18 17 16

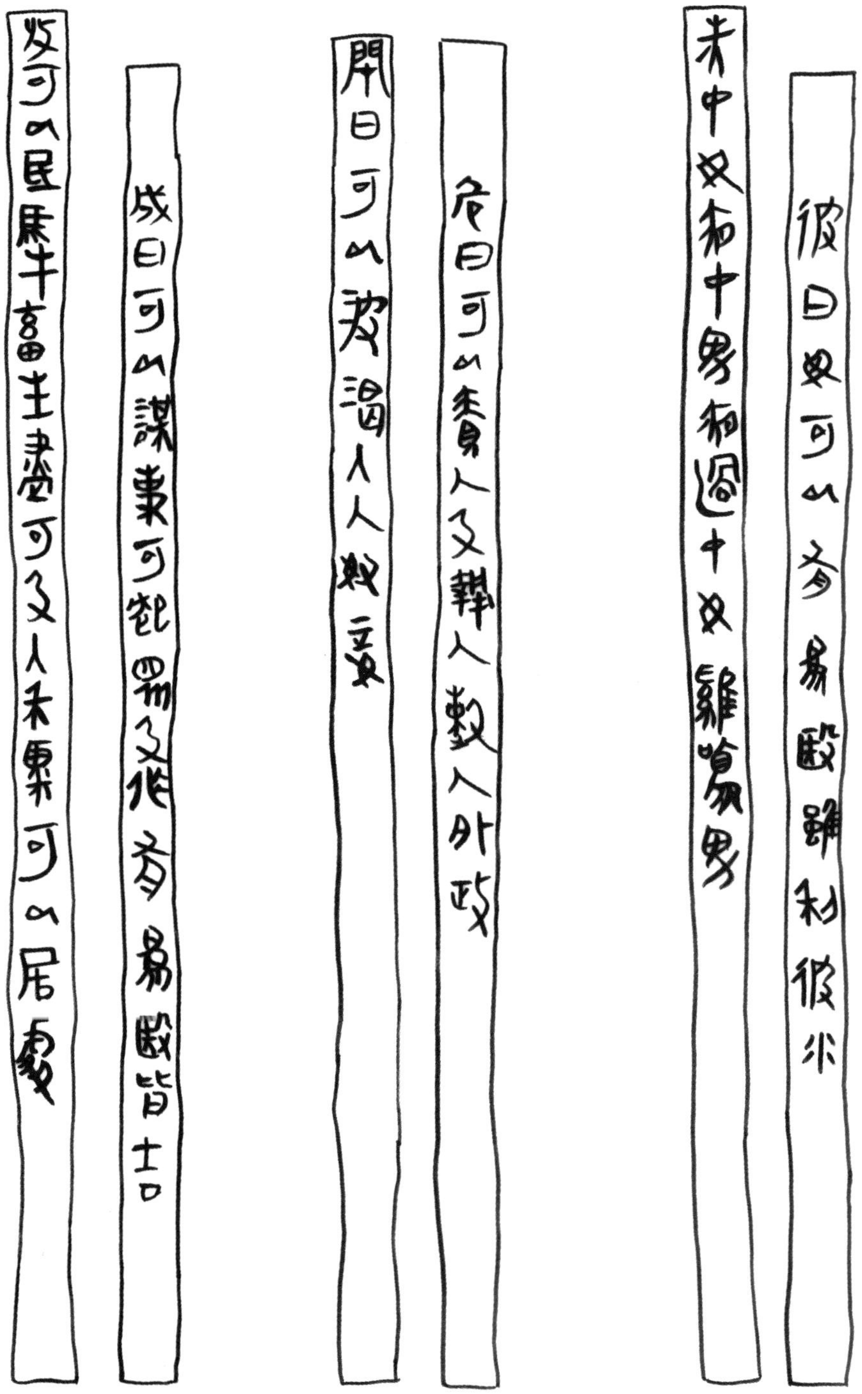

21 20 19

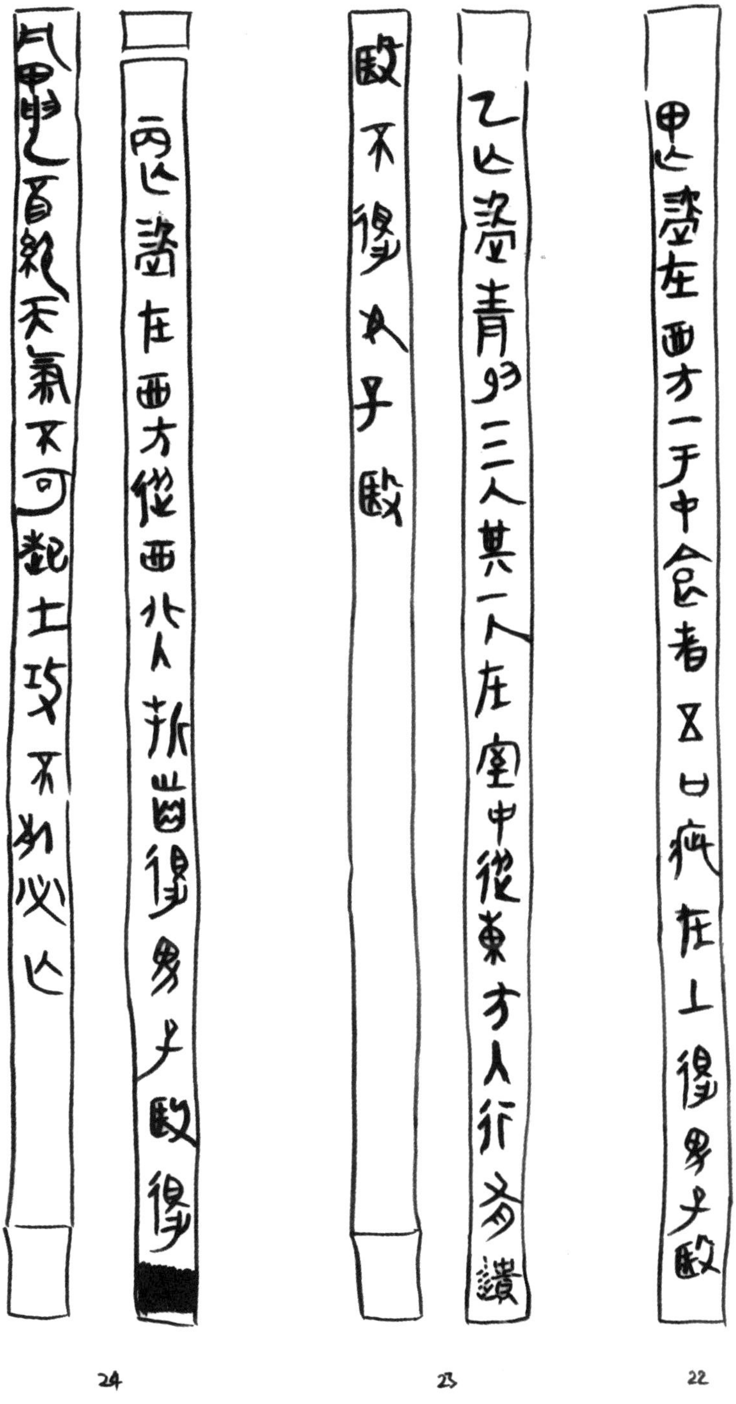

24　　23　　22

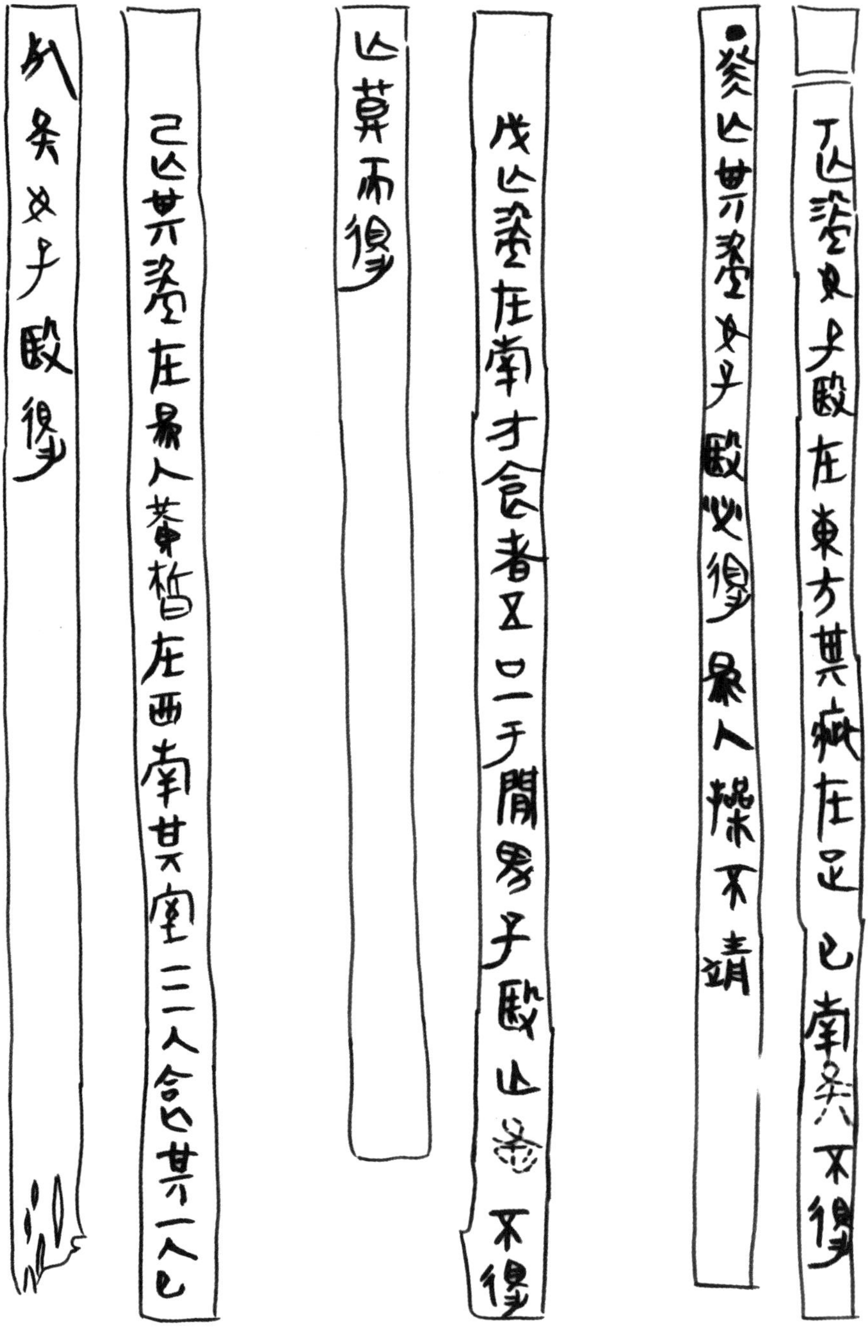

27　26　25

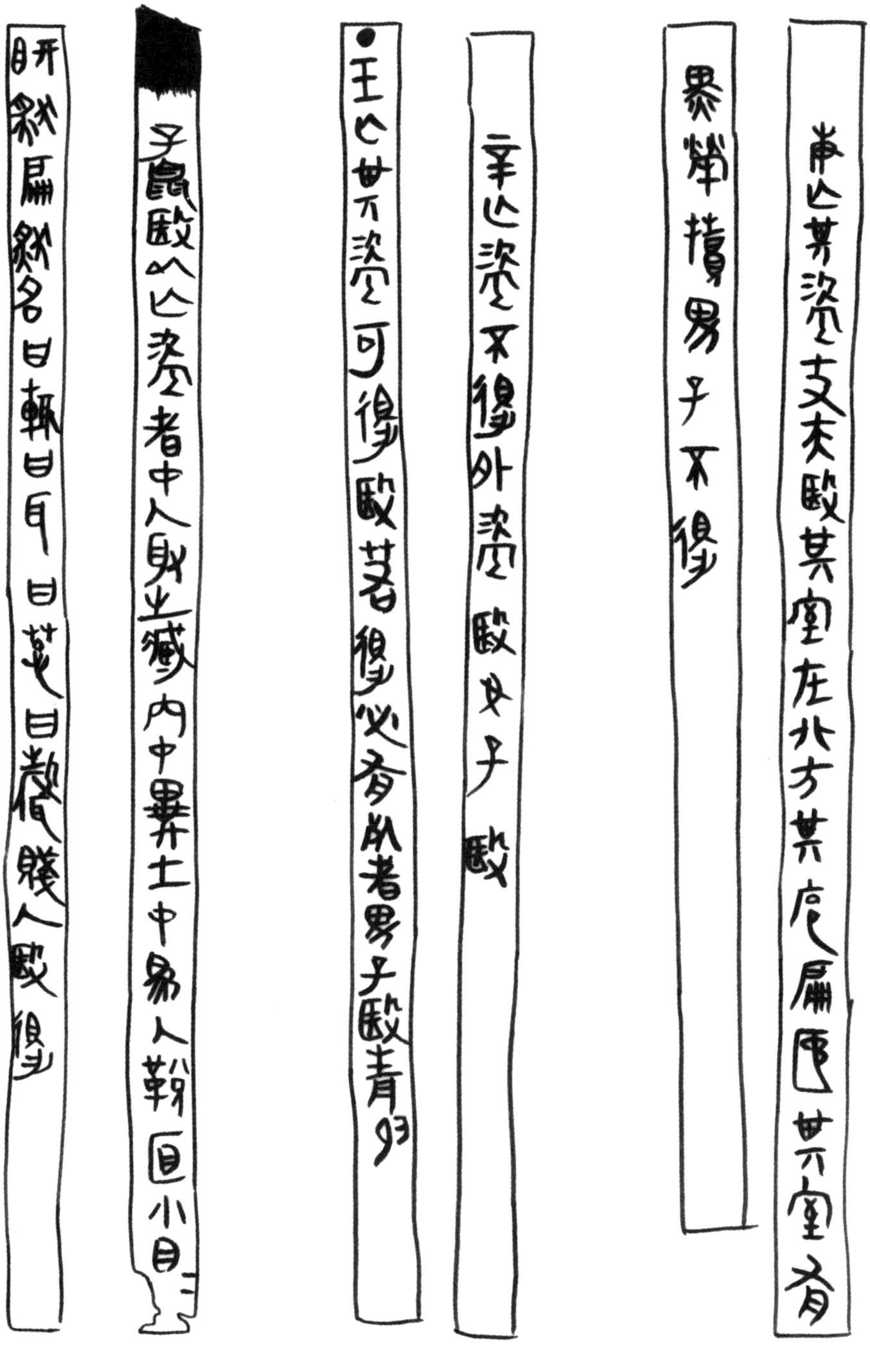

30A+32B　　29　　28

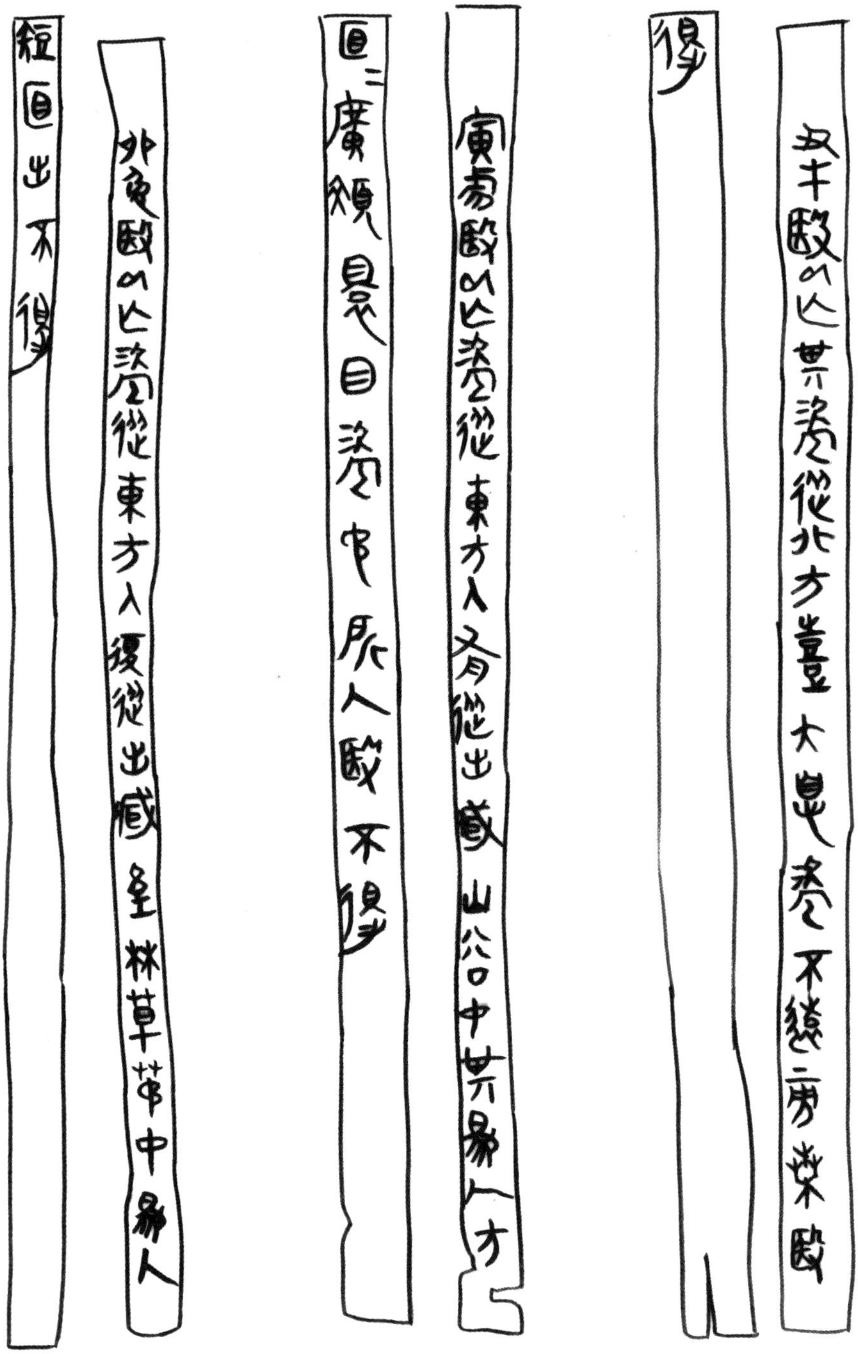

33　　32A+30B　　31

千床殴孟從南方入多從业舟十殴麇男

易人小囿長亦日賎人殴得

巳䖵殴之山柔者中人殴藏囝屋尾粪土中麇木下廿六

外人殴其易人長頸小首小目交子易巠男子易祝 名

二底屯殴之乄泛者德東方人有從出殴者藏狃八○䖵內中

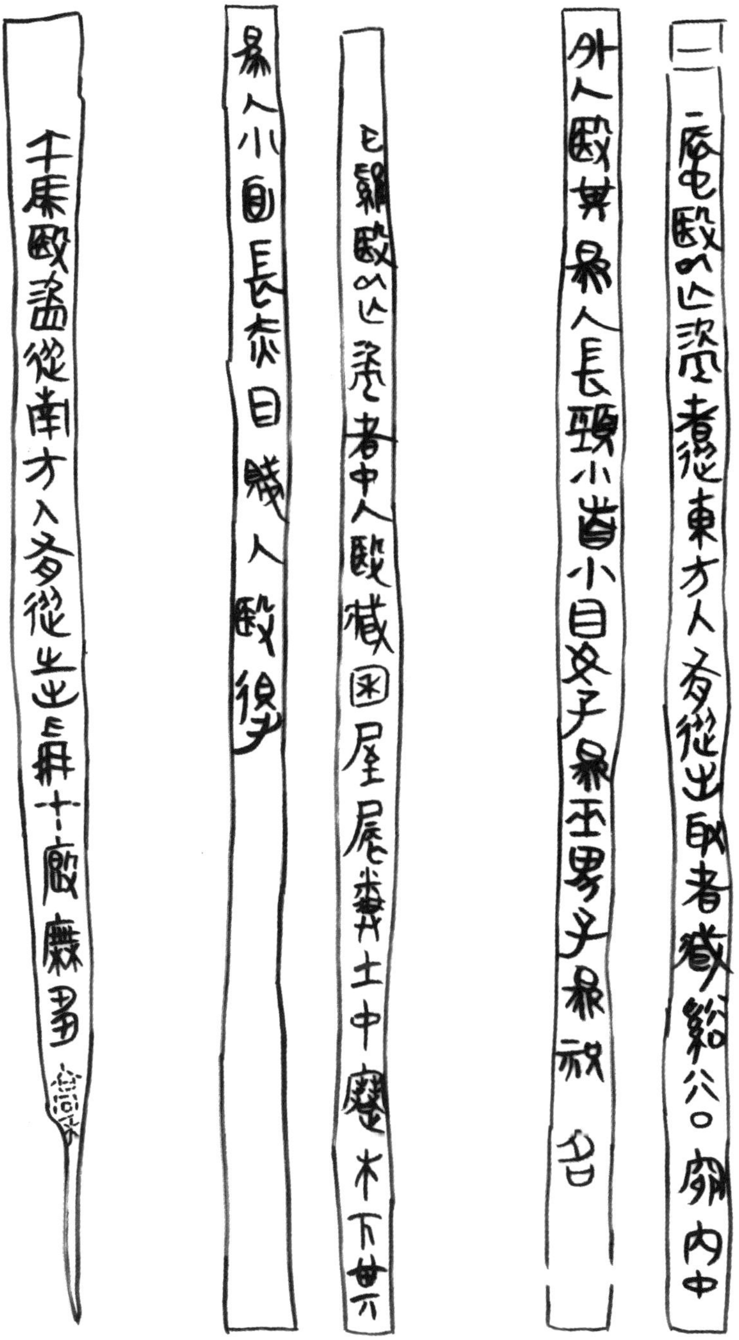

36　　　35　　　34

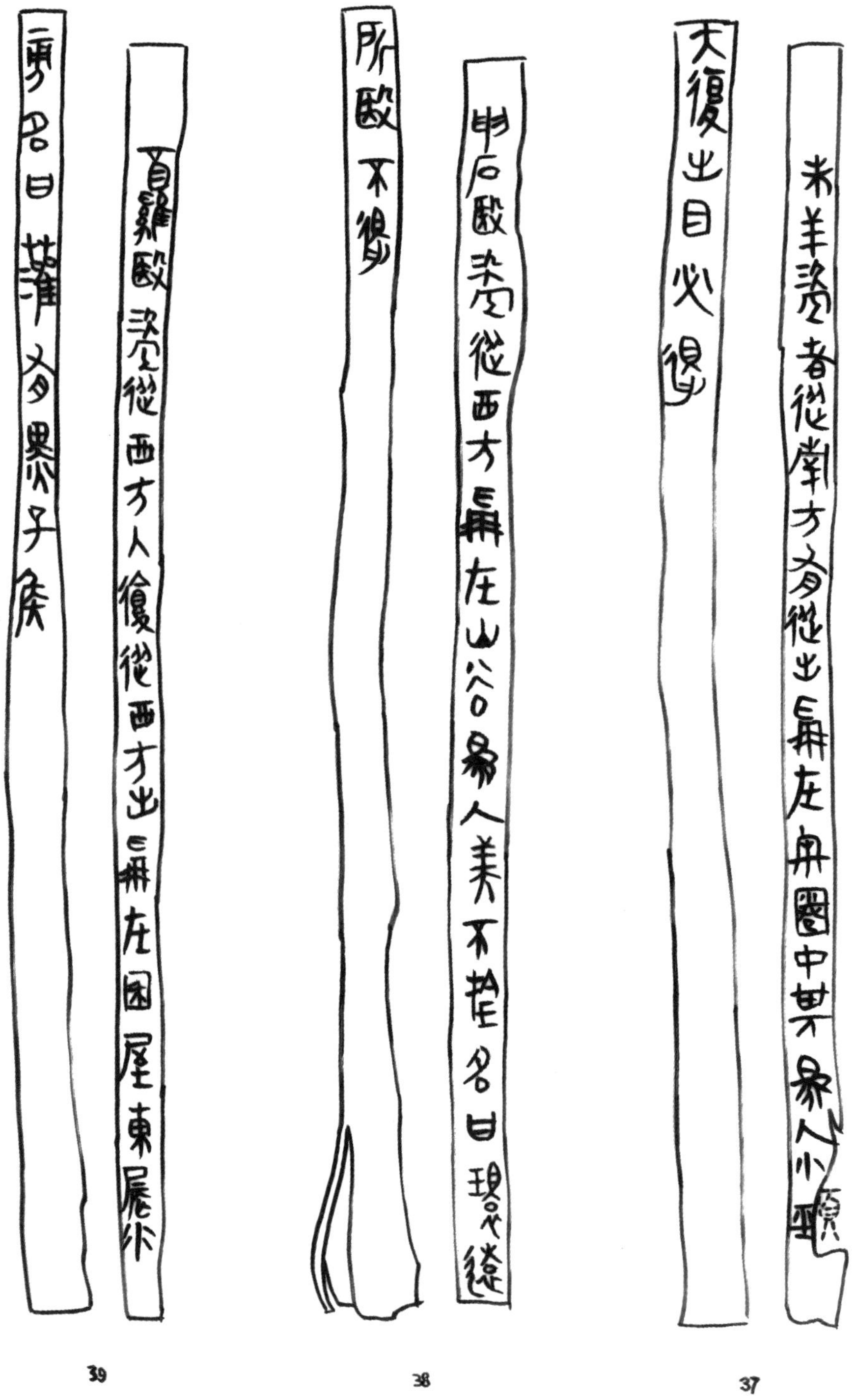
39
38
37

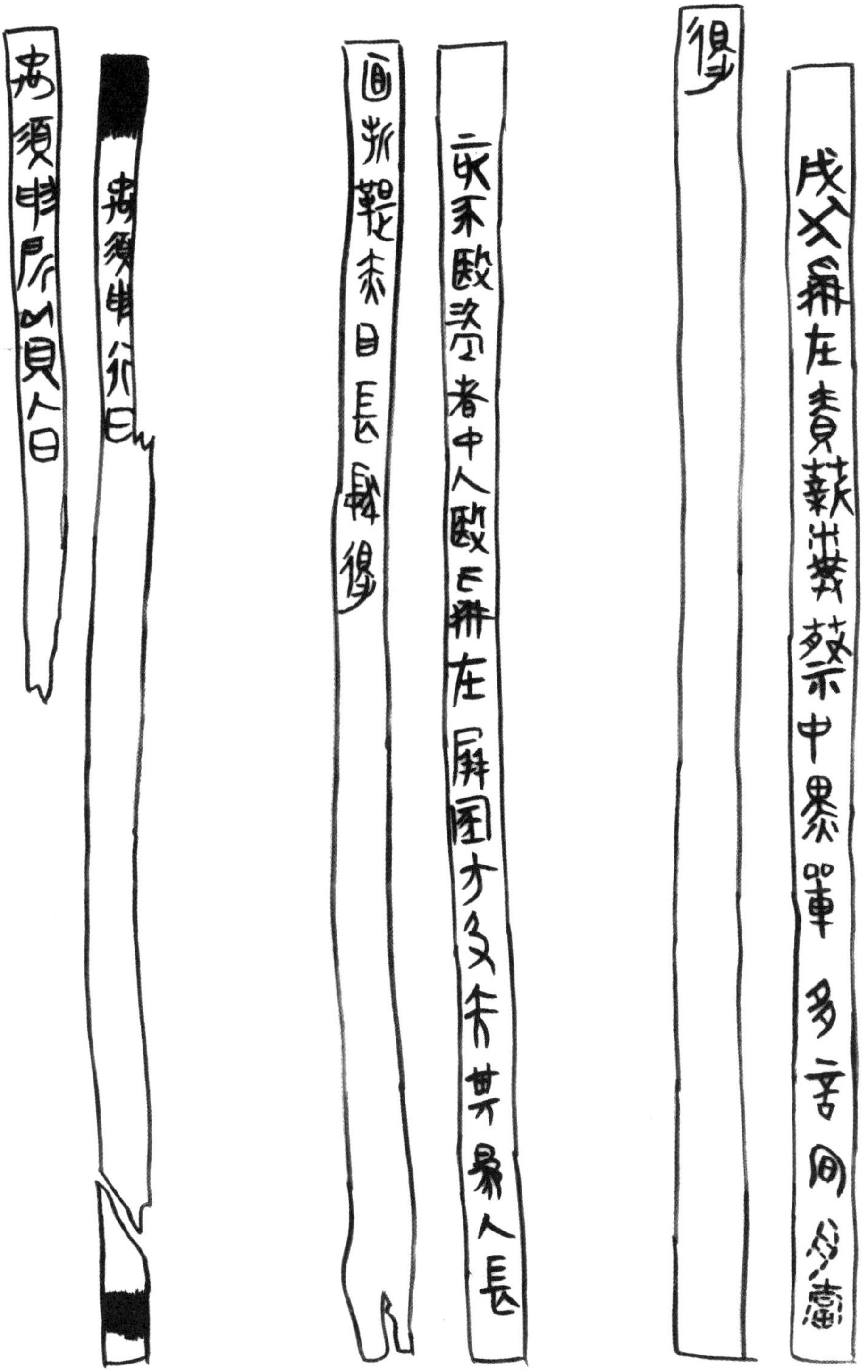

42　41　40

寅旦凶宛食吉日中凶日失凶夕日凶

人日三日旦西吉日中失吉昏晉東吉中夜南吉

五旦凶宛食吉日中凶日失可夕日凶

人月二日旦西吉日中失吉昏晉東吉中夜南吉

子旦吉宛食吉日中凶日失吉夕日凶

人月一日旦西吉日中失吉昏晉東吉中夜吉

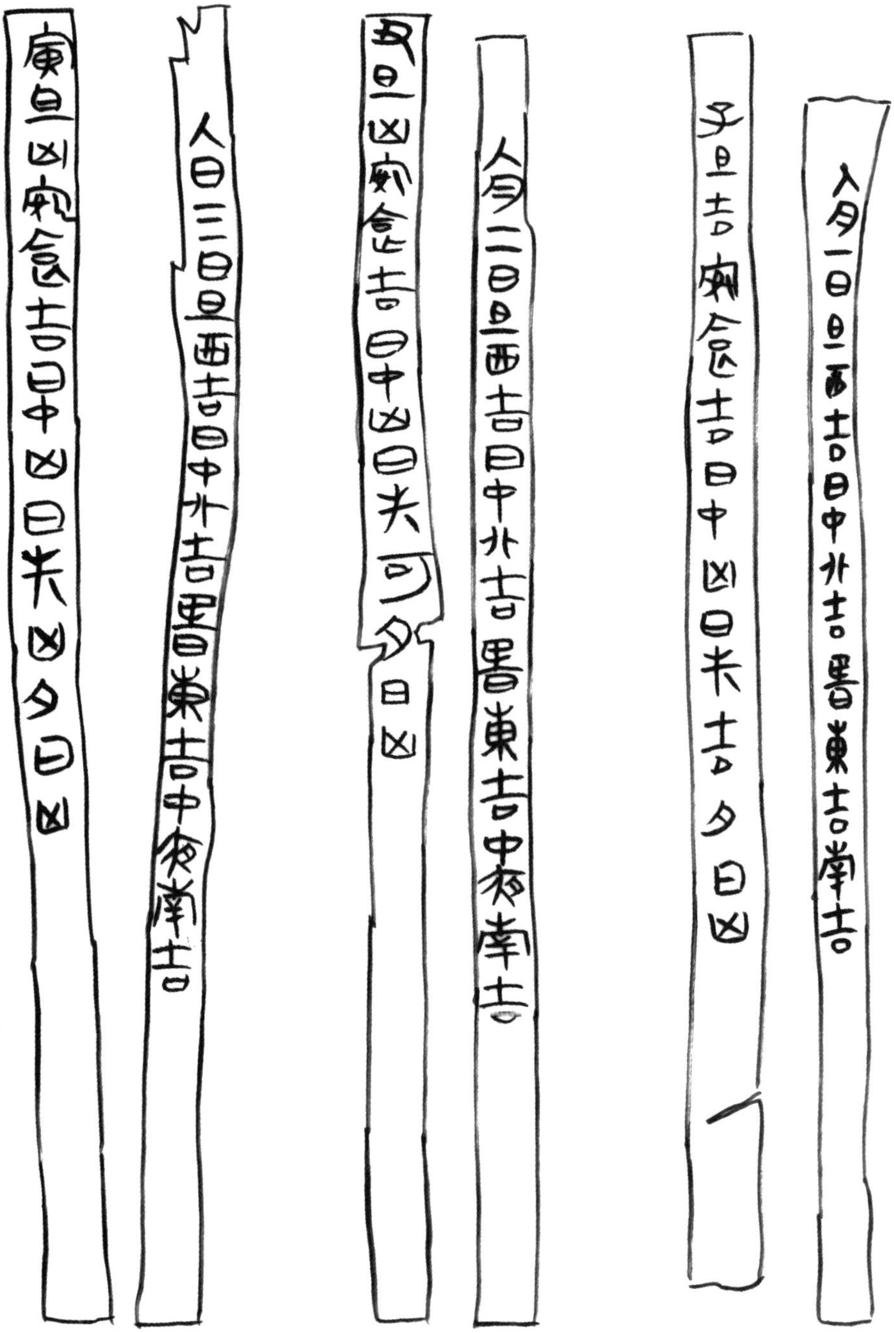

45　　　44　　　43

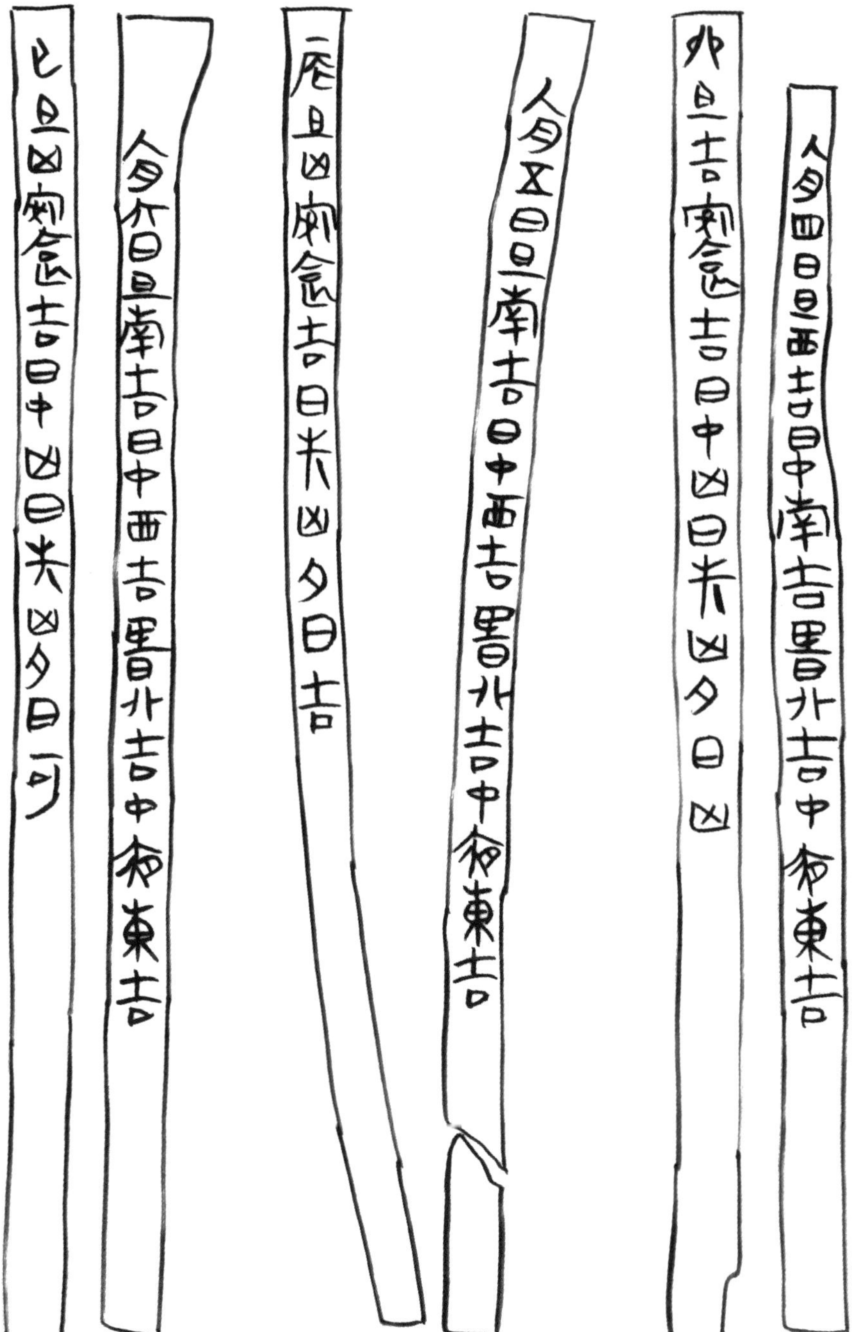

46

47

48

人夕十日旦南吉日中西吉昏□吉中夜南吉日

午日凶□念凶日中吉夕日凶

49

人夕八日旦南吉日中西吉昏□吉中夜南吉

米旦吉□念可日中凶日□吉夕日凶

50

人夕九日旦南吉日中西吉昏□吉中夜南吉

甲旦吉□念凶日中吉日□吉夕日凶

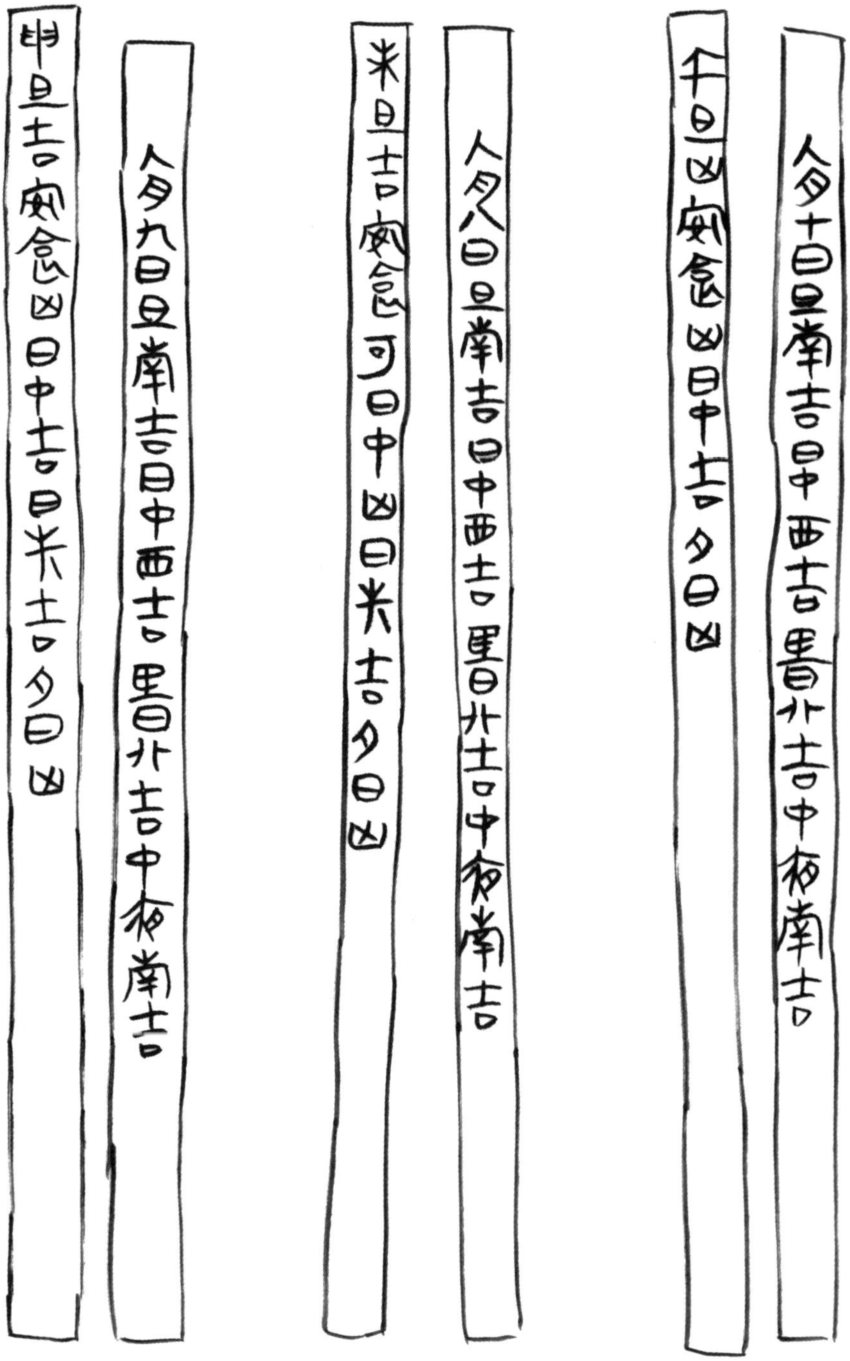

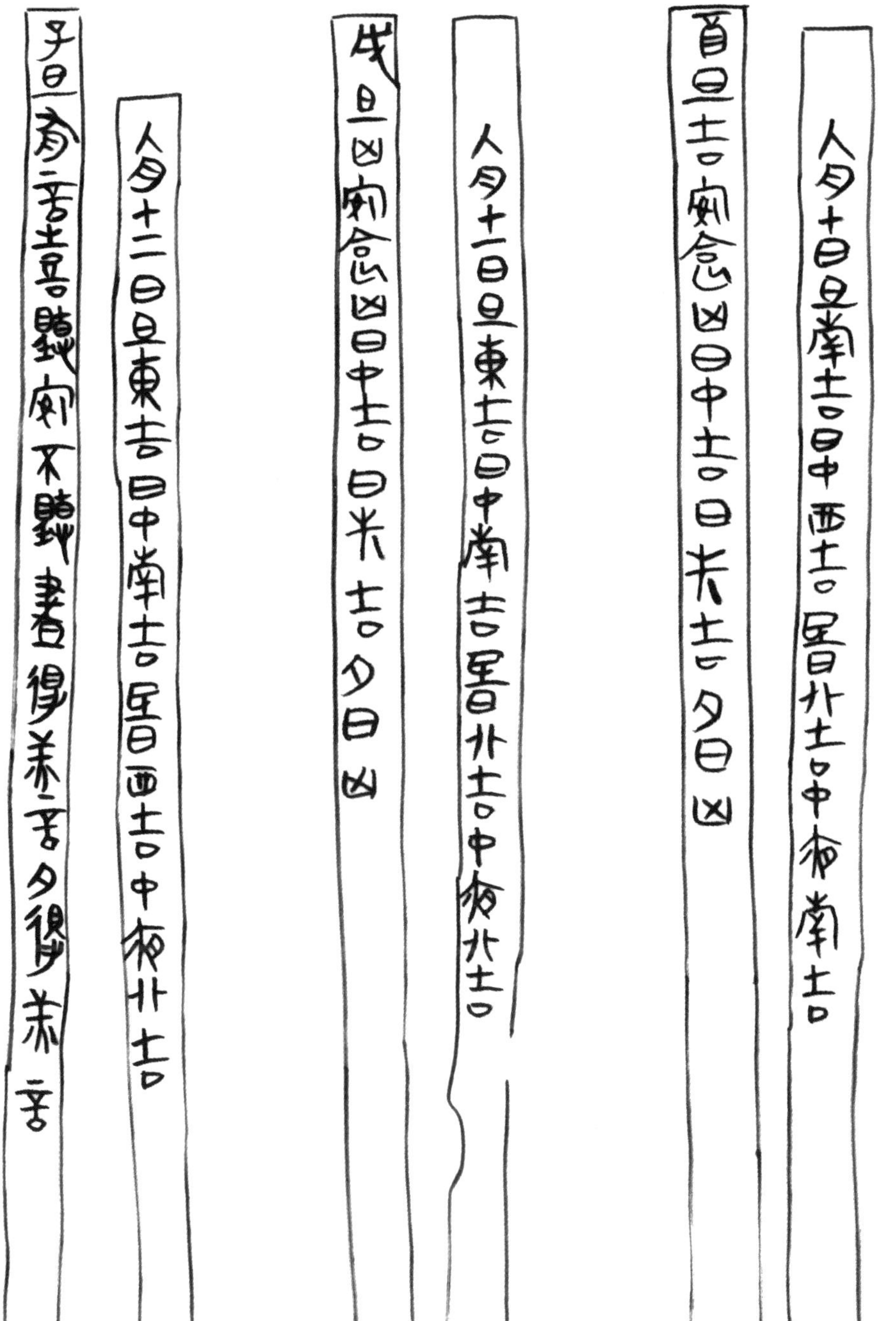

54　　53　　52

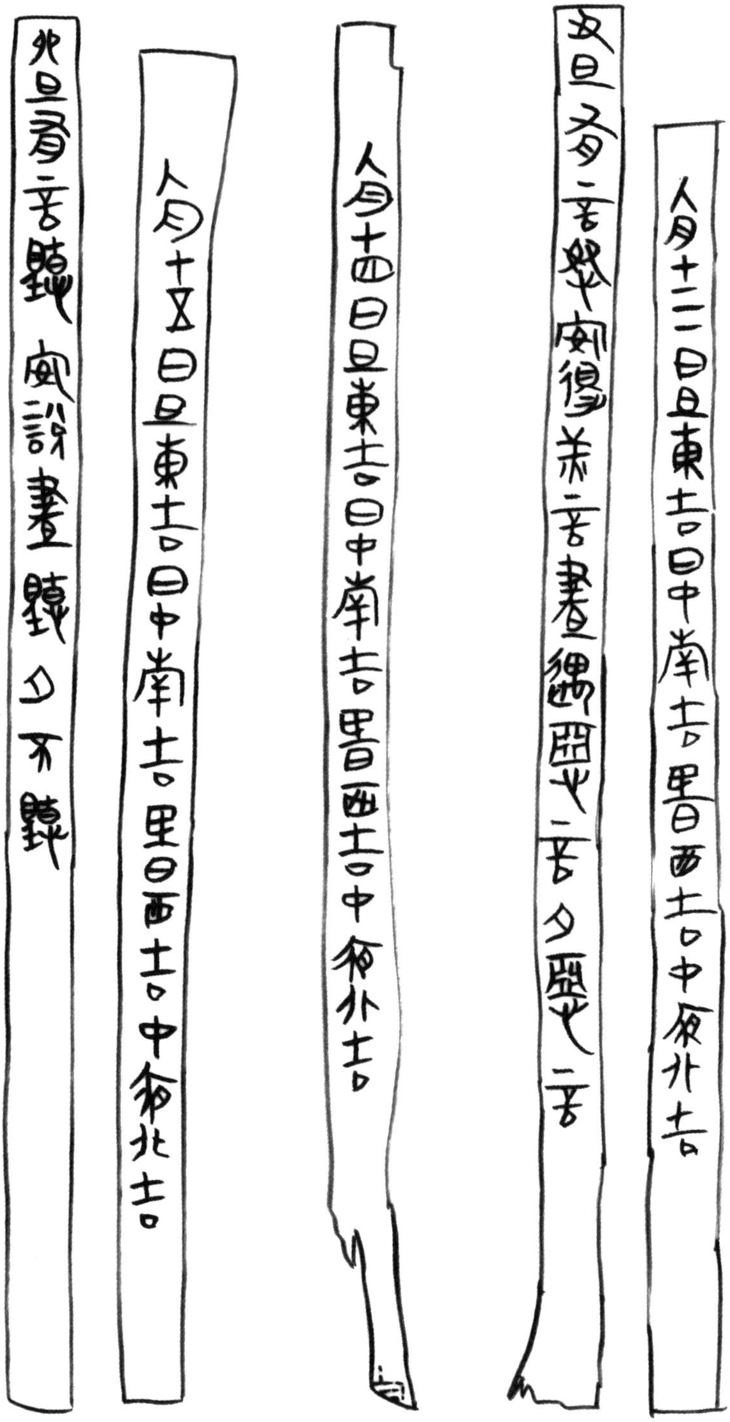

57 56 55

辰旦多音不聽寅許晝不聽夕請謌聽

夕十介旦東吉日中南吉昏西吉中夜北吉

巳旦不聽寅聽晝不聽夕得後音

人夕十旦東吉日中南吉昏西吉中夜北吉

午旦不聽寅百東不聽書許夕許

人夕六旦東吉日中南吉昏西吉中夜北吉

58

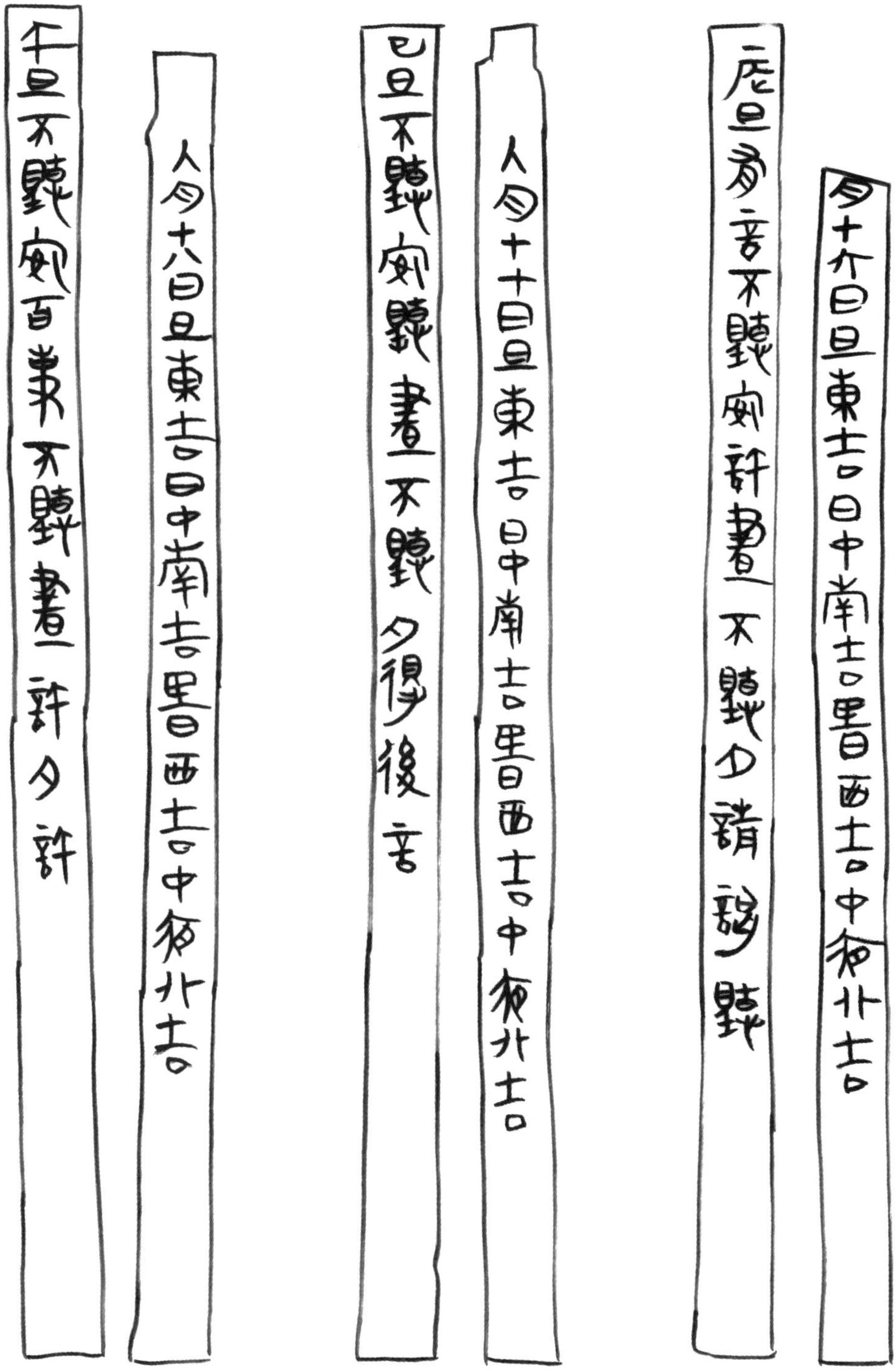

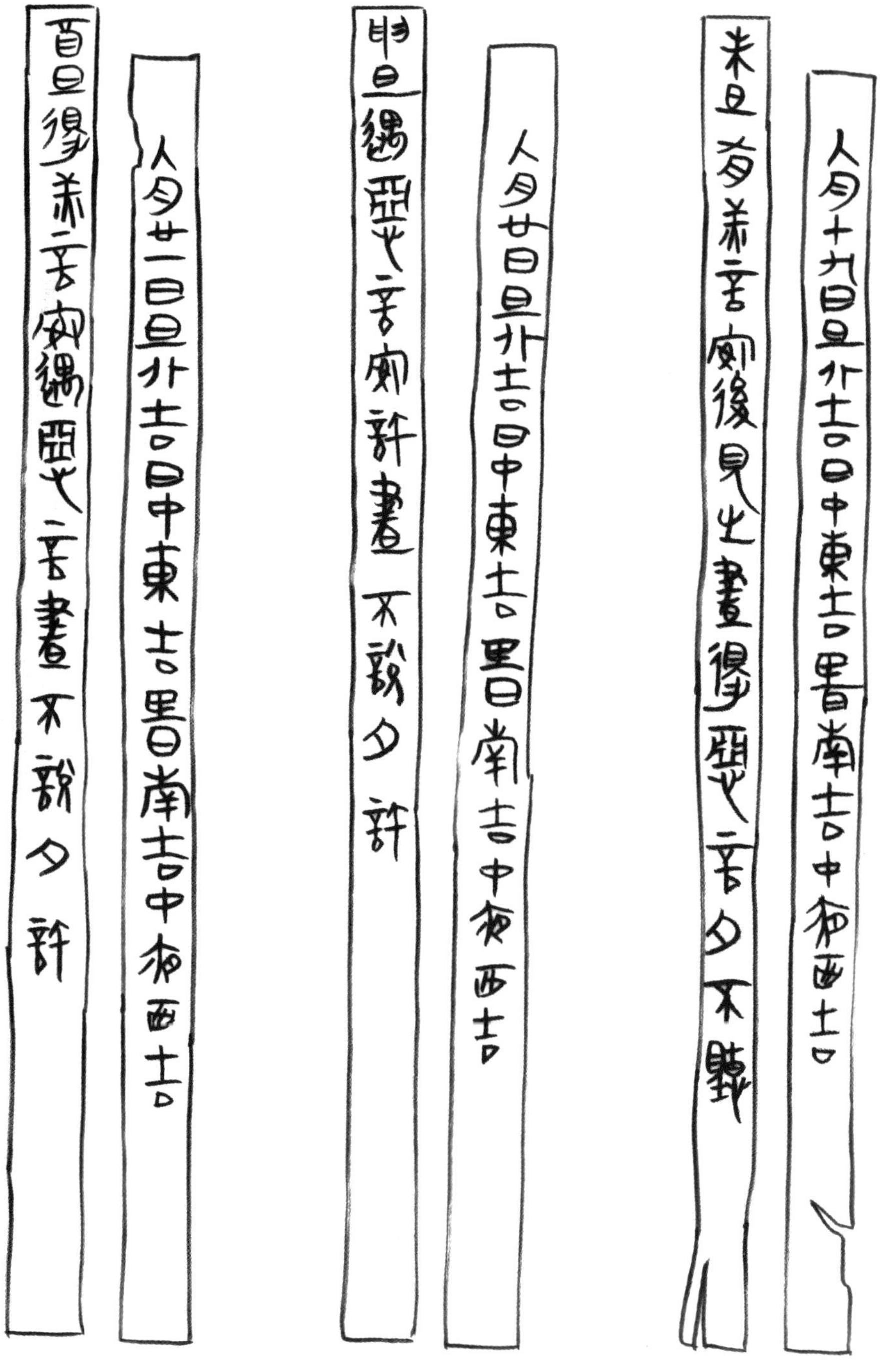

63 62 61

人夕廿四日旦北吉日中東吉晝南吉中夜西吉

寅旦有采得後一音寅不聽晝夕有釆後見之

人夕廿三日旦北吉日中東吉晝南吉中夜西吉

戌旦不聽寅遇□音晝復一音夕有戰

人夕廿二日旦北吉日中東吉晝南吉中夜西吉

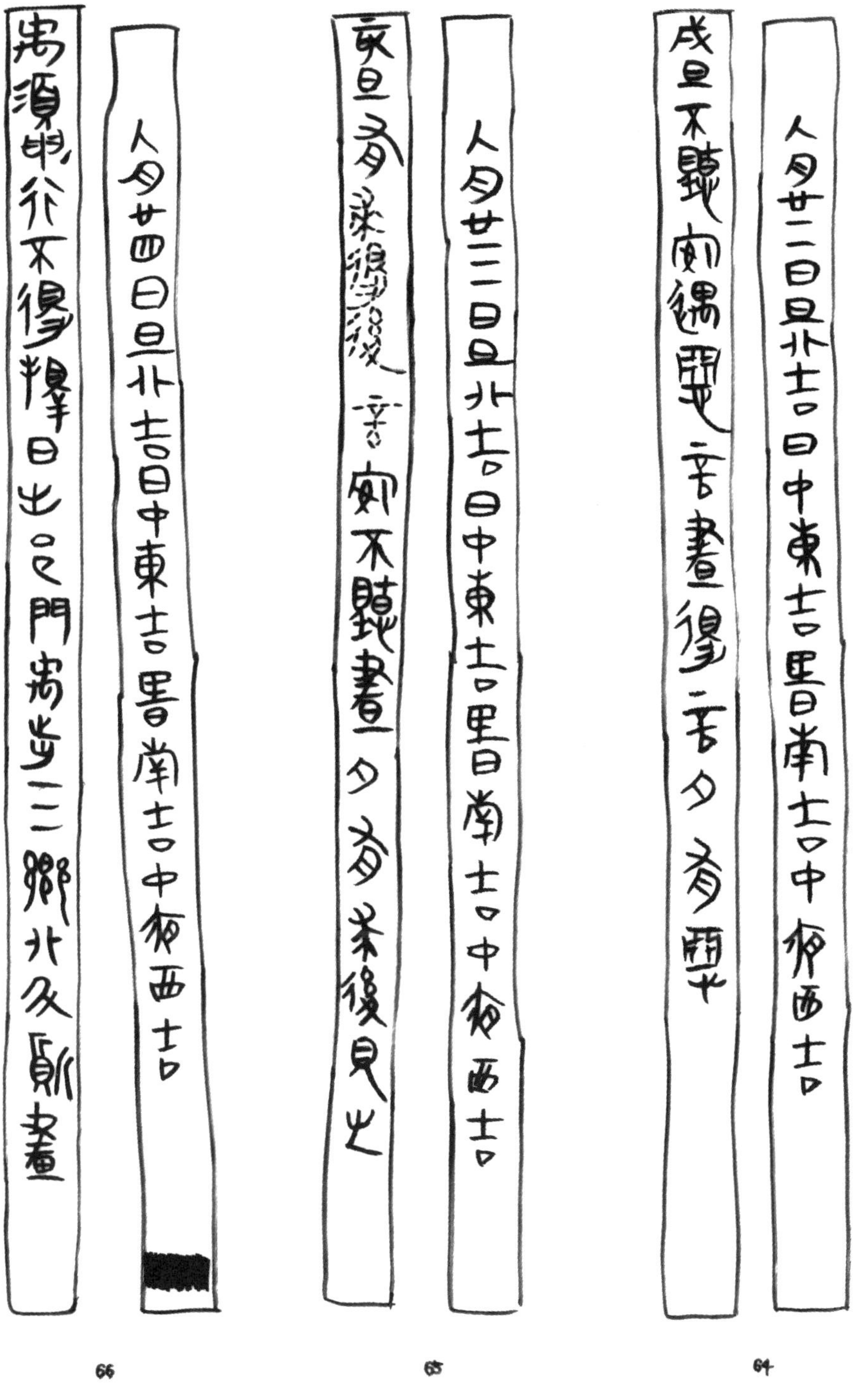

人月廿X日旦升吉日中東吉日昬南吉中夜西吉。

地祇出日旹有道五橫今利行二..各昜旹崩除道

人月廿日旦西吉日中北吉日昬東吉中夜南吉

人月廿十日旦西吉日中升吉日昬東吉中夜南吉。

新..食日乚又北甬午辛酉巳乚壬子

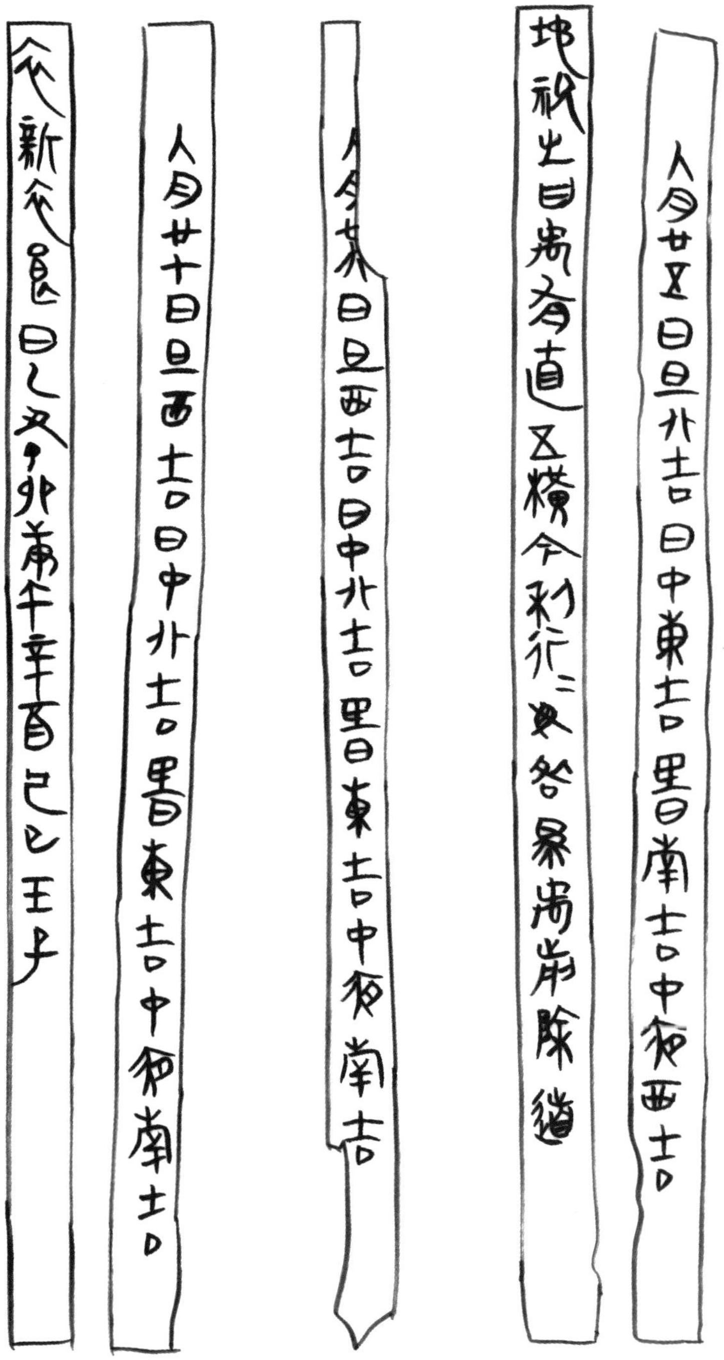

69　　68　　67

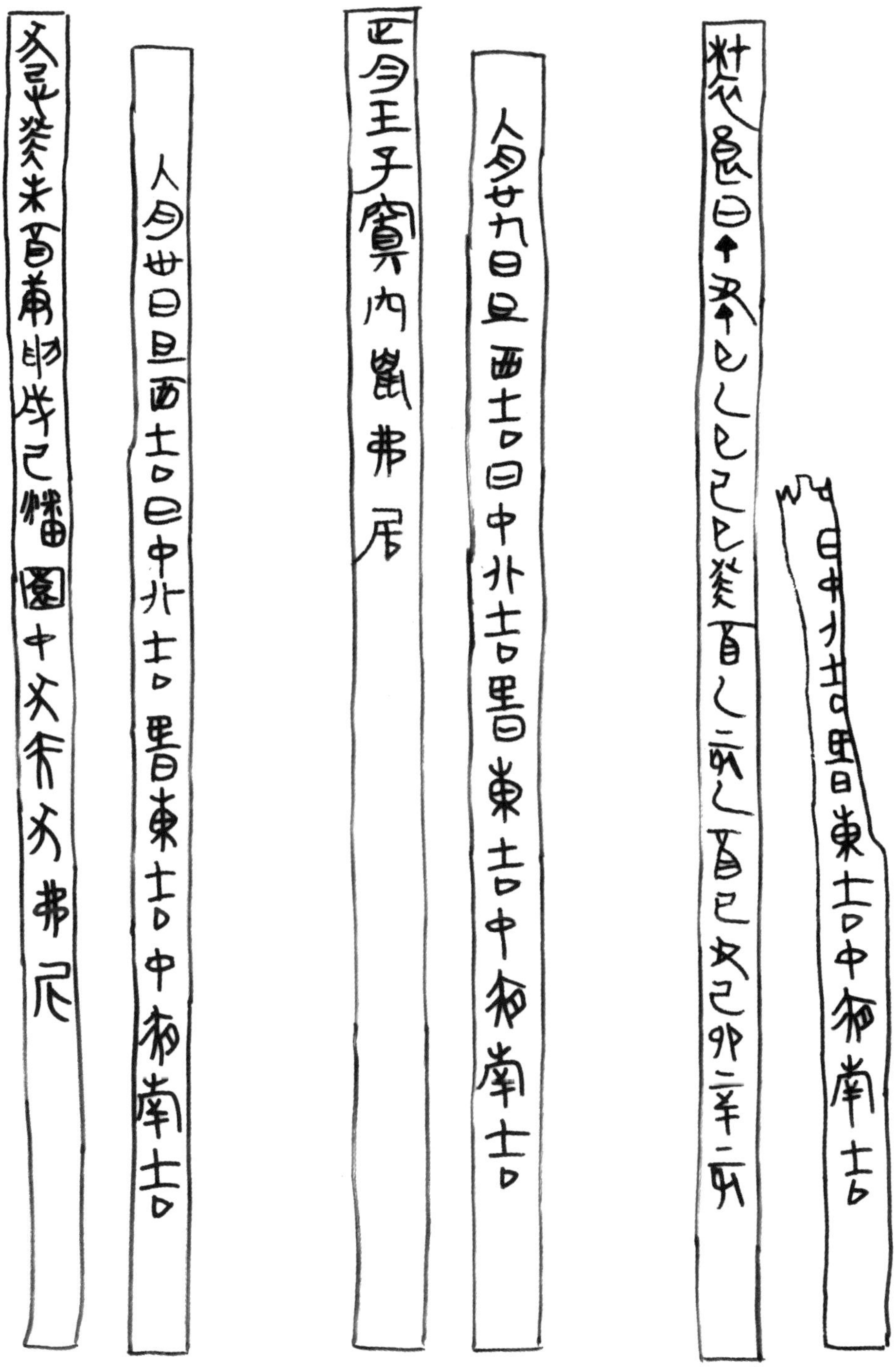

72　71　70

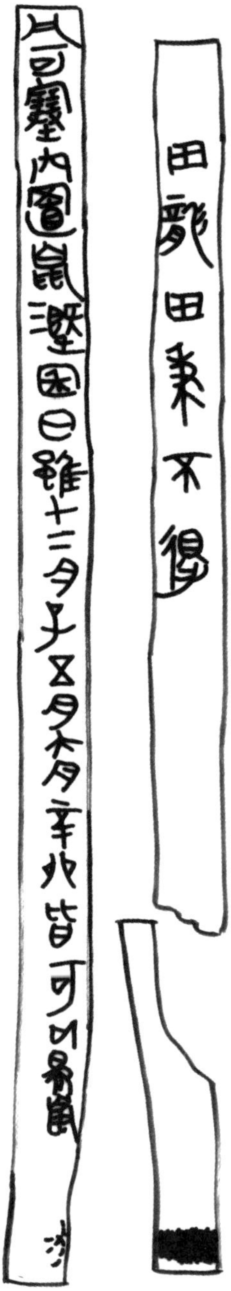

73

摹本（《日書》乙種）

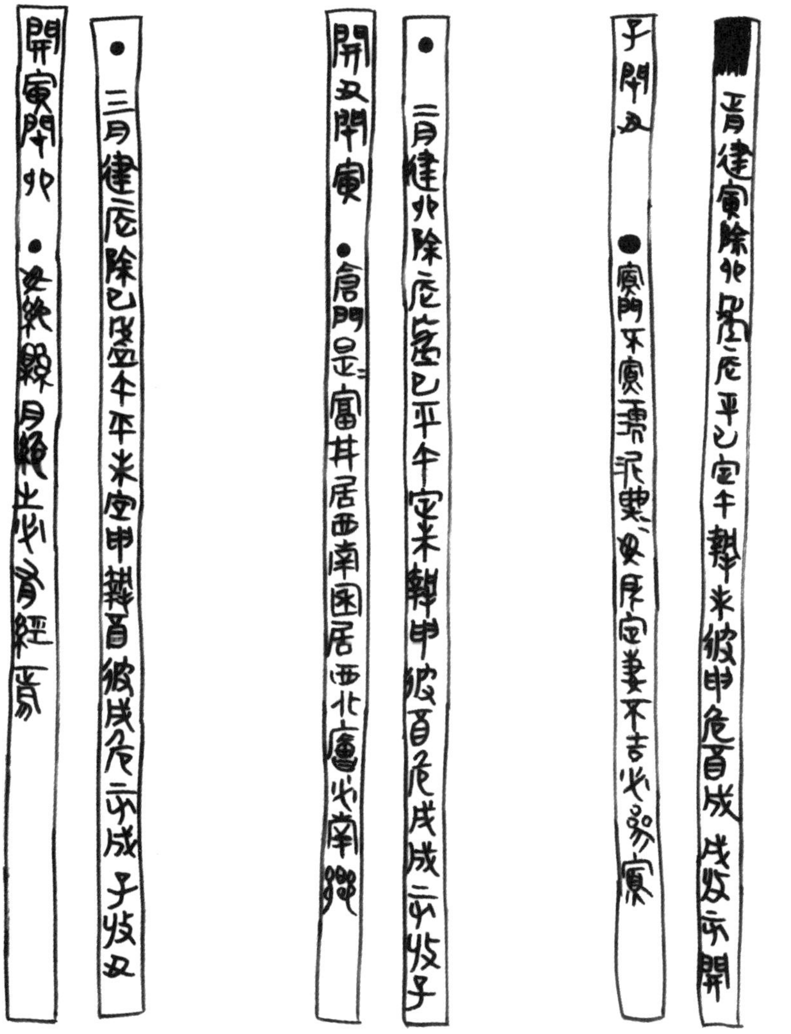

3　　　　2　　　　1

開巳開午　●檢妻兄婦女吉十二月更敗炊門其主必凶百日

●六月建未除申盈酉平戌定亥執子彼丑危寅成卯收辰

開辰開巳　●歲更主必富使僕□大區門宜車庚宗

●五月建午除未盈申平酉定戌執亥彼子危丑成寅收卯

開卯開辰　●南門是□將軍門可軍邦使客八歲二更辟門廿

●四月建巳除午盈未平申定酉執戌彼亥危子成丑收寅

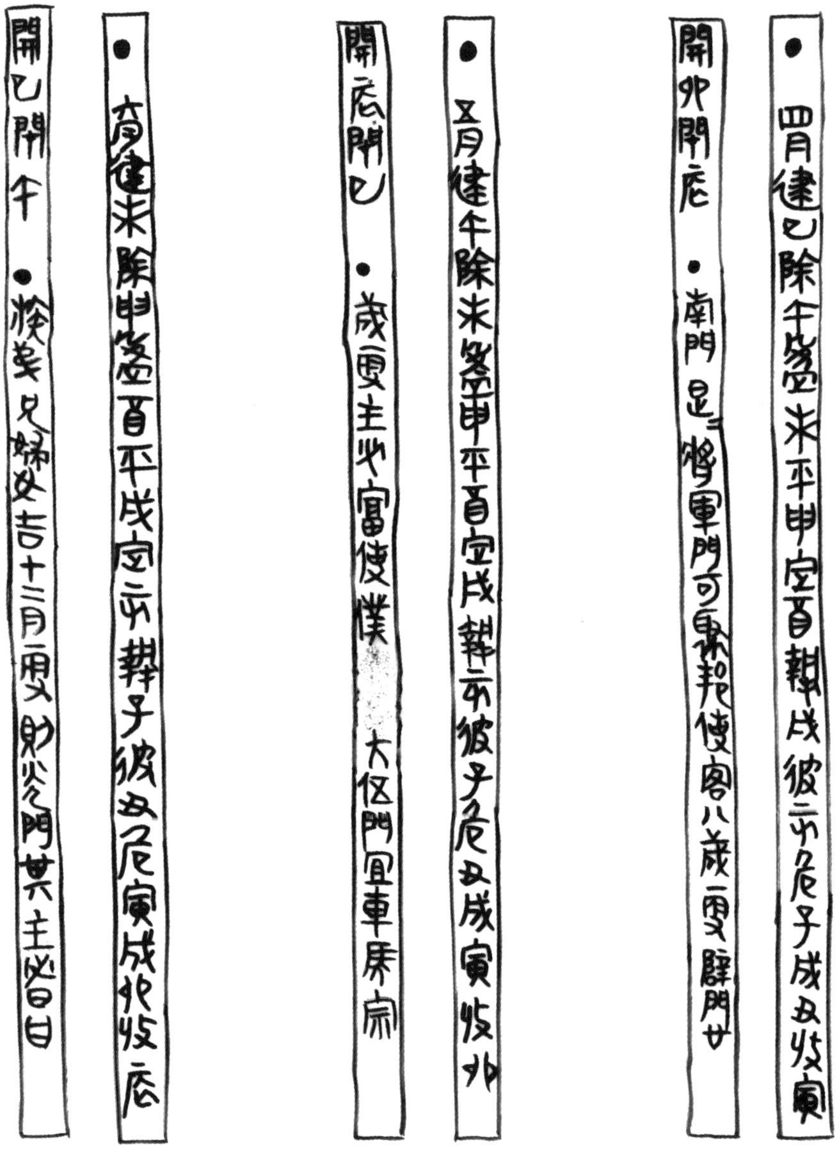

6　　　　　5　　　　　4

開子門丑　　●九月建戌除亥盈子平丑定寅　葬卯彼辰危巳成戌收亥

止門三成更大吉門宜車馬必多粟畫夫

開未門申　　●八月建酉除戌盈亥平子定丑執寅彼卯危辰成巳收午

尸門黑王必昌富嫁人必宜疾是鬼來之

開午門未　　●七月建申除酉盈戌平亥定子執丑彼寅危卯成辰收巳

好歌樂掩父常十六歲更不殴必多玉

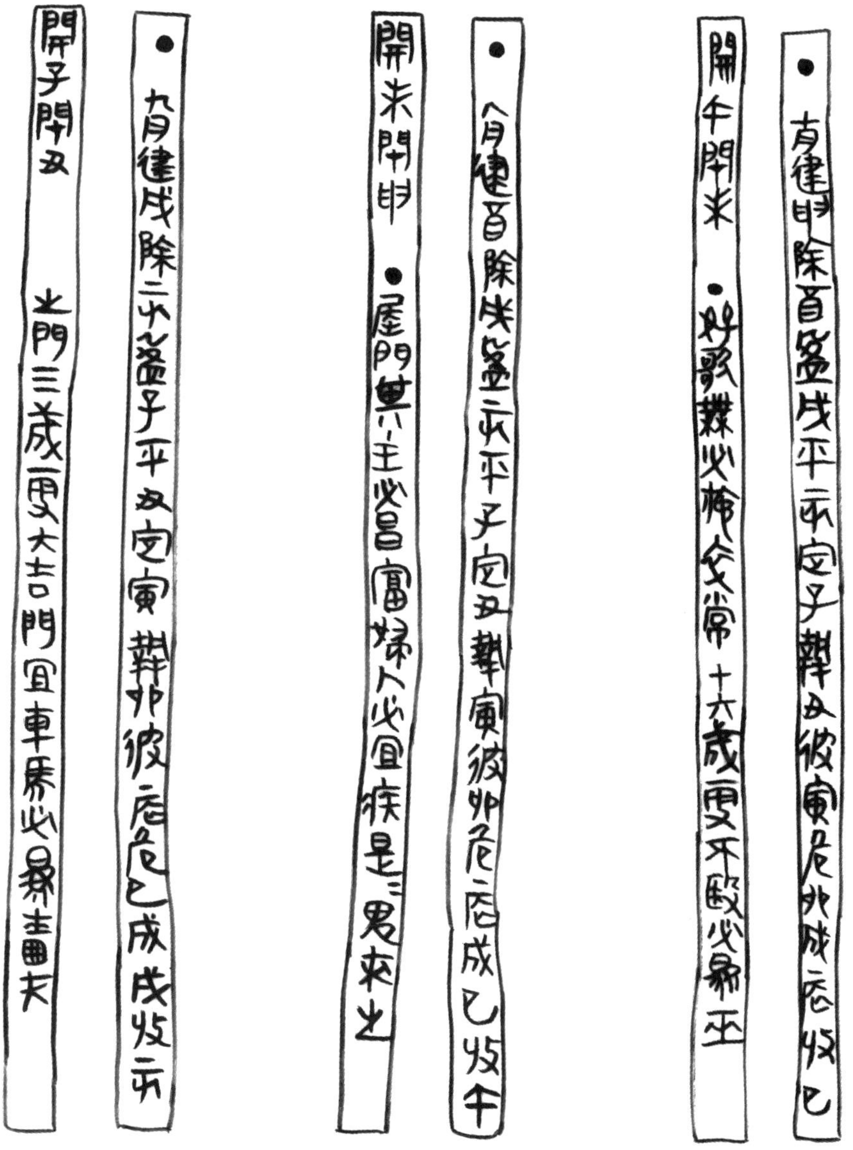

開亖南閂子　　　多必壴

十三月建丑除寅盈卯平辰定巳執午彼未危申成酉收戌

開戌閂亥　夫分閂雖呆　未

十月建子除丑盈寅平卯定辰執巳彼午危未成申收酉

附人臣

開酉閂戌　　鐵人新亞

亖月建亥除子盈丑平寅定卯執辰彼巳危午成未收申

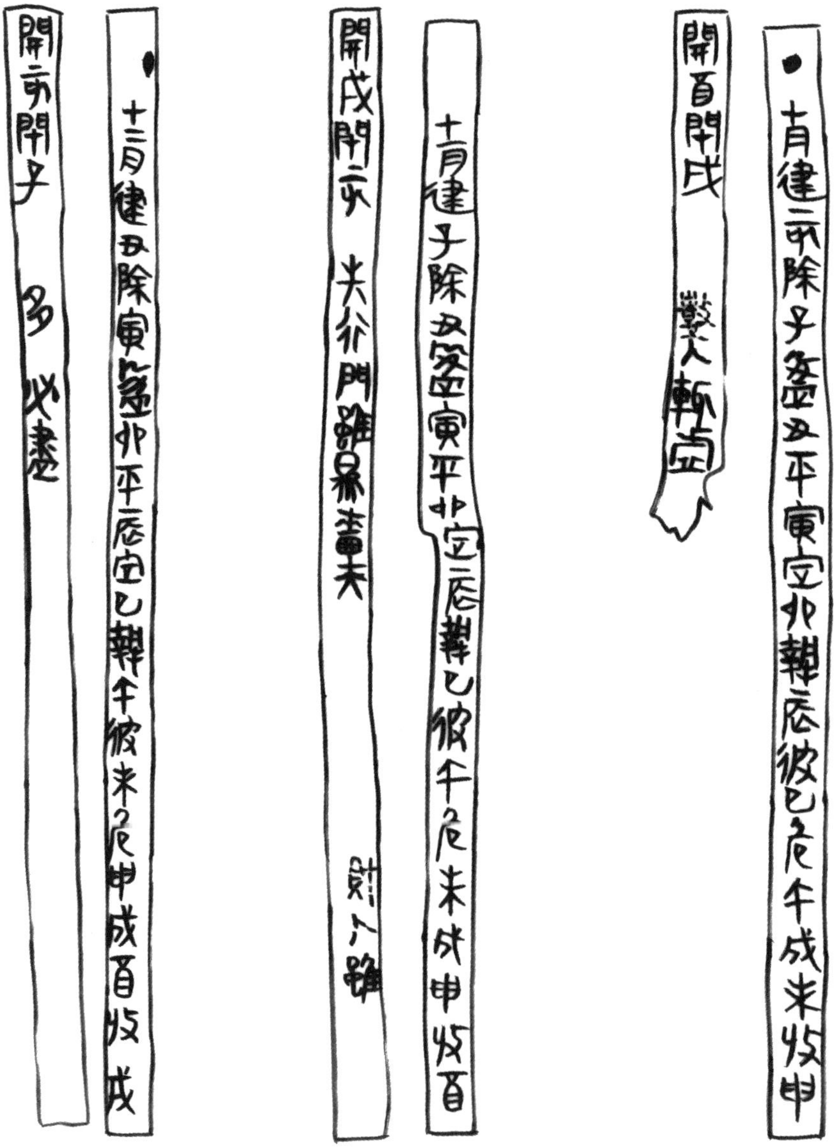

12　　11　　10

●平日可取妻祝祠賜客可㠯人野首㕅吏吉殹●不當門其

主富齡邦殹●弗靁日出亖市

●除日泌㠯不得瘅痰孰可㠯治畫夫可㠯蘄言君子除皇

顥門是㠯蚩多女與居三歲而㫳

建日晃日殹可㠯象畫夫可㠯祝祠可㠯壴田大亖不可㠯㹜道

●靁門其主富亖業光後夕宜富主殺壽糅

16

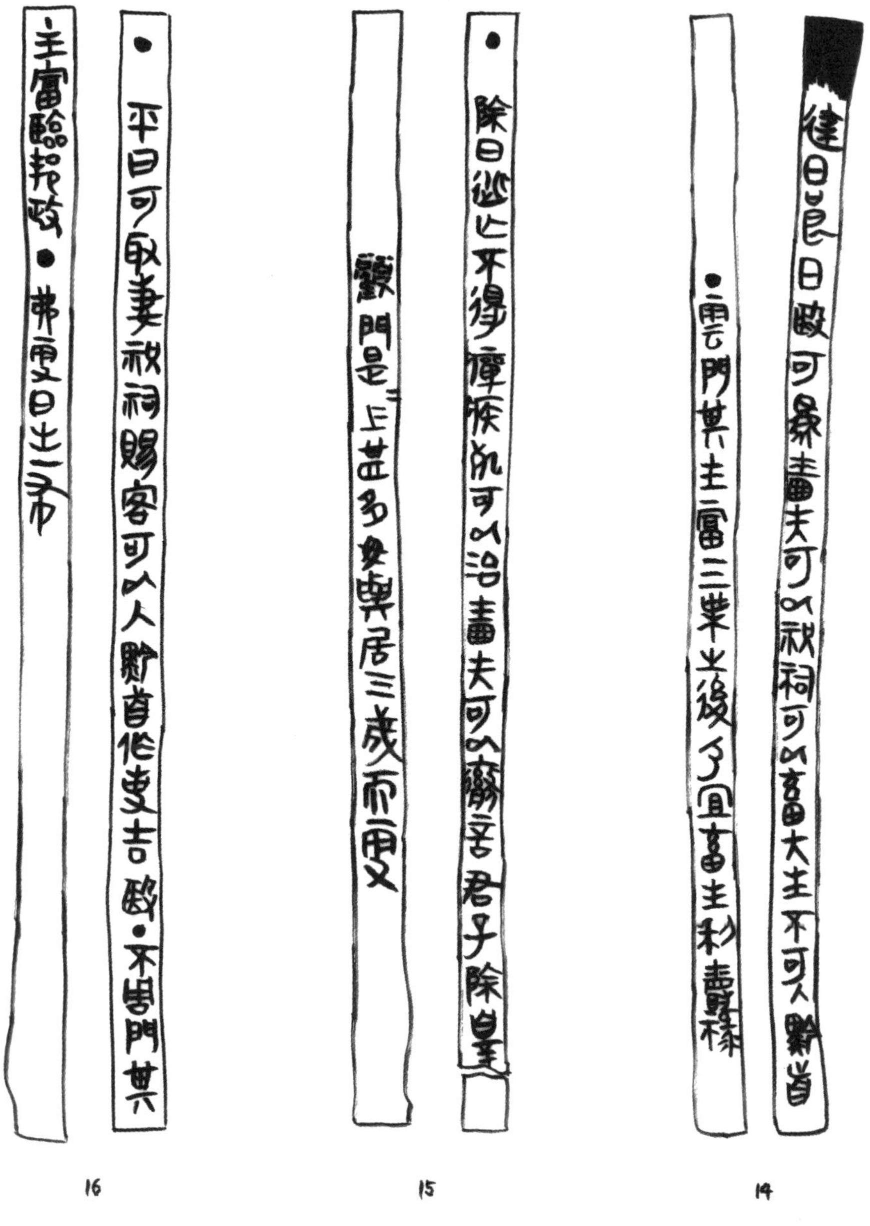

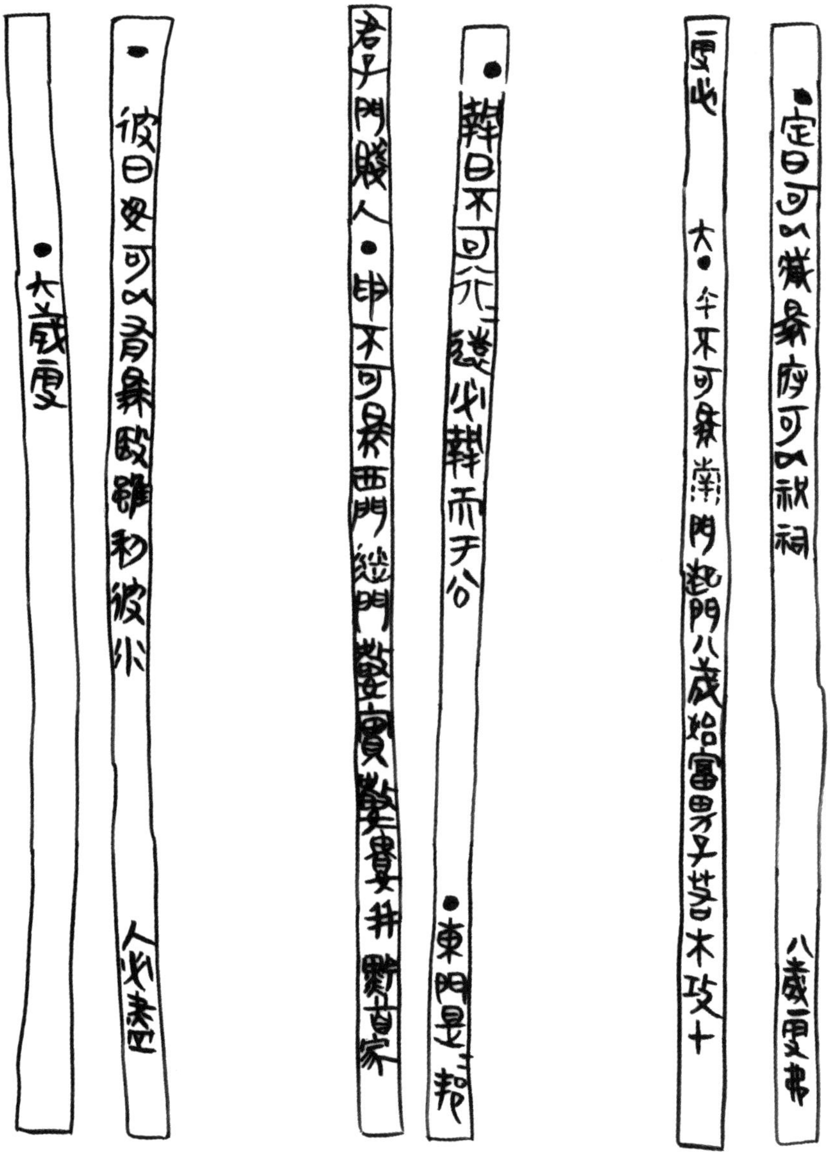

19　18　17

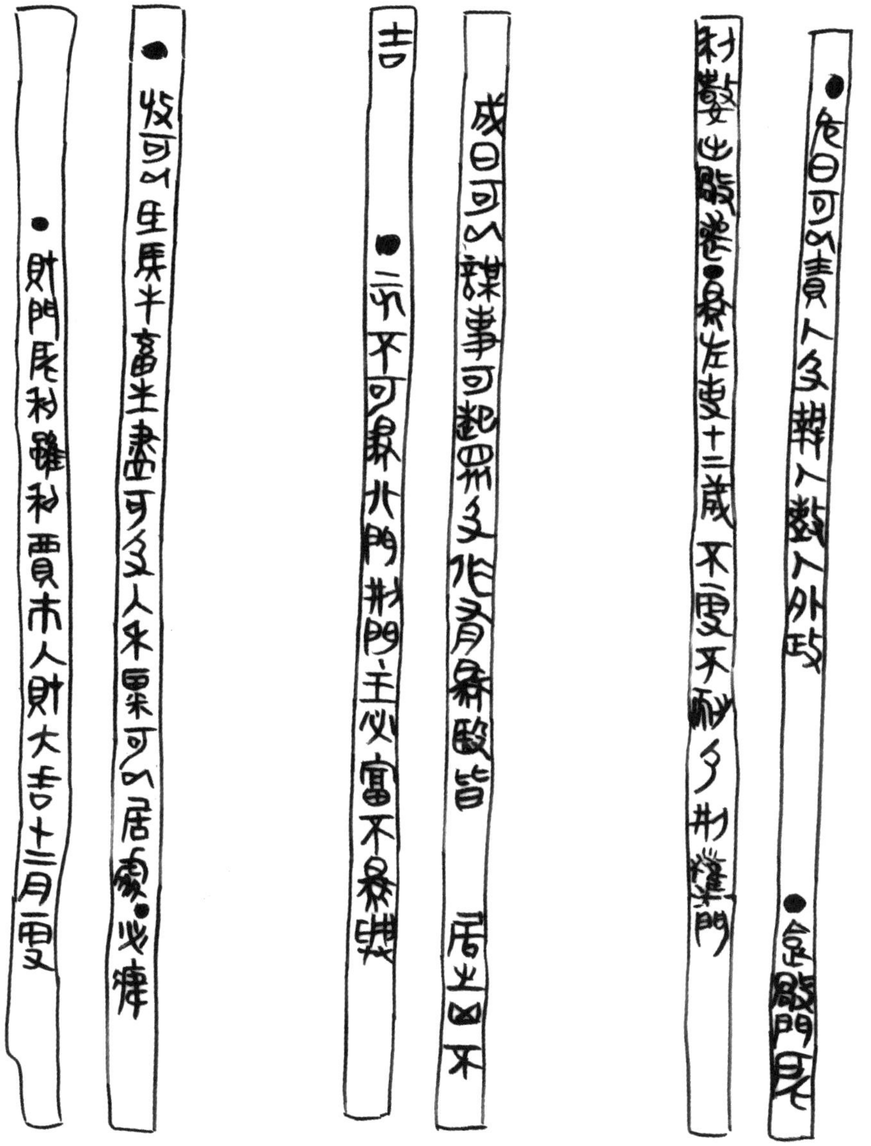

22　21　20

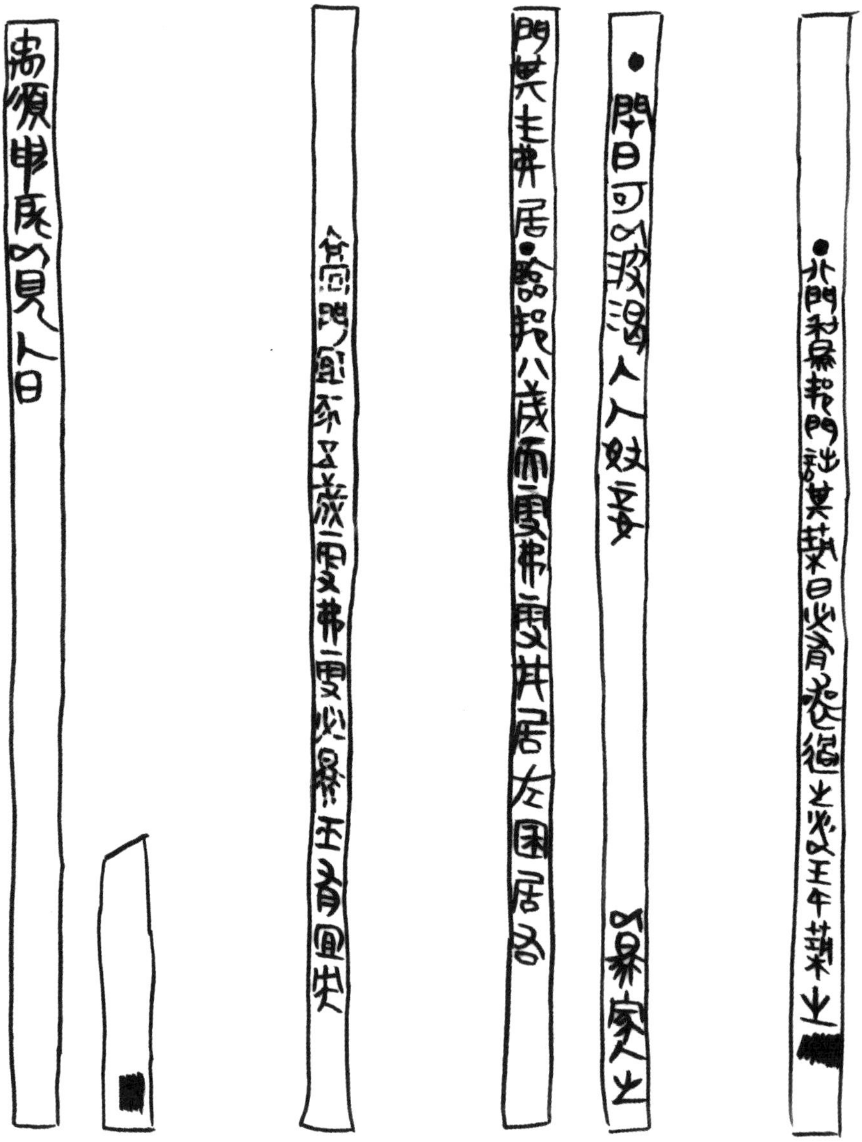

373　91B　24　23

寅日凶寅食吉日中凶日夫凶夕凶

人夕三旦西吉日中火吉昏東吉中夜南吉

酉日凶寅食吉日中凶日失凶夕凶

・人夕三日西吉日中火吉昏東吉中夜南吉

子旦吉寅食吉甲凶日未吉夕凶

吉昏東吉南吉

27　　　　26　　　　34+25

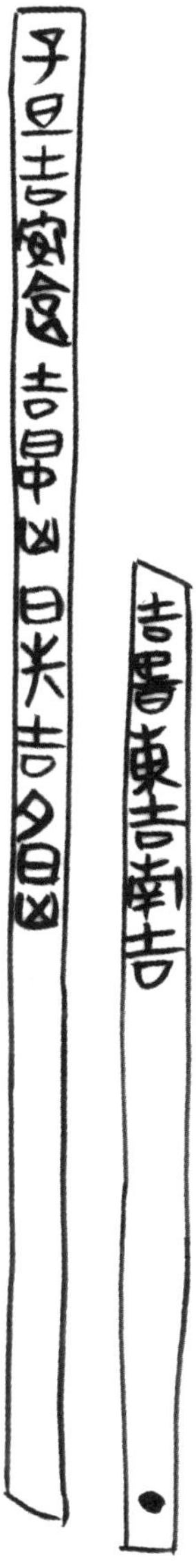

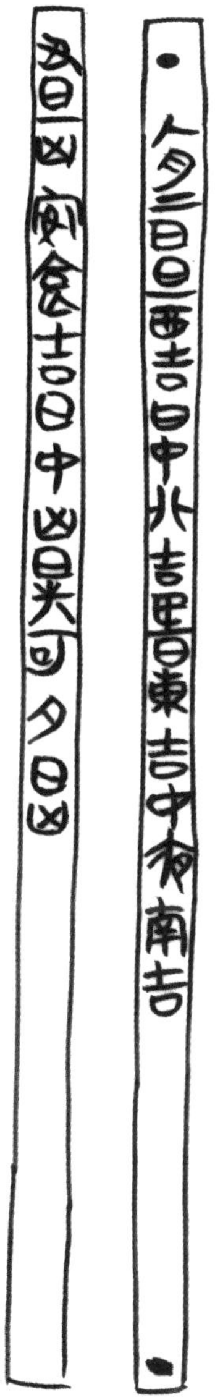

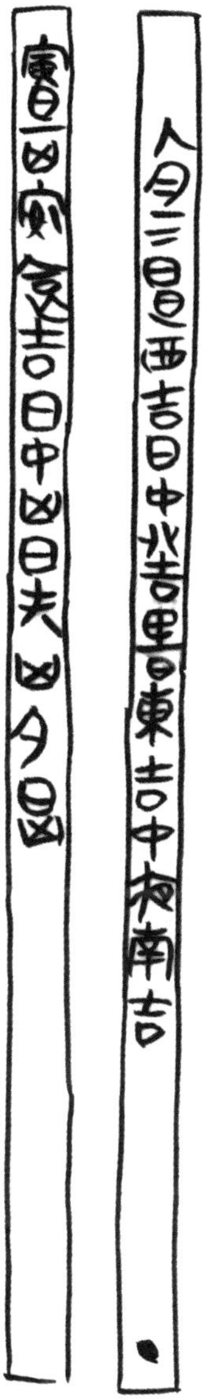

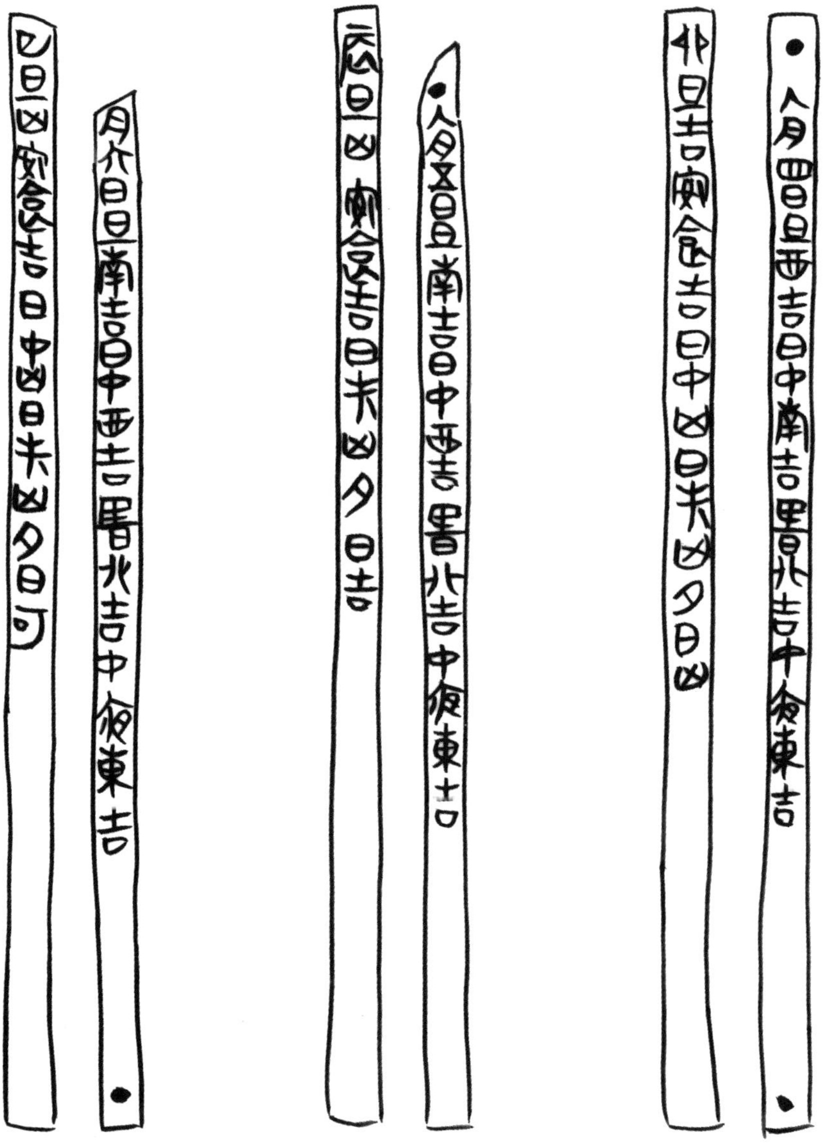

30　29　28

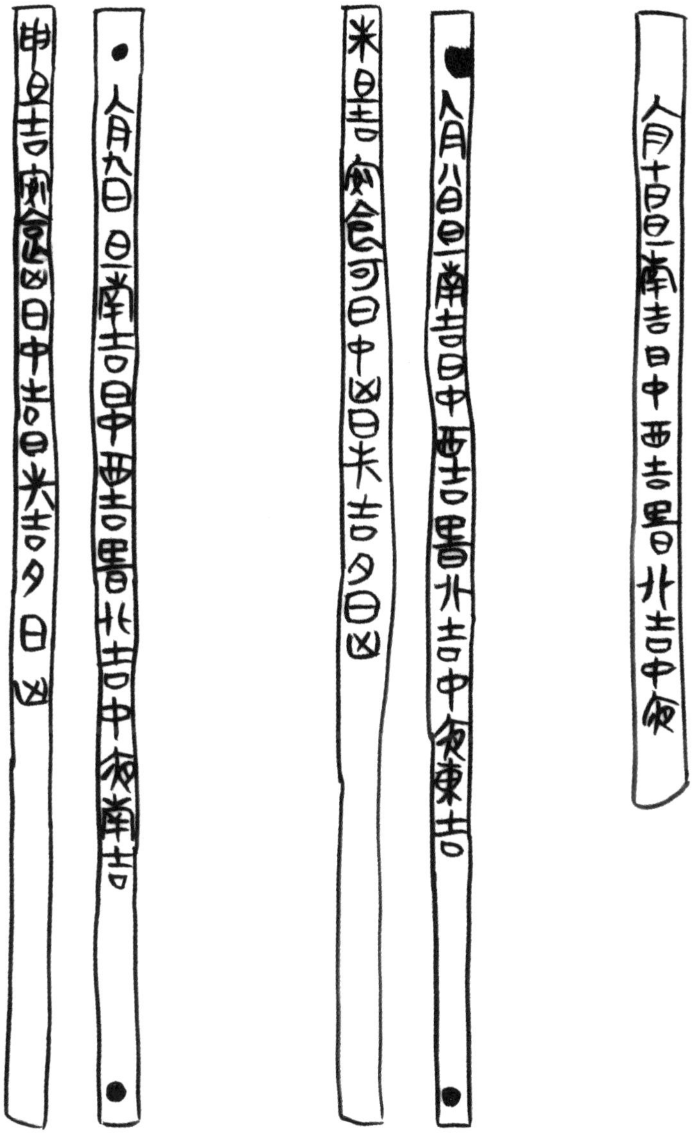

32　31　40A

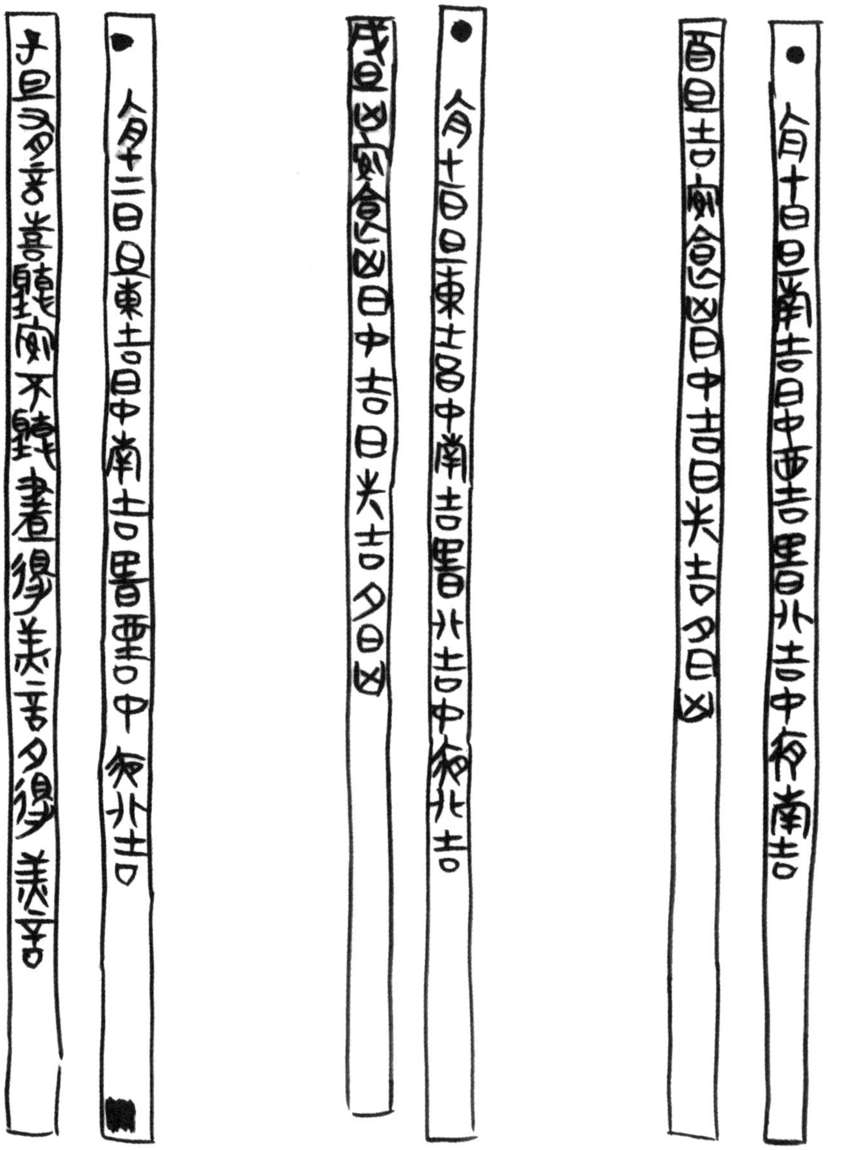

35　34　33

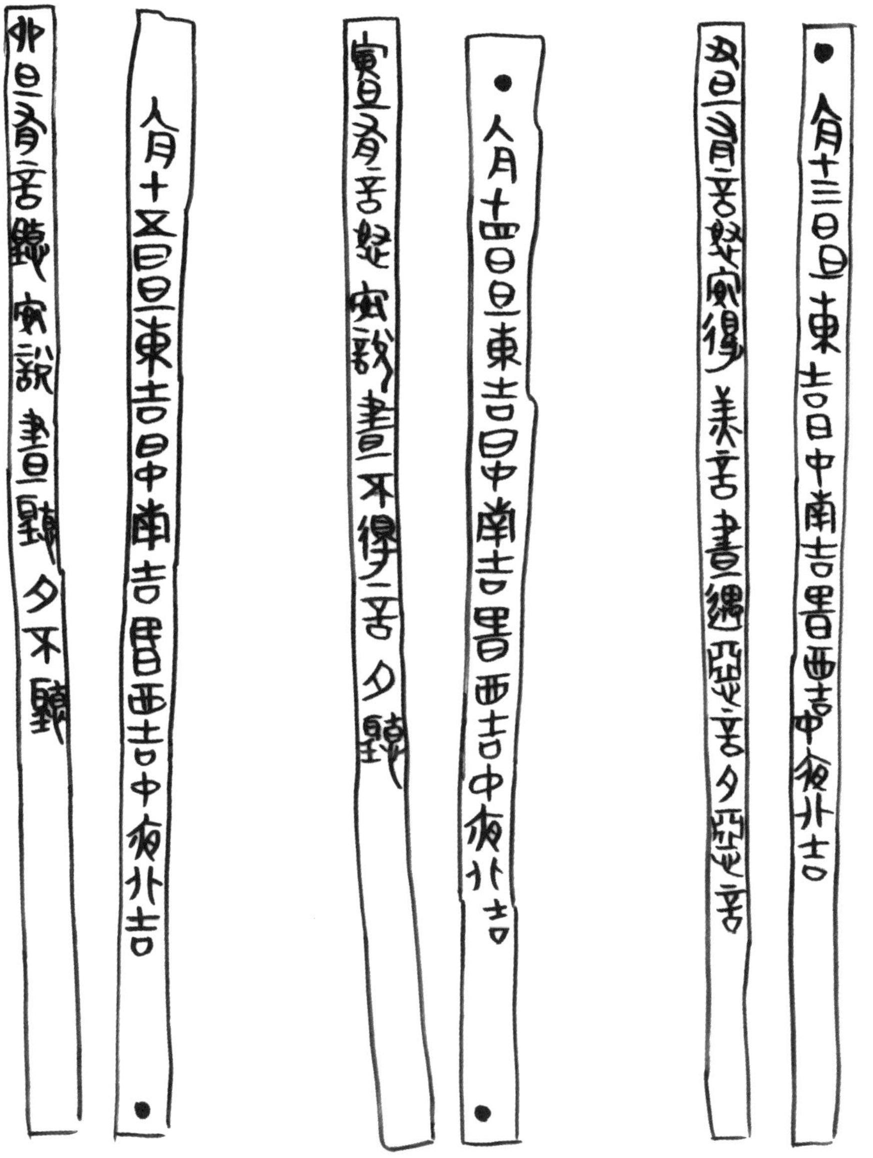

38　37　36

41

40B

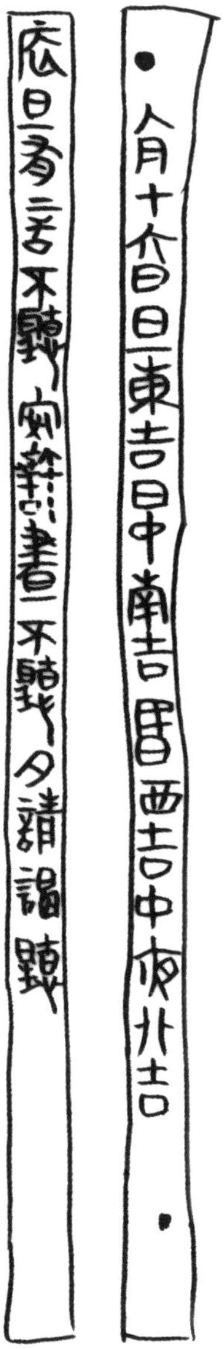

42A+39

百旦得美言而遇弊言書不詠夕許

角廿旦朴吉日中東吉昬南吉中夜西吉

甲旦遇弊言寅許書不詠夕許

·角廿旦朴吉日中東吉昬南吉中夜西吉

未旦有美言而後見止書得惡言夕不覽

果吉昬南吉中夜西吉

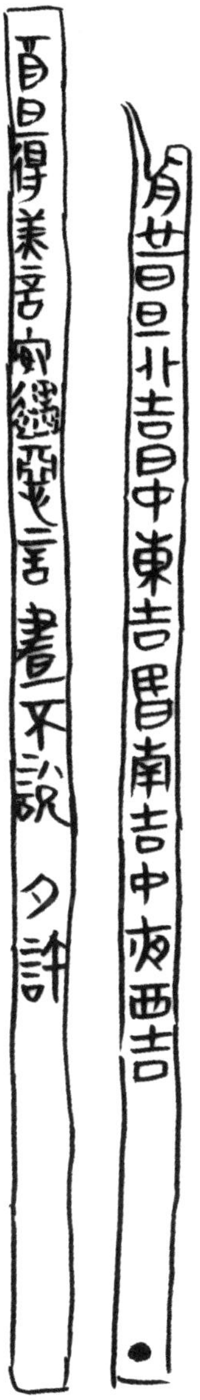

44

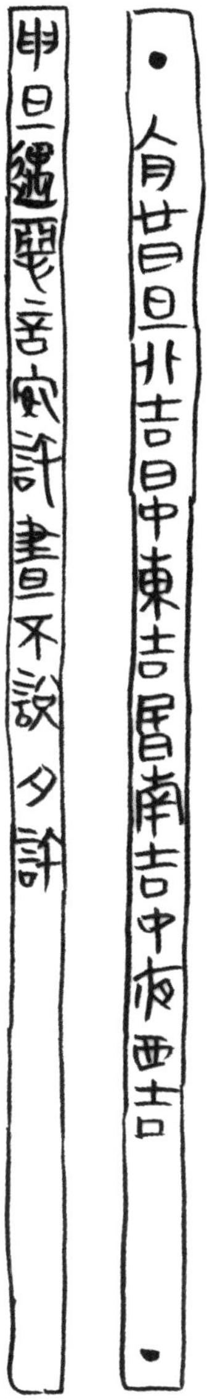

43

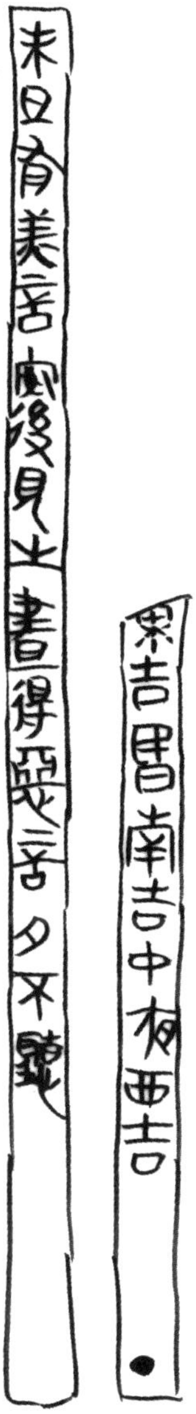

42B

甲午庚午日壬見貴人

●人月廿四日旦北吉日中東吉昏南吉中夜西吉

47

丙旦有米得善言寅不鈛　書　夕有米復見出

●人月廿三日旦北吉日中東吉昏南吉中夜西吉

46

戌日不鈛　寅遇惡言書得善言夕有惡

●人月廿三日旦北吉日中東吉昏南吉中夜西吉

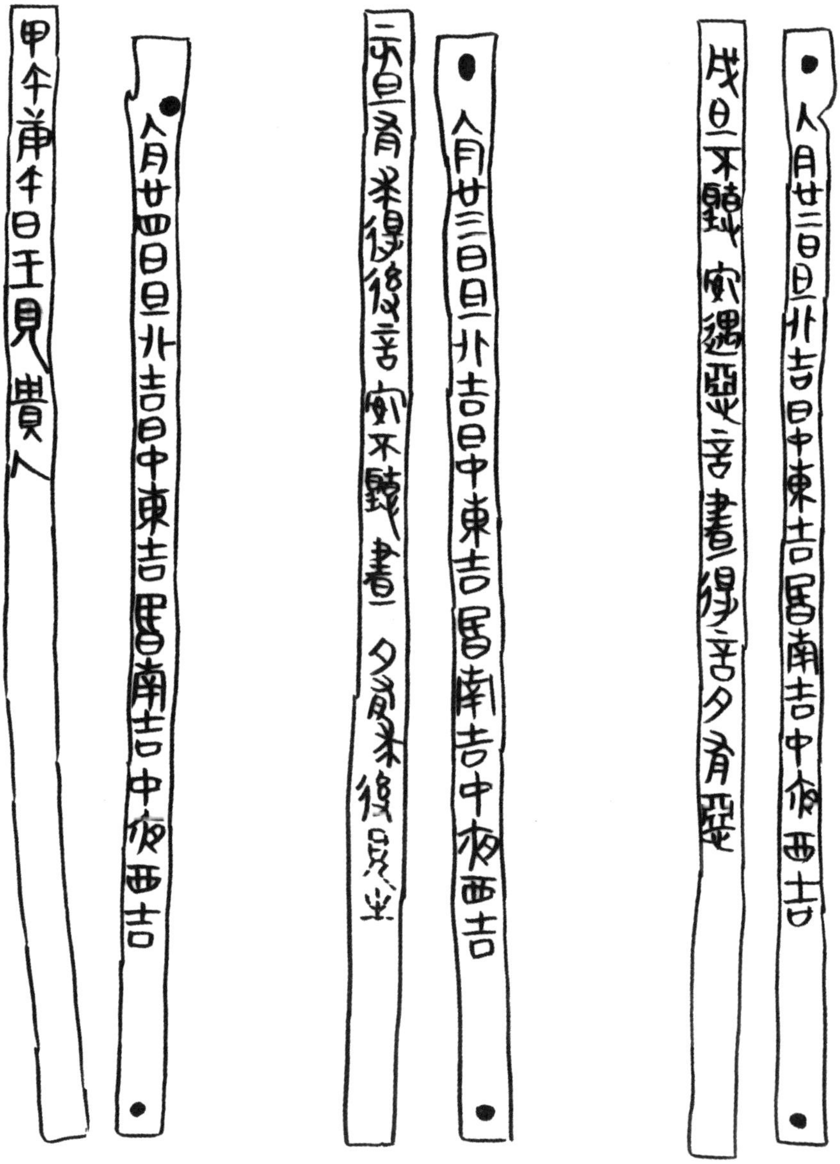

北門戊寅丙寅甲辰

●人月廿十日日西吉日中北吉昬東吉中夜南吉

西門戊午庚辰丙午

●人月廿六日旦西吉日中北吉昬東吉中夜南吉

東南門壬戌甲申壬申午甲申

●人月廿五日旦北吉日中東吉昬南吉中夜西吉

50　　　49　　　48

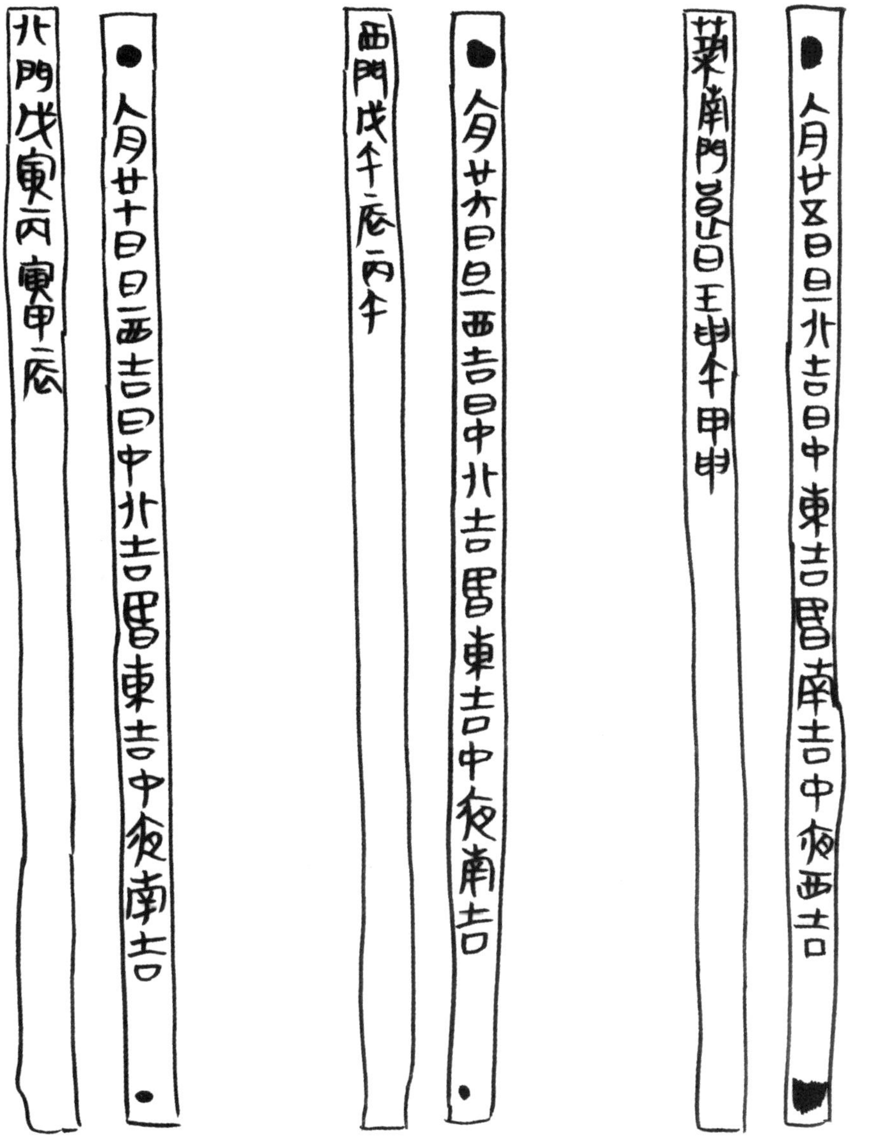

門己辛戌宿直胃丕不可開門寶多祠

●入月卅日旦西□日中外吉昏東吉中夜南吉

33

門己戌即壇祠土

●入月廿九日旦西吉日中外吉昏東吉中夜南吉

32

東門戊寅在王寅

●入月廿八日旦西吉日中外吉昏東吉中夜南吉

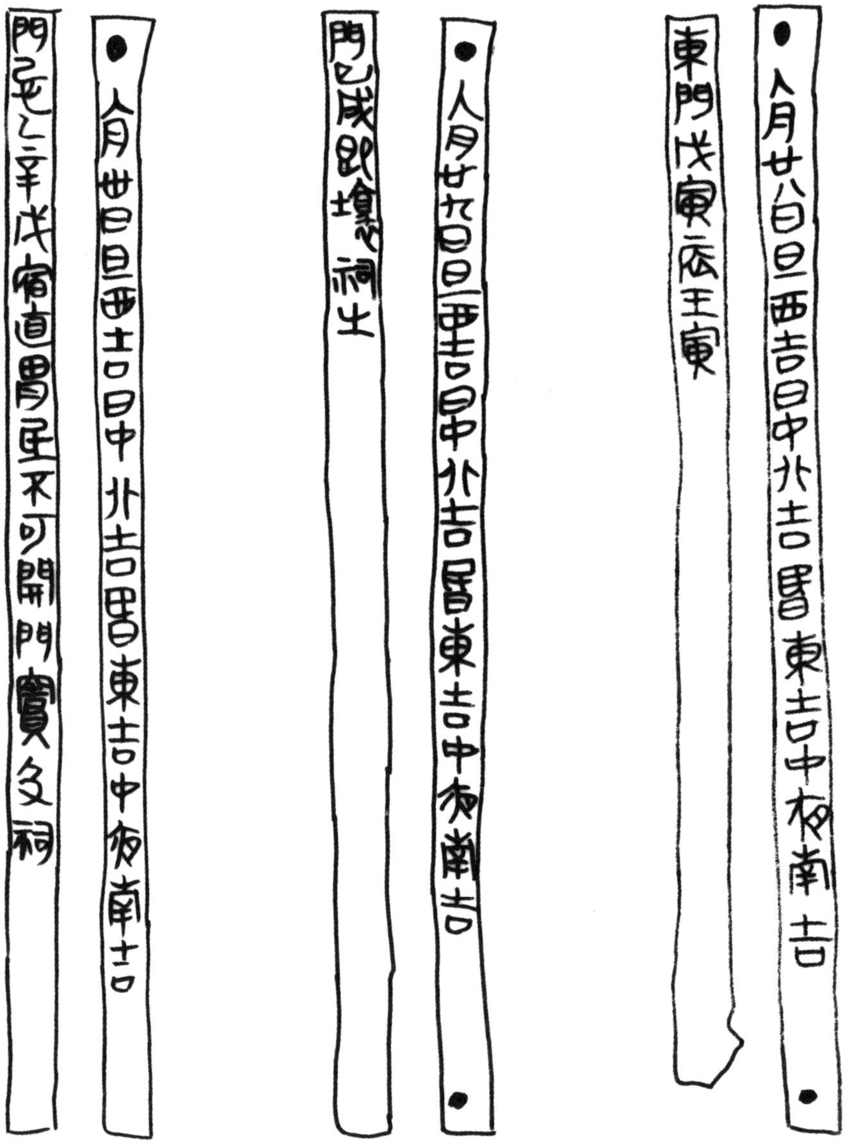

●丙巳淫左西才從西尒人祈齒得男女殹得

●三月日八夜八　●十一月日五夜十一

女女殹

●乙巳淫青巳三人其卜左室中從東才人尒育濼毀不得

五月日十夜九　●十月日六夜十

●甲巳淫左西才于中舍者以亡疾左上得男女殹

●八月四巳丑旦也

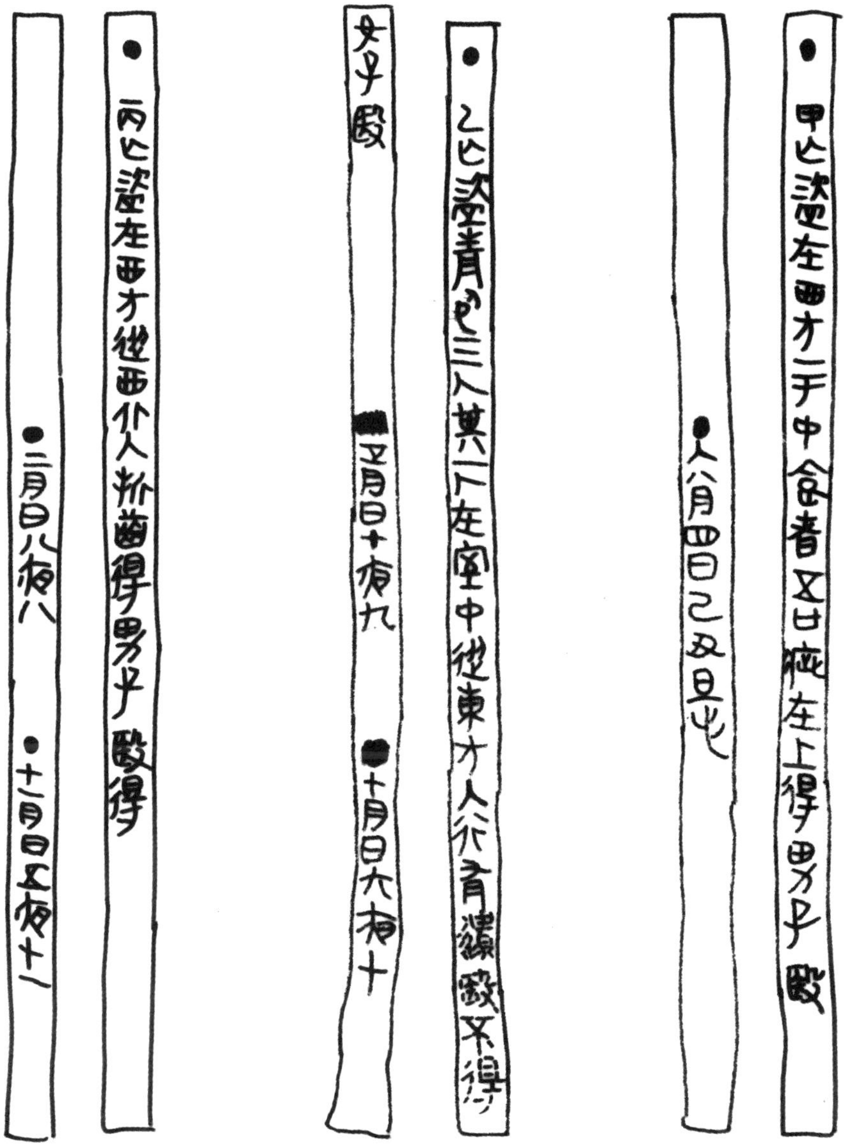

57　56　55

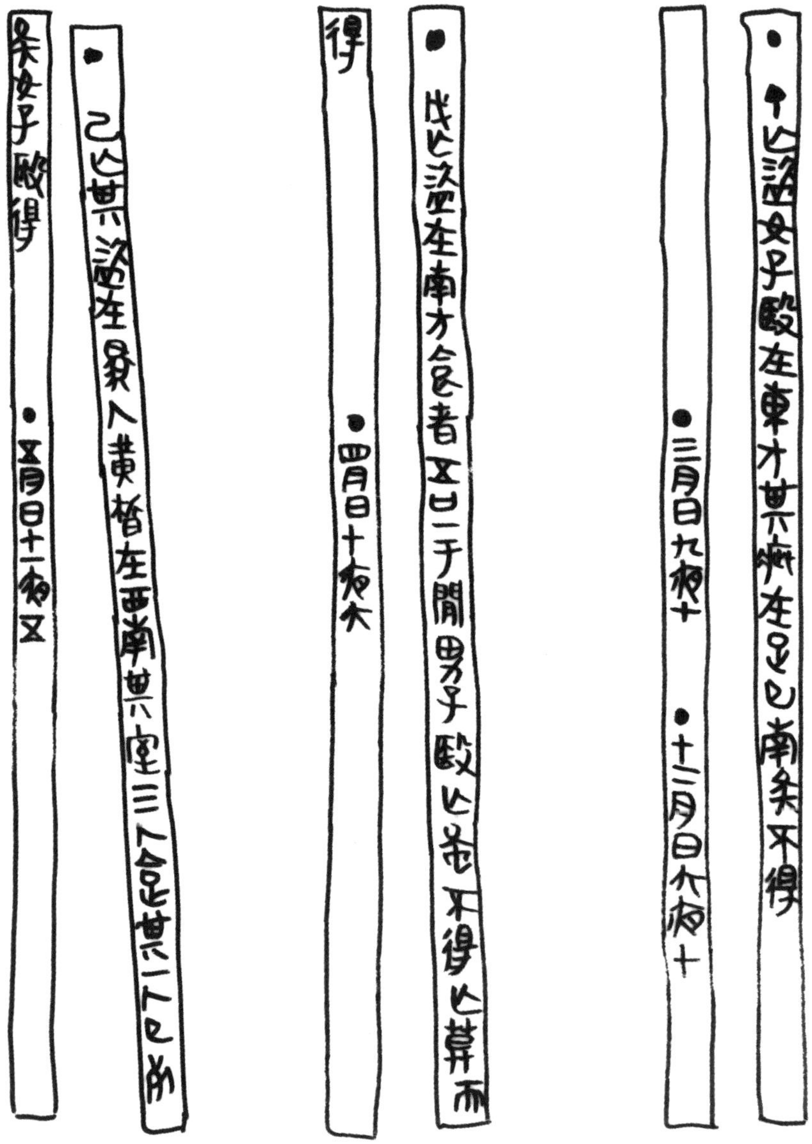

60 59 58

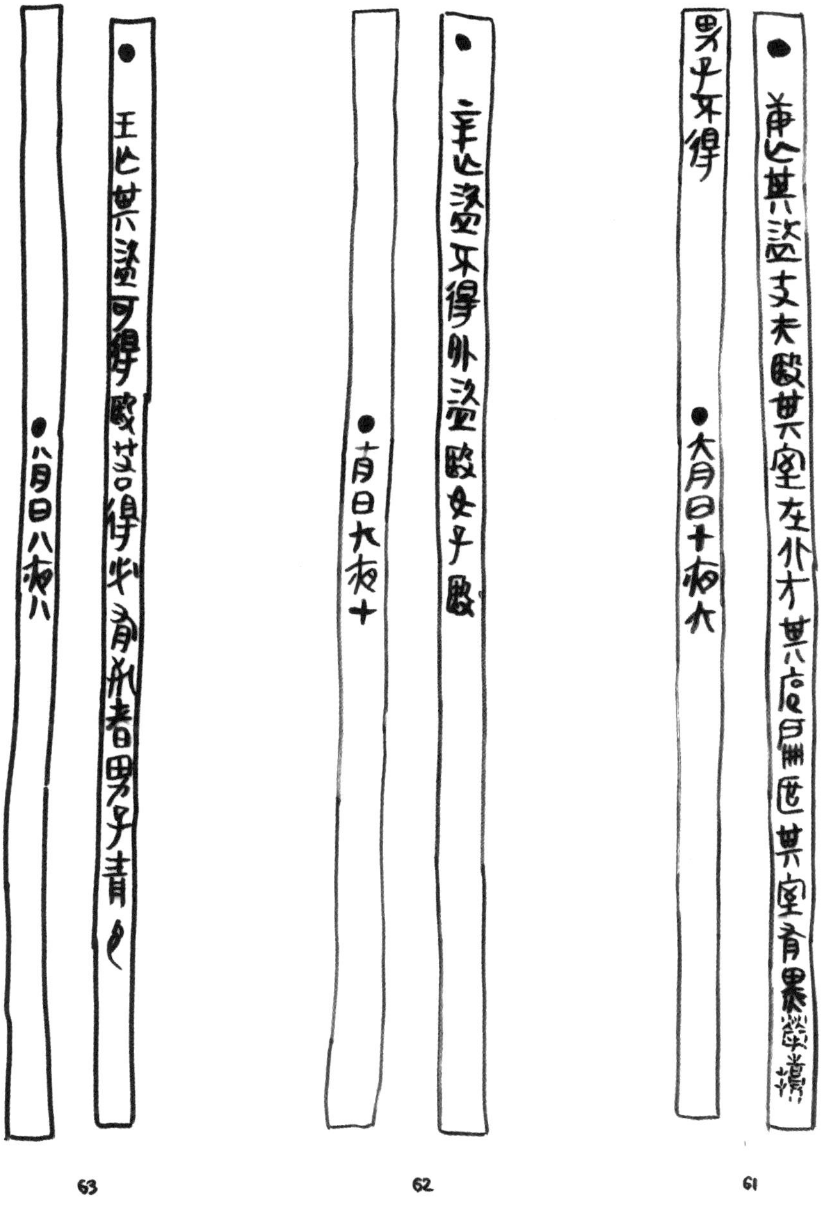

61　62　63

丑牛殴乚其塗從北才並大息逡不遂二東來殴

絭扁然名曰朝日臼日蒦日藝督戋賊人殴得

千囝殴乚盗者中人取土獄內中異土中盗人載圓小目

火炎乚其塗女子必得盗人操不睛

●九月十夜九

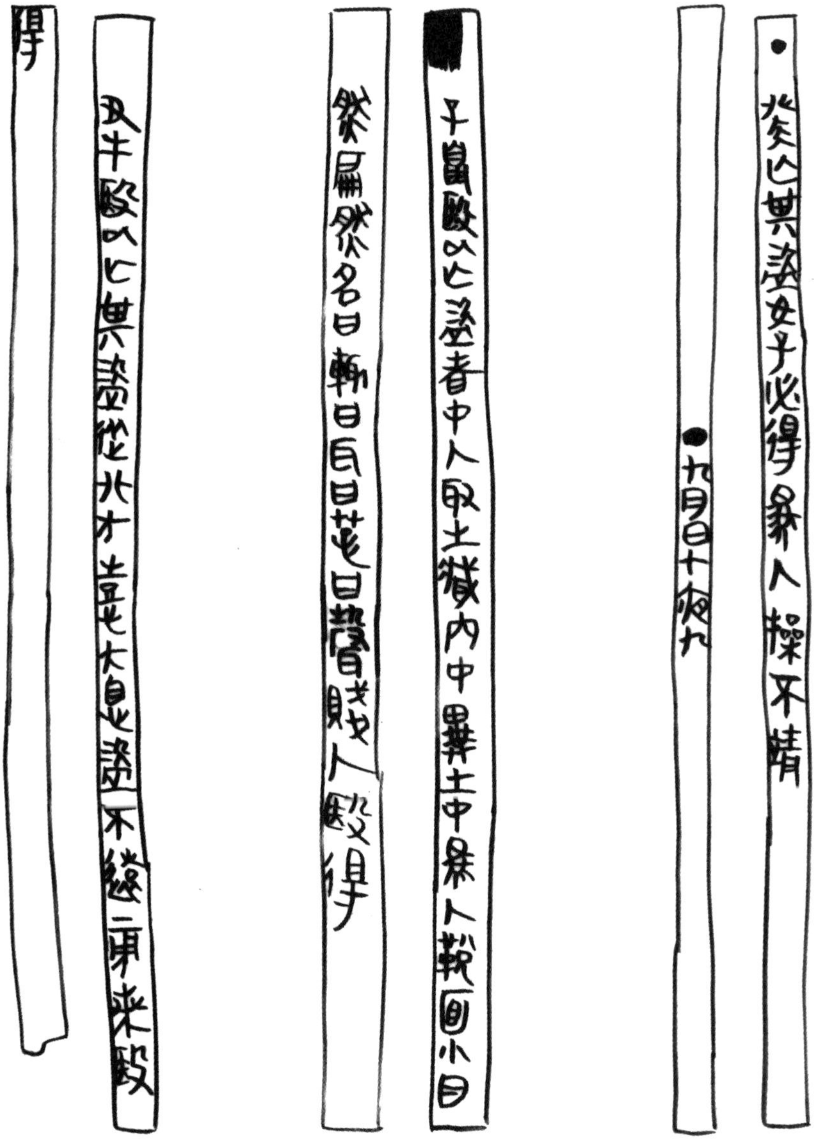

67　　66　　64

寅卯殹以比淫從東才人豁衔出藏山公中其象入才

圓廣頹長目淫宅床入殹不得

●

外史殹以比淫從東才人　一復出藏呈林草莽中象人

短圓出不得

●

公合穴外大中外入窱其彖入長殹小首小目

本才人育從出兩者減鉛

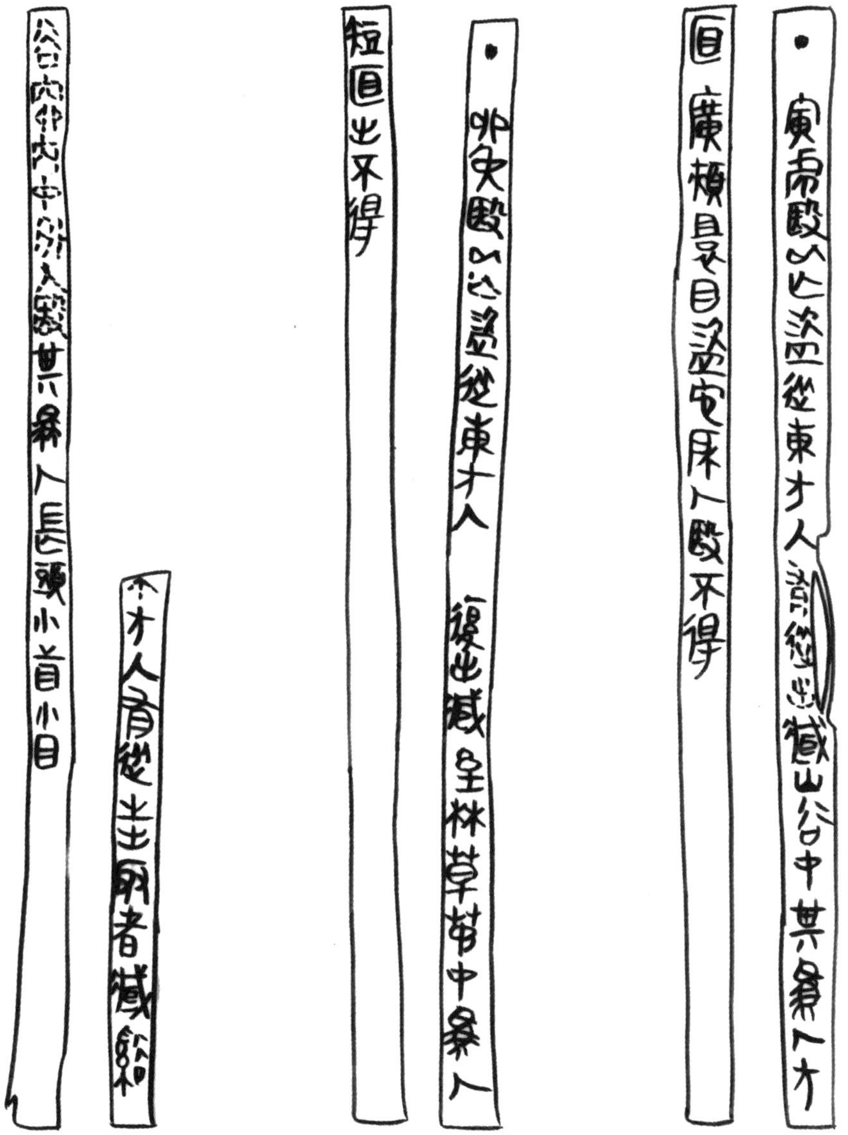

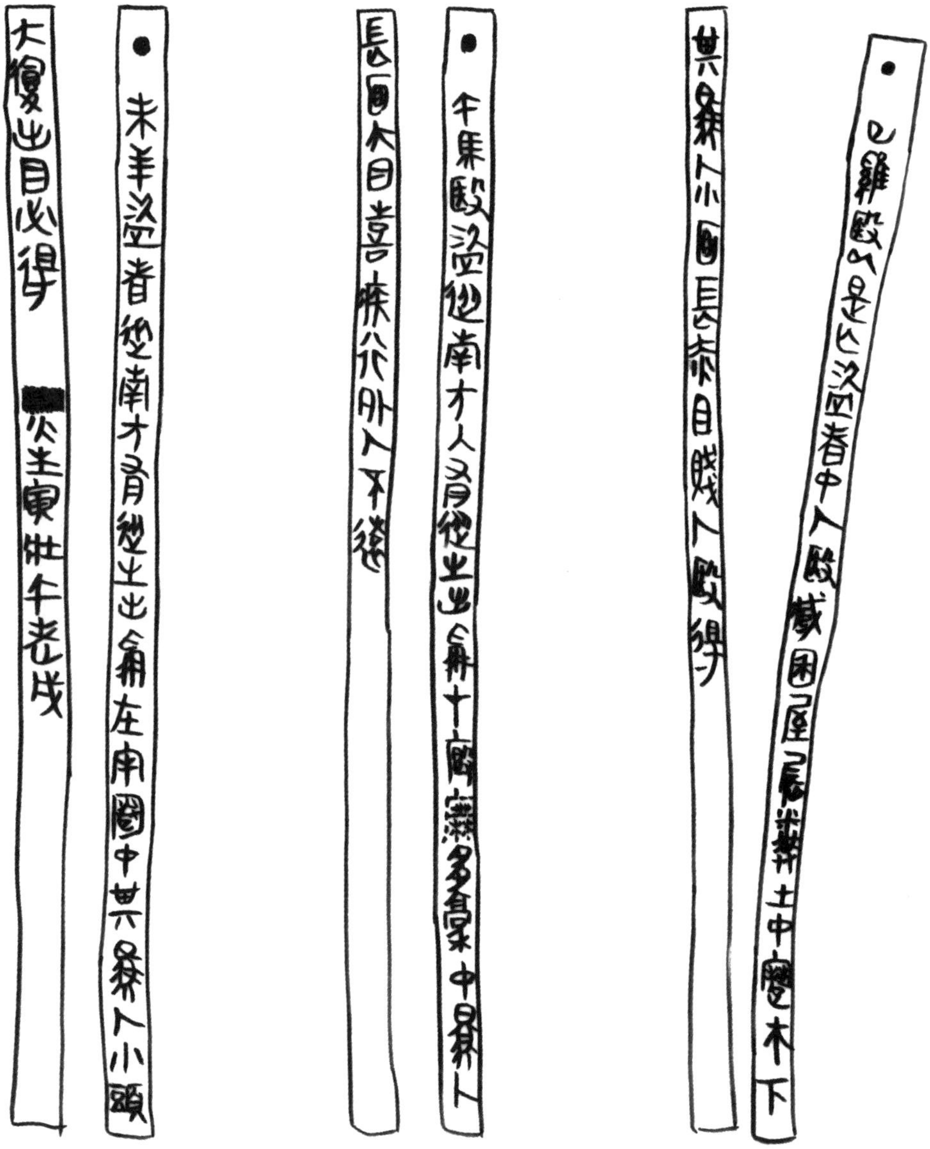

73　72　71

未生亥壯卯老未

金上塞日月山當得

日雚肓𦍒子亥 ●小上甲壯子老𣪊

百雞殹迻從西方人飤迻從西方中舟在圈屋東辰水雨名

不得 ●金生巳壯百老乆

●甲石殹迻從西方舟在山谷象人美不雈名曰瑻迻庾殹

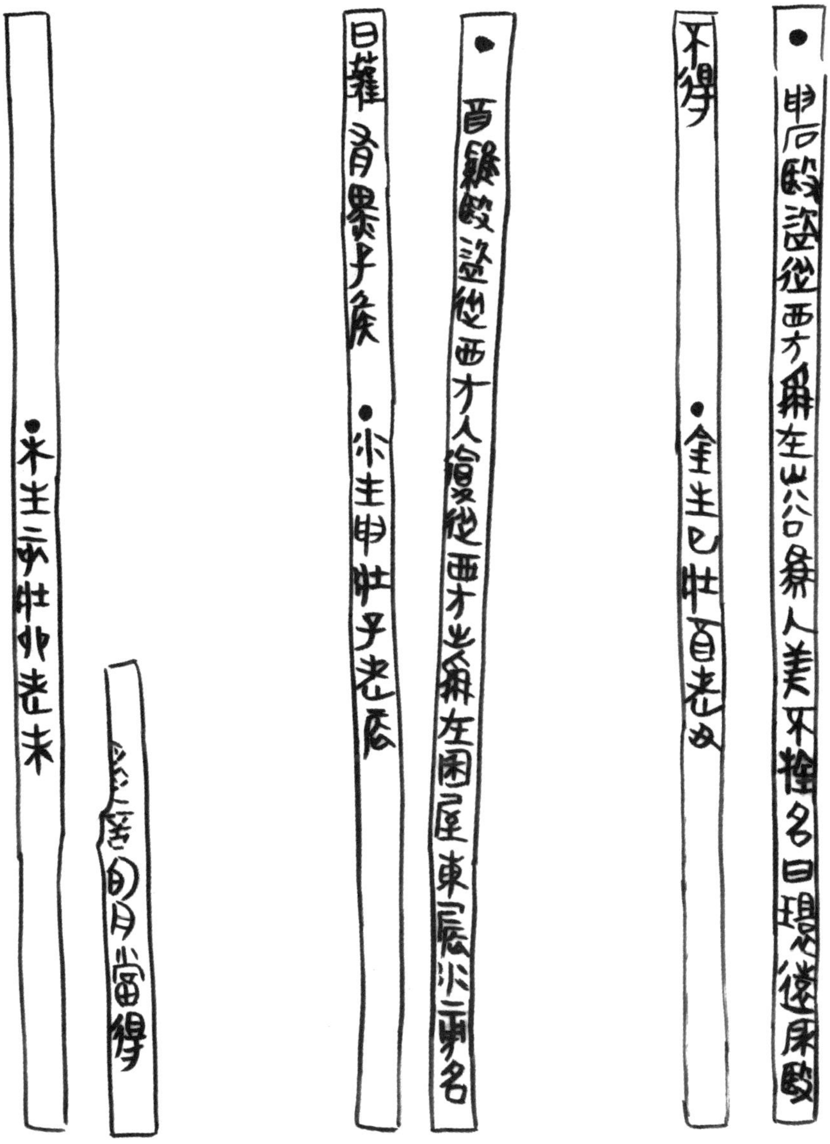

76　　　　75　　　　74

79

78

77

●丙子丁丑甲申乙酉壬辰癸巳丙午丁未甲寅乙卯壬戌癸亥二亦

日中六日五憙　●三月戊日九夜十

80

●丙寅丁卯甲戌乙亥戊申己酉丙申丁酉甲辰乙巳戊午己未

日莫食廿三憙　●豕亦

81

●甲午辛未戊寅己卯丙戌乙亥庚子辛丑戊申己酉丙辰

乙巳平旦六日二憙　●五月乙酉日十一夜五

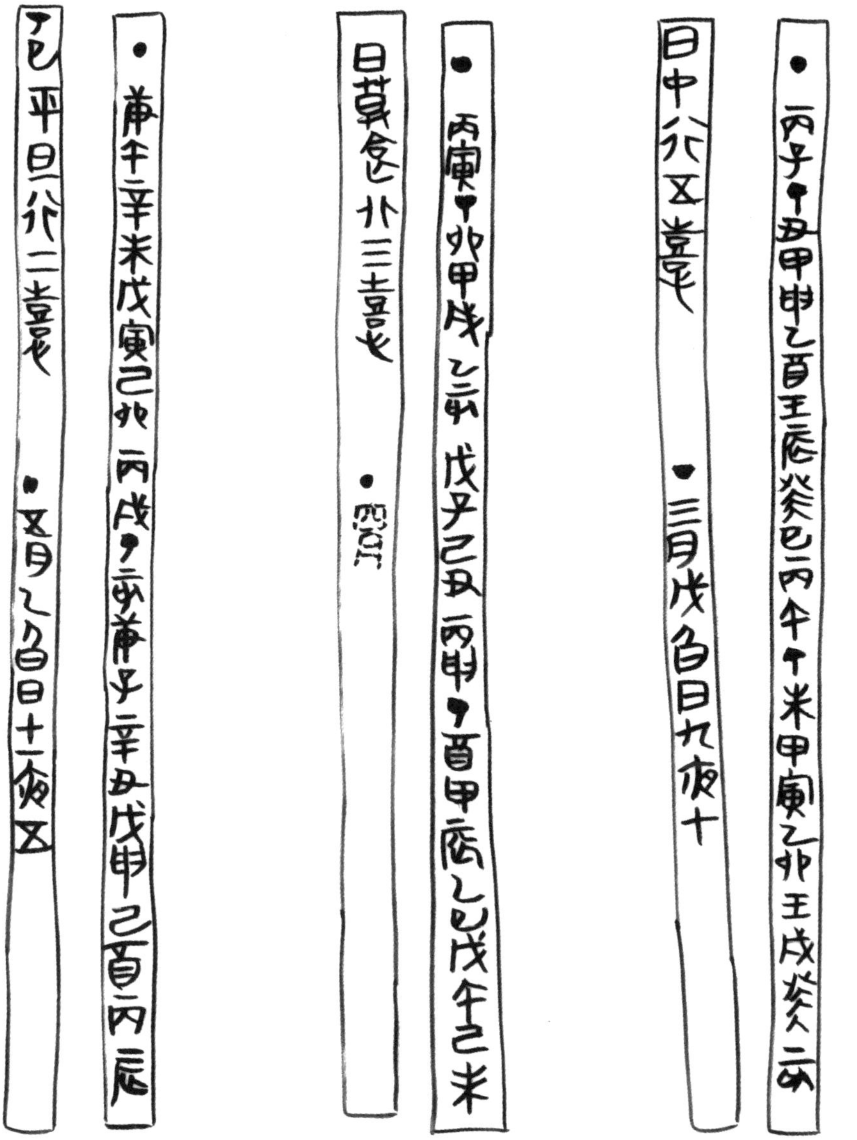

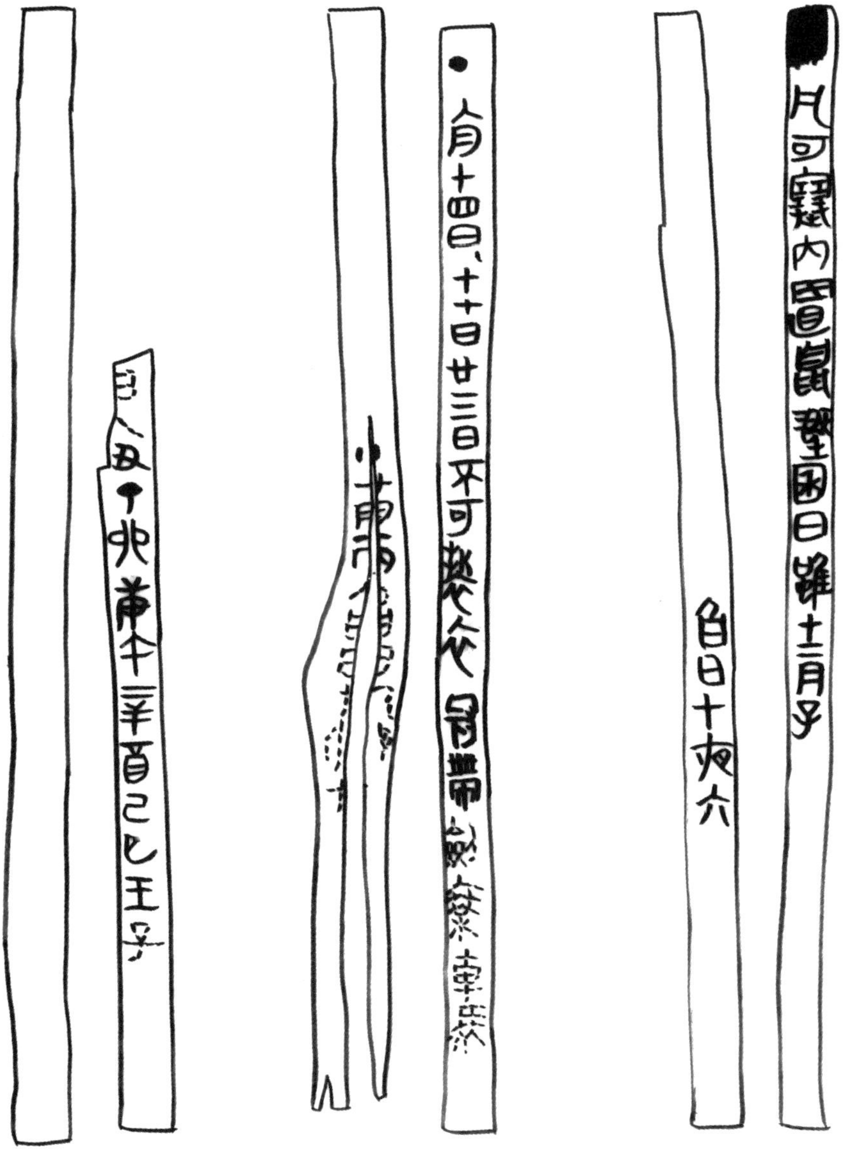

372 362 65

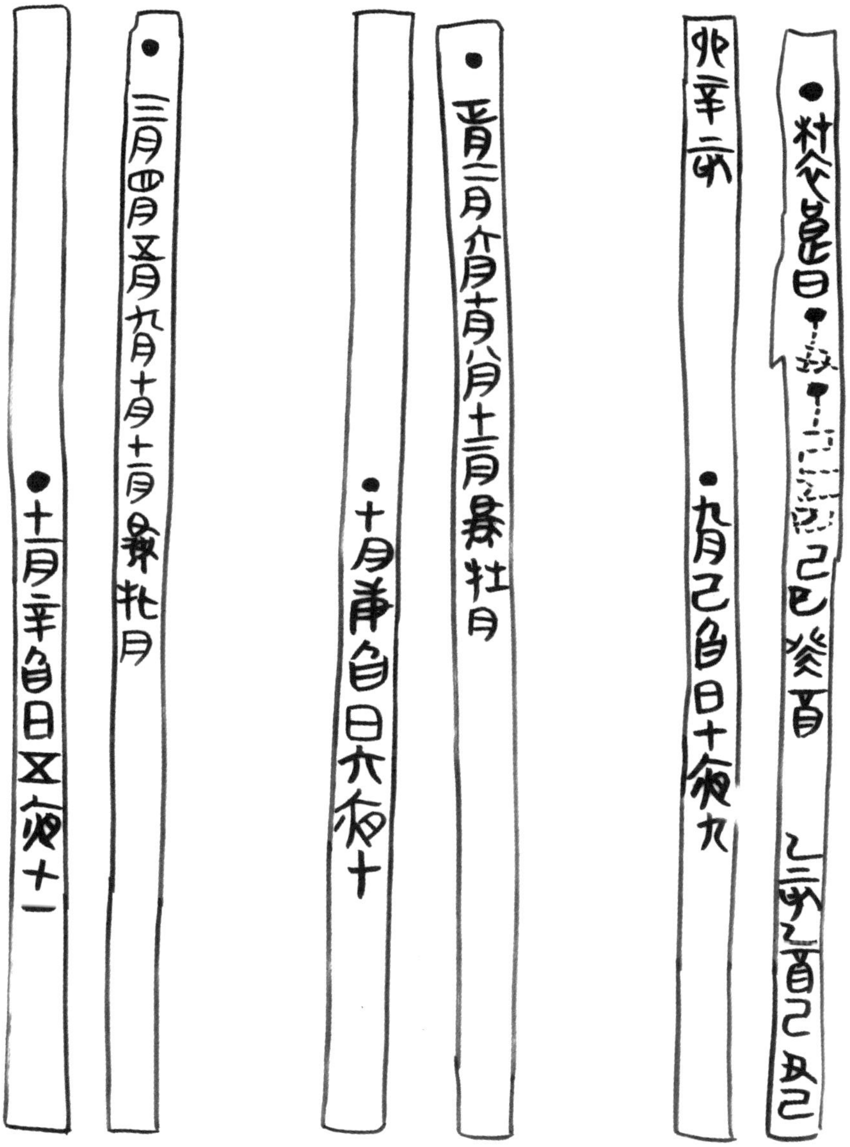

85　84　83

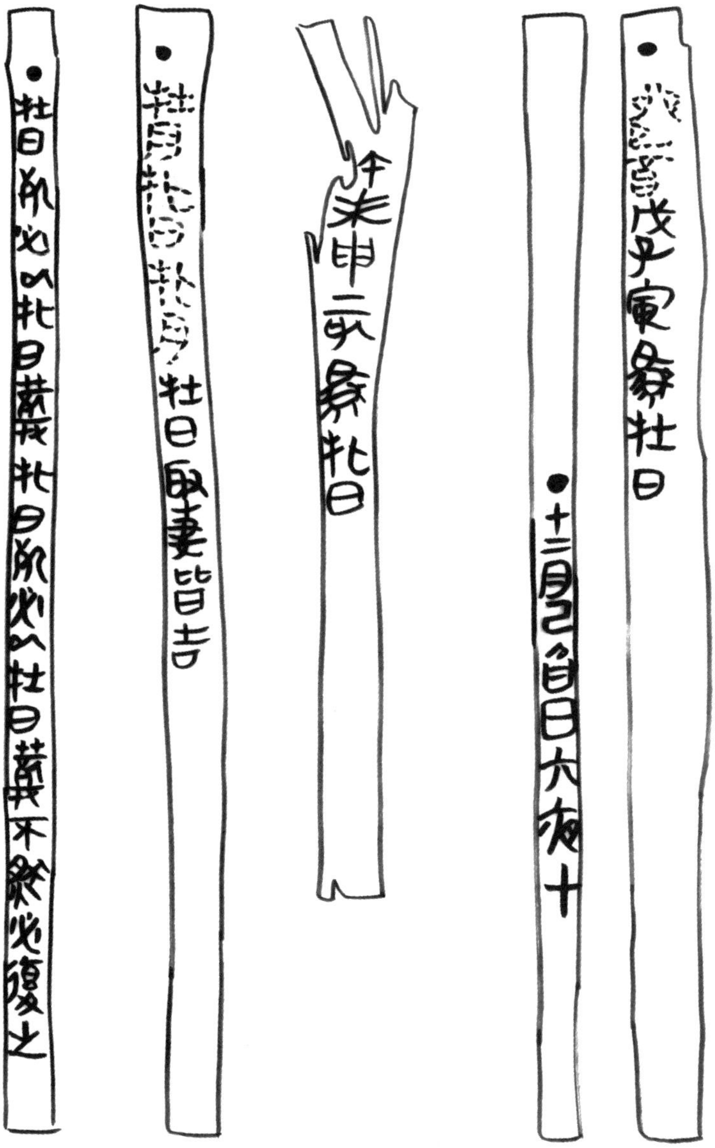

89 88 87 86

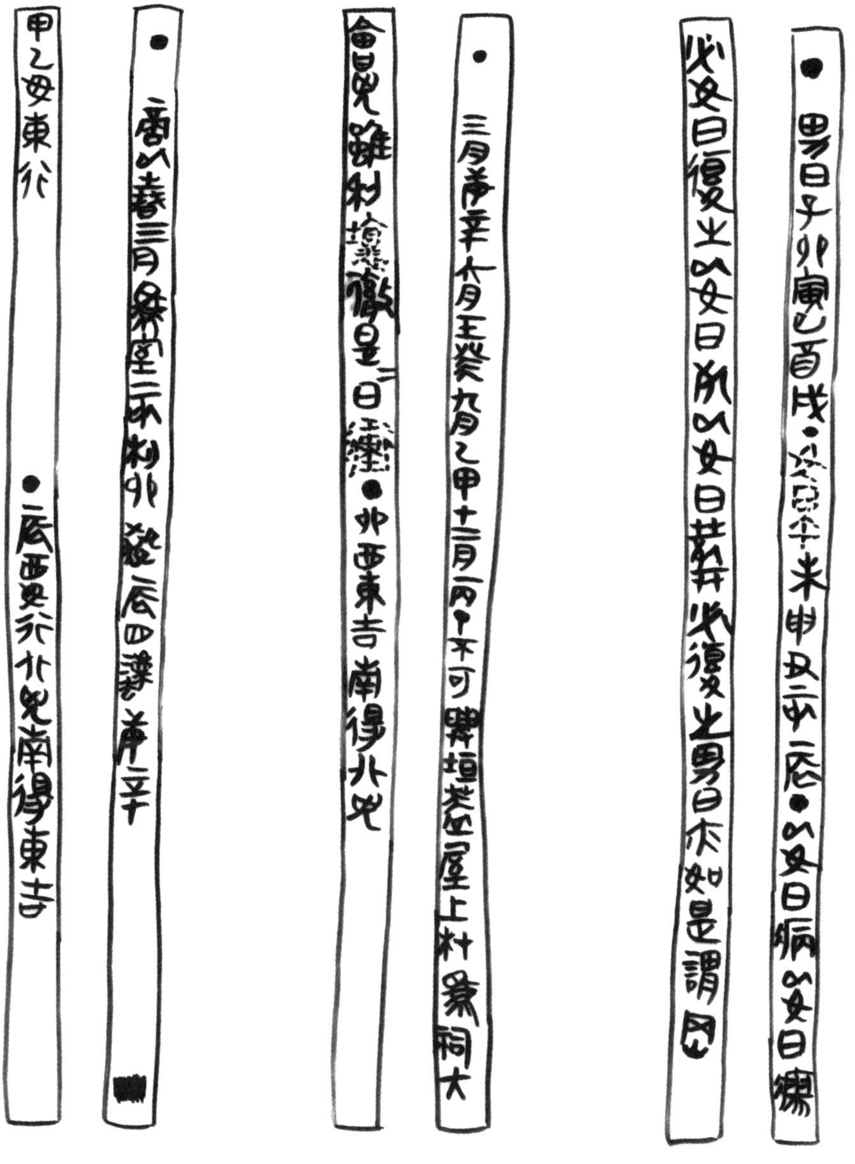

95　94　91A+93B+92

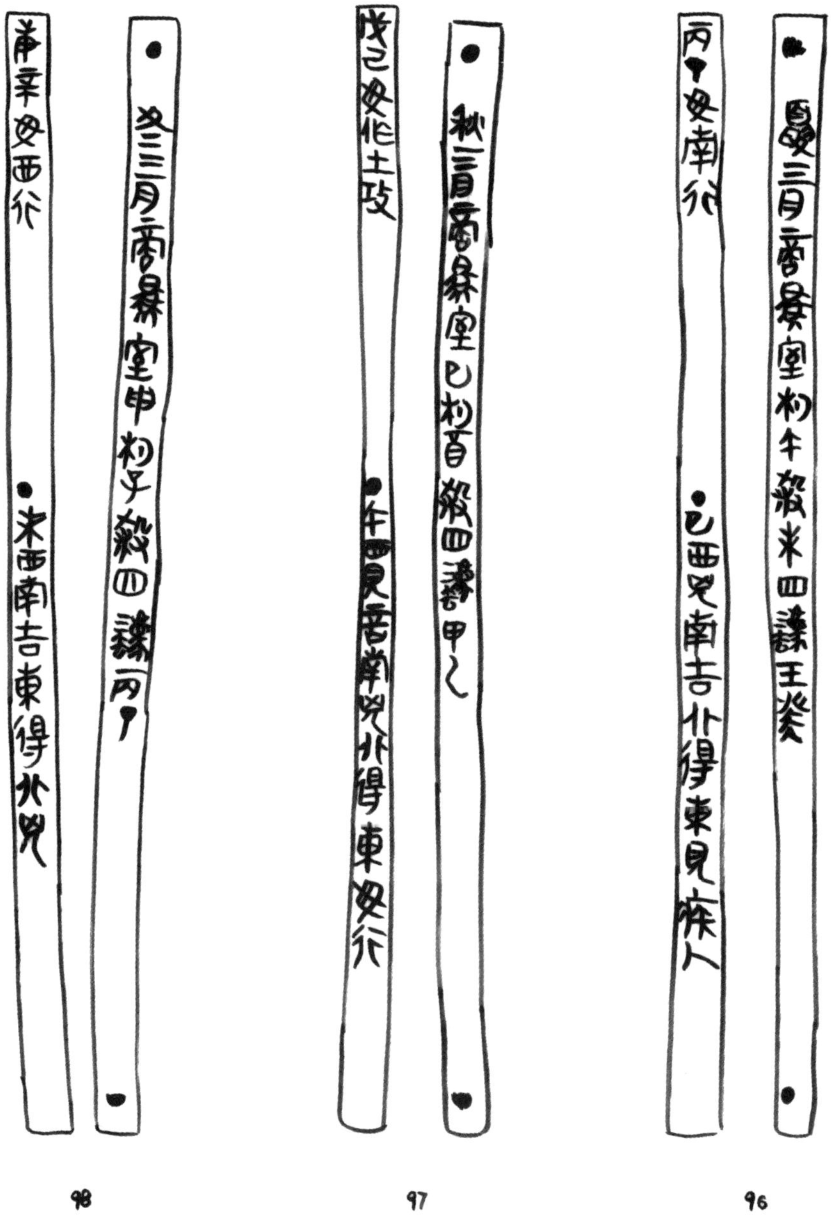
98
97
96

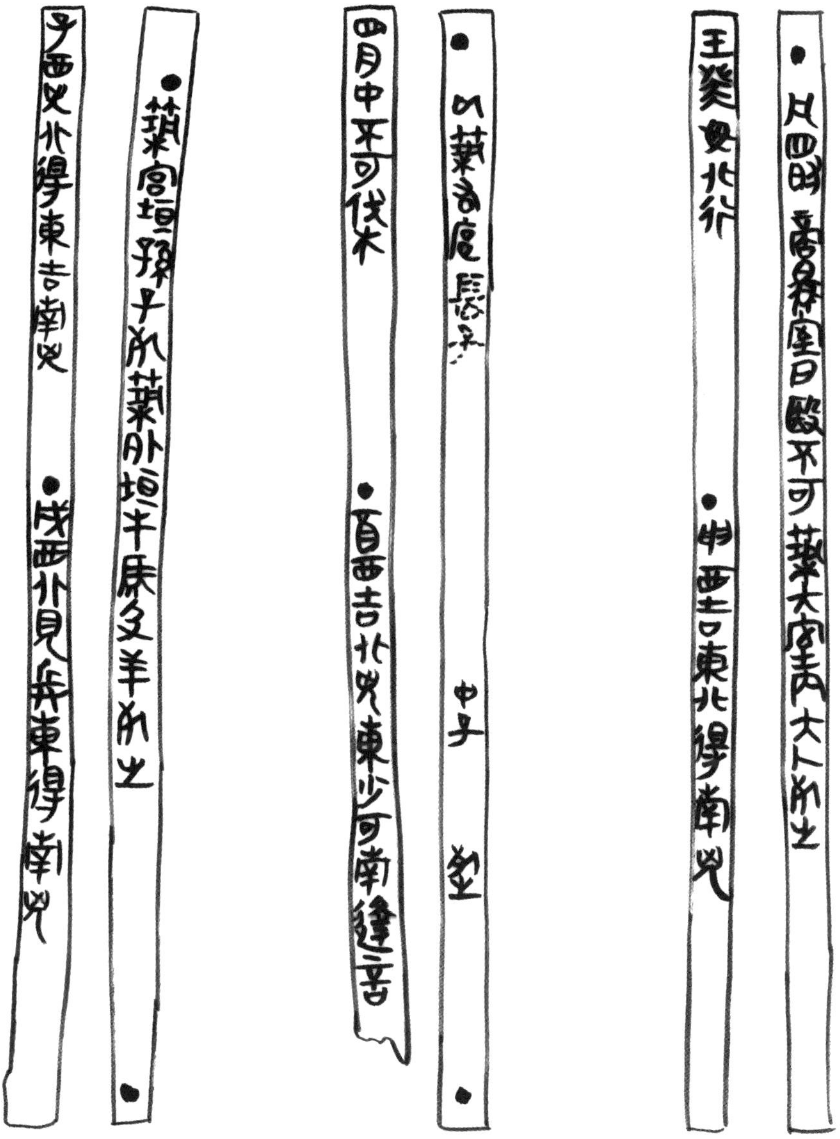

101　100　99

二月[]卷

秦麻[]□
不宵□者[]
中 人其日中

西北得東南
逢[]
□[]□王□□[]

四潦日不可[]暴室
內[]□[]□[]

□西兒東僕吉南得

[]西見祠者東北吉南□

殺日□□殺大富不可□□戰妻祿祀□則

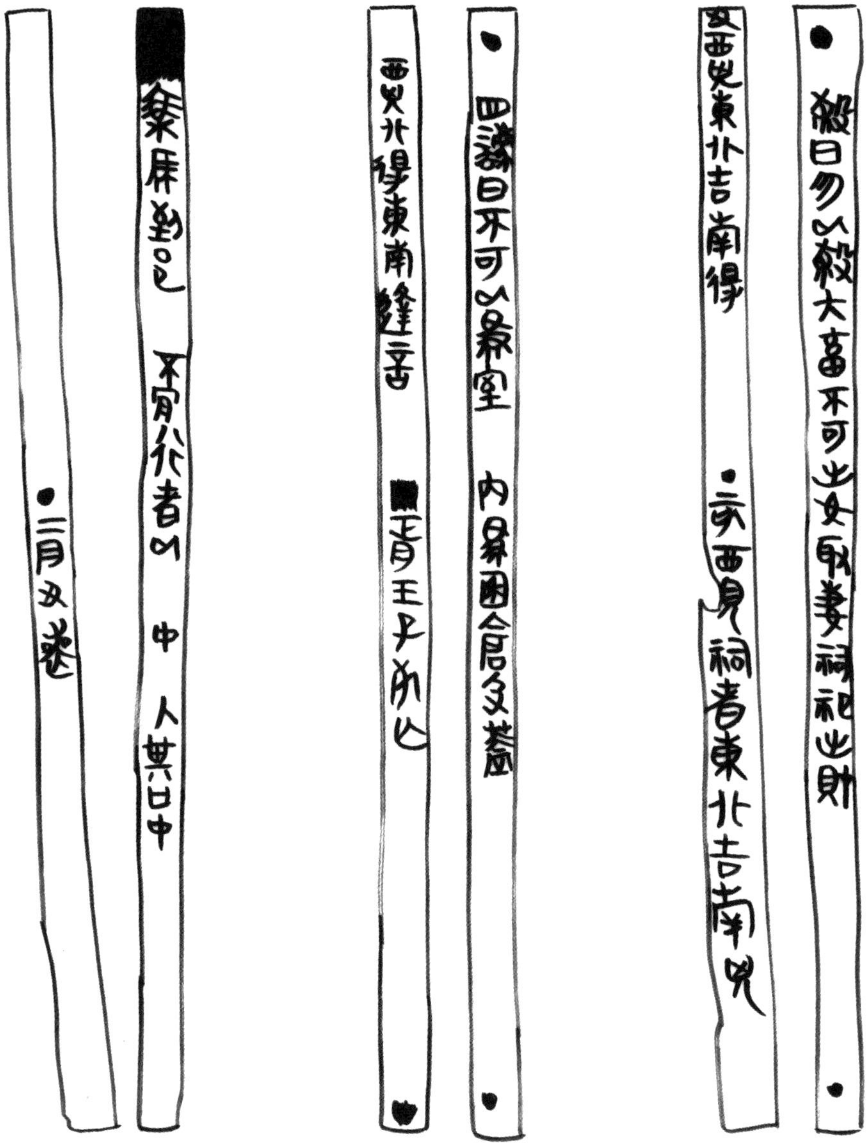

104   103   102

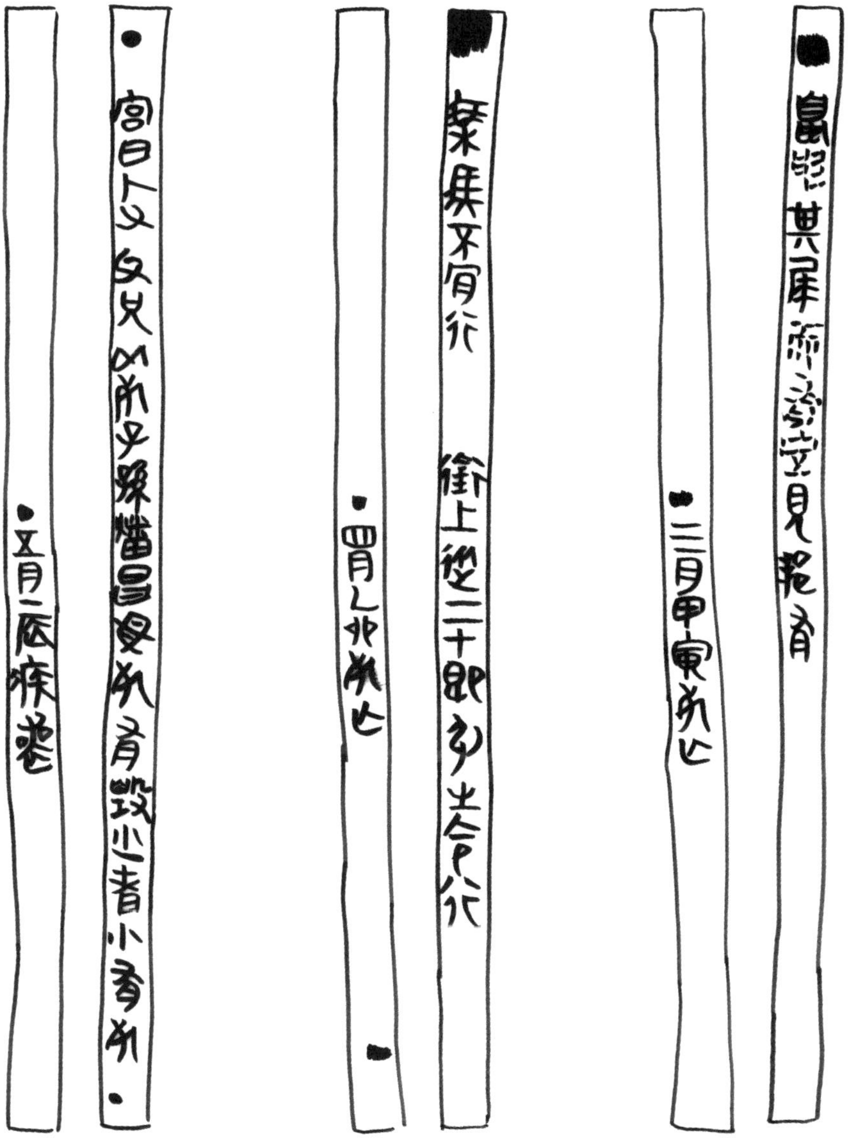

108A+107　106　105

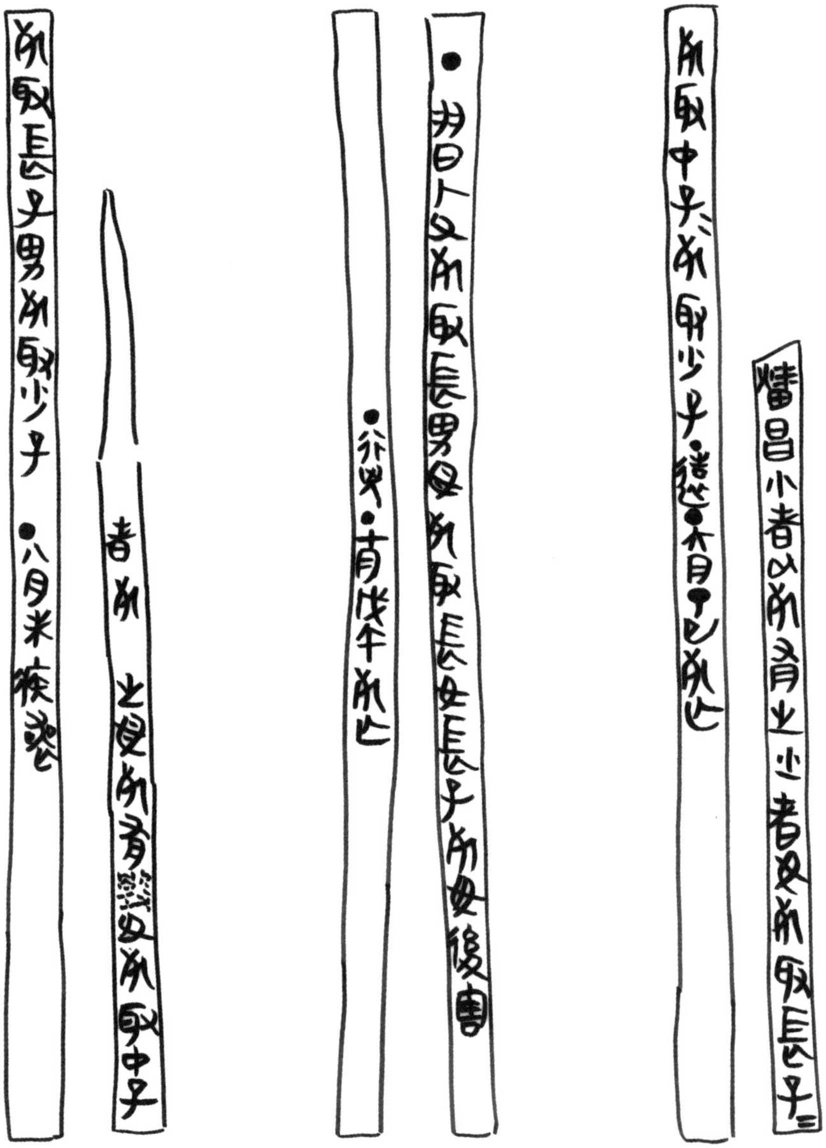

110　　109　　108B

凡甲二丙戊庚壬子寅巳酉是胃四日陽杜日殹女子必吉　日殹　●十月戊疾卷

凡建日所不利又除日所不利又開日所不利光蓋日　所家不居　●十月辛酉外□

●角日長者外有從妾吉口少男所安後央　●有□申九□

113

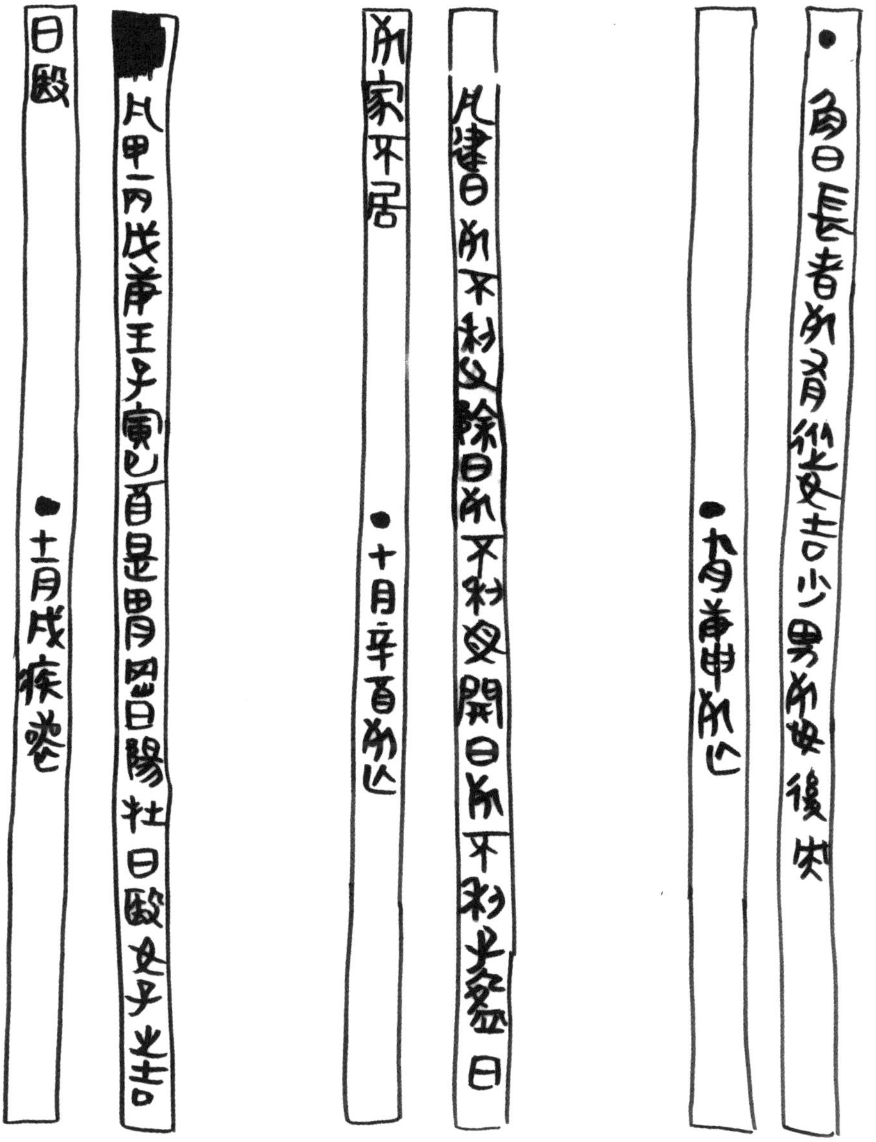

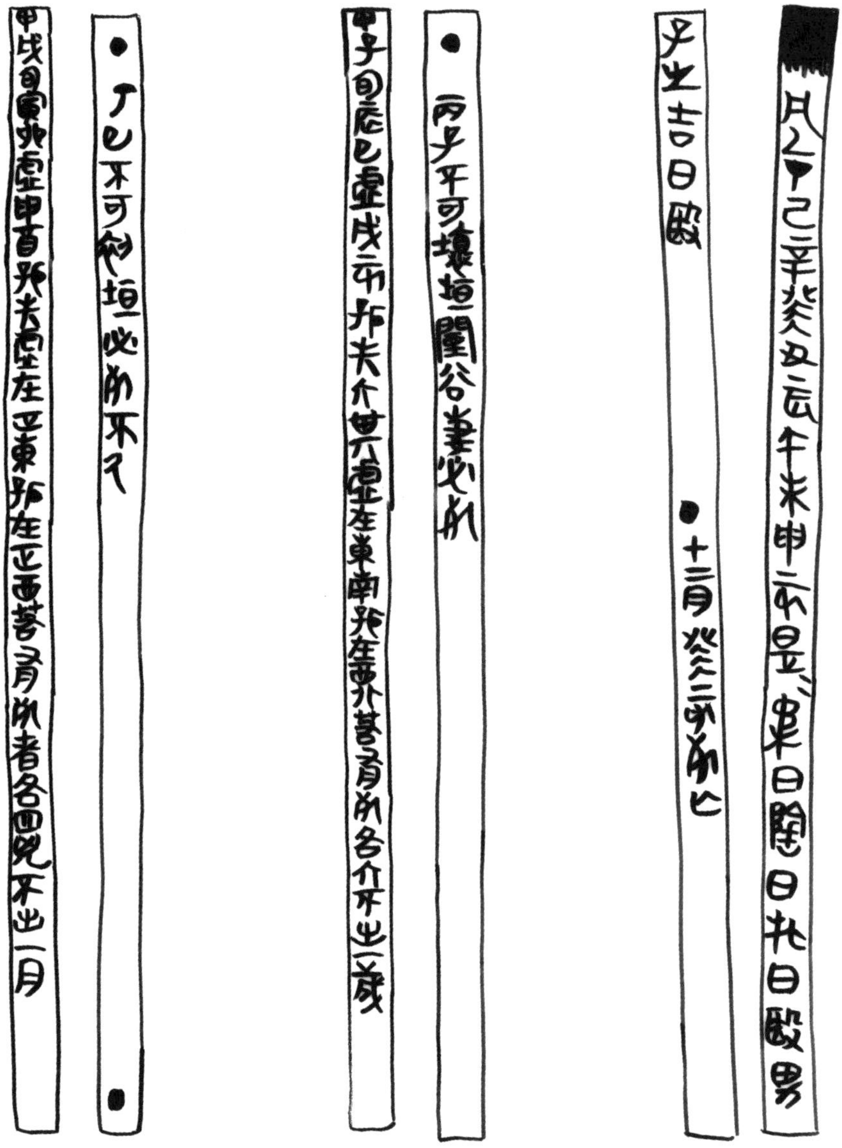

116 115 114

甫甲不可垣室廄門

甲辰旬甲百虛寅卯柷未虛在正西茀在正東菩青㓞者各參兒不出五月

119

乙二禾蕃築虛丙匜不成

甲午旬戌禾虛辰巳柷未虛在西北茀在東南菩青㓞者各三兒不出二月

118

￥米香策月宮丙不成

甲旬子丑虛未先未虛在正北茀在南菩青㓞青各一兒不出一歲

117

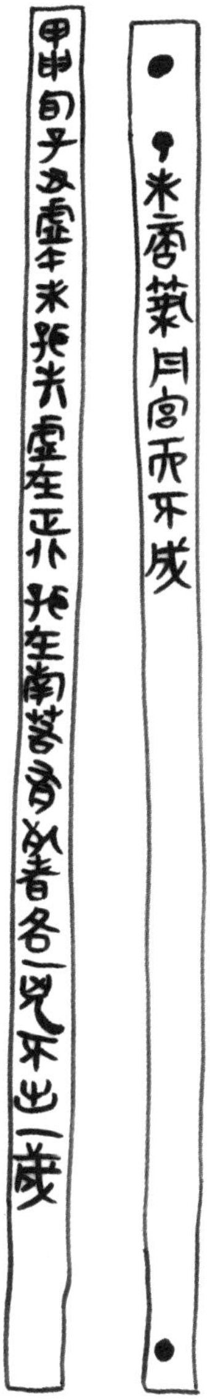

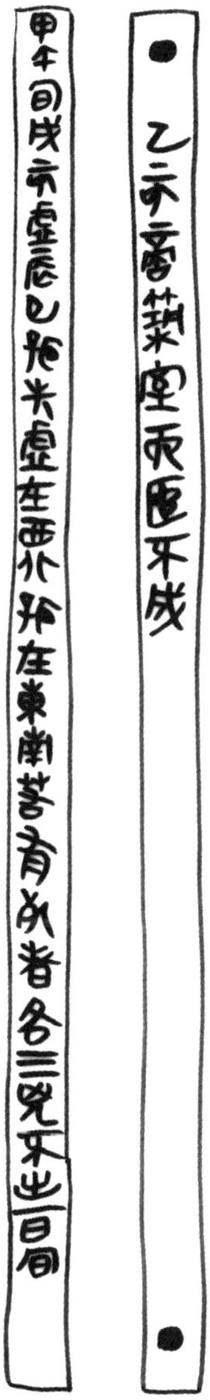

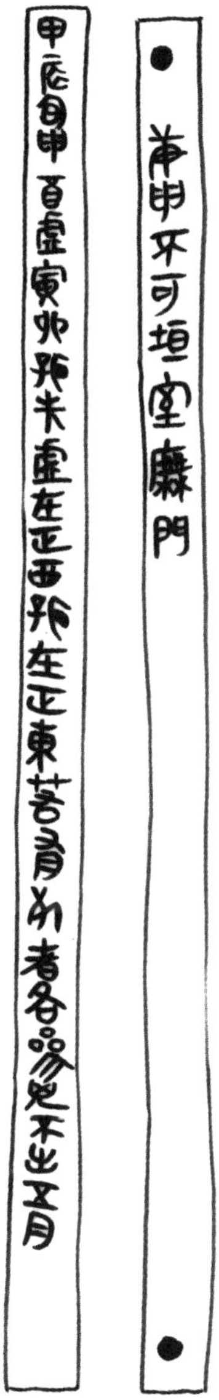

● 己酉不可穿室兇不利代亡

甲庚負午米虛于丑邦矢虛　　　　替禼祝者各又兇不出一歲

121

● 己未不可穿室夕門關光夾止者亦

鼠食戾財　　財有●朱食領財有明

122

● 壬癸不可穿室不居其人从亡

大春二者曰鼠食戾以　其室四虛取其地以德亦得財夕有　有敗

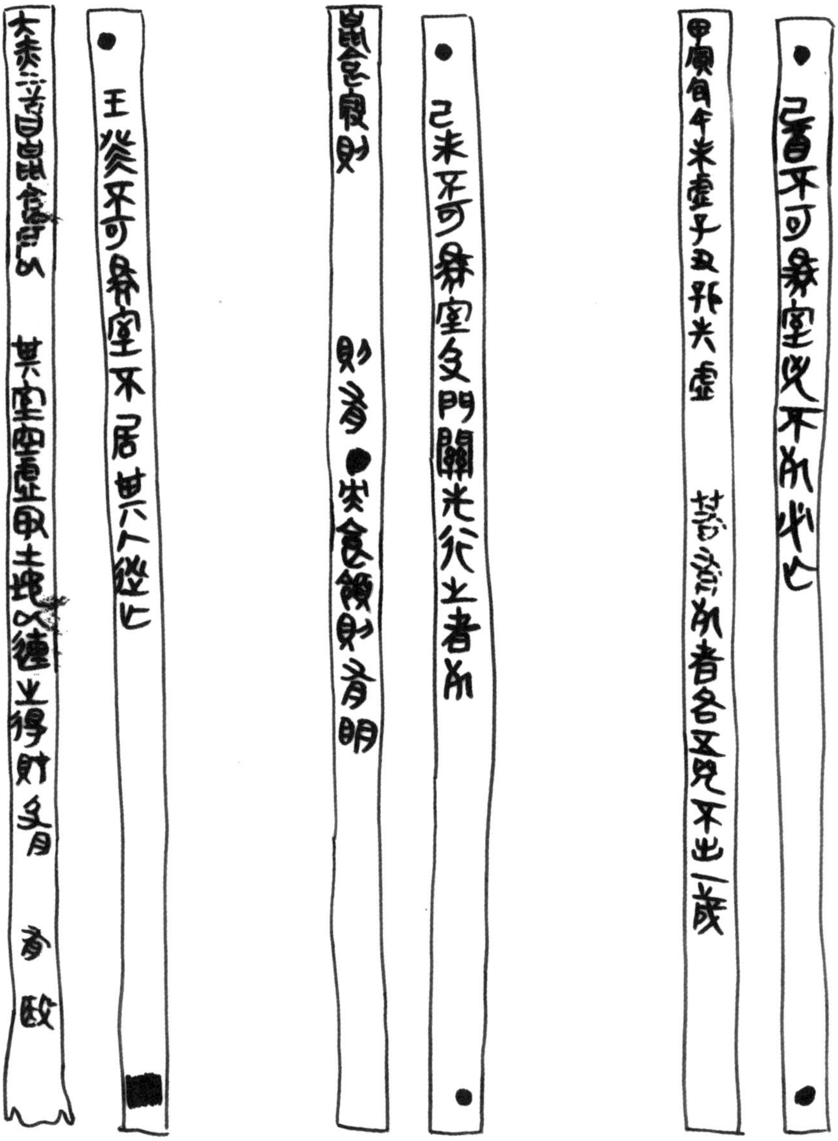

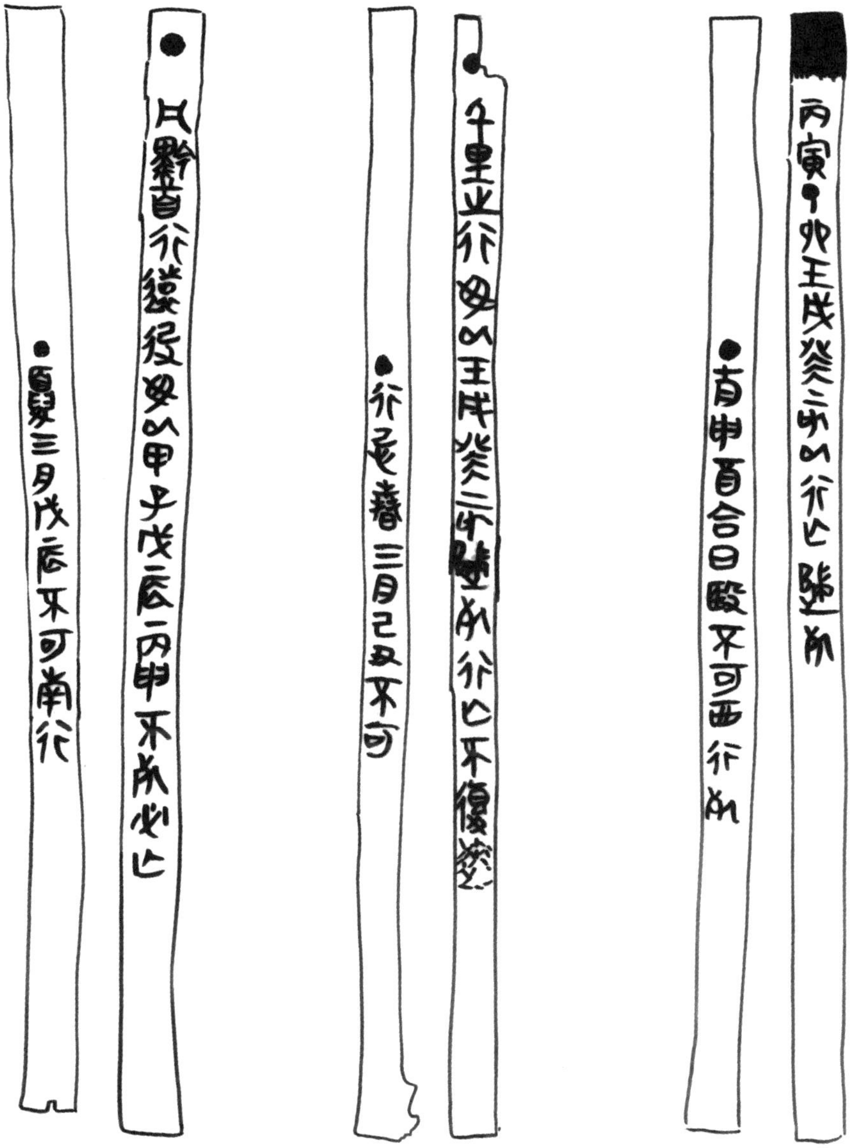

124　123　317

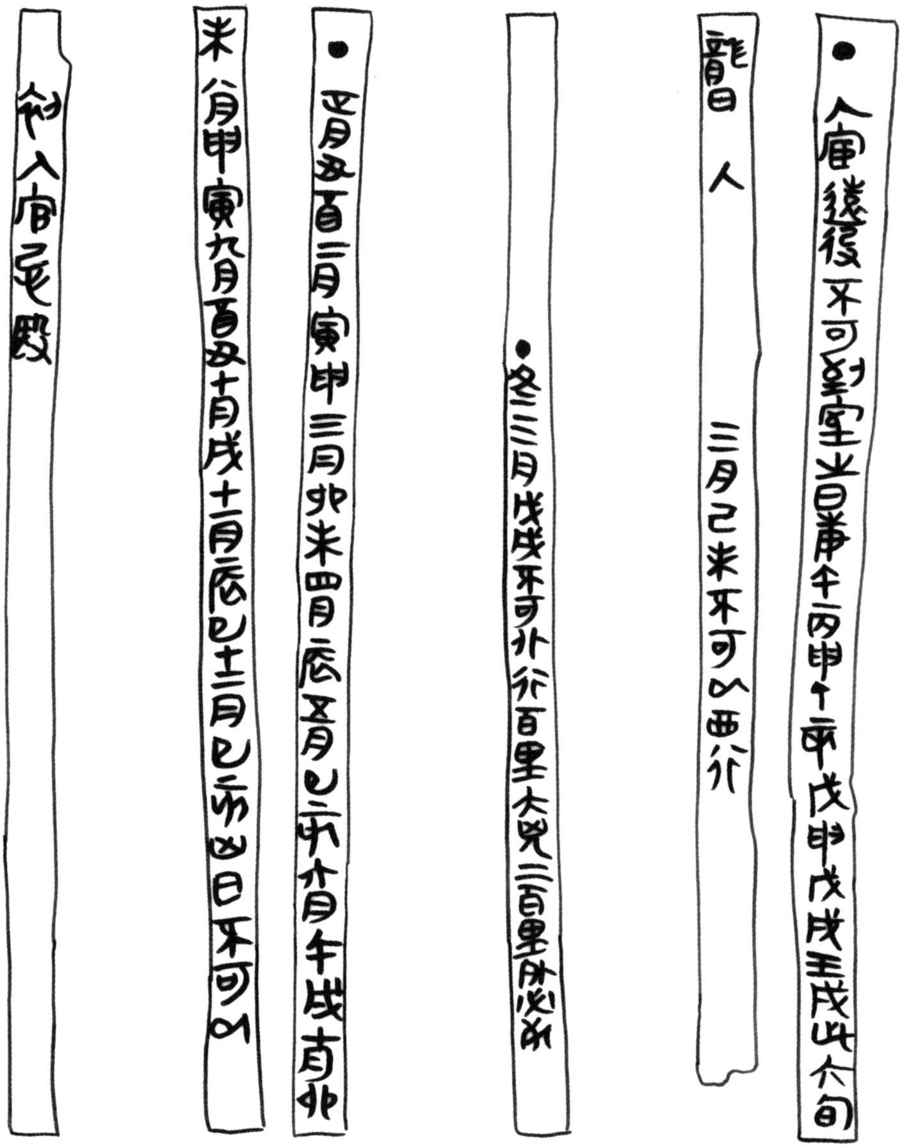

366 301 126 125

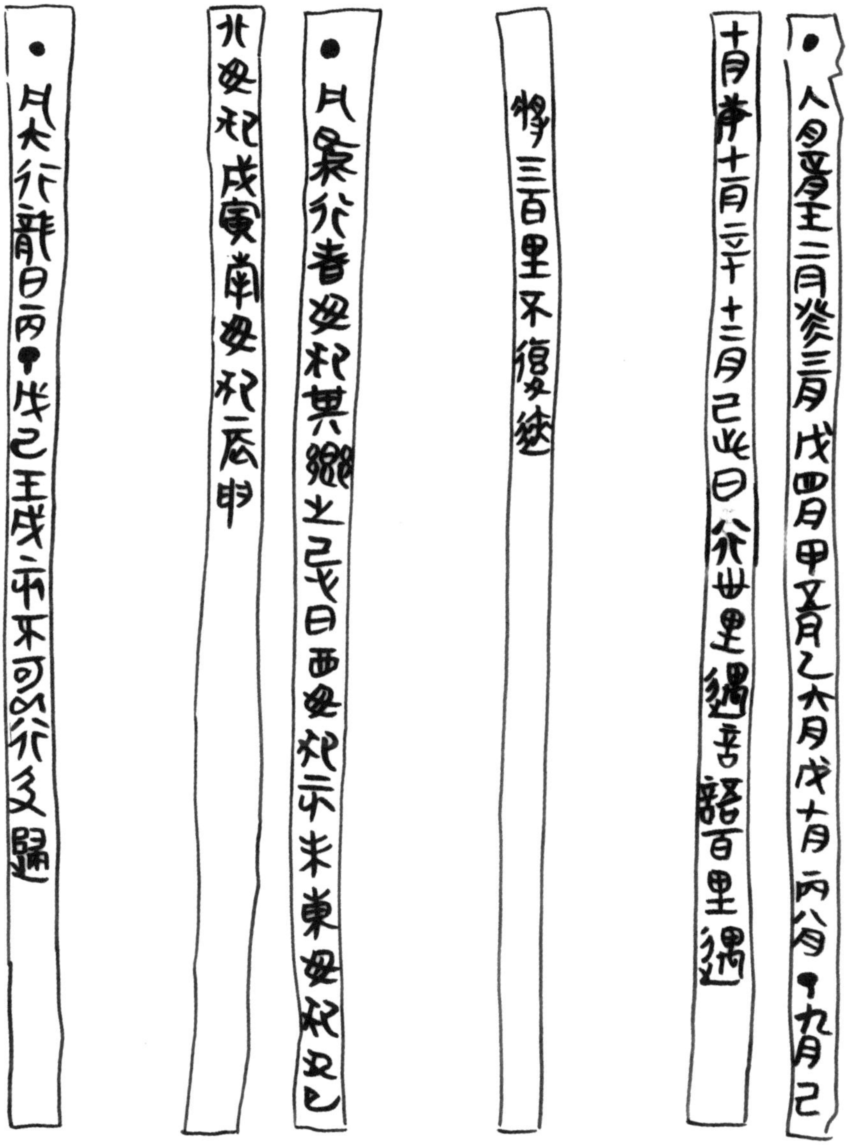

316　315　314　312

•東寅安凶壬戌歸乍遠已又

必凡

•役居　茅青民遠使子里外顧復歸不可凶壬癸對

未癸亥旦謂離日不可人

•丙寅甲戌代寅辛女己丑癸巳丙申甲辰戊申辛亥巳

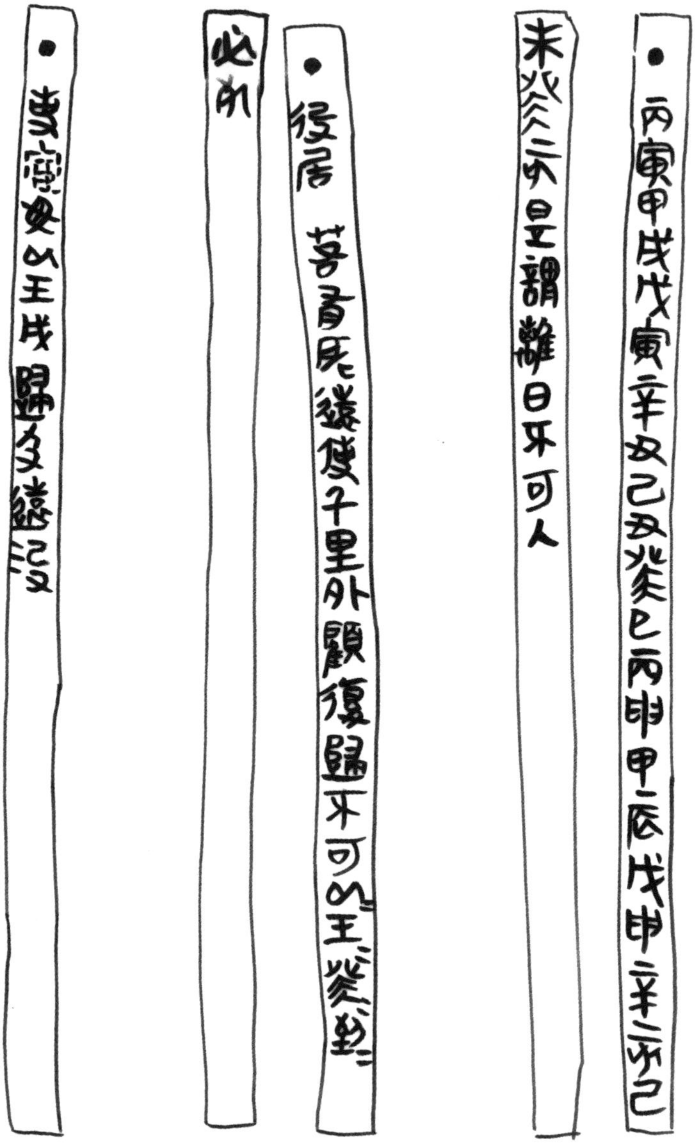

320　　　　319　　　　318

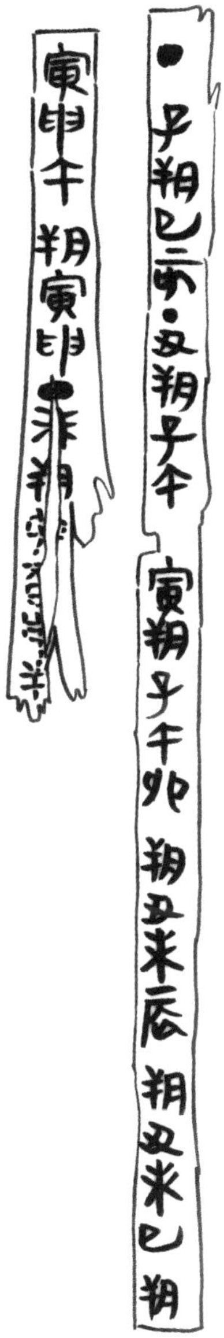

127

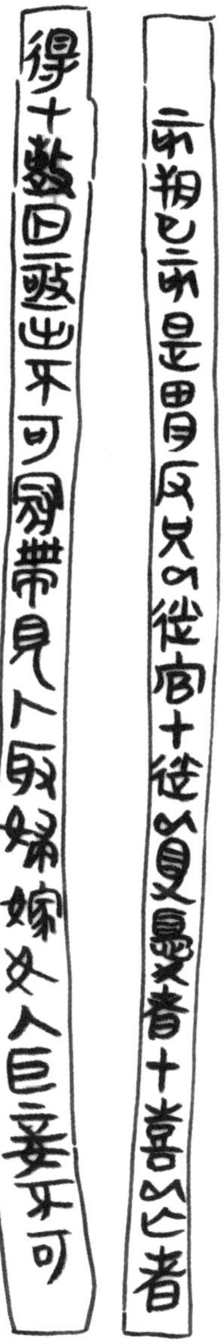

128

309

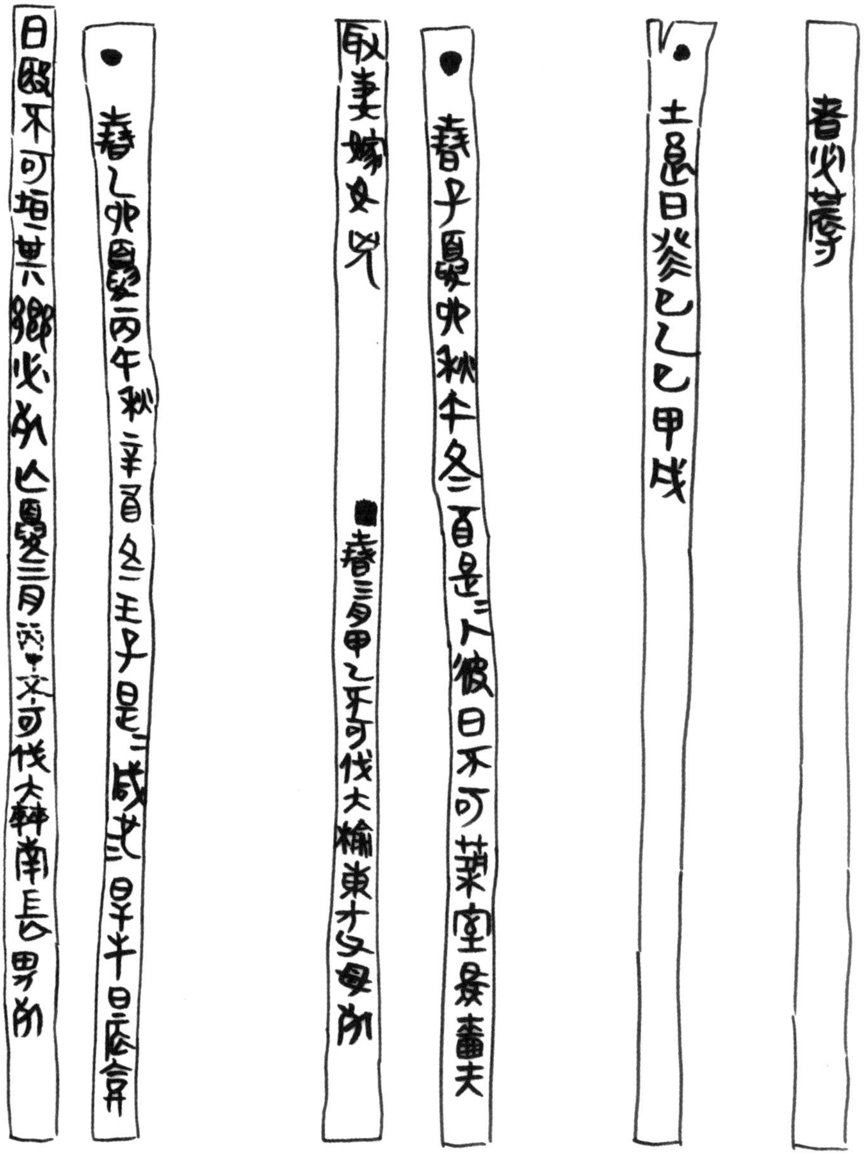

130　129　306　367

●春乙亥旦壴禾秋二辛亥￠癸亥是二￠旦日不可操土攻必死

●戊己不可伐大粟中芫長女死之

匹

132

●禾百未寅卆戌巳卯丑申午辰月是二士

不可藂垣土

攻大兄

乙二羊戈五五

●寅巳申亥北午百子辰未戌卯月是二蘖不可垣二㢲責

三版耐戌垣欠戻所

二月㢲門八十星㣲蘘㢲金皆門㢲

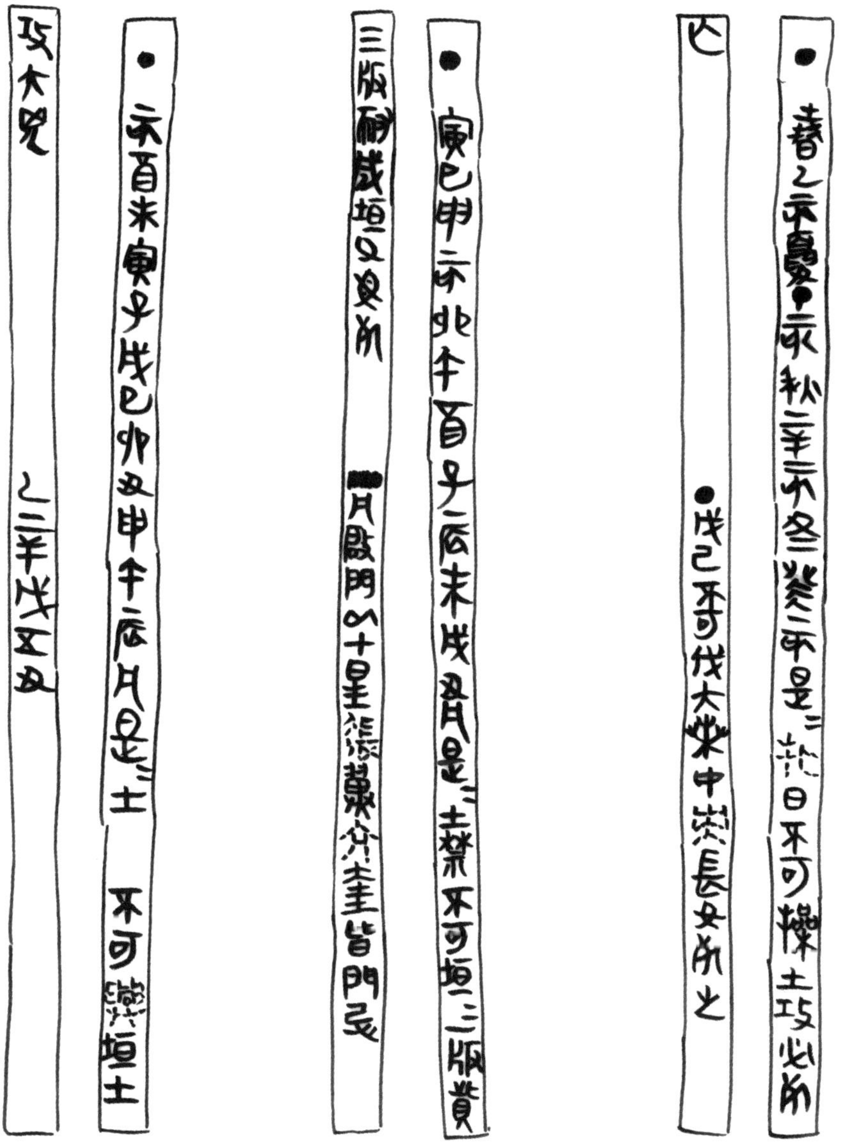

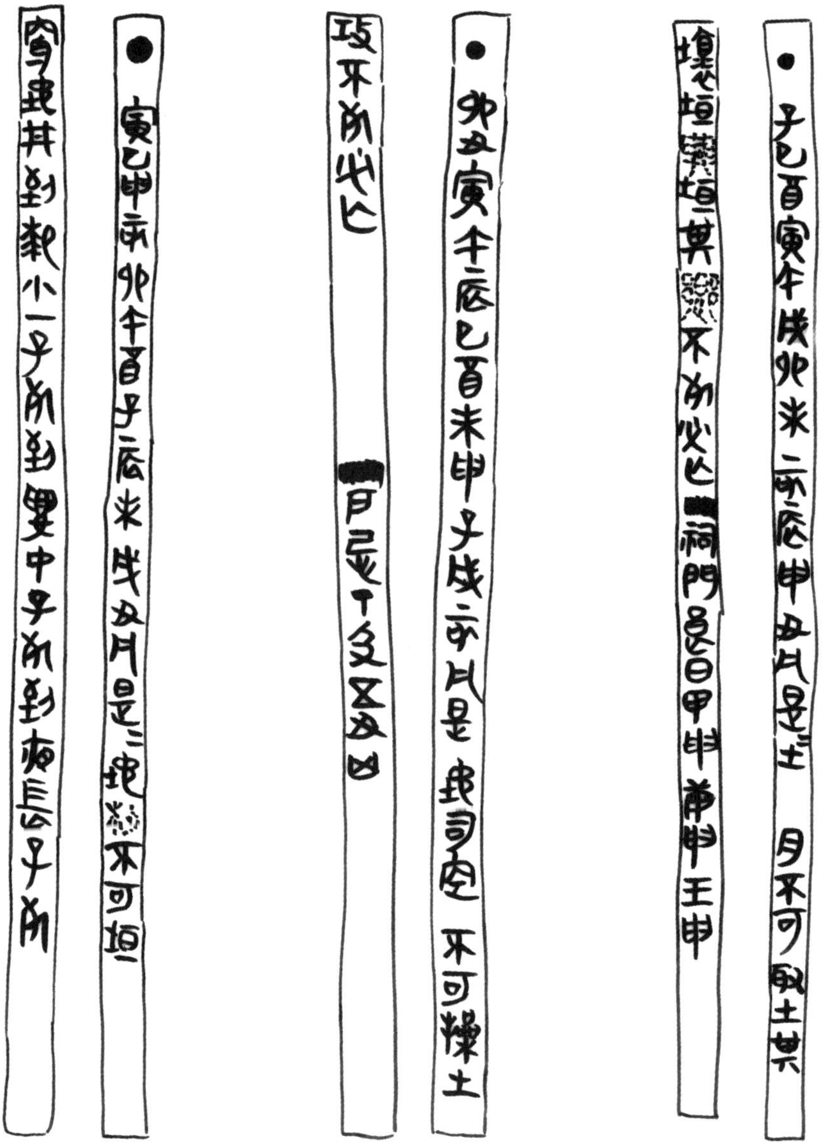

136　134　135

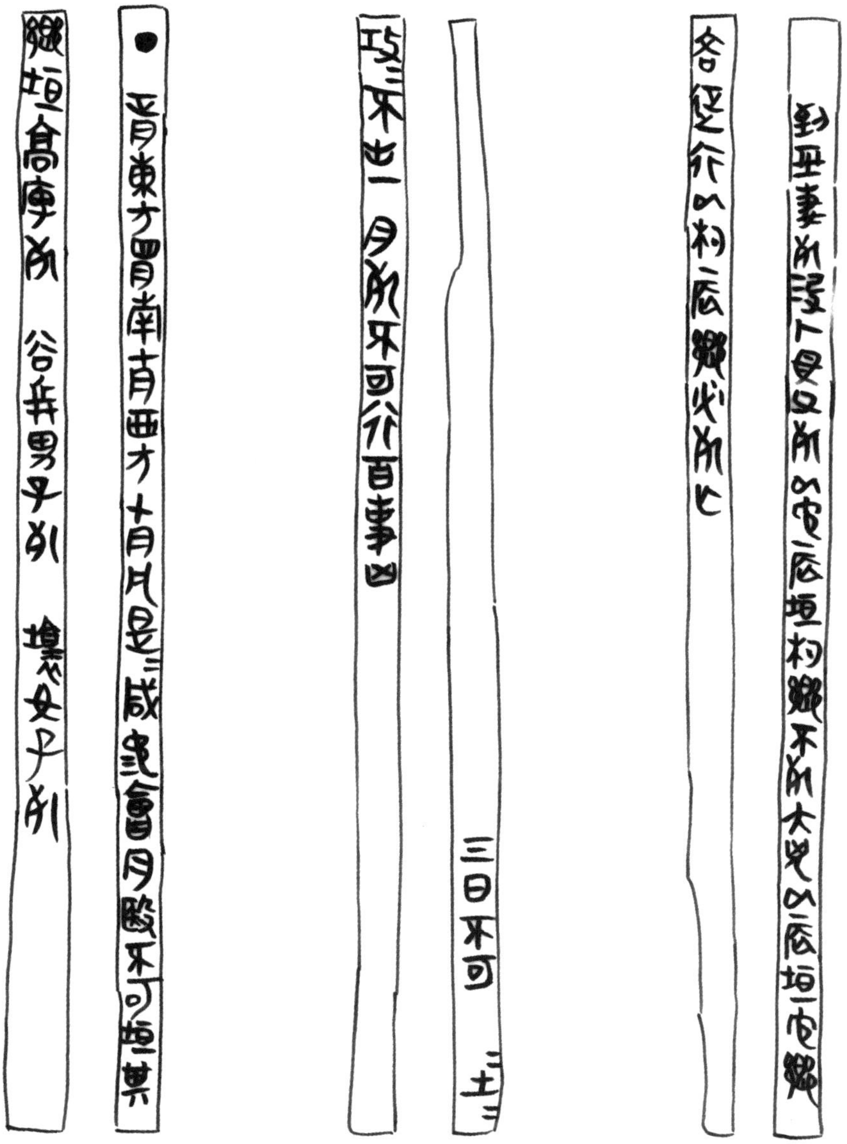

139　138　137

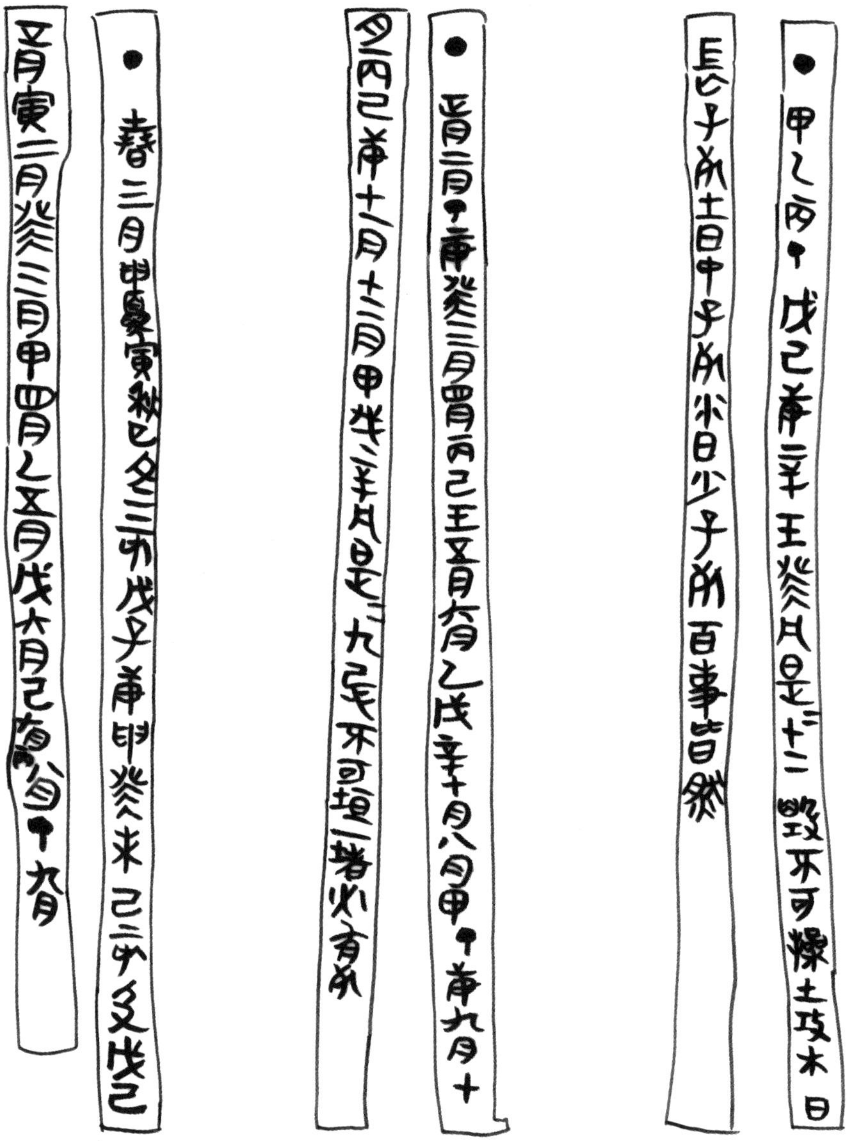

302　141　190

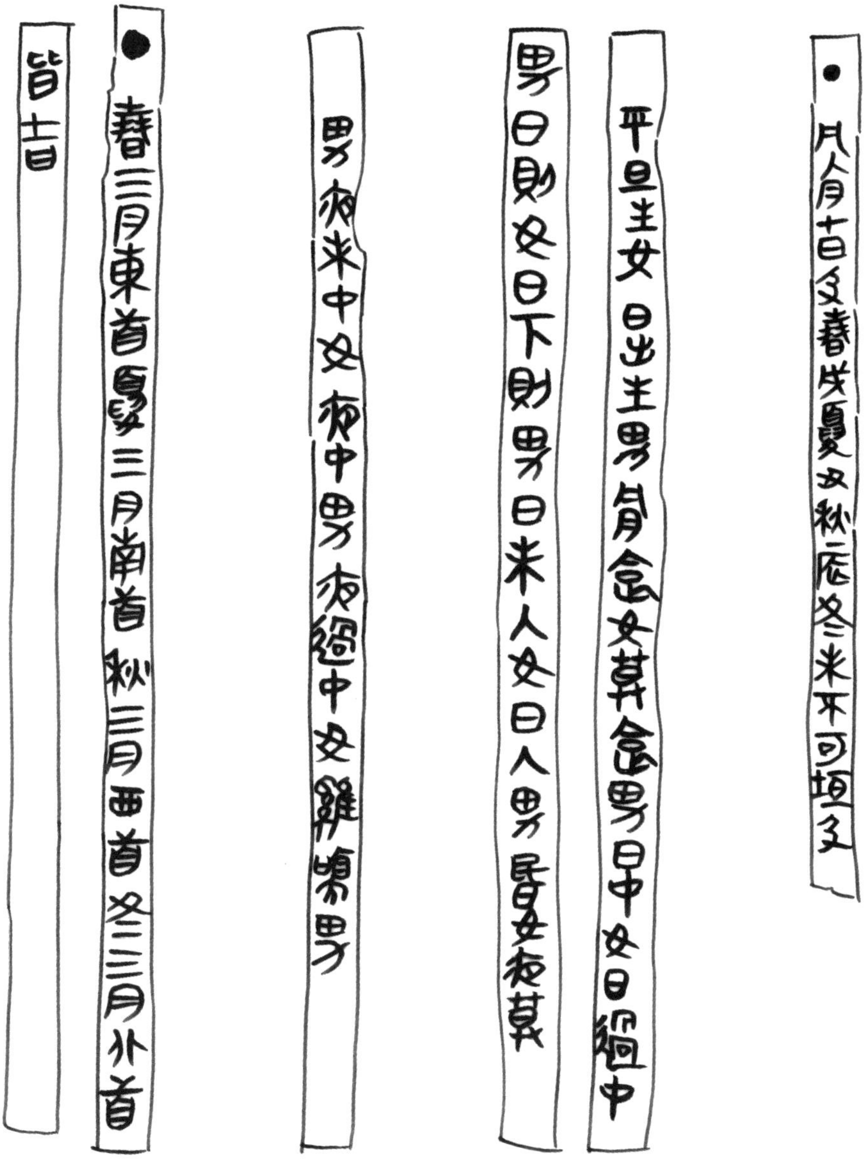

303A+304　143　142　363

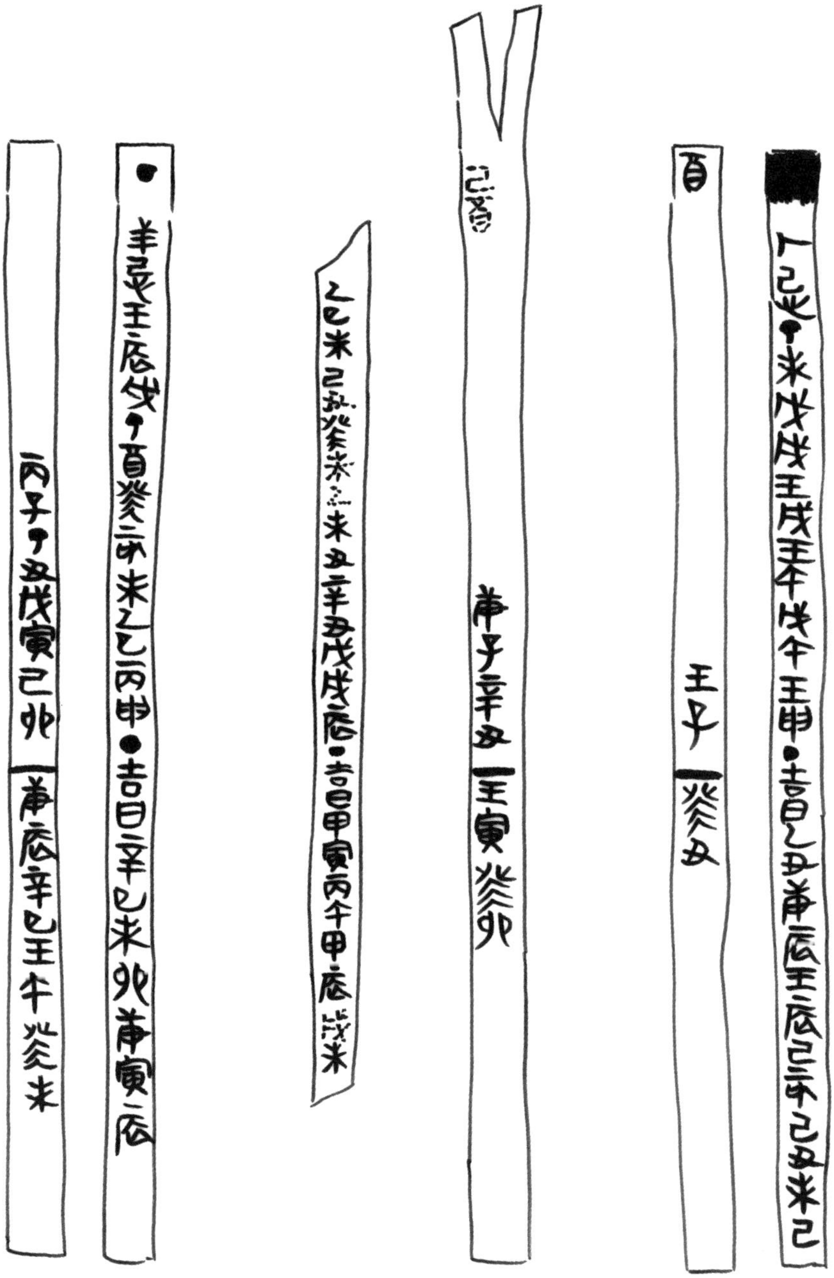

150　151　152　153

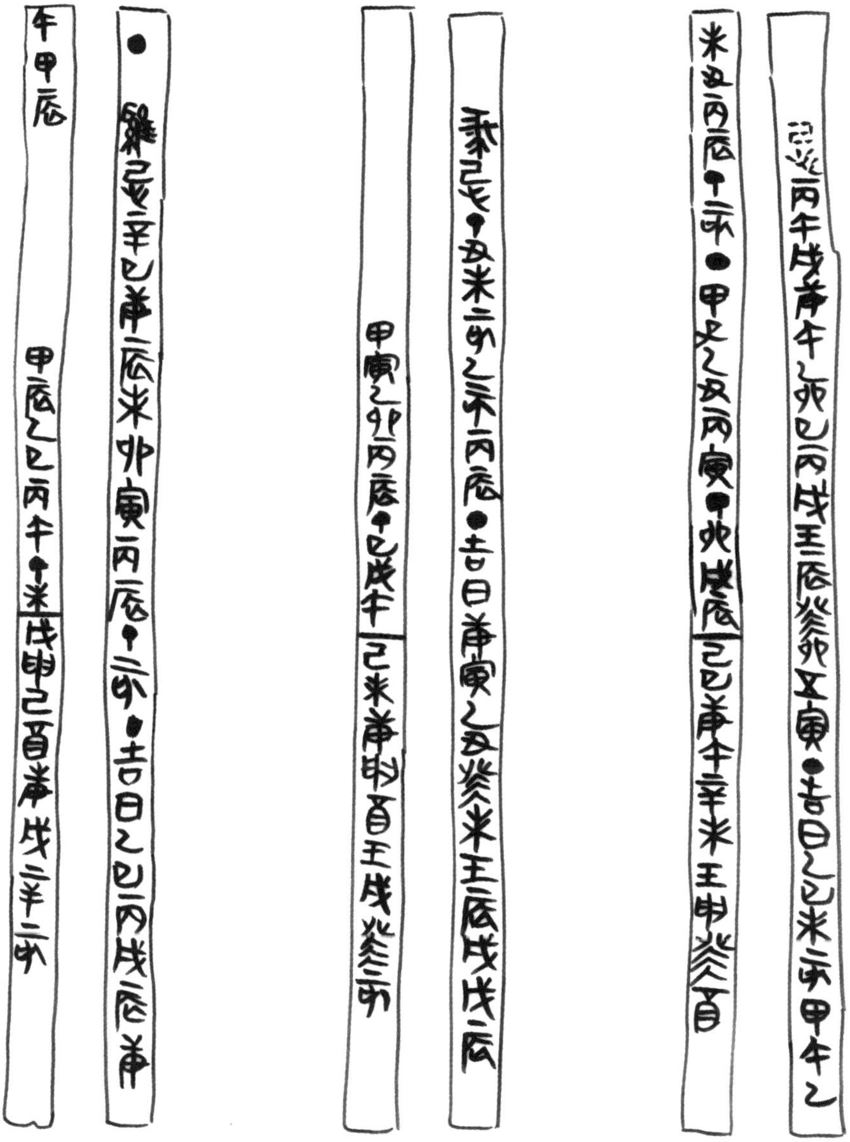

147　149　148

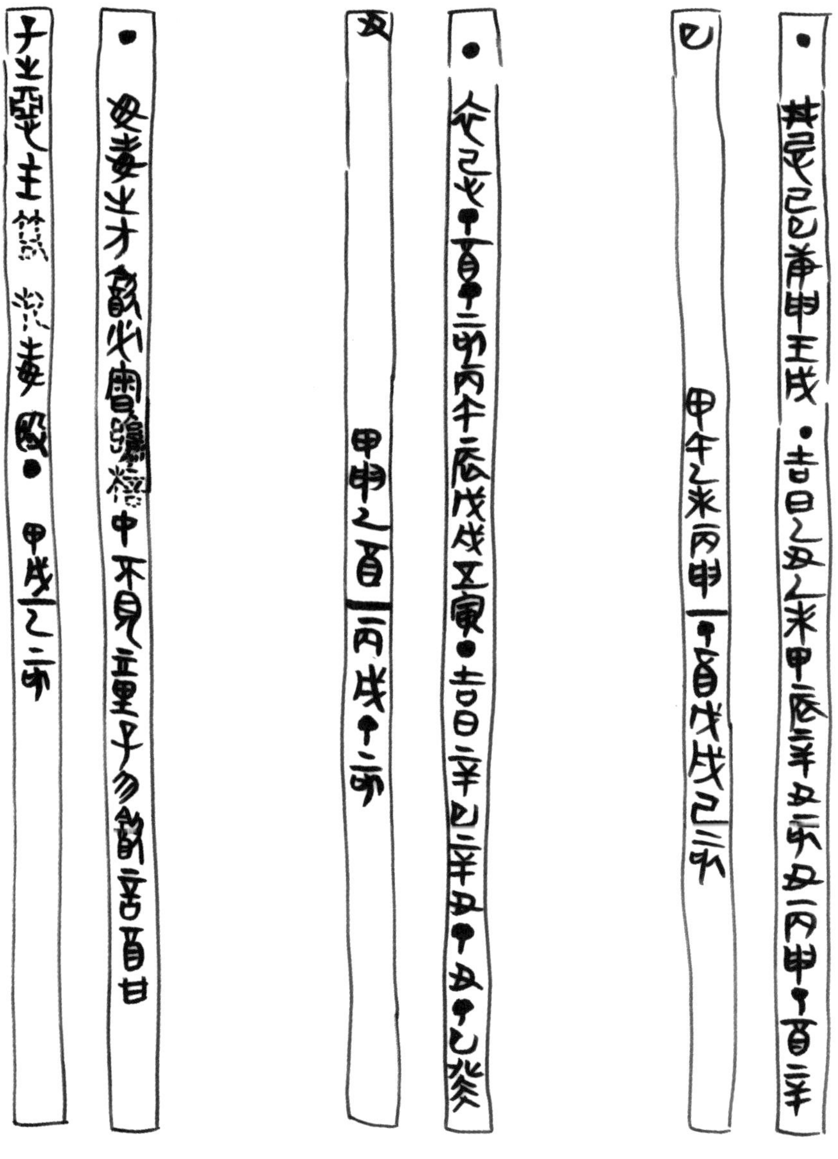

144　145　146

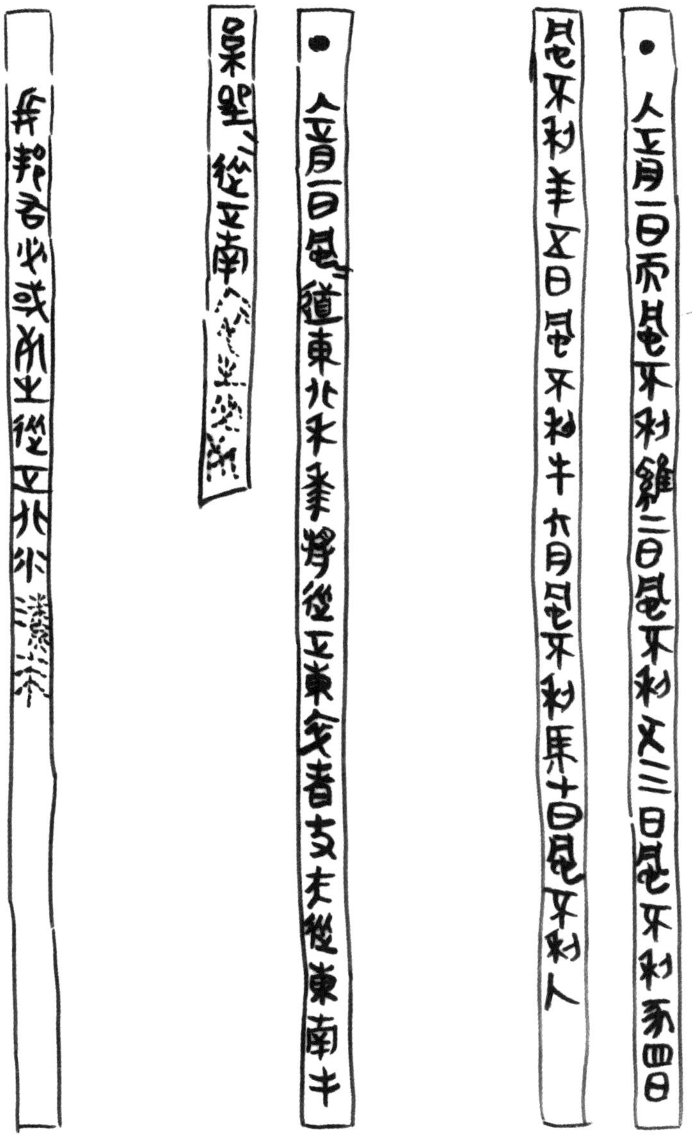

166　162A+93A　313

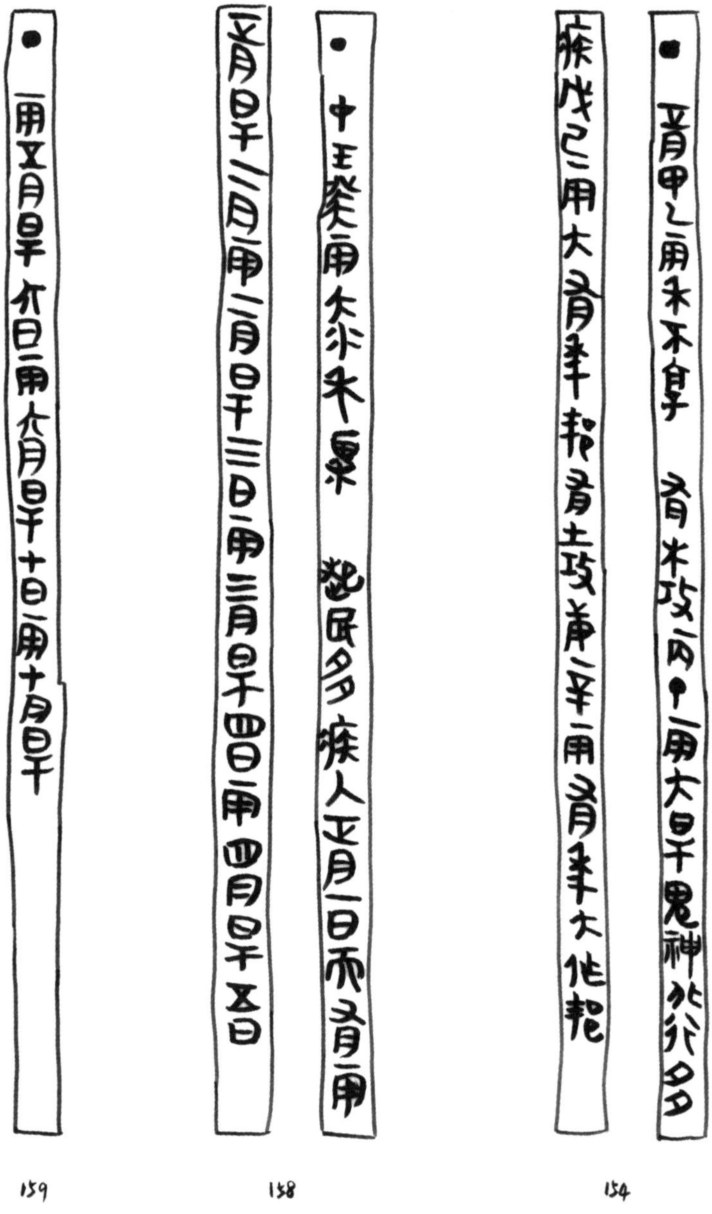

159　158　154

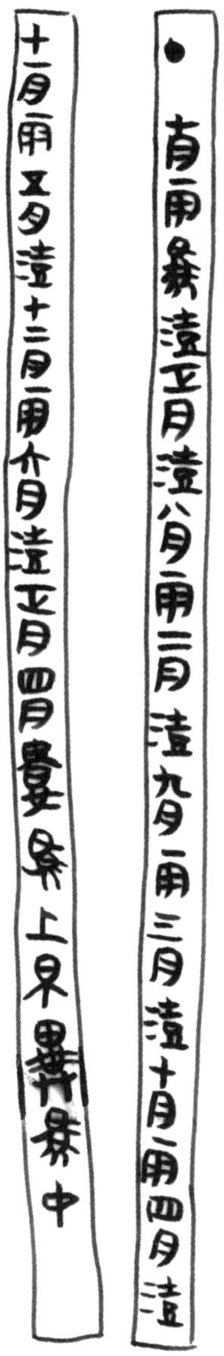

160

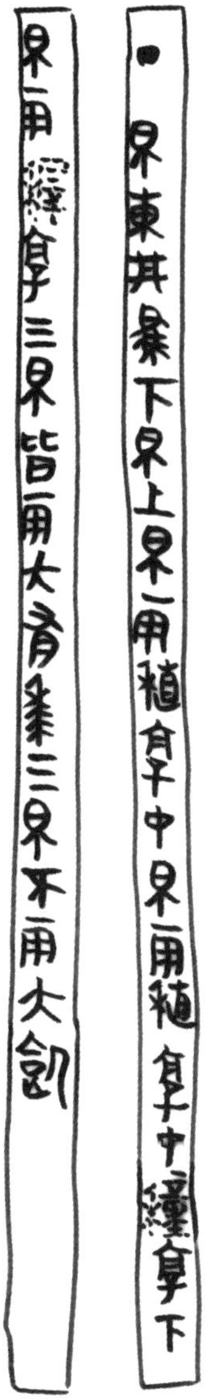

161

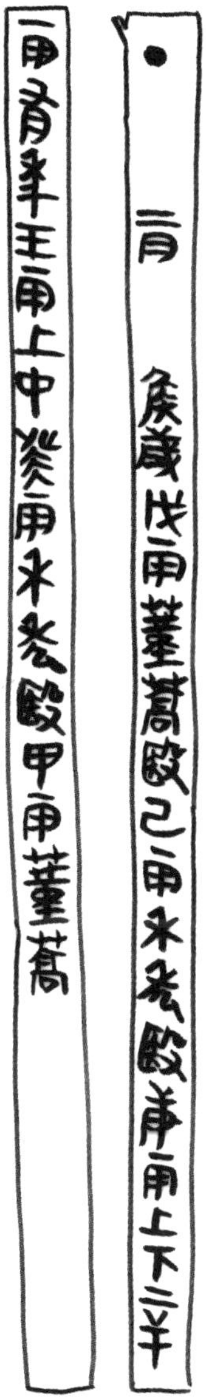

155

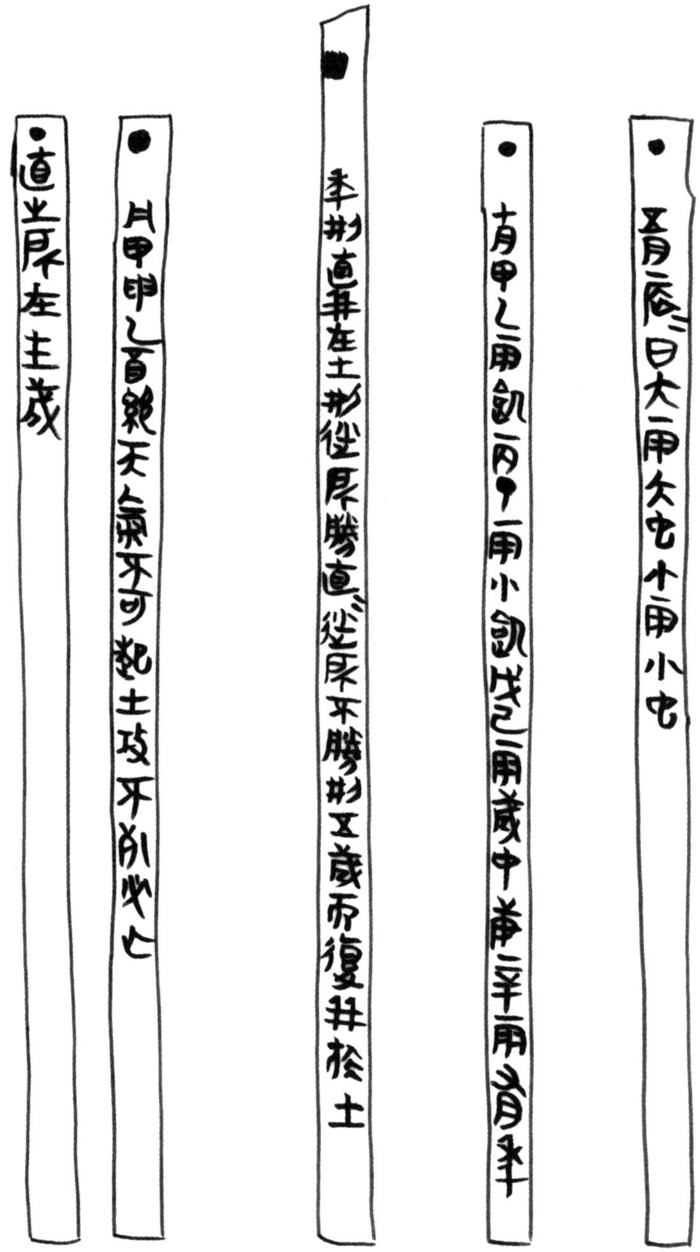

308　347　156　157

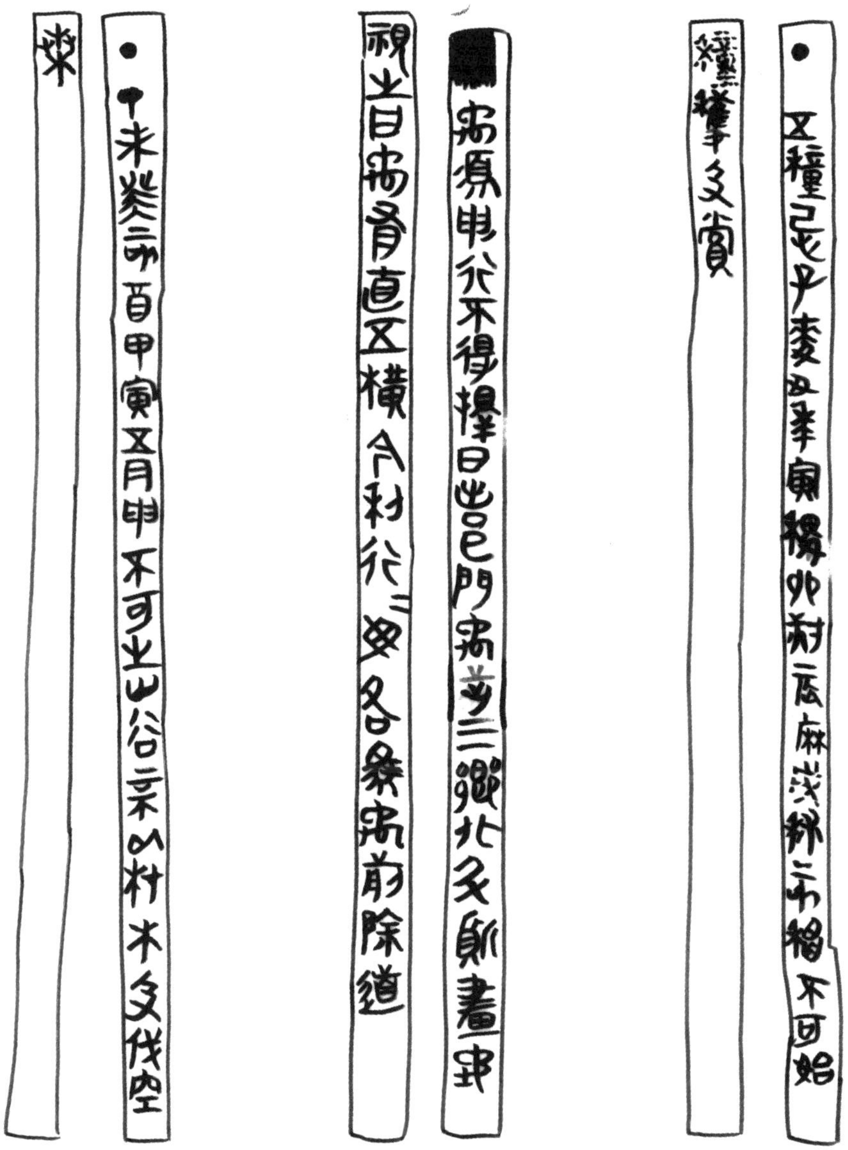

305 165 164

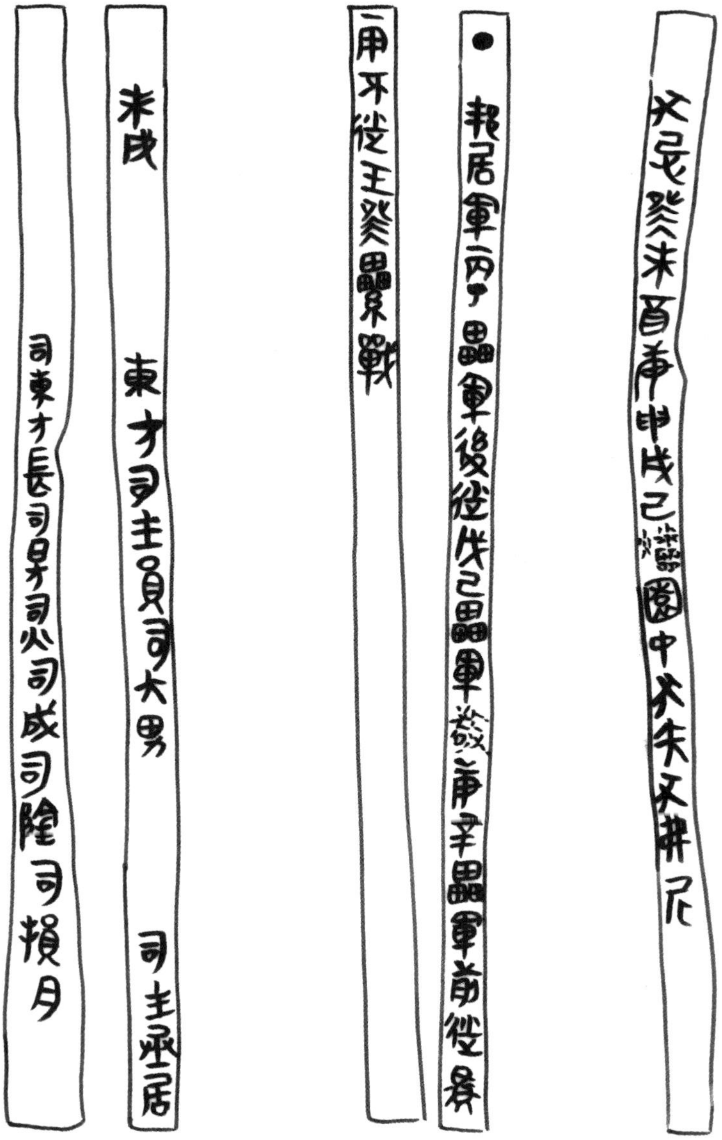

339 346 307

●黄十十萬十又一百卅十卜

居殿大吉午季居季雚十司西寸司
居中居午季居季龍司火司荆

令司司空天
司宫道居盍中居午居
司空

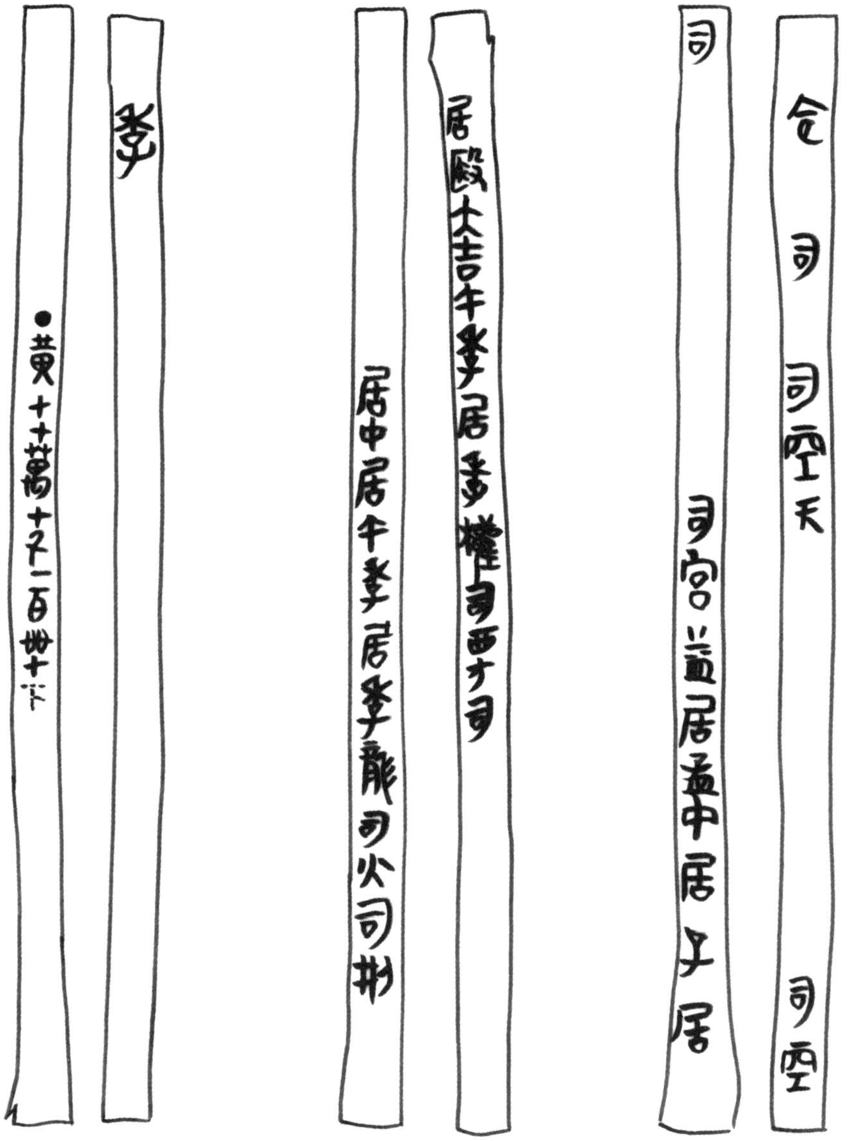

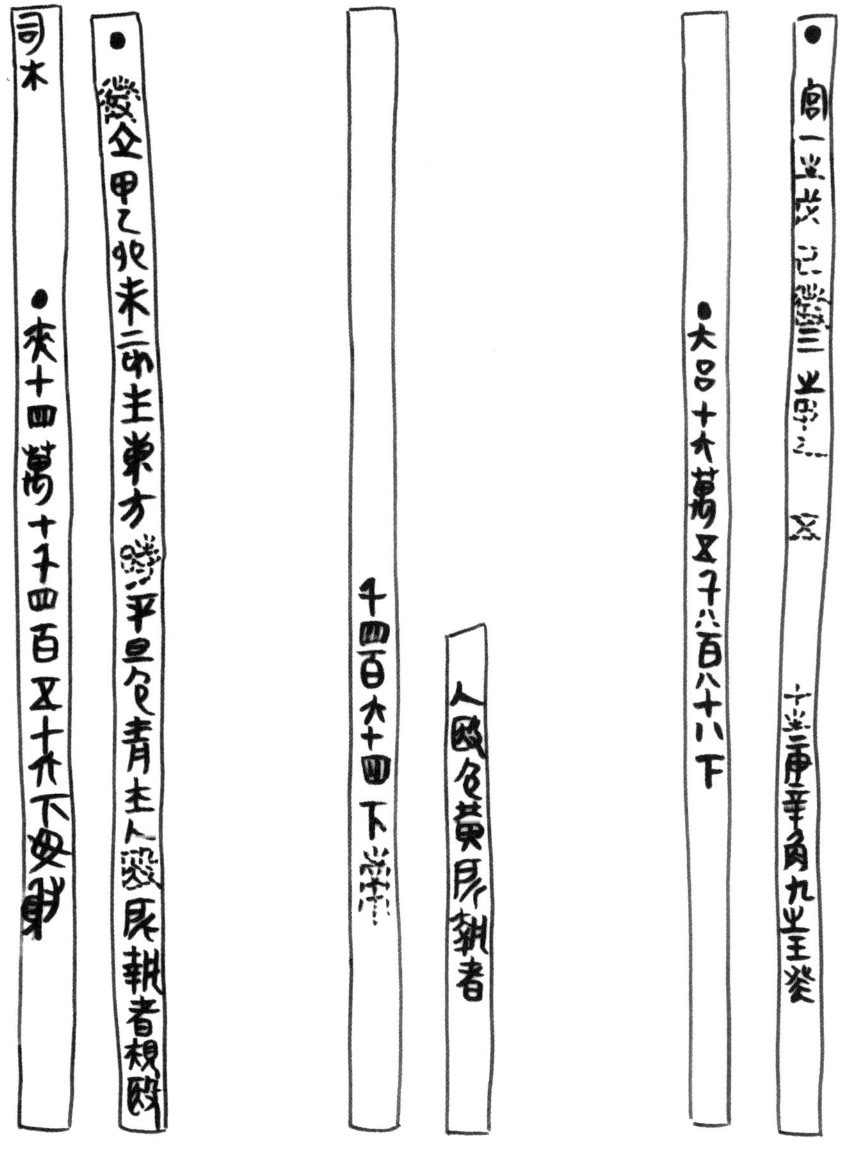

197　　196　　195

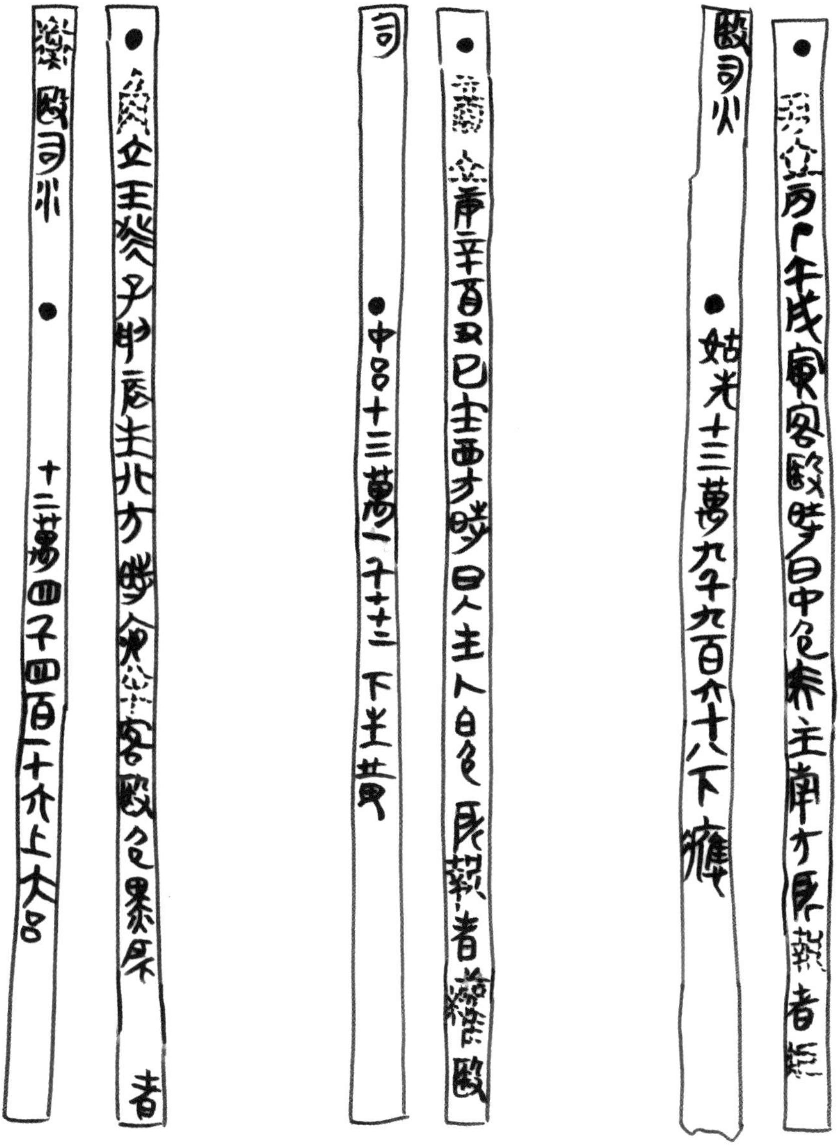

200 199 198

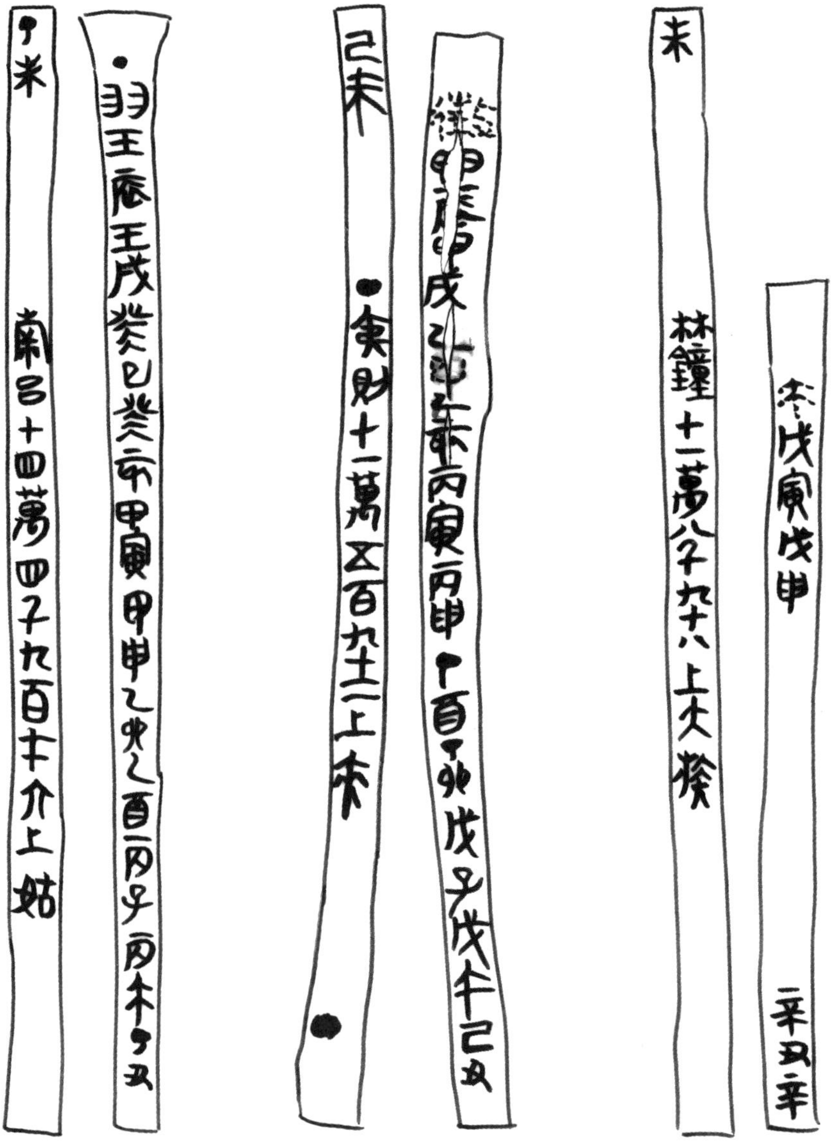

203　202　201

上生三而四

黃鐘以生姑洗光皆下生三而二從中呂以至應鐘皆上

193

又癸未

角戊辰戊戌己巳己亥庚寅庚申辛卯辛酉壬子壬午癸

● 應鐘九萬三千三百十二上茅

205

乙丑乙未

商庚辰辛巳辛亥壬寅壬申癸巾癸酉甲子甲午甲申

● 安九萬八千三百四上中宮

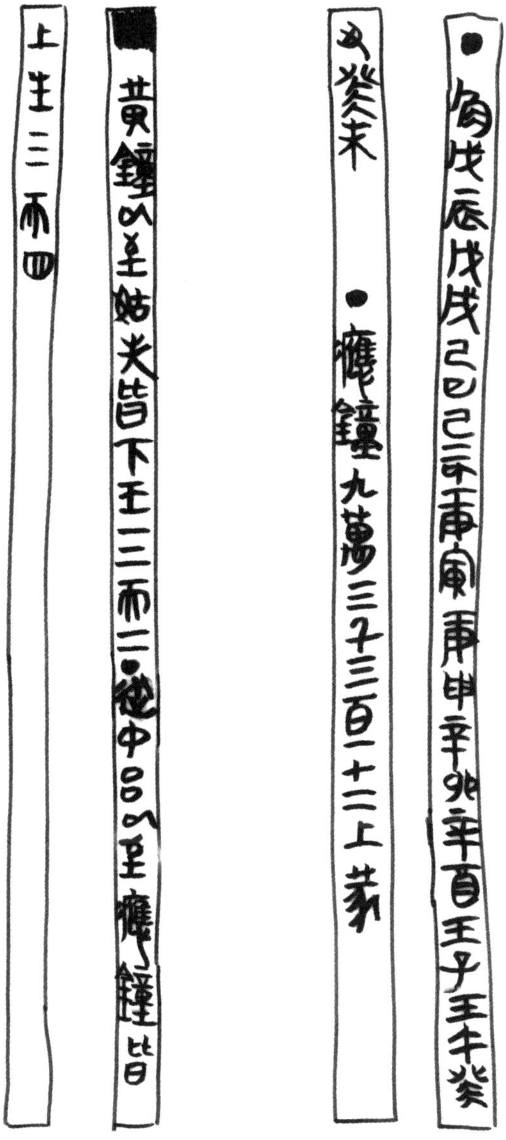

晡食六辰八　黃鐘下生林鐘　黃鐘〈十一〉　山

平旦九徵米

食　十　林鐘生大簇　大呂廿六

●甲九米　●子九米　旦八宮米

大羸中鳴穴　大簇生南呂　大簇十二夕□□

●乙八米　夕八金　夕食十翔火

179

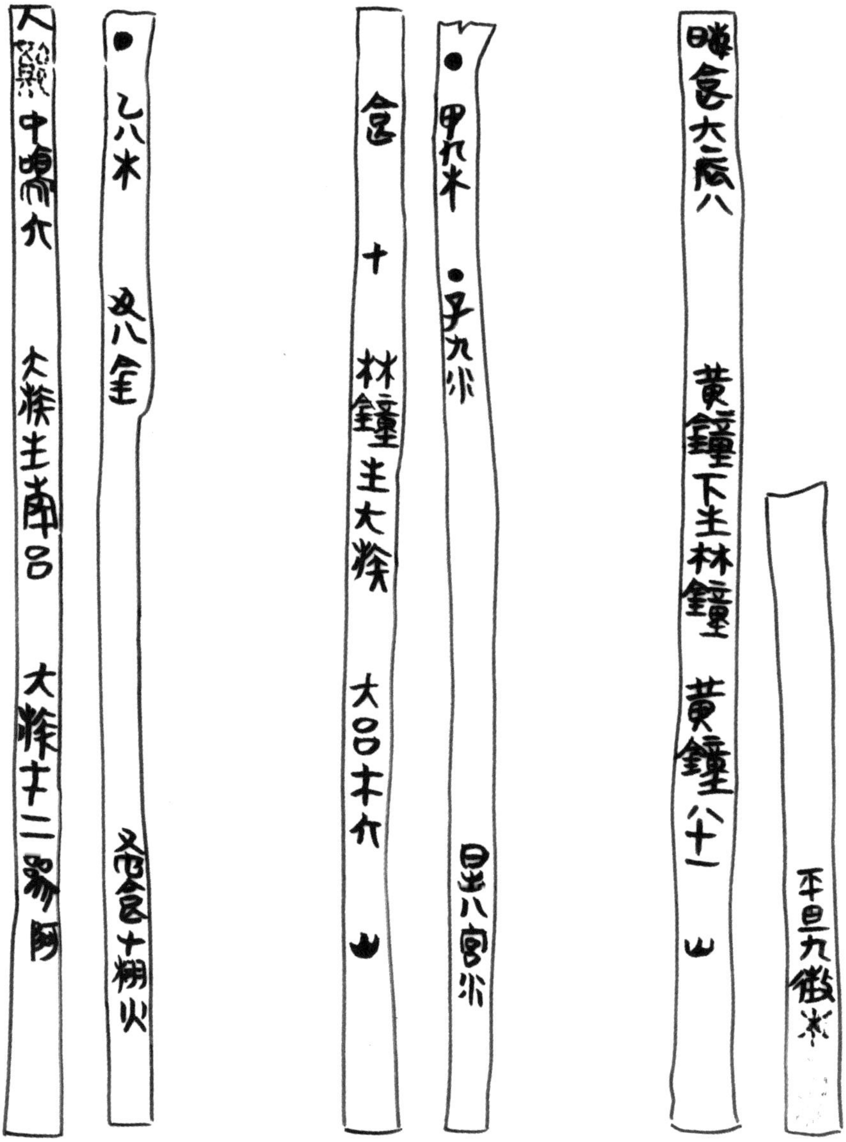

食時市日十　　㐲鍾生㐲夏　中呂木十㣺山

●戊五土　　辰五木　一　申酉戌　一　日中五宮土

日出日未八　　姑洗生㐲鍾　姑光木十四湯公

●六火　　卯木米立宮又　八　二鹿　東中五土

須午後鳴又　　南呂生姑洗　夾鍾六十八象阿

●丙十火　　奧十火　昆　其合木角火

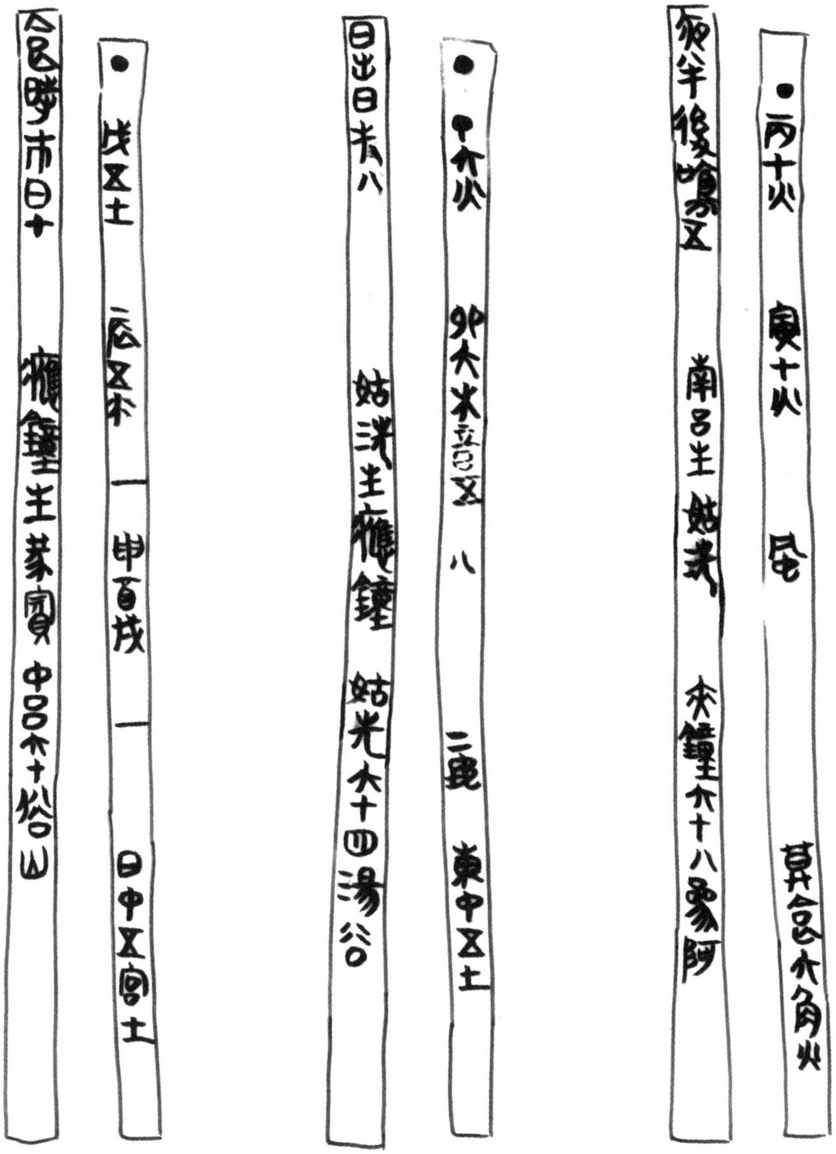

184　　　183　　　182

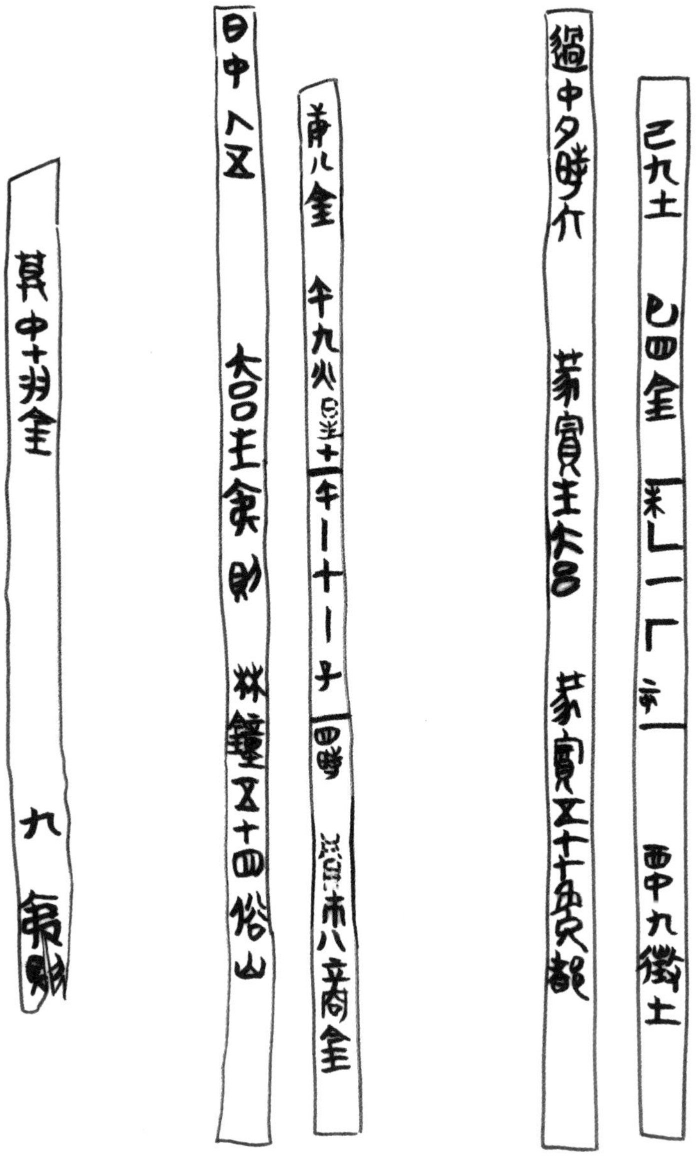

187 186 185

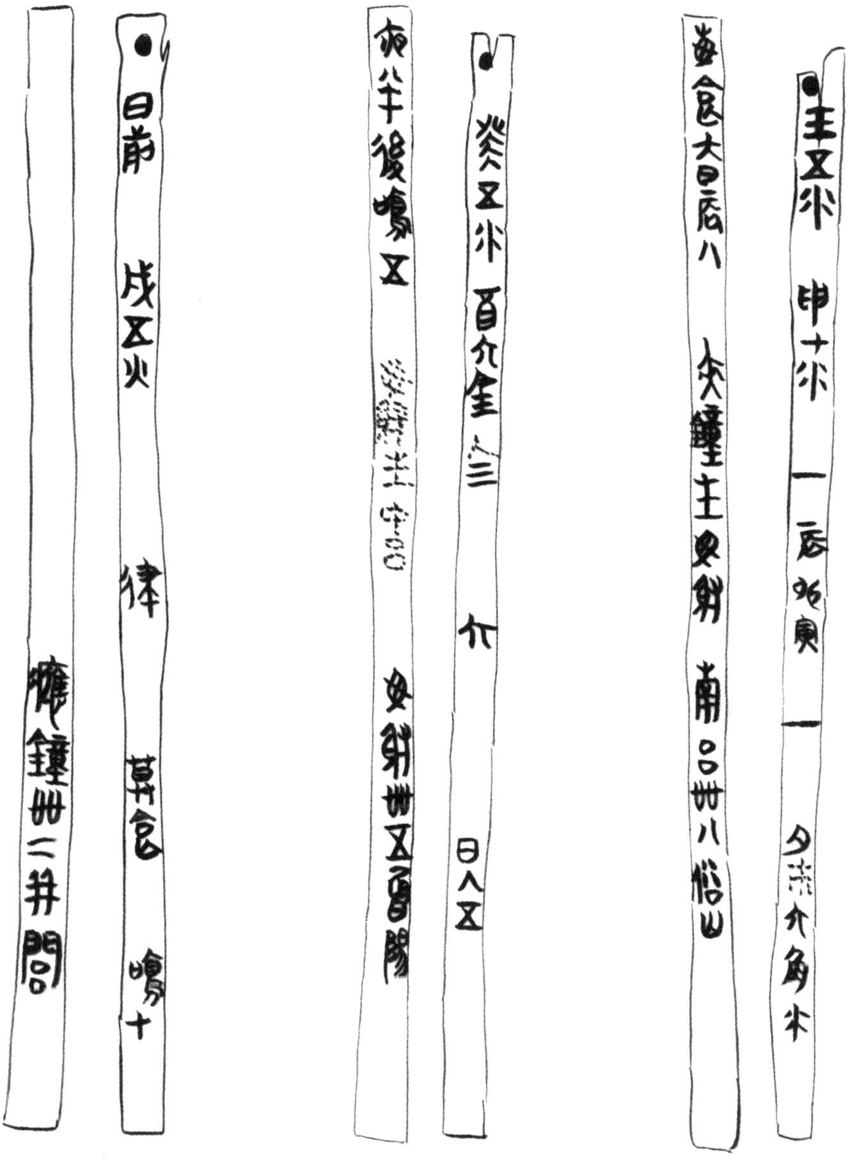

190　189　188

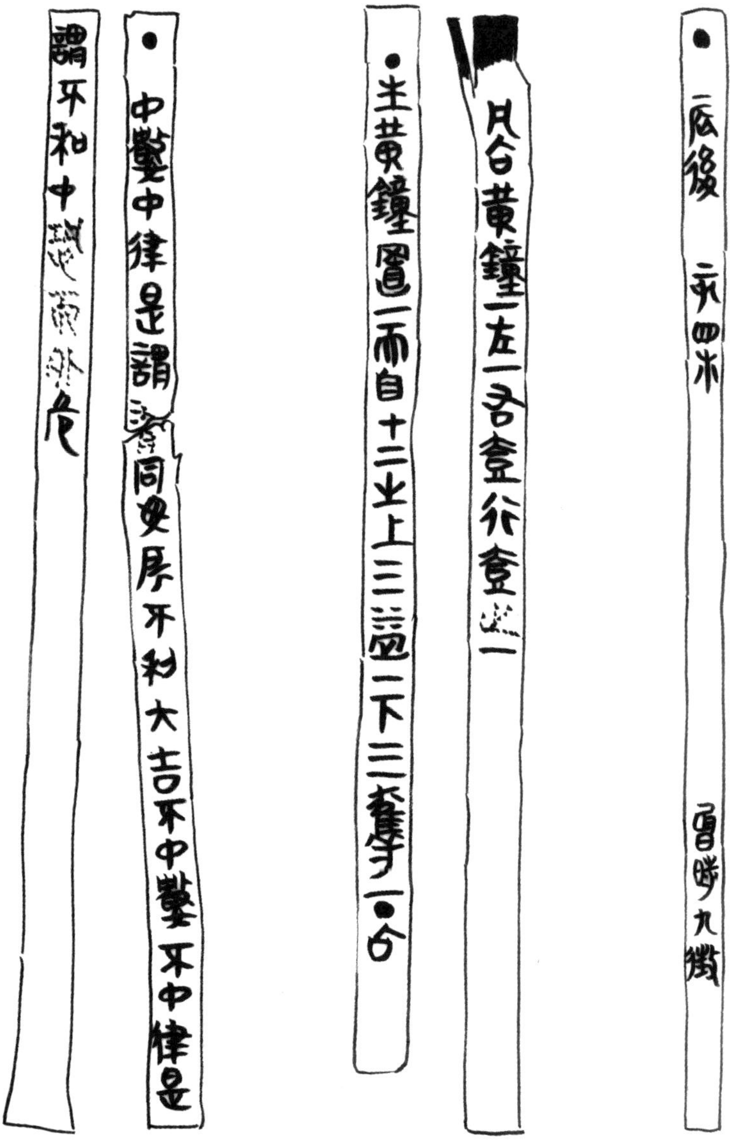

364+292　　333　　191

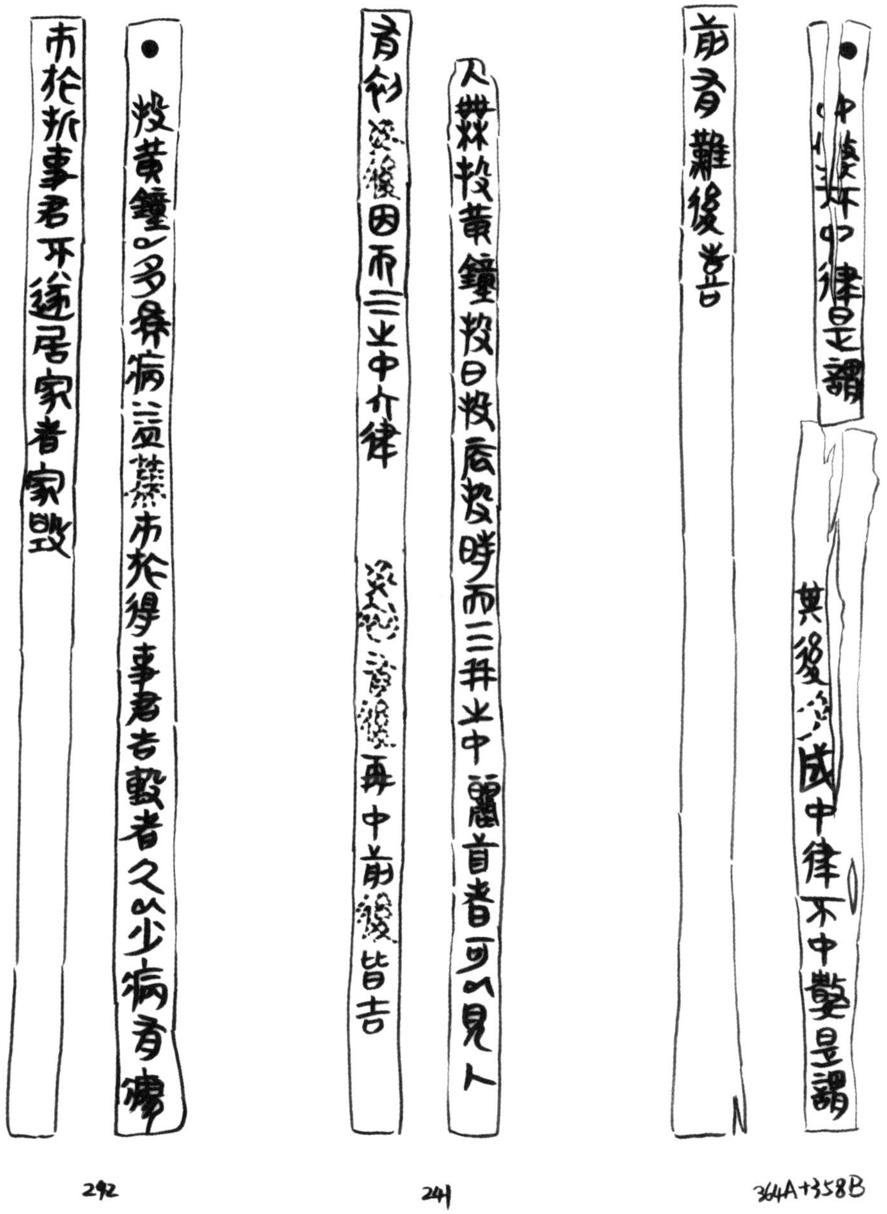

292　　241　　364A+358B

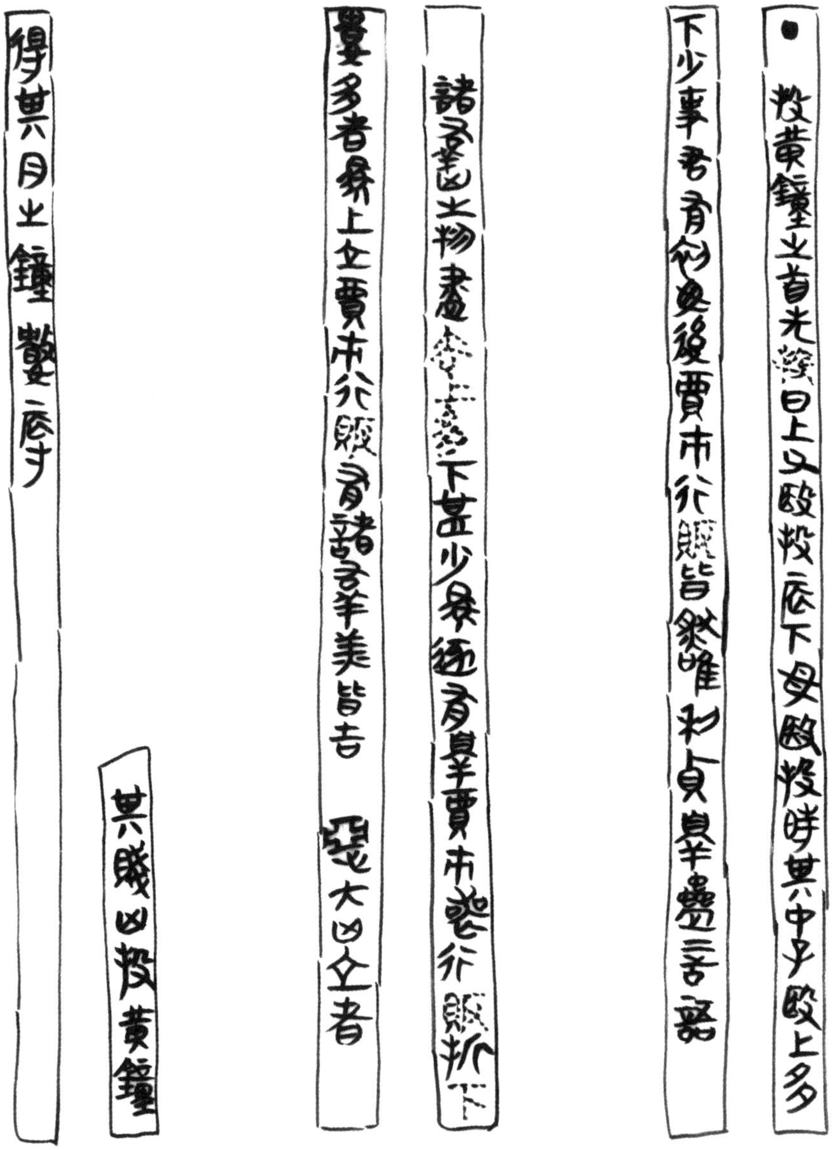

247B　288　243

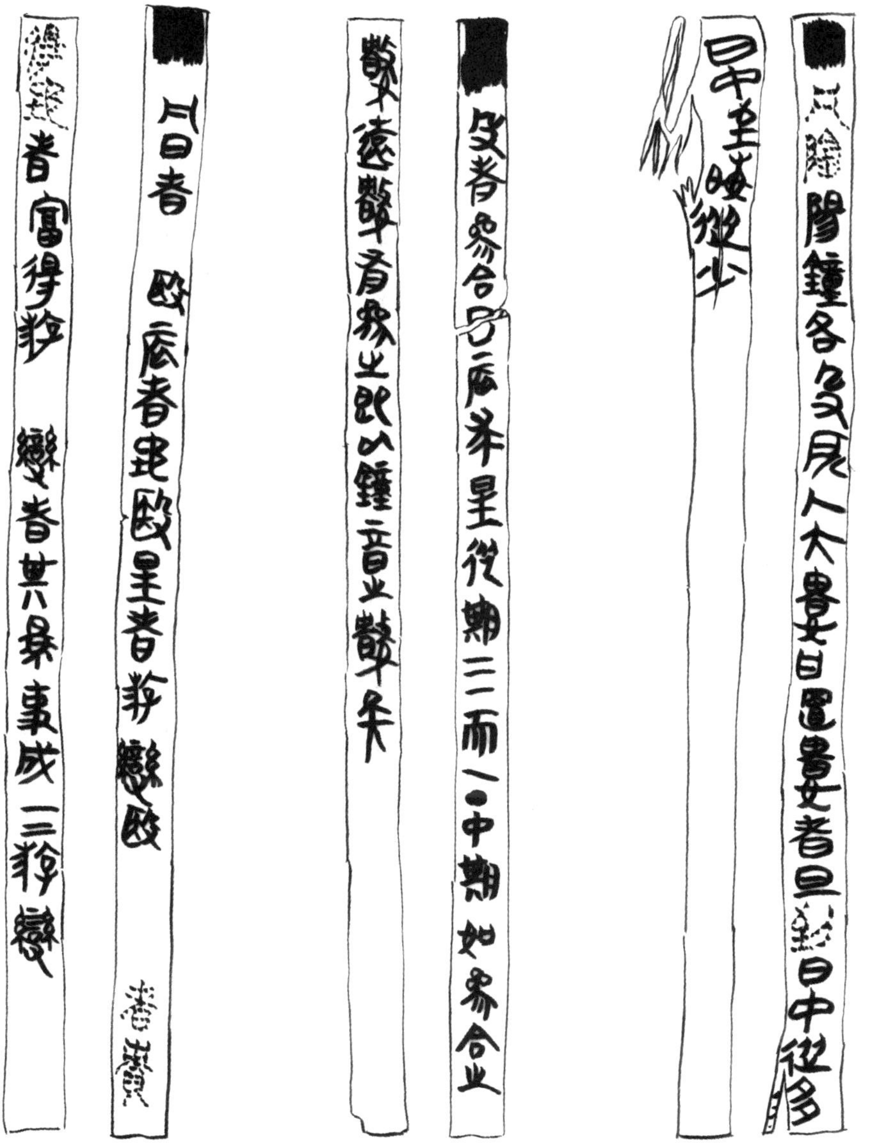

326　　321　　319

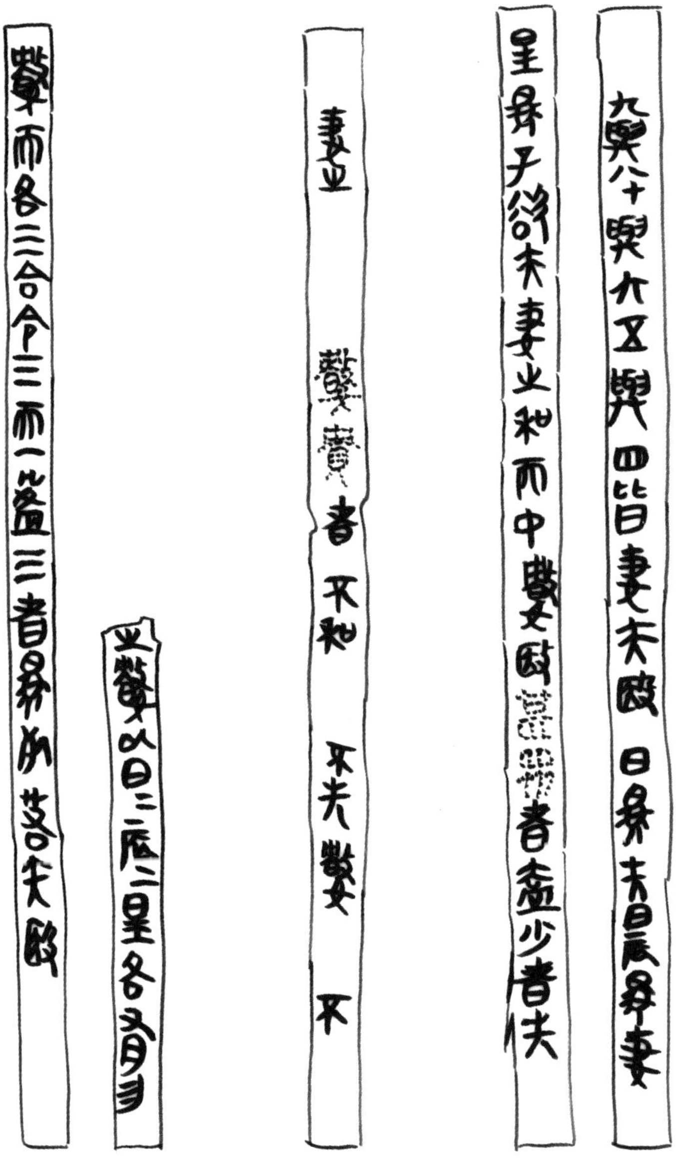

327B　324　344

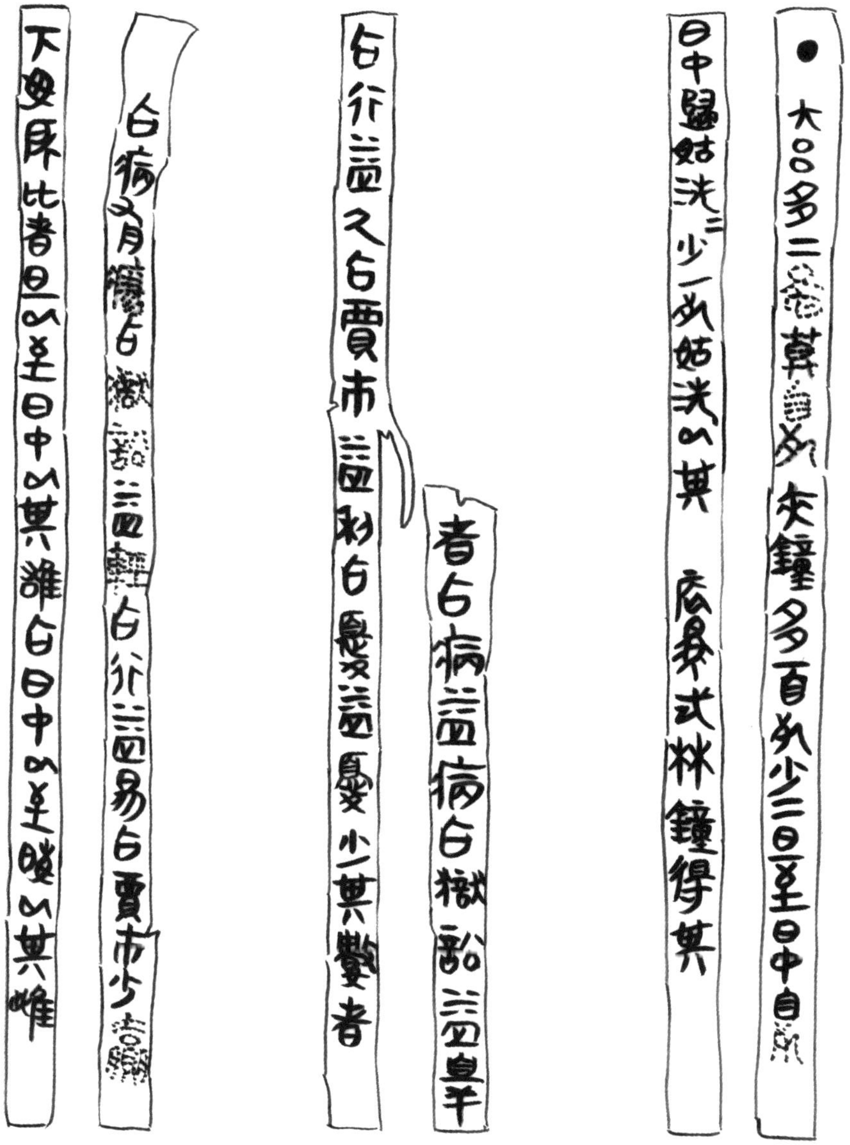

297　360A+162B　286

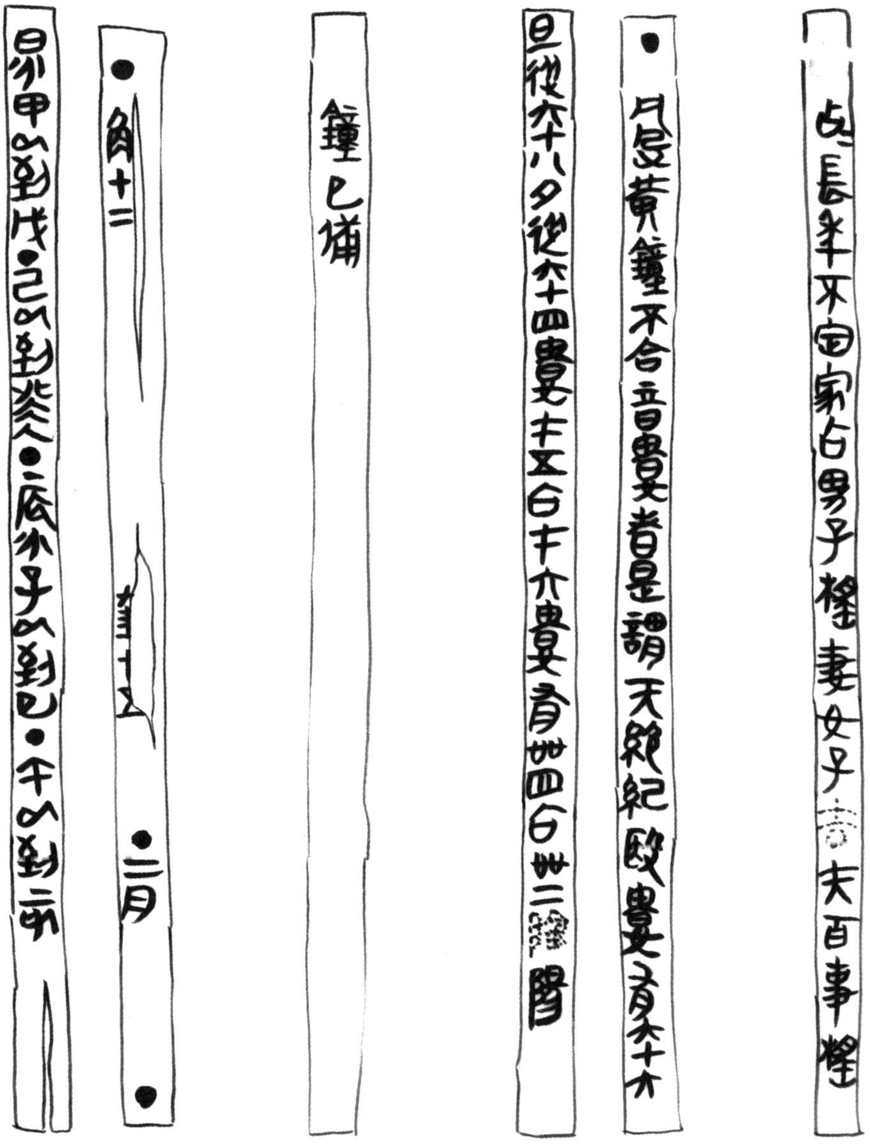

167　368　283　310

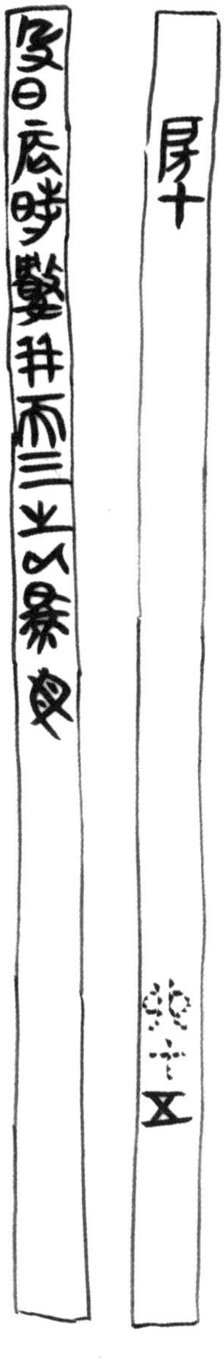

173

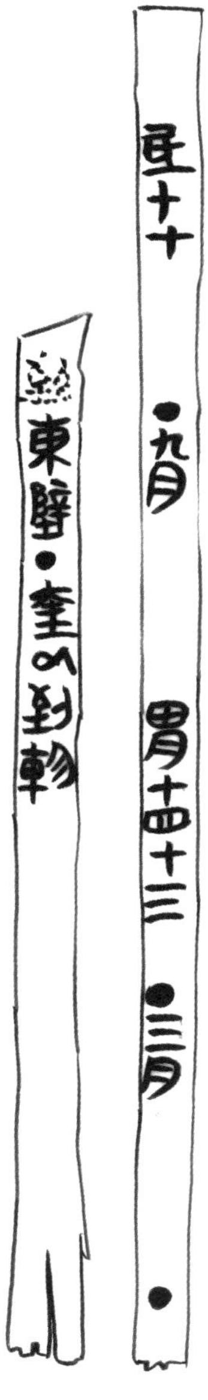

1681+374

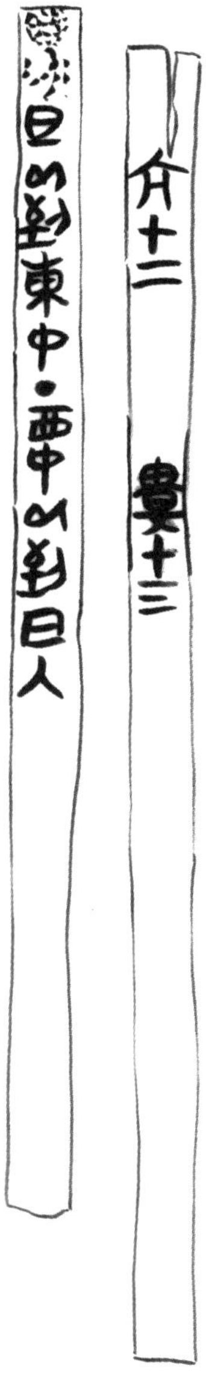

174

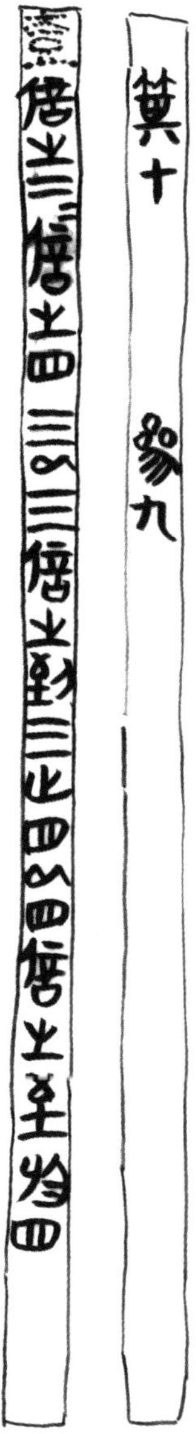

175

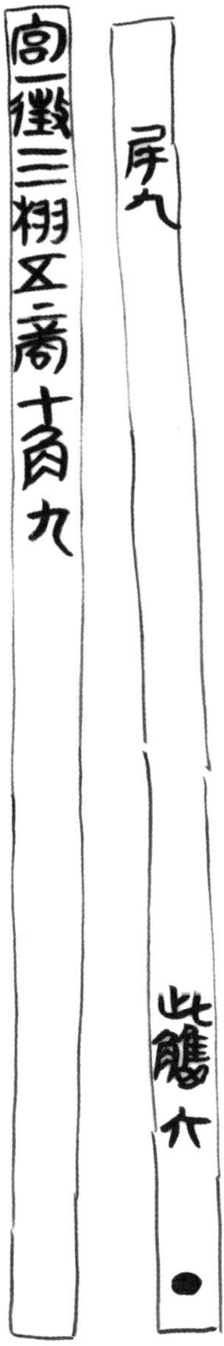

176

169

171

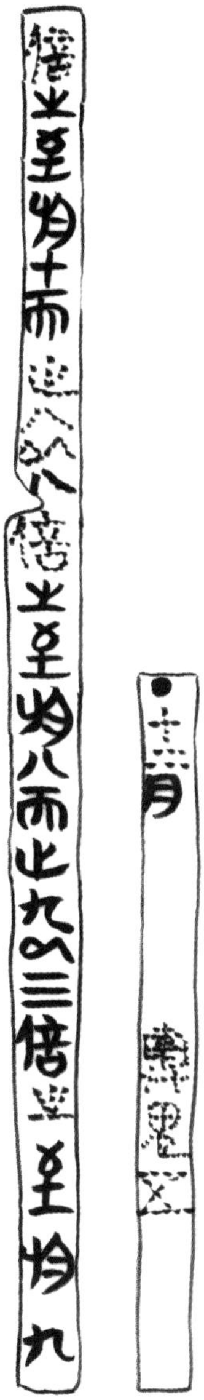

361

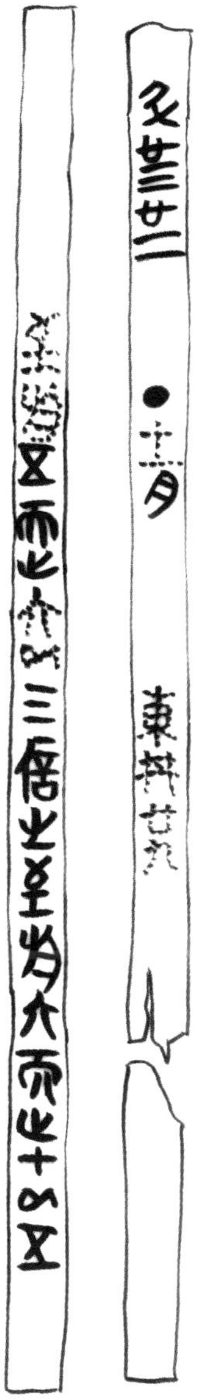

170+325

東壁十三　　其分十三　　軫十五

井其斃丙∟除夕丙∟餘朔止

歲廿　青　張　●月

危九

日到於日星道角苦奎到於日星又日底昴斃比日

十旦至十三　●

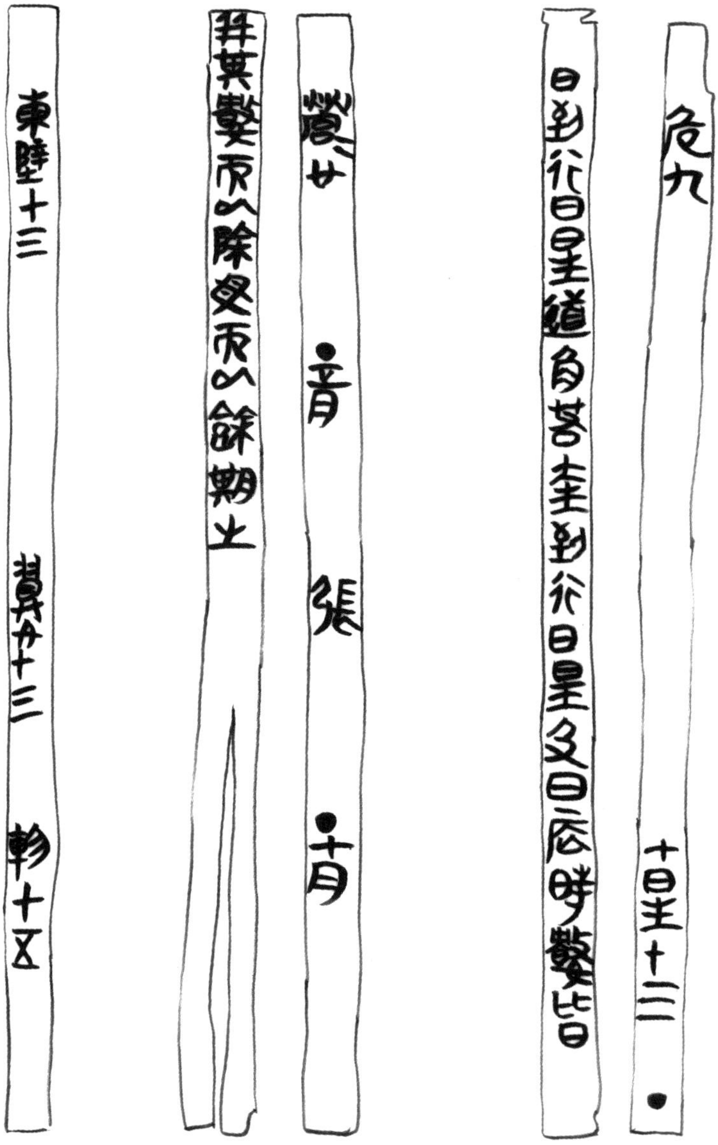

178　　172　　177

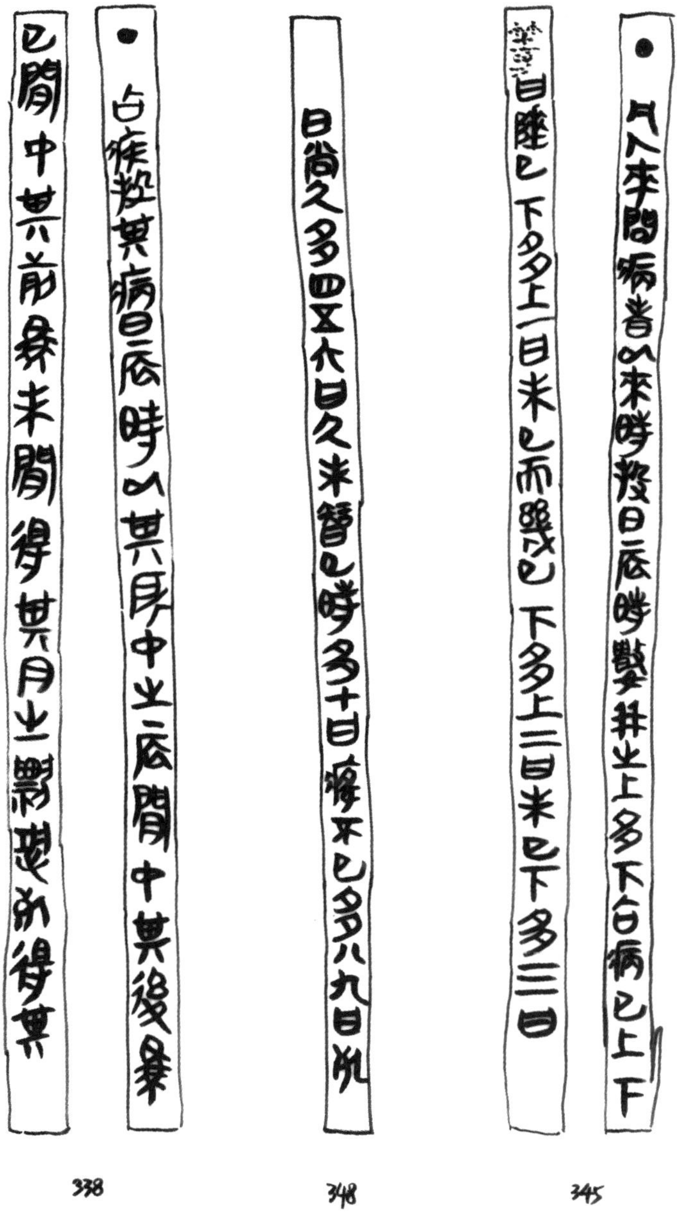

338　348　345

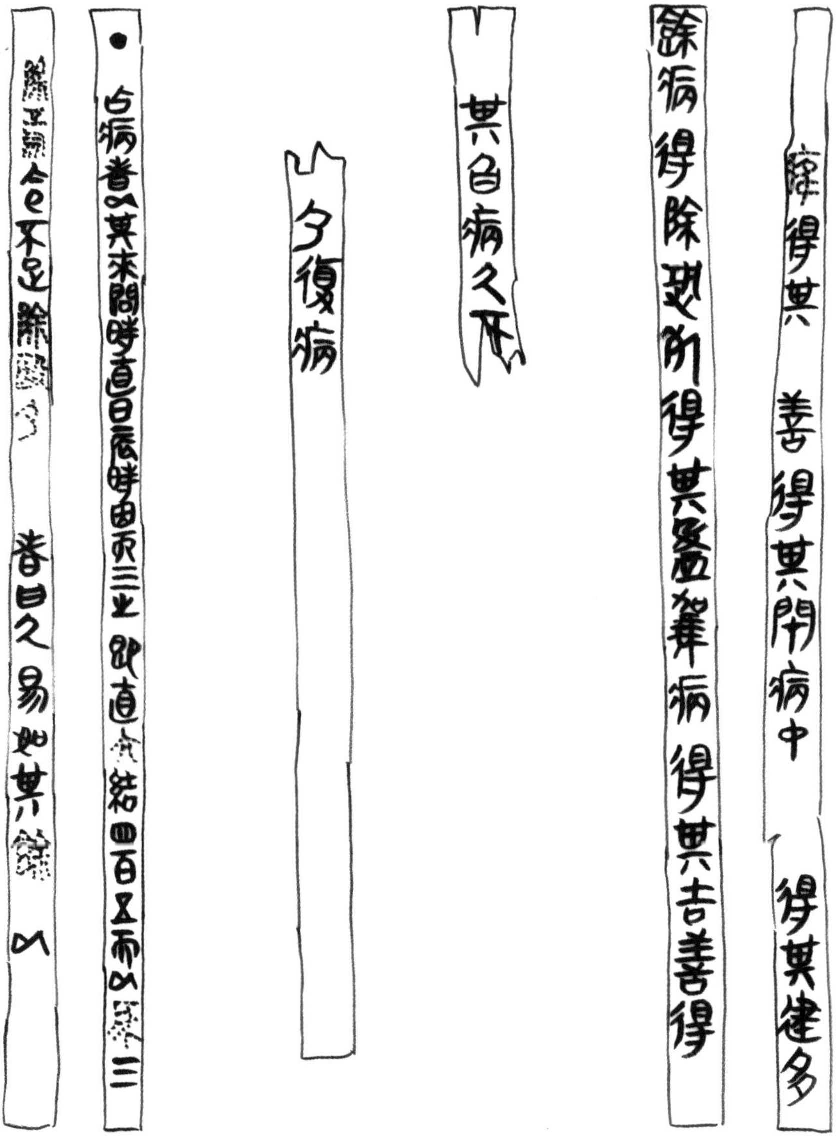

355　364B　358A　335

■九者首殴八者肩胳殴十六者囗股腸殴五者股骱殴囗

者囗足殴此尿以皆情疾以尿殴

343

●白病兼除 天殴公孙二社多立 三人鬼大囗多腸 四大過多

北八五二音五帝閤二甲公六律司命天 十星囗者

350

八尾相囗者九外大半殴

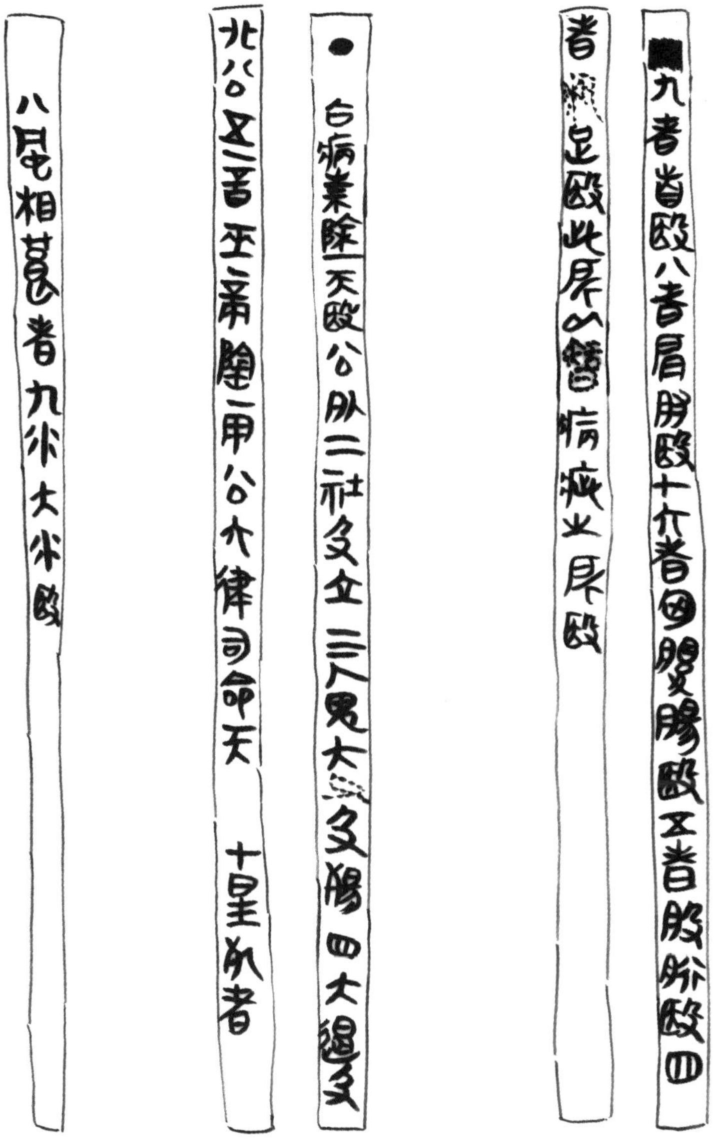

桑得象閒得其後匠桑不得其前復坐匠桑復匕

台盗以匕二医象式牧得其式象育中間得其前又

三三西廾二二而東北一

左中除八飛八上至十南十大東大五西南五四北四三東南

●占亡盗　除一到九肴除一　上復除九攻余盗

322

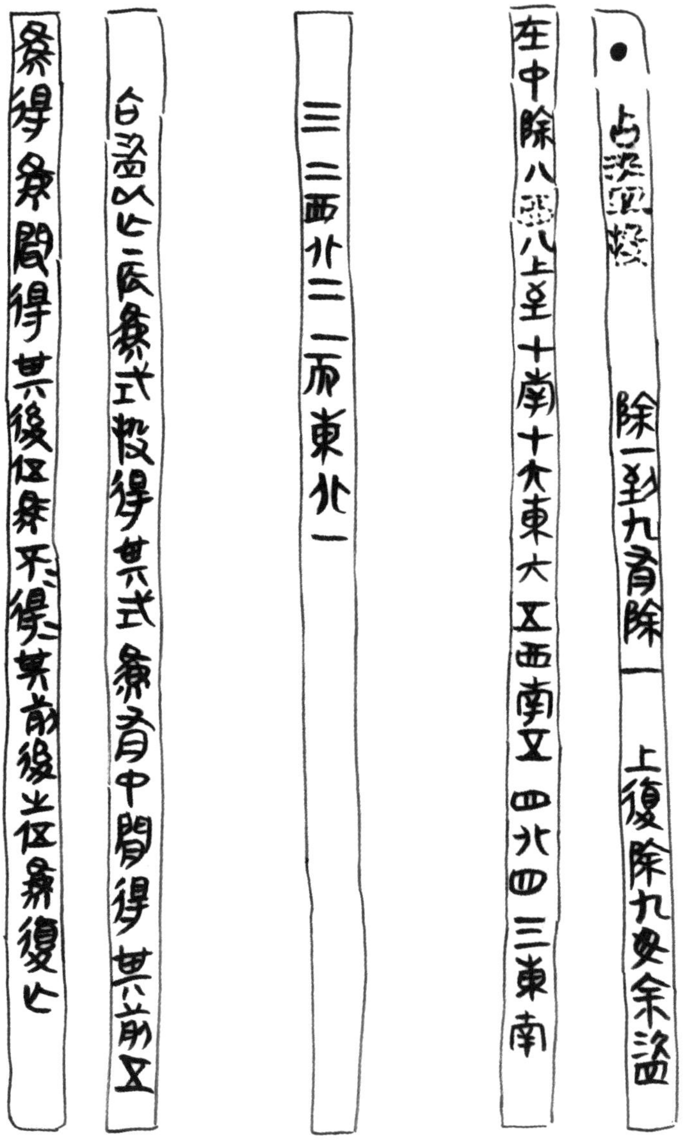

辰桑孕人得其前多桑姑得其後多桑已是不往

桑合

299

三卅而五世

业趏

331

白心蓑似而來問业𣏒日辰姊𩅜因而

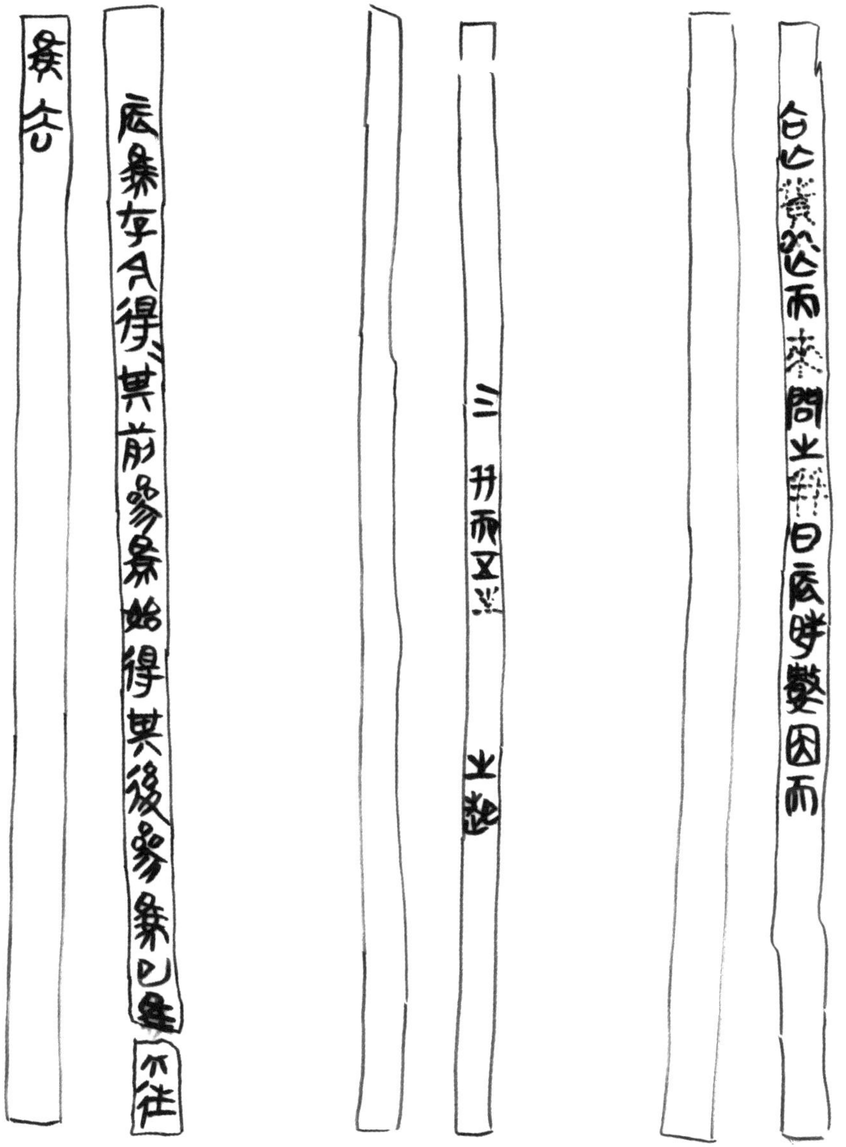

●白巳人煞其二音聲其屍中止鐘賤巳人不出其田其

鐘貴巳人逤男子反亓其区女子賤亓鐘区

287

●日爭勝者甲大乙三丙四丁二戊九己四庚八辛大壬一癸十二

子四丑二寅一卯四辰八巳五午十未六申九酉五戌十六

349

●日彖寅辰象主卜鑿多刃者　鑿等者　冬

足勝日　先者

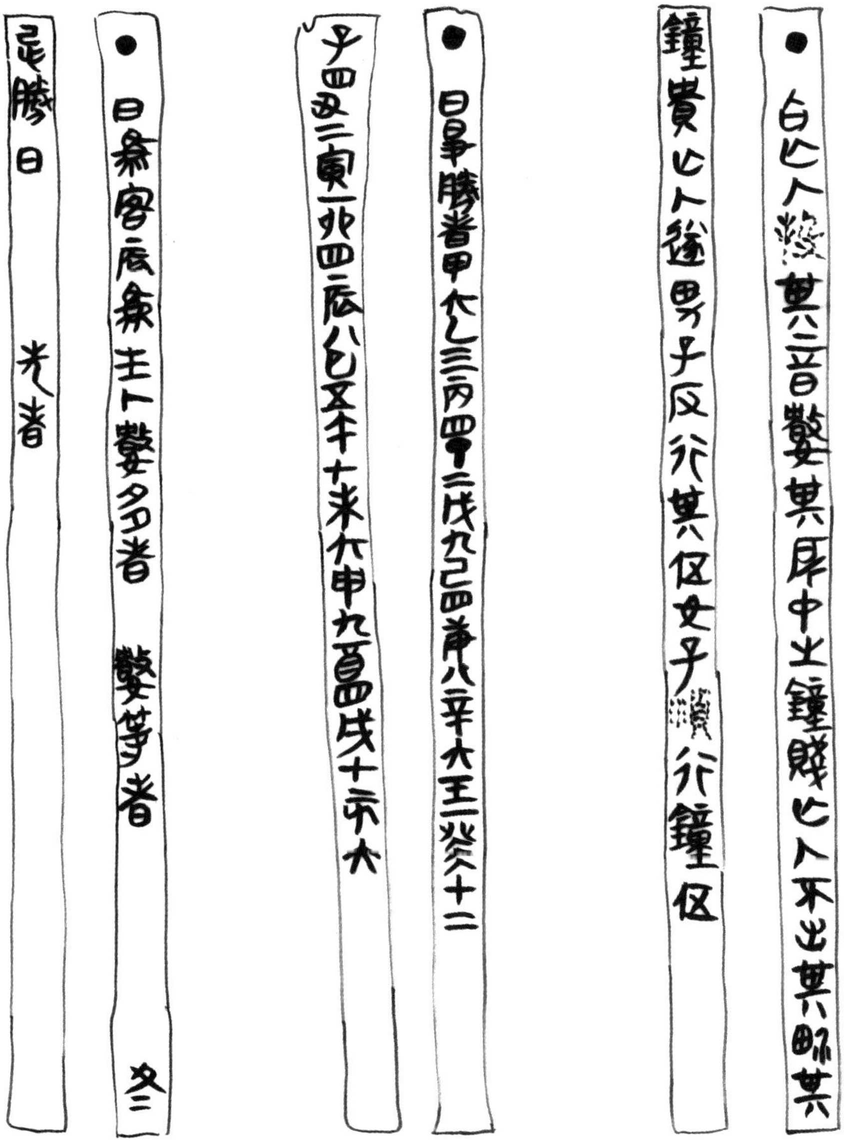

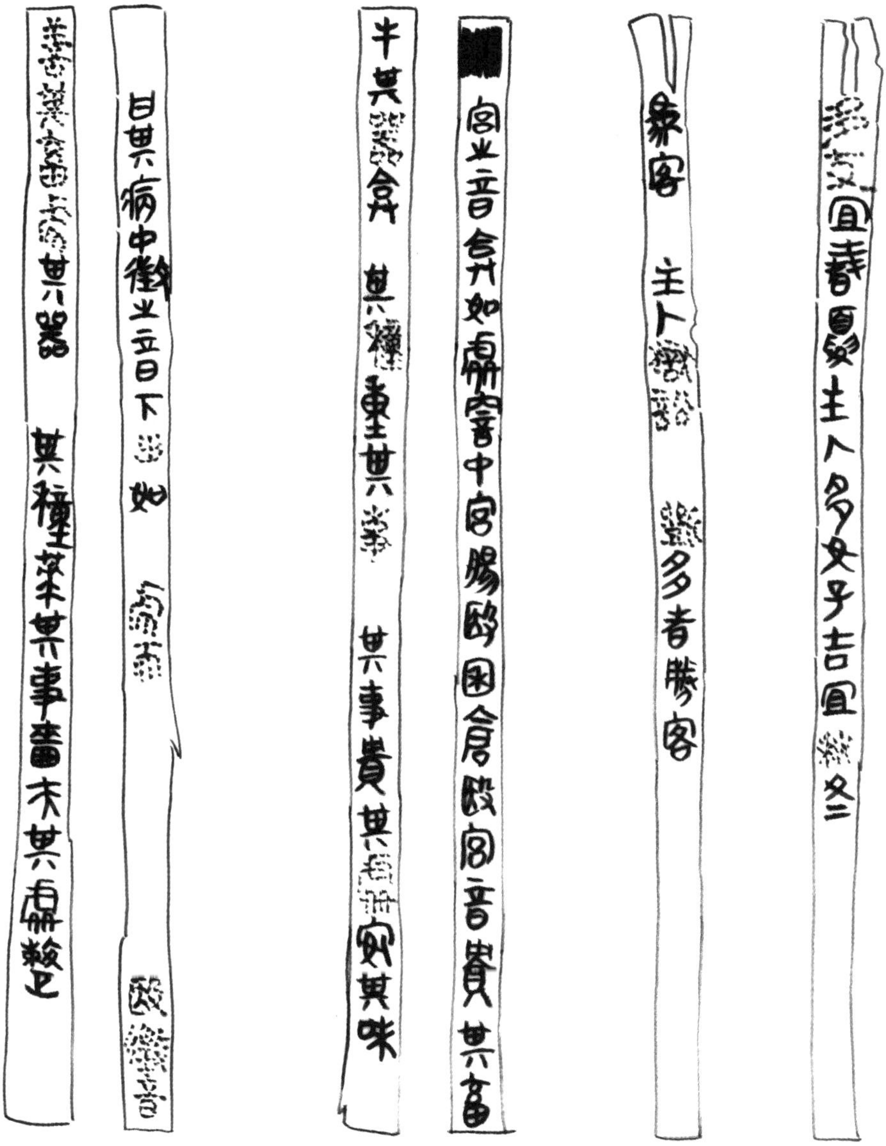

352　353　282　329

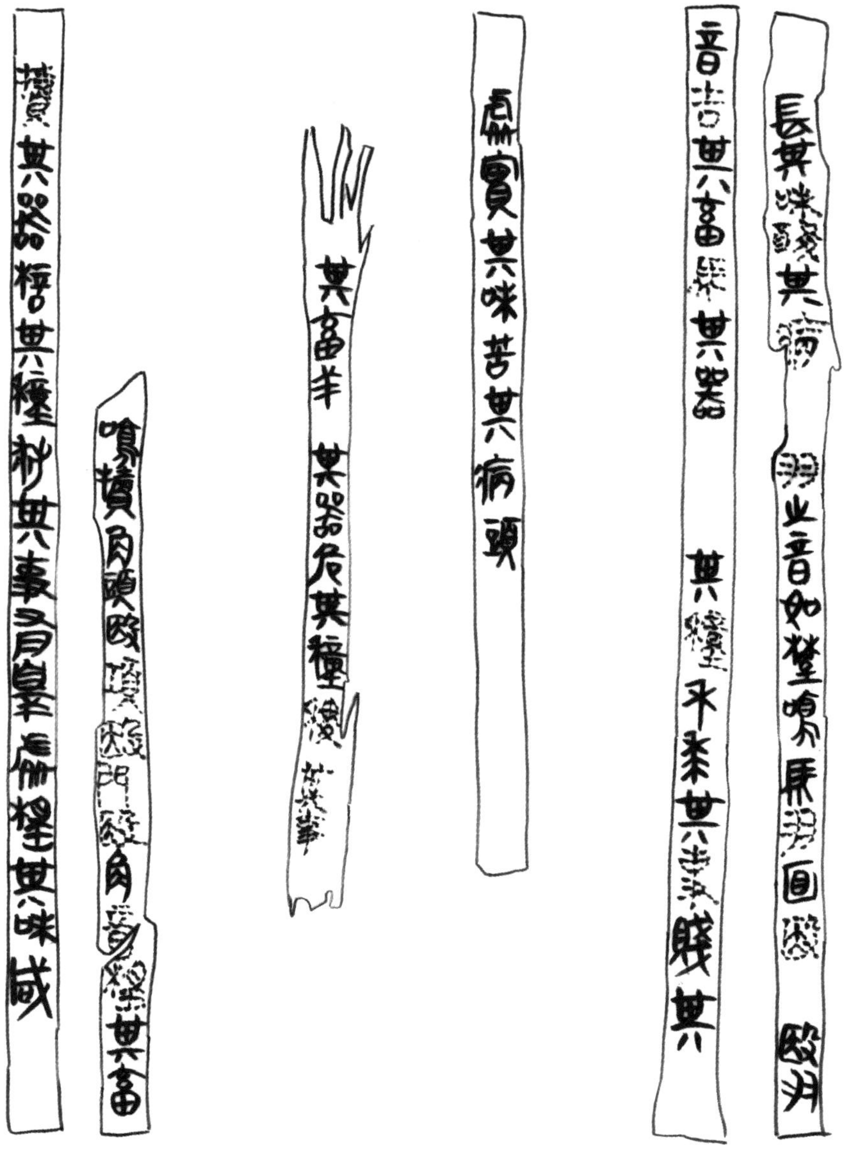

303B+289B　289A　375　354

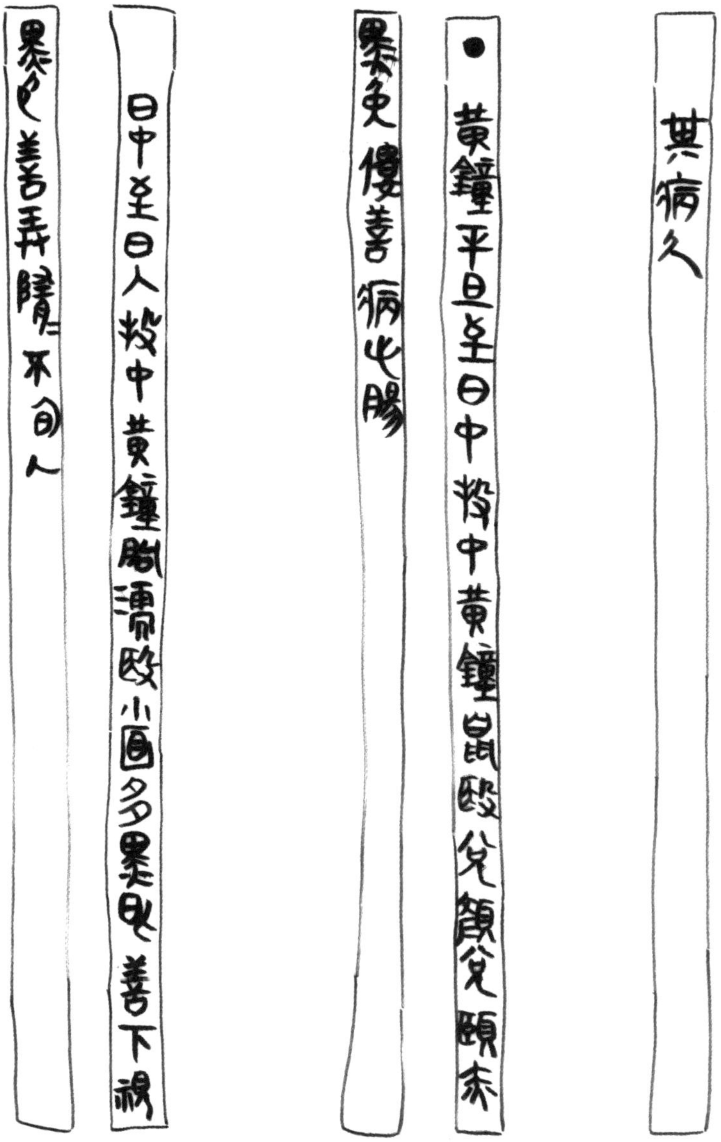
其病久
●黄鐘平旦至日中投中黄鐘鼠殹兌顔兌頤赤
黑色僂善病北腸
日中至日入投中黄鐘腏獱殹小面多黑色善下視
黑色善弄隤=不可人

207　206　370

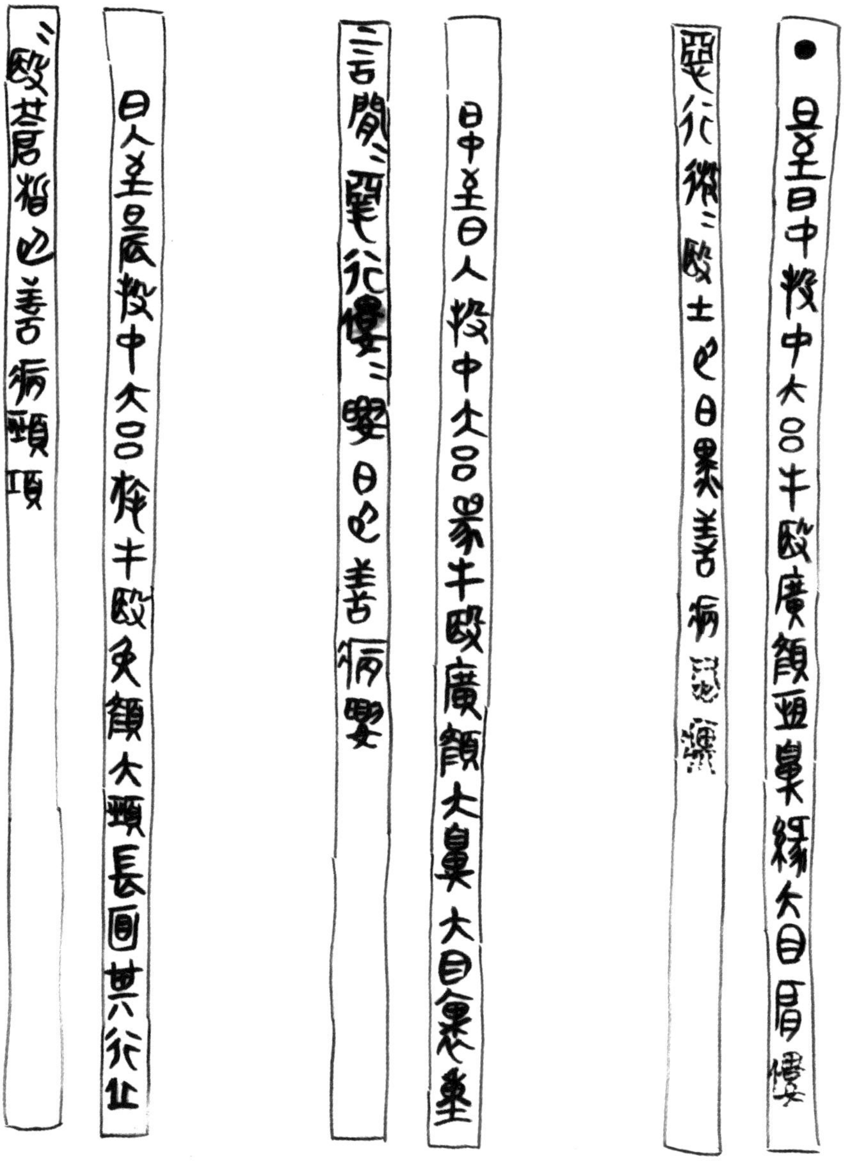

211 210 209

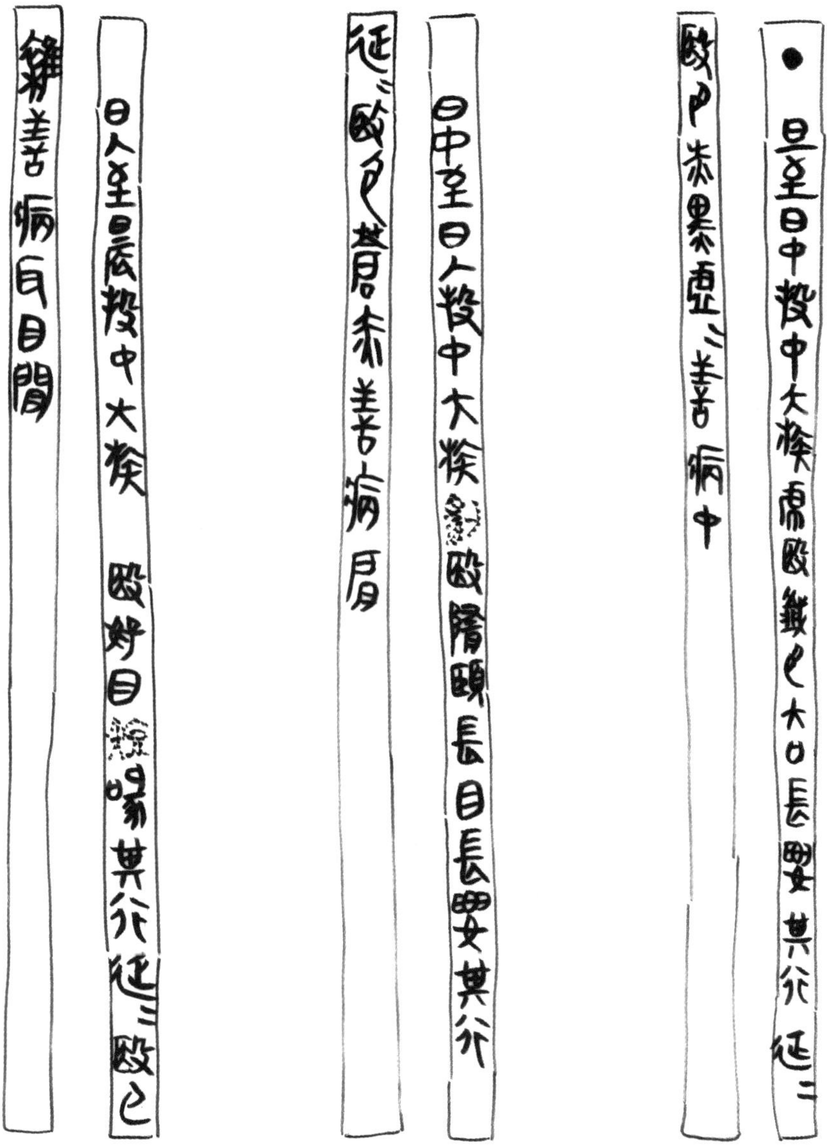

214A+223　213　212

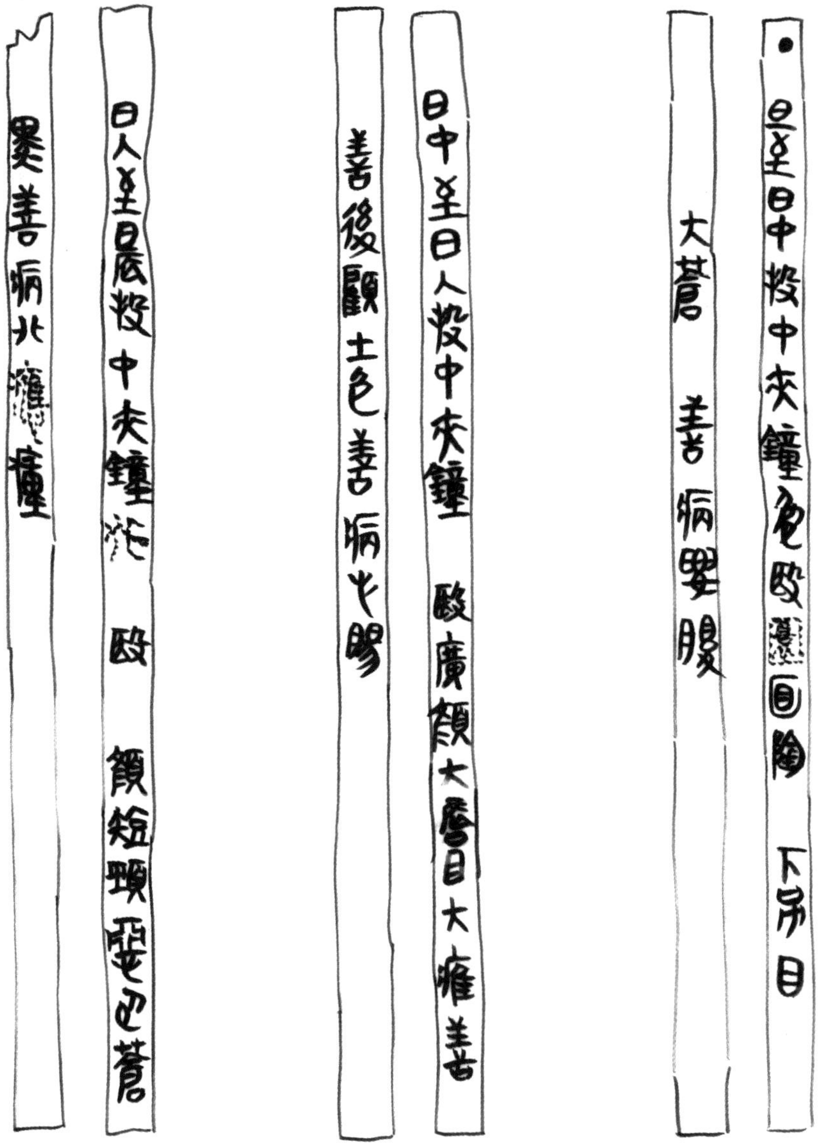

240　216　215

日人至昏投中姑沬　殹兔羅　亖大目肩僂亓

纝殹巳甚莒累善病頜

220

巳至日善病亞纏

甲中至日人投中姑沬亥殹兒頤中　中廣其亓

219

至步女子巫男子審夫善音病燕寳

●丑至日中投中姑沬龍殹土其黃巳所頤長嬰延善

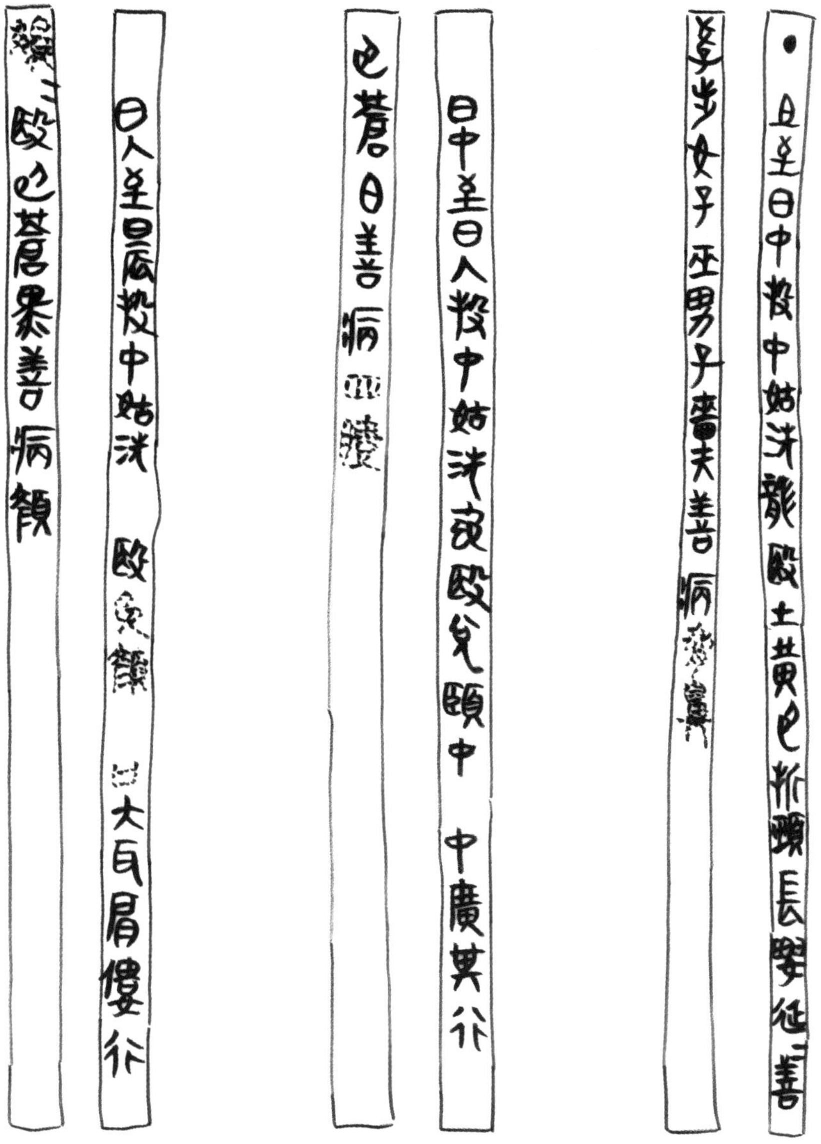

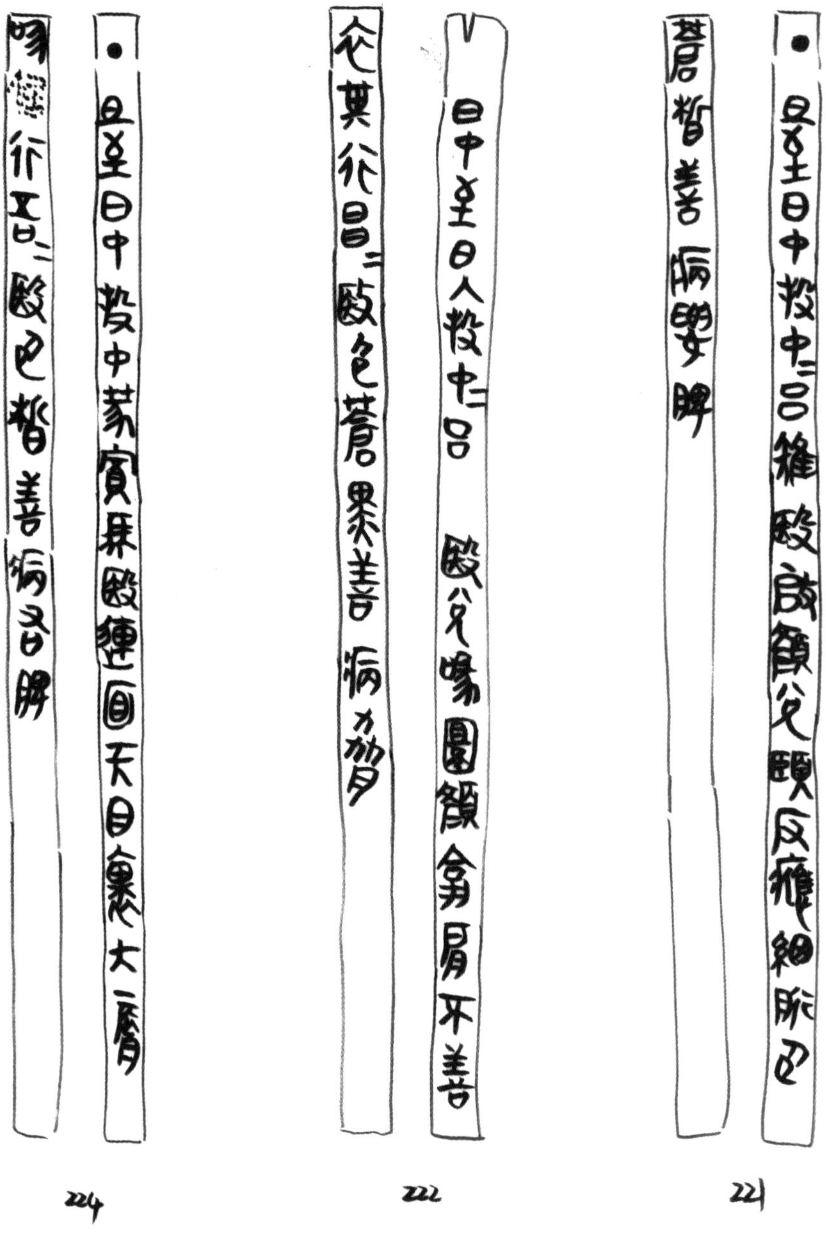
224
222
221

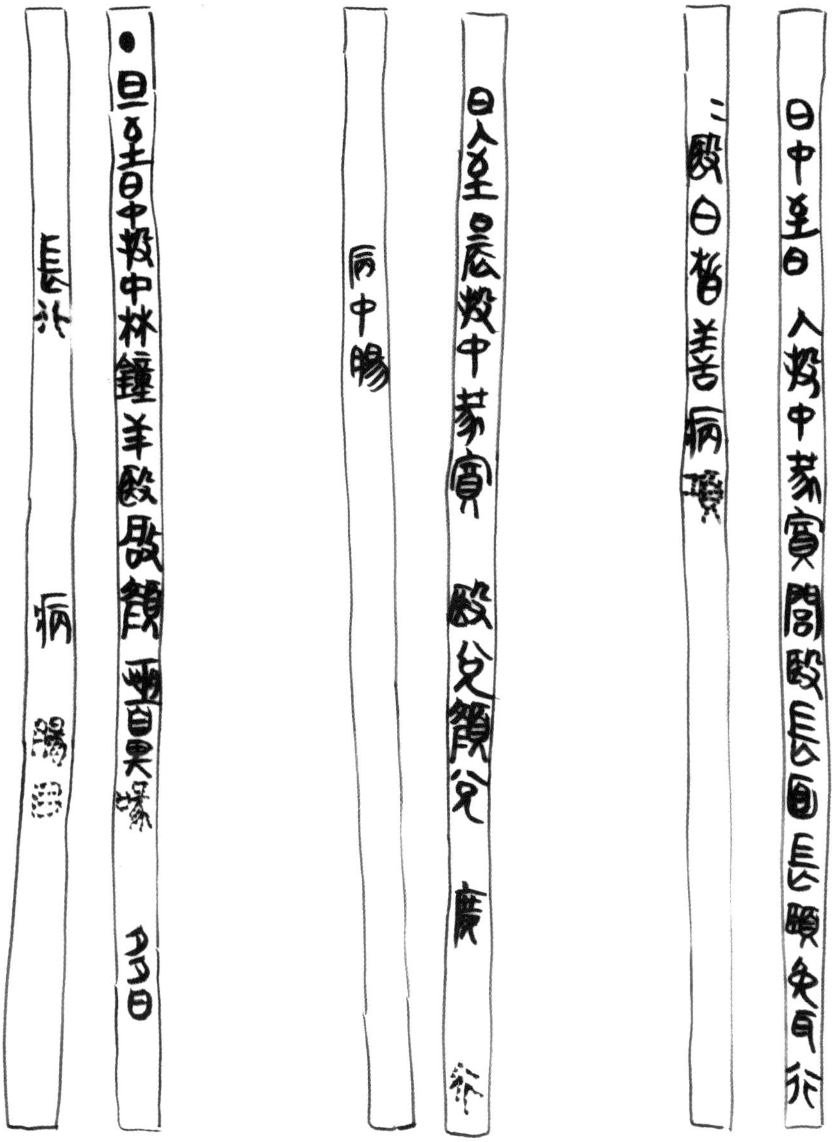

227　226　225

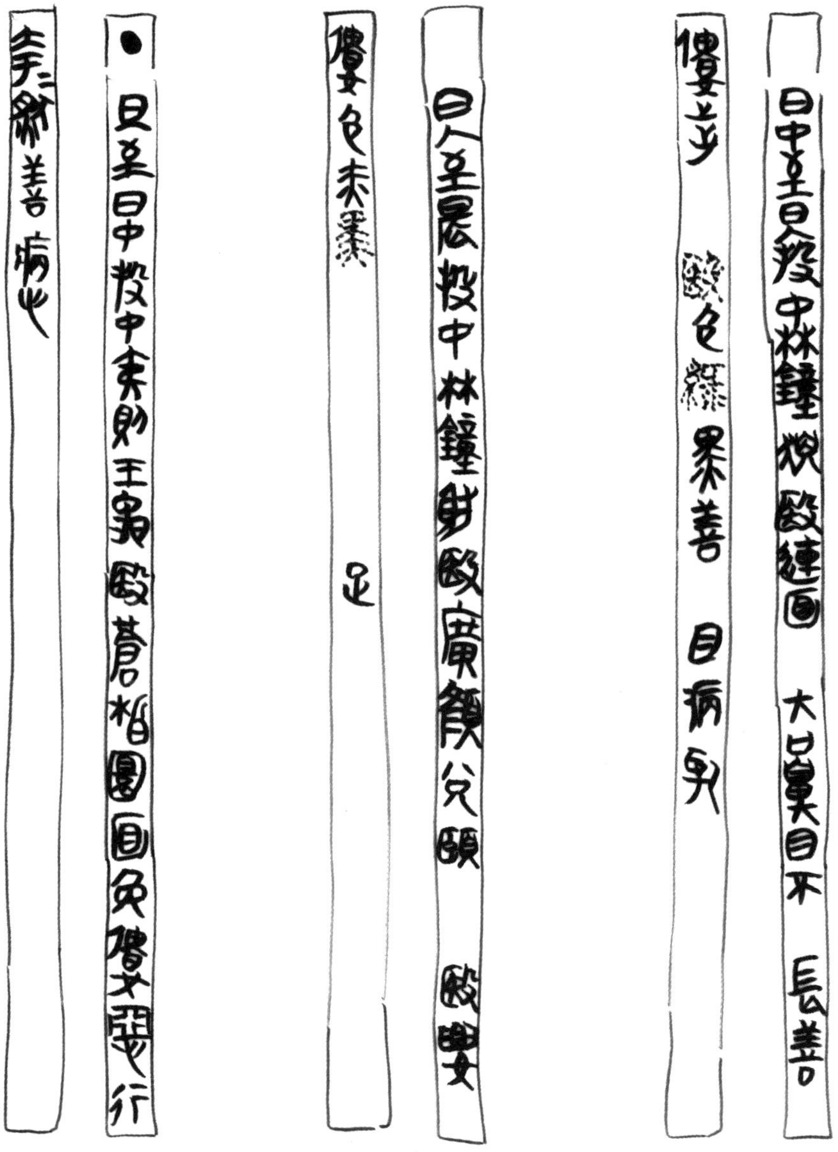

230　229　228

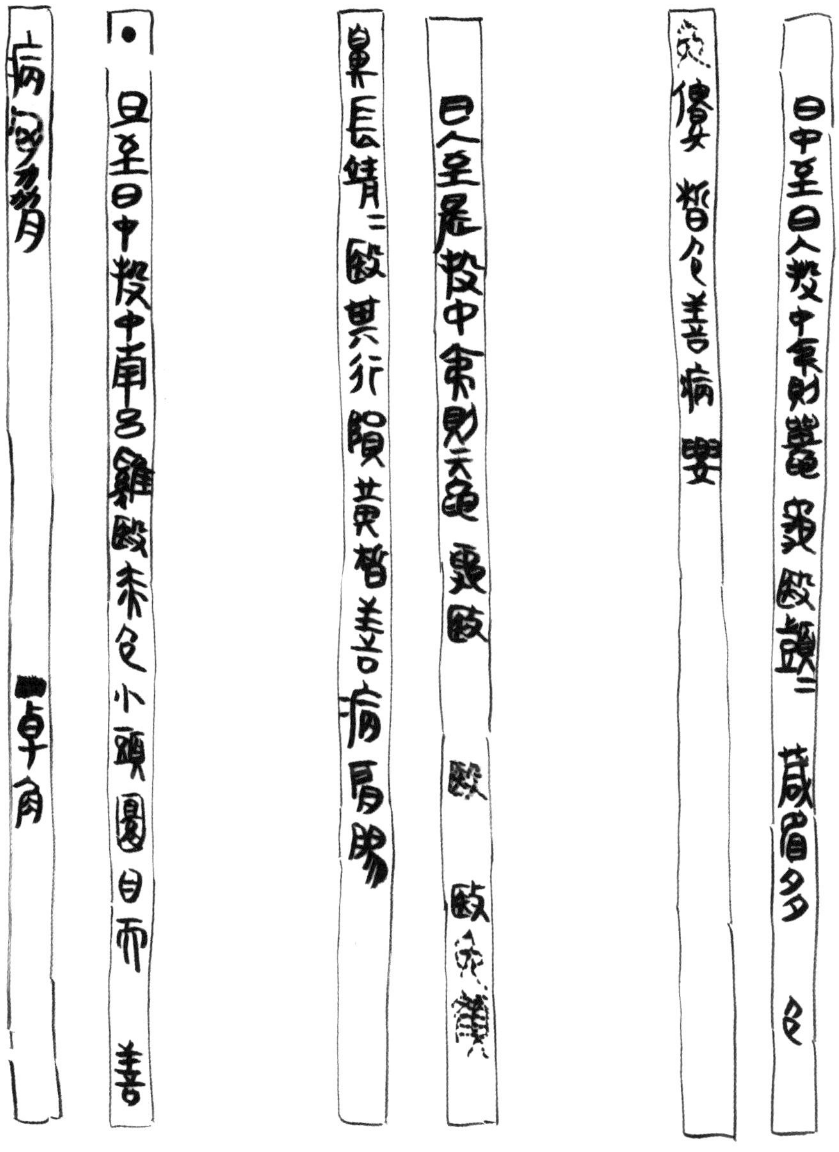

233　232　231

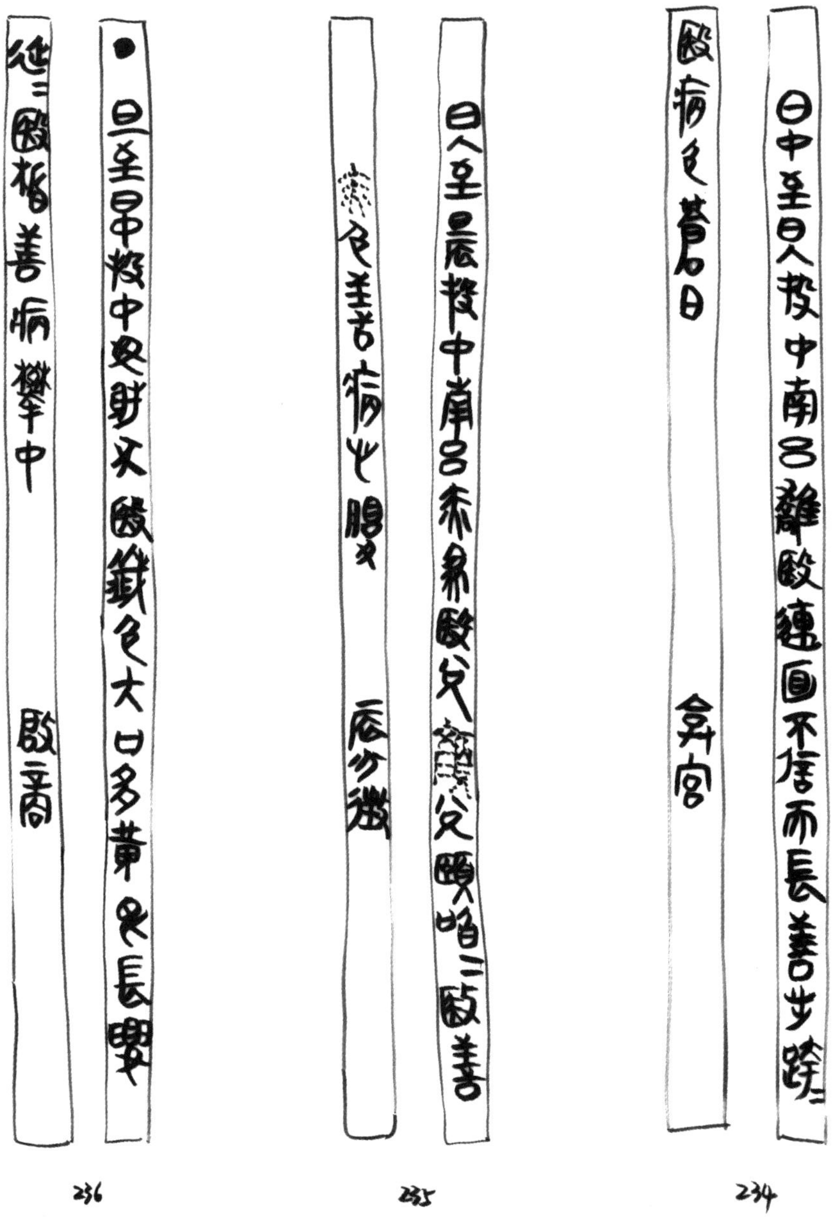
236
235
234

圖㱞介彼㱞㱞果善病腹腸

●旦至日中投中膺鐘　㱞長頤析直天㝅人免㝅

病腹脹㱞㱞

日入至晨投中安身厈㱞㱞頯父�ue5㝅長㱞㱞色黃㝅

黃果善病㱞㱞　井梨

日中至日人投中安身厈建圓大口大目㱞㱞厈色

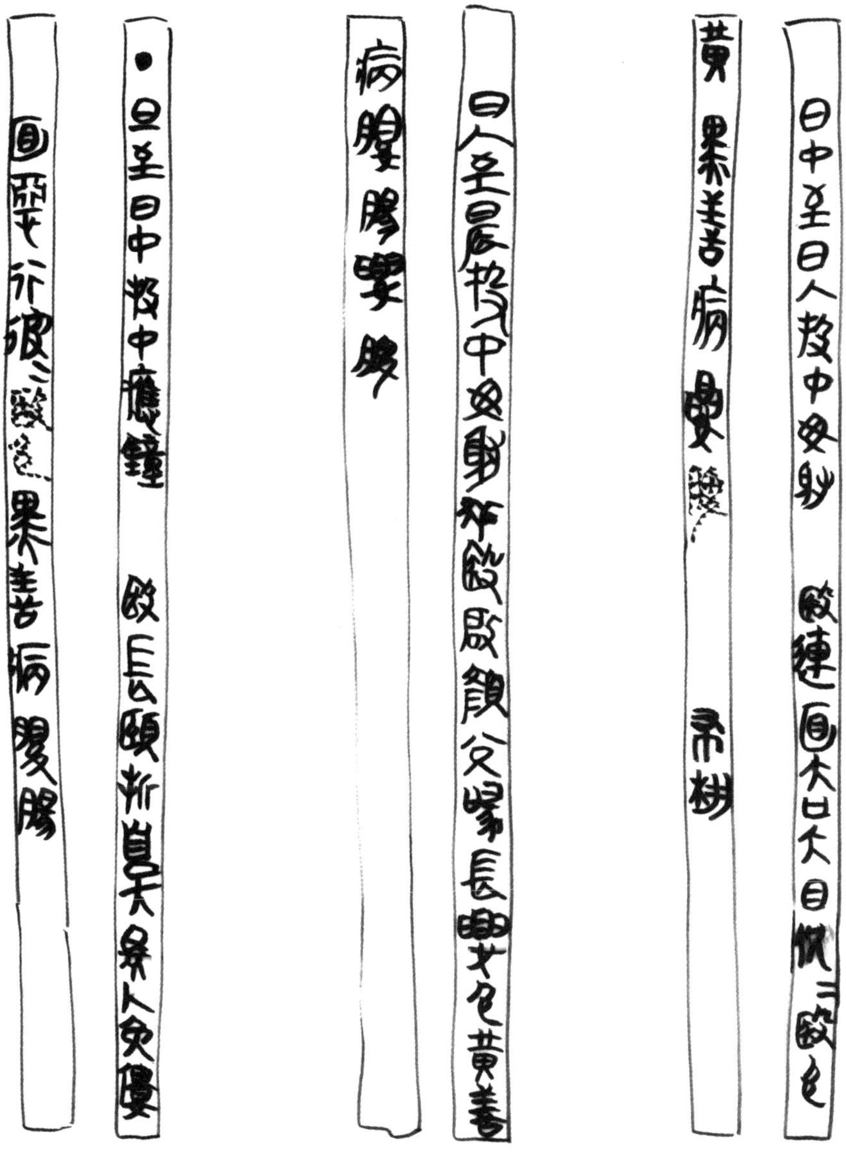

日中至日入投中廱鐘□□殹長目大喙長

肩僂大介住二段色□□果善病足癉

日人至晨投　鐘□□□雁長喙而股其介踐□黍

曰善病肩寸

曰□病也

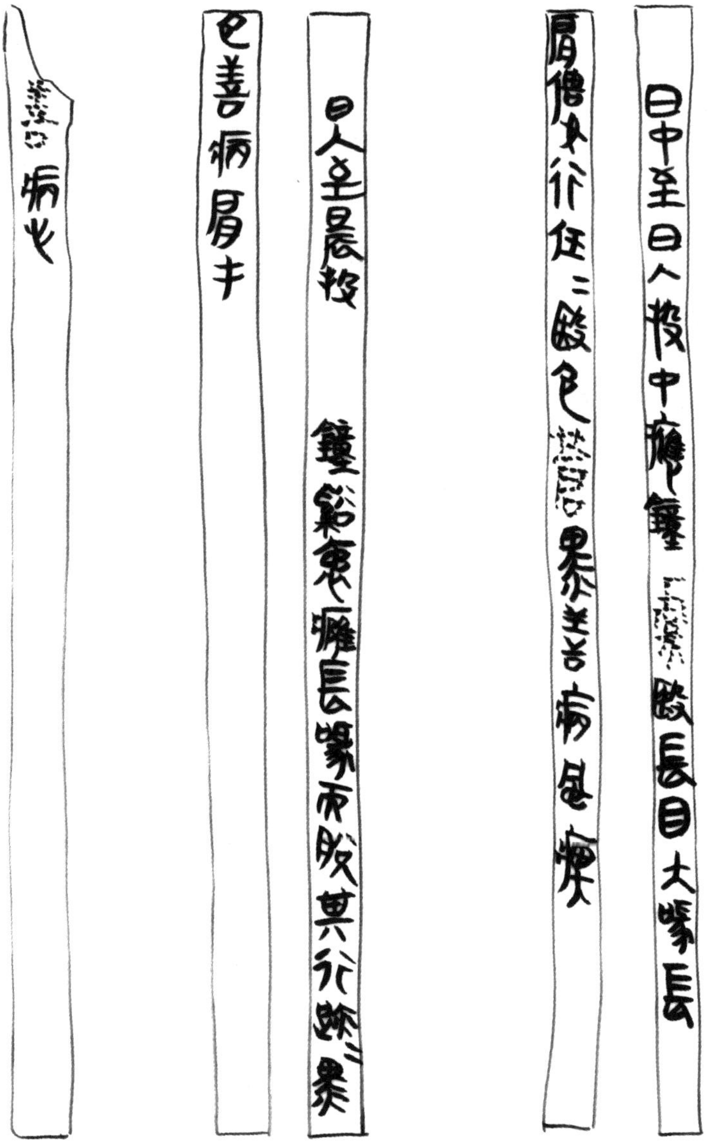

360B　　217　　239

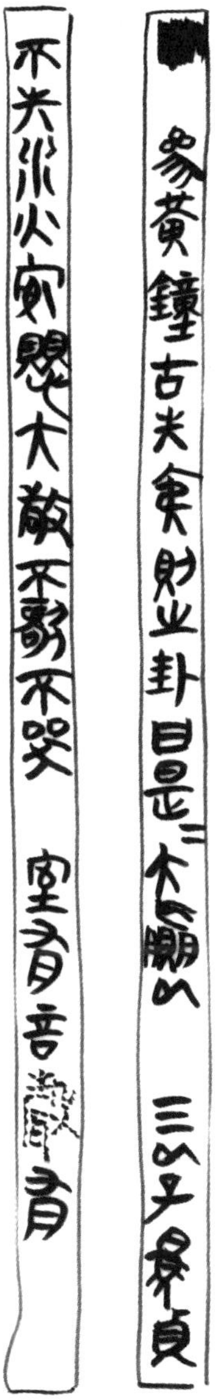

244

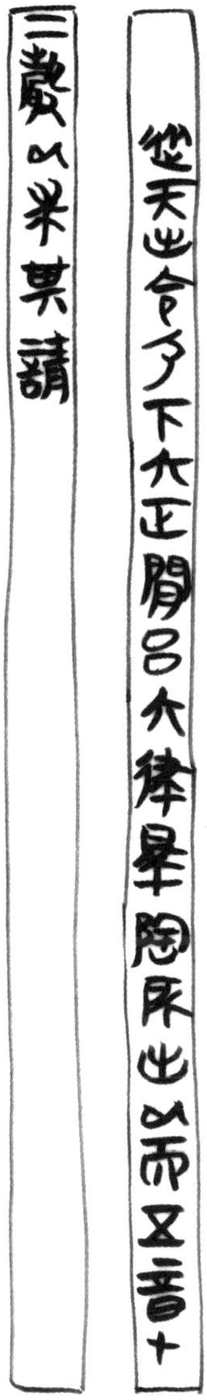

284

285

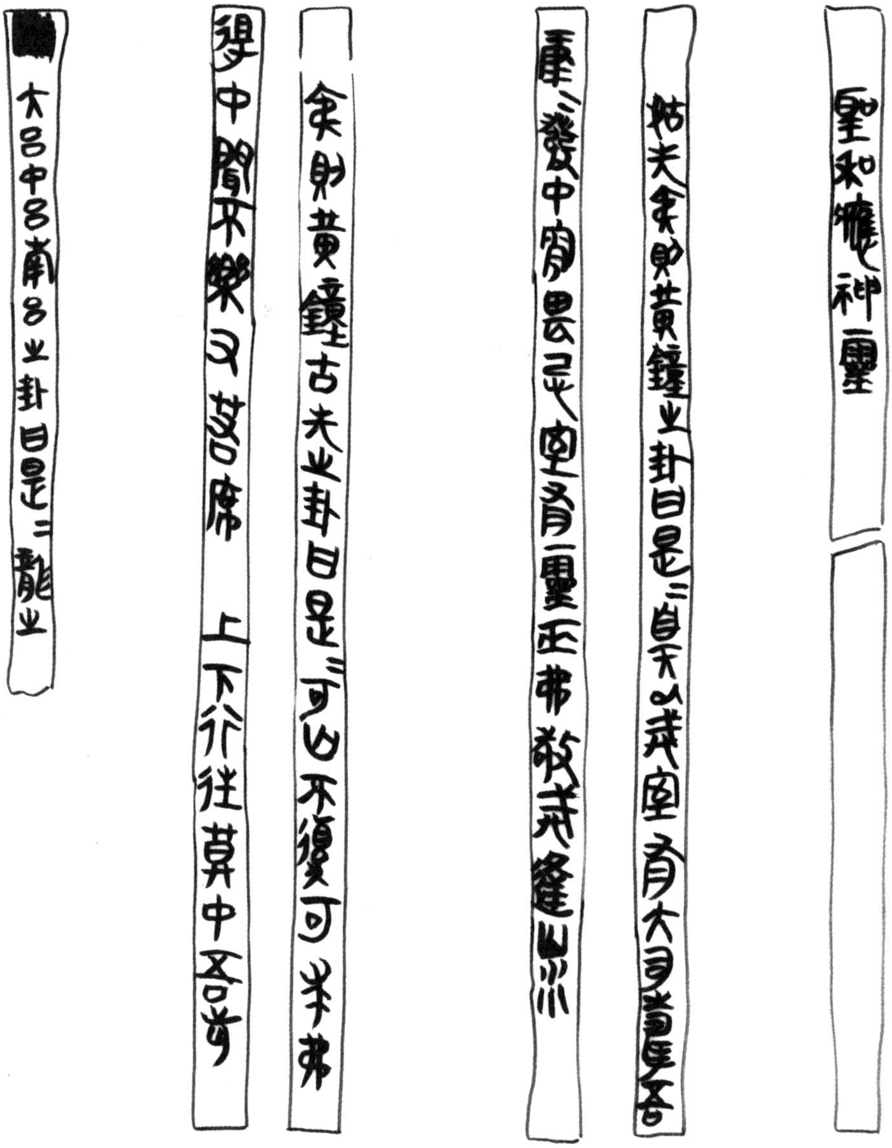

247A　246　259+245　332

其居冢卦親雜业魝彔大祝重正畜业

大族茉賈買射业卦目昆三夫婦皆居茗不居

南吕大吕中吕业卦目昆 者

主吕

昆不可其有 有民

昆三夫厥业 食业民

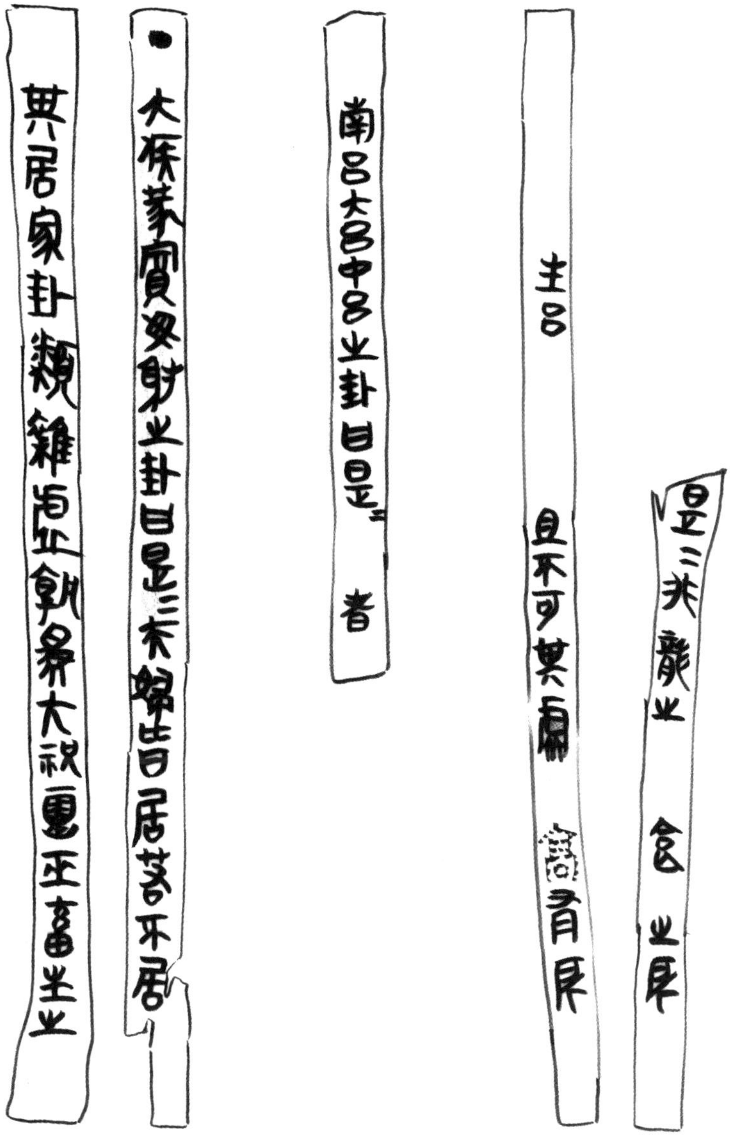

250　　　249　　　248

茅實叟射大湊业卦日是二反

叟財大湊茅實业卦日是外火业資雜蔓愛人云　大父

可論可舌　室藏豐徒救其戶門　謂二婦是

弟二婦是勝二掩登於城則能而夕不成

从事

351　　　252　　　24反　　　241

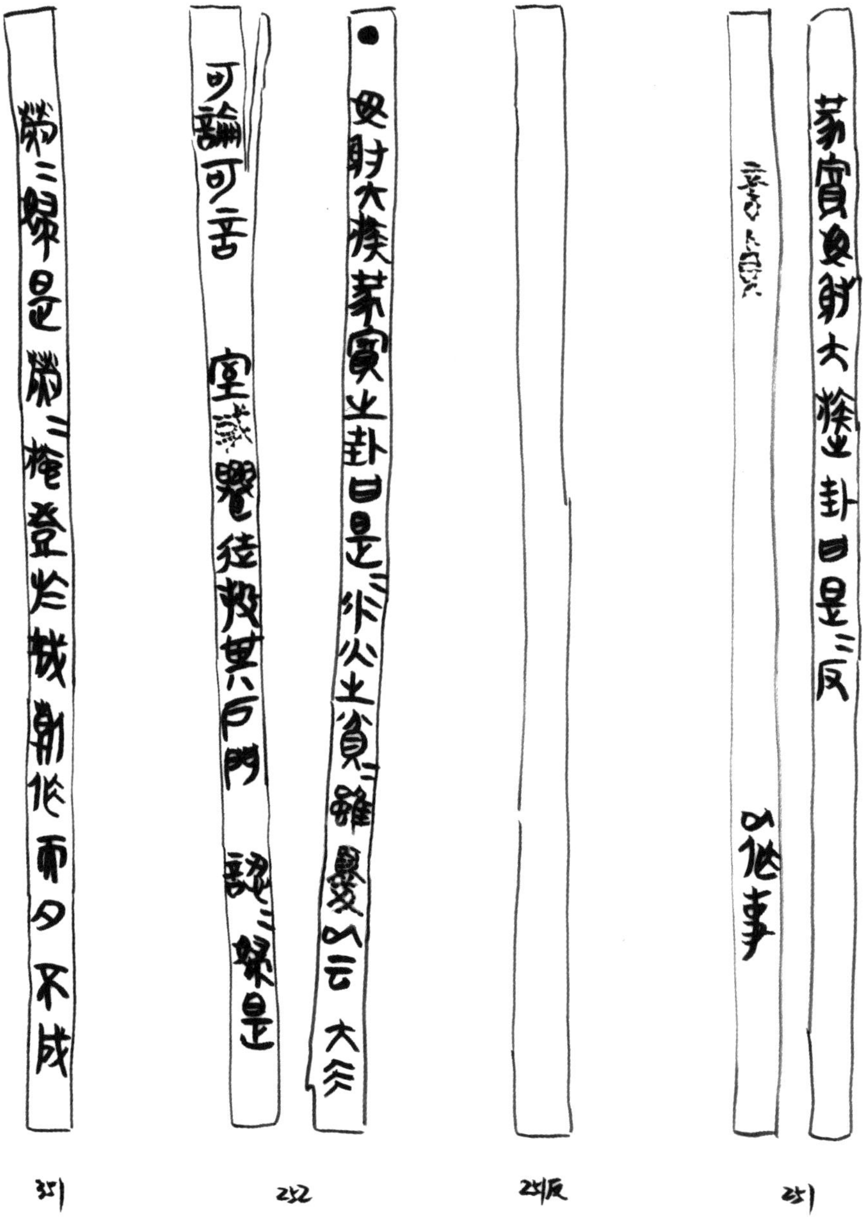

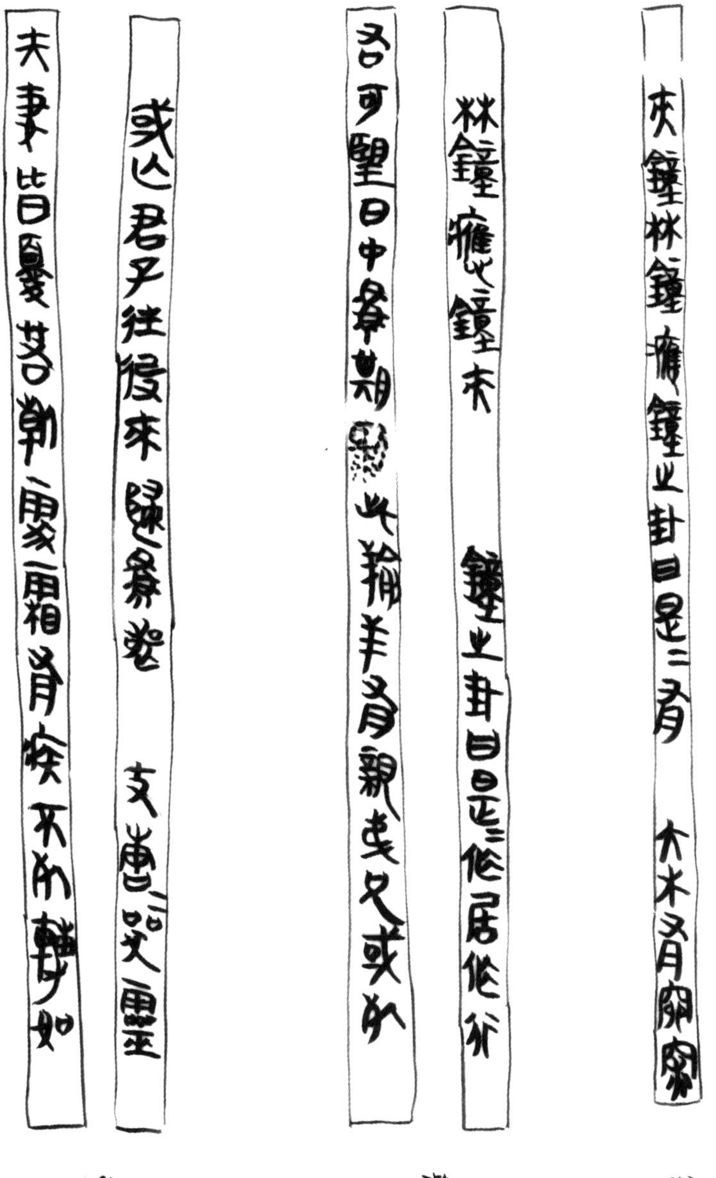

294　　254　　253

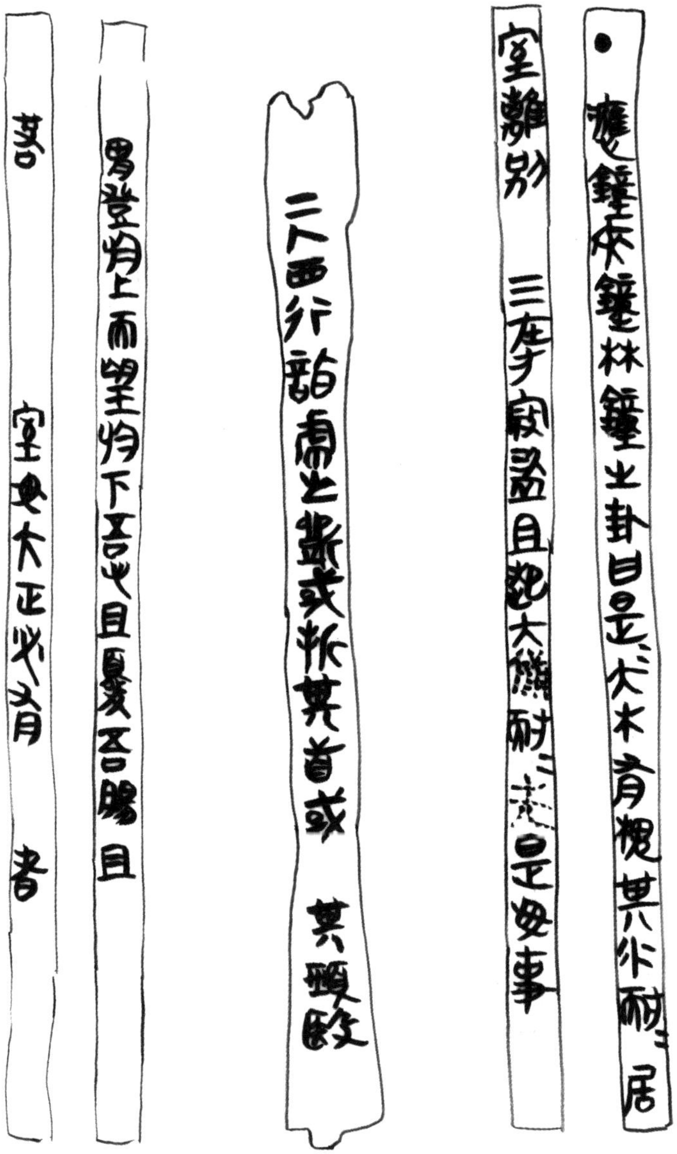

290　　258B　　255

尿恐見貝凶責不得凶訟不克直此卦者利为

臧事

直此卦是利以合人

訟克善龍噬 雒合鳥登于天一膚十

易皆相爭斯立为其 一目不乘得

匿妾兆通出財得曰吉者 兆鳥 其果如

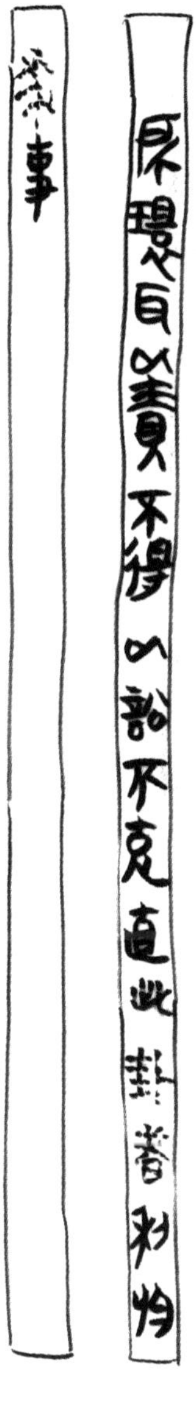

328

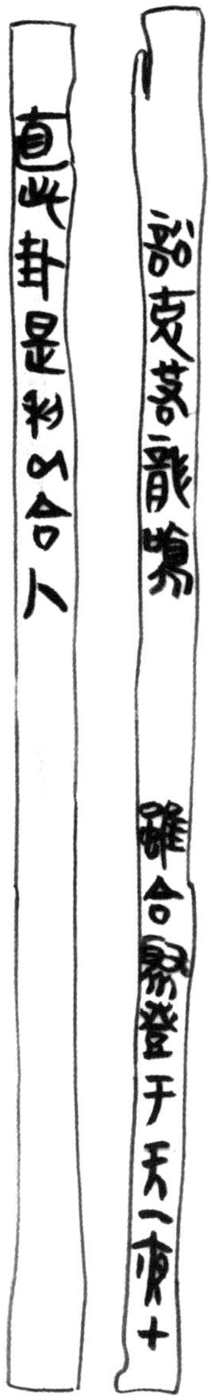

300

296

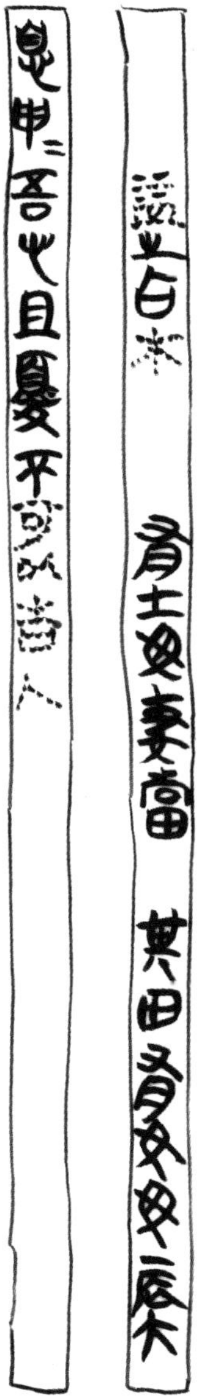

357

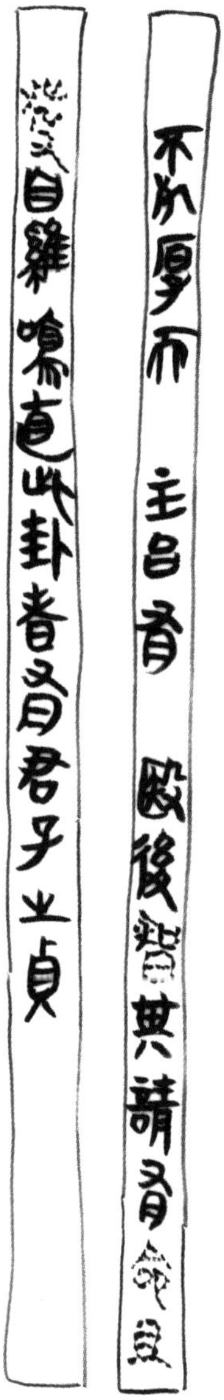

356

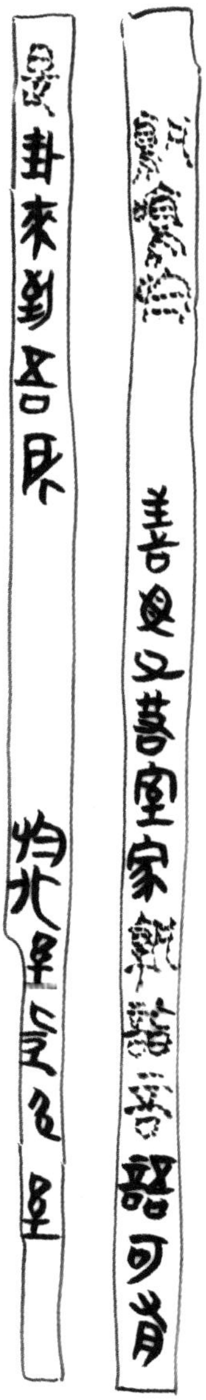

336

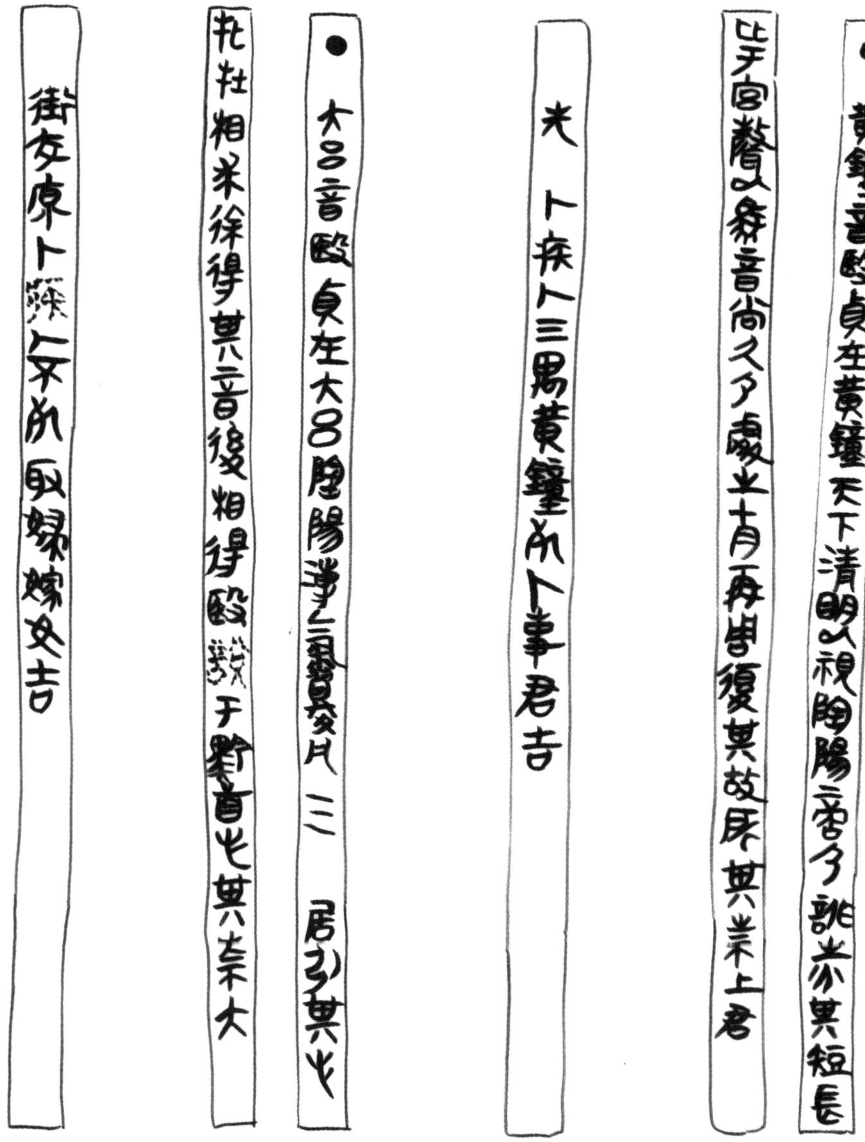

267 262 261 260

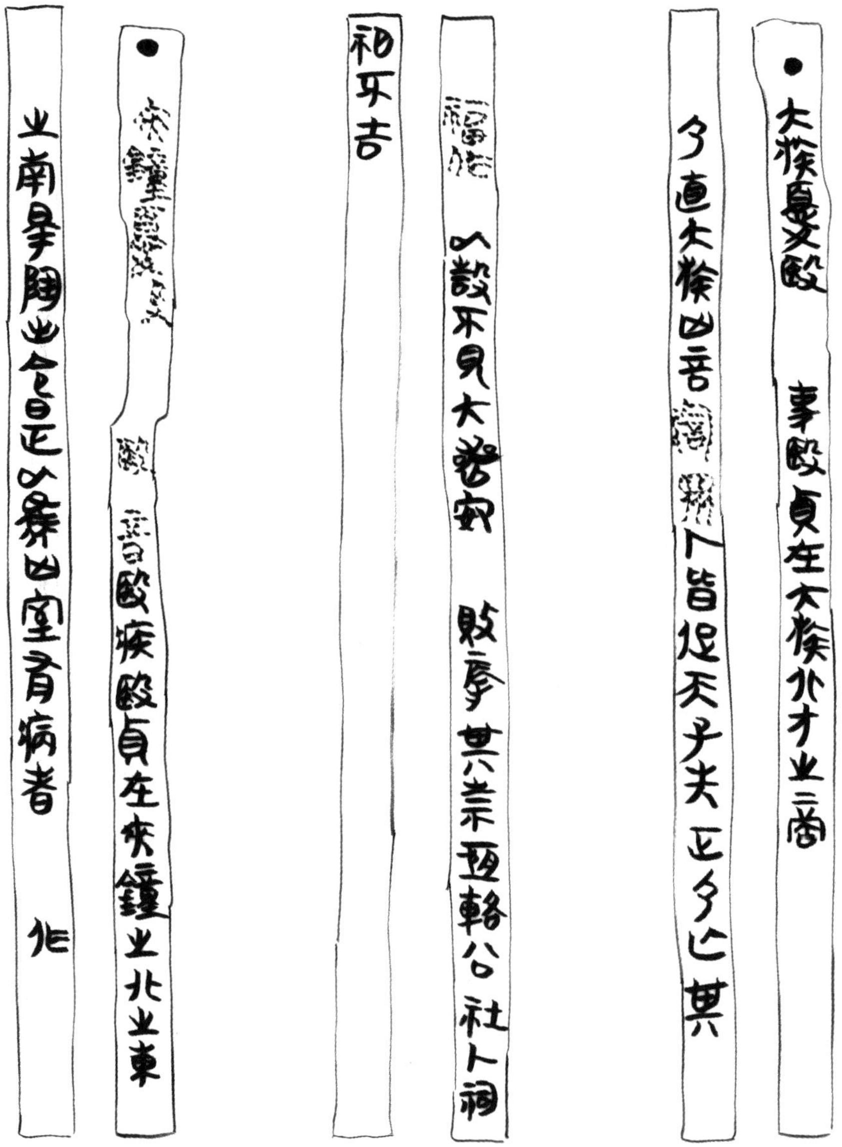

266　　278　　264

逍多事君古曰

∞繇九田墅天子久諺希賜天下異業仆君不攤卜亢

則水百泆有卜自廁多作鼻　比于反枡帝復者

姑先善殹善殹田宇泆澤坐事殹曰稷王人正河坐澢

凵曰曰有戻人

在瑶卜瀜不見大貴夕見所卜異業外君殹　多

265　　　　　268　　　　　269

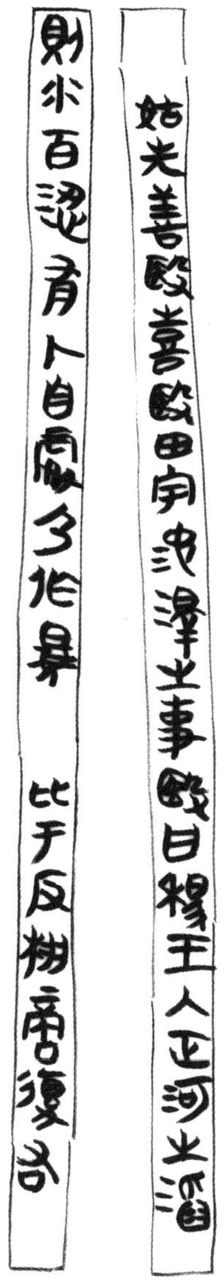

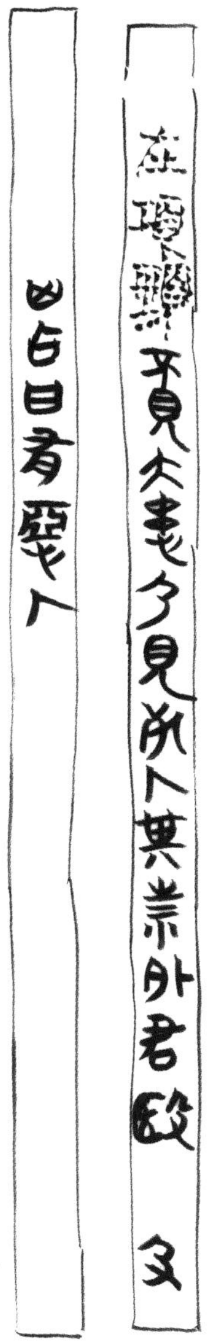

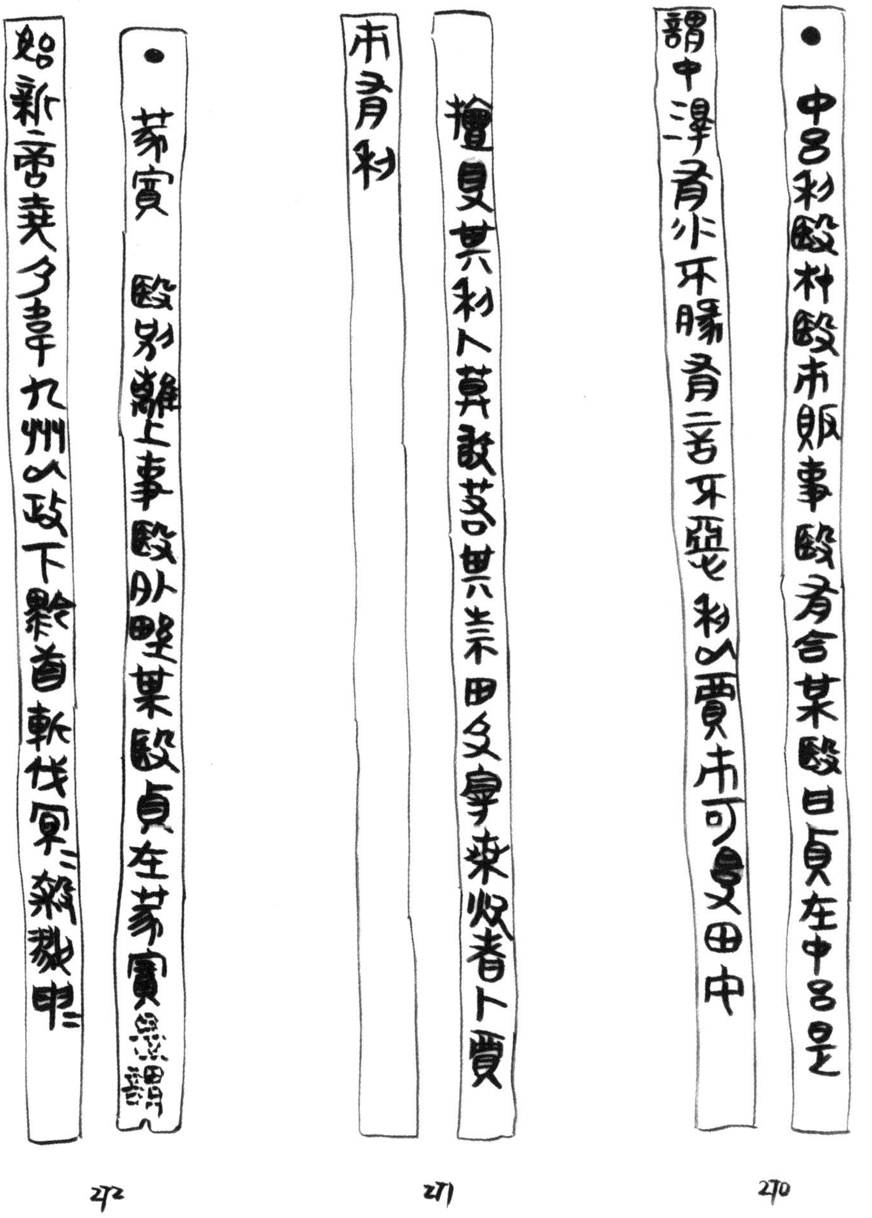

272　271　270

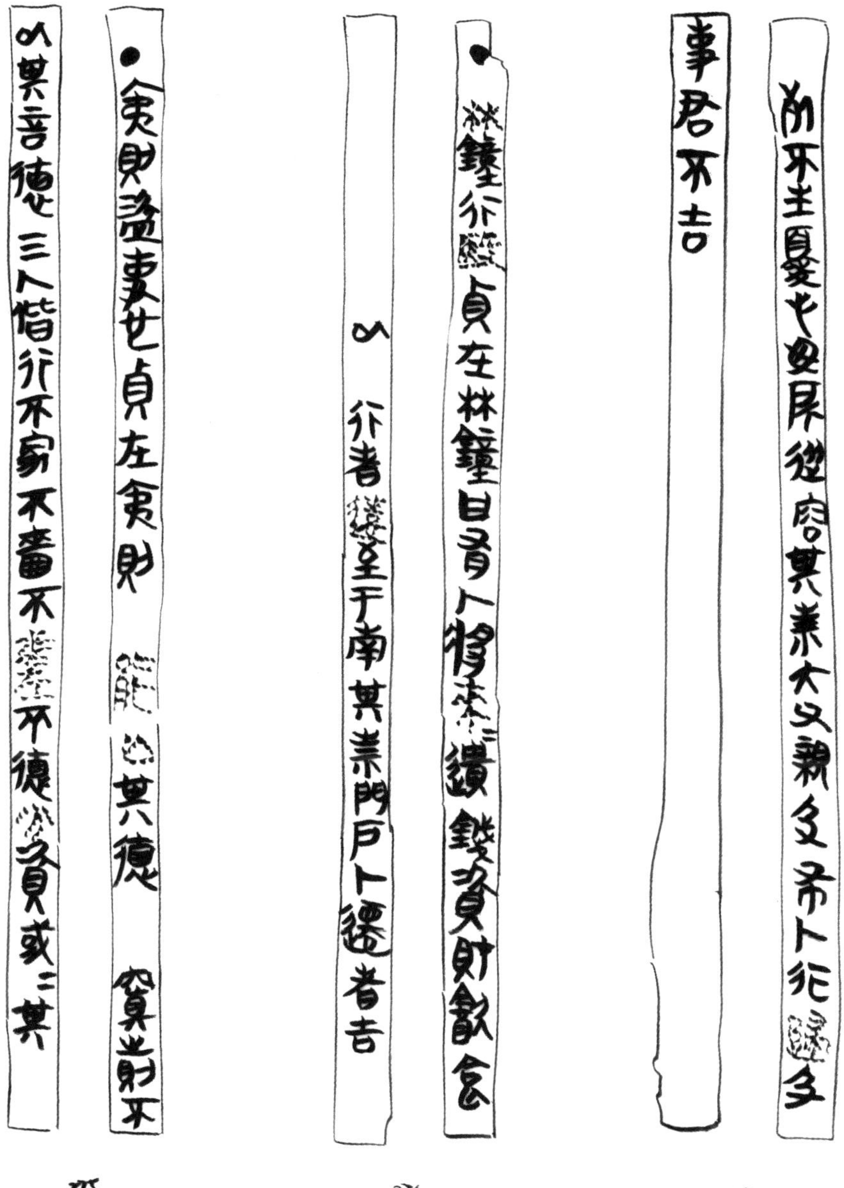

275　274　280

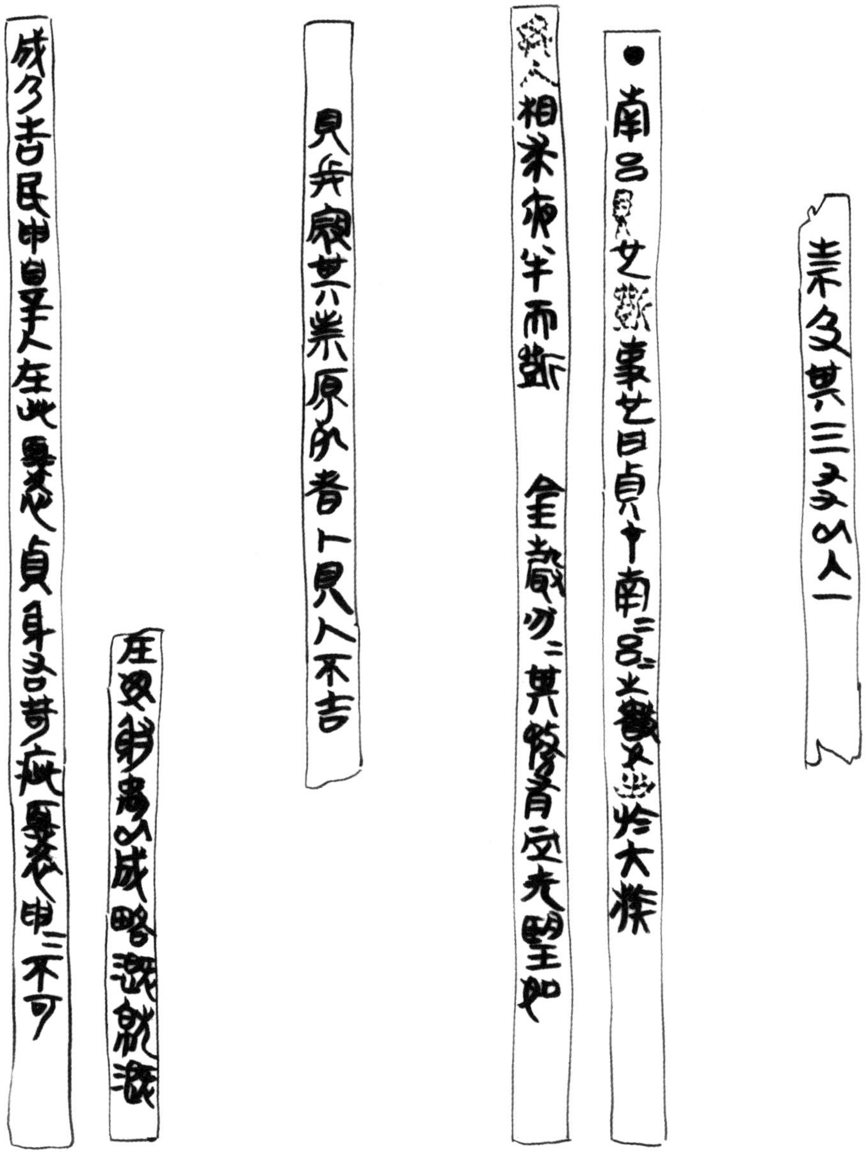

279　276　277　273

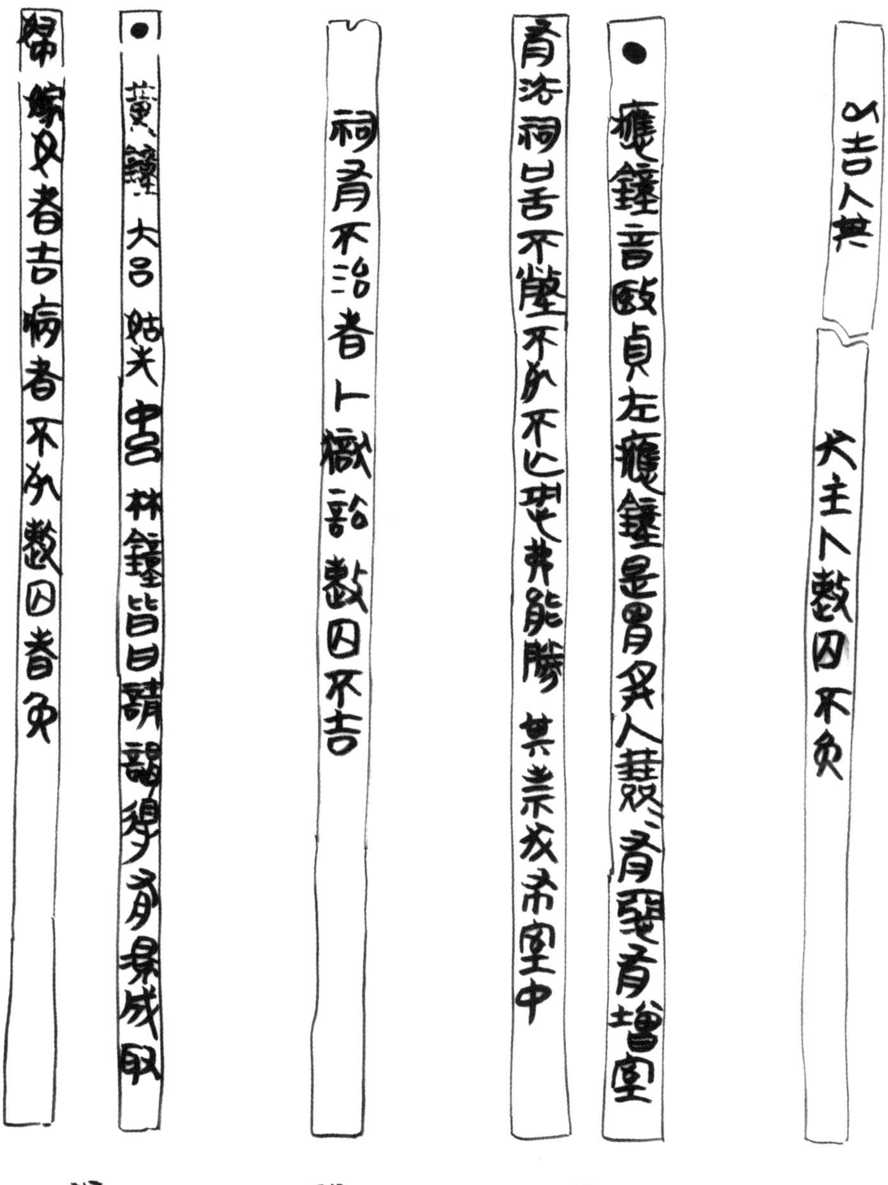

257　263　281　311

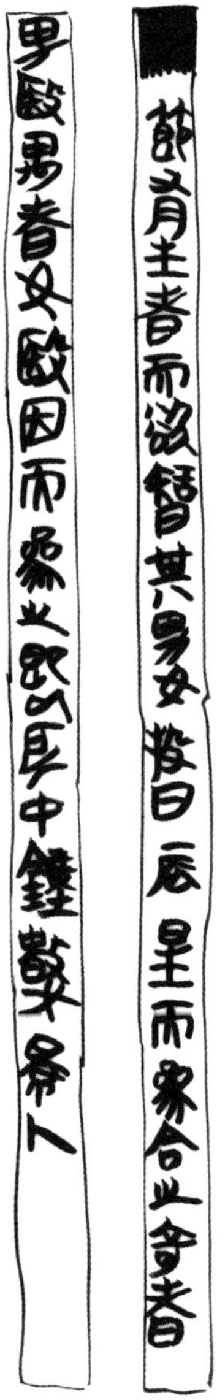
293

256

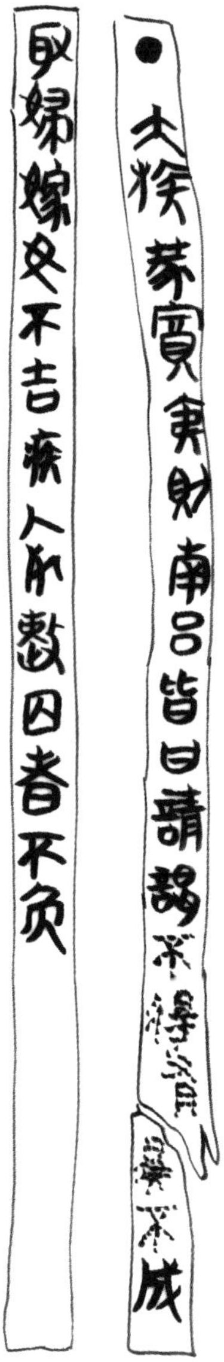
258A+371

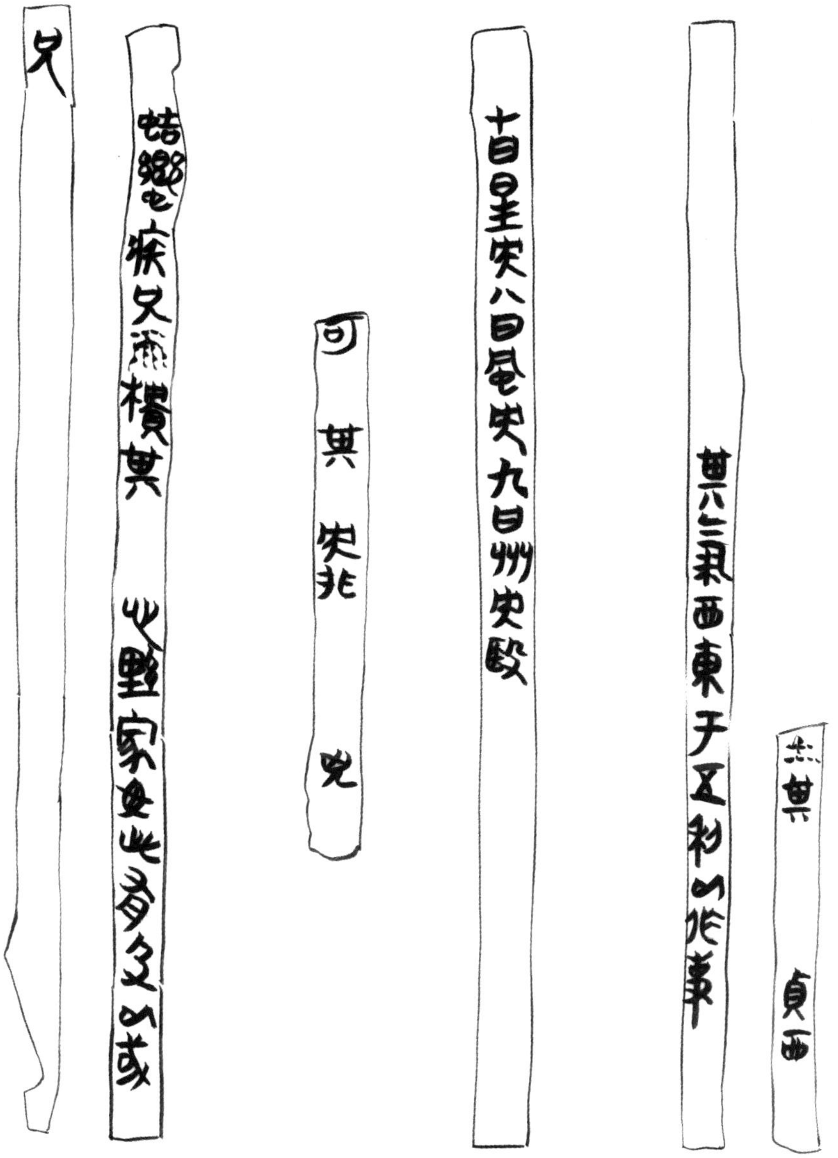

291　214B　163　93C

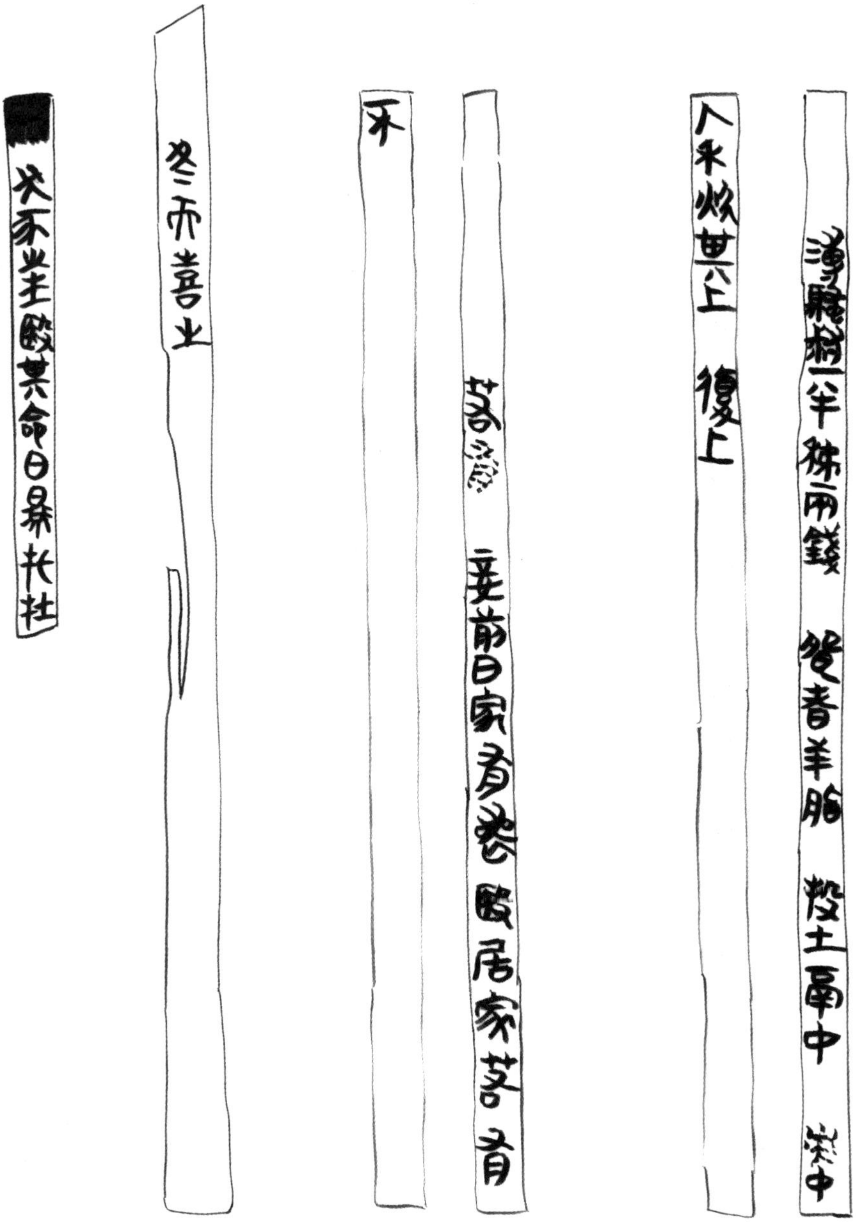

327A 303C 298 295

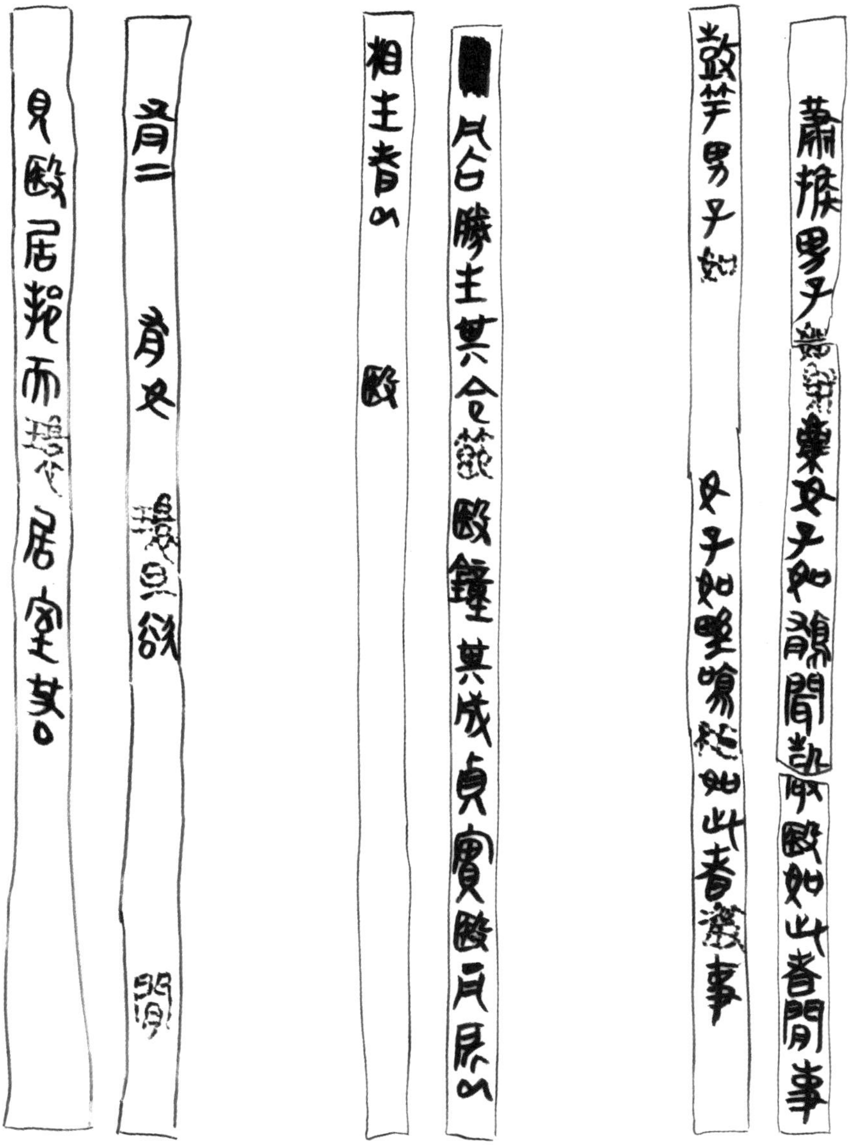

341 337 334

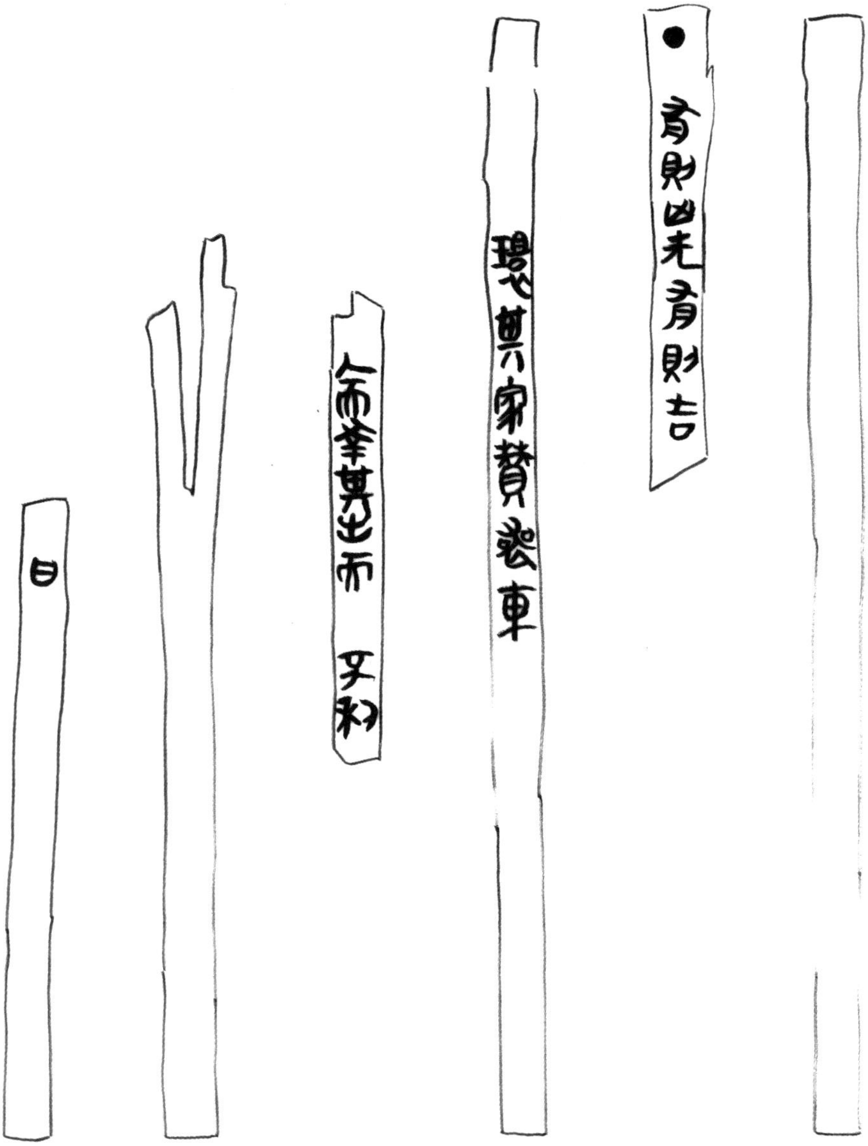

380　379　378　377　376　369

381

參考文獻

A

安徽省文物工作隊、阜陽地區博物館、阜陽縣文化局　1978　《阜陽雙古堆西漢汝陰侯墓發掘簡報》,《文物》第8期。

B

包慧燁　2013　《〈天水放馬灘秦簡〉詞彙系統研究》,華東師範大學碩士學位論文。

C

曹方向　2008　《讀秦漢簡札記(三則)》,簡帛網,2008年11月11日,http://www.bsm.org.cn/?qinjian/5097.html。

曹方向　2009A　《讀〈天水放馬灘秦簡〉小札》,簡帛網,2009年10月3日,http://www.bsm.org.cn/?qinjian/5351.html。

曹方向　2009B　《秦簡〈志怪故事〉6號簡芻議》,簡帛網,2009年11月7日,http://www.bsm.org.cn/?qinjian/5369.html。

曹方向　2011　《讀〈天水放馬灘秦簡〉小札》,《江漢考古》第2期。

曹方向　2014　《天水放馬灘秦簡補注》,稿本。

陳劍　2011　《放馬灘秦簡文校讀筆記》,稿本,轉引自程少軒(2011)。

陳劍　2015　《清華簡"戾災辠蠱"與〈詩經〉"烈假"、"罪罟"合證》,《饒宗頤國學院院刊》第2期。

陳偉　2011　《放馬灘秦簡日書〈占病祟除〉與投擲式選擇》,《文物》第5期。

陳偉　2016　《秦簡牘合集:釋文注釋修訂本(肆)》,武漢大學出版社。

陳炫瑋　2007　《孔家坡漢簡日書研究》,(新竹)清華大學碩士學位論文。

程少軒　2009　《試說放馬灘簡所見三合卦》,復旦大學出土文獻與古文字研究中心,2009年11月28日,http://www.fdgwz.org.cn/Web/Show/1001。

程少軒　2010A　《讀放馬灘簡小札四則》,復旦大學出土文獻與古文字研究中心,2010年1月4日,http://www.fdgwz.org.cn/Web/Show/1047。

程少軒　2010B　《放馬灘簡"剛柔之日"小考》,復旦大學出土文獻與古文字研究中心,2010年2月5日,http://www.fdgwz.org.cn/Web/Show/1075。

程少軒　2010C　《放馬灘簡式圖補釋》，復旦大學出土文獻與古文字研究中心，2010 年 3 月 30 日，http://www.fdgwz.org.cn/Web/Show/1120。

程少軒　2010D　《試談放馬灘簡的一組地名》，復旦大學出土文獻與古文字研究中心，2010 年 7 月 16 日，http://www.fdgwz.org.cn/Web/Show/1217。

程少軒　2011　《放馬灘簡式占古佚書研究》，復旦大學博士學位論文。

程少軒、蔣文　2009A　《放馬灘簡〈式圖〉初探（稿）》，復旦大學出土文獻與古文字研究中心，2009 年 11 月 6 日，http://www.fdgwz.org.cn/Web/Show/964。

程少軒、蔣文　2009B　《略談放馬灘簡所見三十六禽（稿）》，復旦大學出土文獻與古文字研究中心，2009 年 11 月 11 日，http://www.fdgwz.org.cn/Web/Show/974。

D

大西克也　1998　《"殹"和"也"的交替：六國統一前後書面語言的一個側面》，《中國出土資料研究》第 2 期。

大西克也　2010　《放馬灘秦簡中用字的幾個特點》，《第二十一屆中國文字學國際學術研討會論文集》，東吳大學中國文學系、中國文字學會。

戴念祖　2001　《試析秦簡〈律書〉中的樂律與占卜》，《中國音樂學》第 2 期。

鄧文寬　1990　《天水放馬灘秦簡〈月建〉應名〈建除〉》，《文物》第 9 期。

丁媛　2018　《出土文獻與傳世典籍涉醫內容中的"建除"術及其應用》，《古籍整理研究學刊》第 5 期。

董濤　2013　《秦漢簡牘〈日書〉所見"日廷圖"探析》，《魯東大學學報》（哲學社會科學版）第 5 期。

F

范常喜　2006　《孔家坡漢簡〈日書〉札記四則》，簡帛網，2006 年 12 月 26 日，http://www.bsm.org.cn/?hanjian/4707.html。

方建軍　2010　《秦簡〈律書〉生律法再探》，《黃鐘（中國·武漢音樂學院學報）》第 4 期。

方勇　2009A　《讀〈天水放馬灘秦簡〉小札（二）》，復旦大學出土文獻與古文字研究中心，2009 年 10 月 15 日，http://www.fdgwz.org.cn/Web/Show/941。

方勇　2009B　《讀〈天水放馬灘秦簡〉小札（三）》，復旦大學出土文獻與古文字研究中心，2009 年 10 月 17 日，http://www.fdgwz.org.cn/Web/Show/942。

方勇　2009C　《讀〈天水放馬灘秦簡〉小札（一）》，簡帛網，2009 年 10 月 17 日，http://www.bsm.org.cn/?qinjian/5356.html。

方勇　2009D　《讀放馬灘秦簡〈志怪故事〉札記（一）》，復旦大學出土文獻與古文字研究中心，2009 年 11 月 6 日，http://www.fdgwz.org.cn/Web/Show/965；後經修訂，刊於《考古與文物》2014 年第 3 期。

方勇　2012A　《讀天水放馬灘秦簡〈日書〉乙種小札》，簡帛網，2012 年 11 月 26 日，http://www.bsm.org.cn/?qinjian/5942.html。

方勇　2012B　《秦簡牘文字編》，福建人民出版社。

方勇　2013A　《天水放馬灘秦簡零拾（一）》，復旦大學出土文獻與古文字研究中心，2013 年 9 月 18 日，http://www.fdgwz.org.cn/Web/Show/2117。

方勇　2013B　《天水放馬灘秦簡零拾（二）》，復旦大學出土文獻與古文字研究中心，2013 年 9 月 28 日，http://www.fdgwz.org.cn/Web/Show/2128。

方勇　2013C　《天水放馬灘秦簡零拾（三）》，復旦大學出土文獻與古文字研究中心，2013 年 10 月 11 日，http://www.fdgwz.org.cn/Web/Show/1929。

方勇　2013D　《讀〈嶽麓書院藏秦簡［叁］小札一則〉》，復旦大學出土文獻與古文字研究中心，2013 年 12 月 22 日，http://www.fdgwz.org.cn/Web/Show/1967。

方勇　2015　《天水放馬灘秦簡研究的新成果：評〈天水放馬灘秦簡集釋〉》，《甘肅高師學報》第 4 期。

風儀誠　2012　《秦代諱字、官方詞語以及秦代用字習慣：從里耶秦簡說起》，武漢大學簡帛研究中心主辦：《簡帛》（第七輯），上海古籍出版社。

馮先思　2010　《讀放馬灘秦簡〈日書〉筆記二則》，復旦大學出土文獻與古文字研究中心，2010 年 1 月 16 日，http://www.fdgwz.org.cn/Web/Show/1056。

馮玉　2015　《放馬灘秦簡語氣詞芻議：出土秦簡日書虛詞研究之一》，西北師範大學歷史文化學院等編：《簡牘學研究》（第六輯），甘肅人民出版社。

復旦大學出土文獻與古文字研究中心研究生讀書會　2009　《天水放馬灘秦簡〈日書·盜篇〉研讀》，復旦大學出土文獻與古文字研究中心，2009 年 10 月 24 日，http://www.fdgwz.org.cn/Web/Show/951。

G

甘肅省文物考古研究所、甘肅省博物館、文化部古文獻研究室、中國社會科學院歷史研究所　1990　《居延新簡：甲渠候官與第四燧》，文物出版社。

甘肅省文物考古研究所、天水市北道區文化館　1989　《甘肅天水放馬灘戰國秦漢墓群的發掘》，《文物》第 2 期。

甘肅省文物考古研究所　2009　《天水放馬灘秦簡》，中華書局。

甘肅省天水市北道區文化館　1990　《天水秦簡（部分）》，《書法》第 4 期。

工藤元男，廣瀨薰雄、曹峰譯　2010　《睡虎地秦簡所見秦代國家與社會》，上海古籍出版社。

管仲超　1996　《從秦簡〈日書〉看戰國時期的擇吉民俗》，《武漢教育學院學報》第 5 期。

郭錫良等　2000　《古代漢語》（修訂本），商務印書館。

H

海老根量介 2012 《放馬灘秦簡鈔寫年代蠡測》，武漢大學簡帛研究中心主辦：《簡帛》（第七輯），上海古籍出版社。

海老根量介 2014 《放馬灘秦簡〈日書〉中的“屰”字小考》，復旦大學出土文獻與古文字研究中心，2014 年 1 月 3 日，http://www.fdgwz.org.cn/Web/Show/2204。

何雙全 1989A 《天水放馬灘秦簡綜述》，《文物》第 2 期。

何雙全 1989B 《天水放馬灘秦墓出土地圖初探》，《文物》第 2 期。

何雙全 1989C 《天水放馬灘秦簡甲種〈日書〉考述》，甘肅省文物考古研究所編：《秦漢簡牘論文集》，甘肅人民出版社。

何雙全 2004 《簡牘》，敦煌文藝出版社。

湖北省文物考古研究所、北京大學中文系 2000 《九店楚簡》，中華書局。

湖北省文物考古研究所、隨州市考古隊 2006 《隨州孔家坡漢墓簡牘》，文物出版社。

胡波 2010 《秦簡副詞研究》，西南大學碩士學位論文。

胡平生、張德芳 2001 《敦煌懸泉漢簡釋粹》，上海古籍出版社。

胡文輝 1997 《馬王堆〈太一出行圖〉與秦簡〈日書·出邦門〉》，《江漢考古》第 3 期。

胡文輝 1999 《放馬灘〈日書〉小考》，《文博》第 6 期。

胡文輝 2000 《中國早期方術與文獻叢考》，中山大學出版社。

黄伯榮、廖序東 2011 《現代漢語》（增訂五版），高等教育出版社。

黄儒宣 2013 《〈日書〉圖像研究》，中西書局。

J

姜守誠 2012 《放馬灘秦簡〈日書〉“行不得擇日”篇考釋》，《魯東大學學報》（哲學社會科學版）第 4 期。

姜守誠 2013 《放馬灘秦簡〈志怪故事〉中的宗教信仰》，《世界宗教研究》第 5 期。

K

柯秋白 2010 《〈天水放馬灘秦簡〉札記》，簡帛網，2010 年 6 月 28 日，http://www.bsm.org.cn/?qinjian/5467.html。

夔一 2010 《放馬灘簡補釋一則》，復旦大學出土文獻與古文字研究中心，2010 年 1 月 8 日，http://www.fdgwz.org.cn/Web/Show/1050。

L

黎錦熙 1992 《新著國語文法》，商務印書館。

李家浩　2005　《包山卜筮簡 218—219 號研究》，長沙市文物考古研究所編：《長沙三國吳簡暨百年來簡帛發現與研究國際學術研討會論文集》，中華書局。

李菁葉　2012　《睡虎地與放馬灘秦簡〈日書〉生死問題研究》，西南大學碩士學位論文。

李零　2011　《秦簡的定名與分類》，武漢大學簡帛研究中心主辦：《簡帛》（第六輯），上海古籍出版社。

李零　2012　《北大秦牘〈泰原有死者〉簡介》，《文物》第 6 期。

李玫　2010　《淮南律數新解》，《中國音樂學》第 3 期。

李學勤　1981　《秦簡的古文字學考察》，中華書局編輯部編：《雲夢秦簡研究》，中華書局。

李學勤　1990　《放馬灘簡中的志怪故事》，《文物》第 4 期。

李學勤　2001　《簡帛佚籍與學術史》，江西教育出版社。

李佐豐　2004　《古代漢語語法學》，商務印書館。

梁冬青　2002　《出土文獻"是是"句新解》，《中國語文》第 2 期。

梁冬青　2007　《出土文獻"是是"句的再探討》，《古漢語研究》第 1 期。

梁冬青　2012　《出土文獻"是是"句三議》，《廣東第二師範學院學報》第 6 期。

梁冬青　2014　《出土文獻"是＝"句中"＝"之釋讀》，《廣東第二師範學院學報》第 2 期。

林劍鳴　1993　《〈睡〉簡與〈放〉簡〈日書〉比較研究》，《文博》第 5 期。

林雅芳　2009　《〈天水放馬灘秦簡〉、〈周家臺秦簡〉及〈里耶秦簡〉詞語通釋》，華東師範大學碩士學位論文。

劉國勝　2011　《秦簡〈日書〉零拾》，武漢大學簡帛研究中心主辦：《簡帛》（第六輯），上海古籍出版社。

劉淨　2009　《讀放馬灘簡小札》，簡帛網，2009 年 1 月 24 日，http://www.bsm.org.cn/?qinjian/5184.html。

劉樂賢　1994　《睡虎地秦簡日書研究》，文津出版社。

劉樂賢　2003　《簡帛數術文獻探論》，湖北教育出版社。

劉青　2010　《放馬灘秦簡〈日書〉乙種集釋》，武漢大學碩士學位論文。

劉信芳　1990　《〈天水放馬灘秦簡綜述〉質疑》，《文物》第 9 期。

劉增貴　2011　《放馬灘秦簡〈日書・置室門〉及門戶宜忌簡試釋》，武漢大學簡帛研究中心主辦：《簡帛》（第六輯），上海古籍出版社。

龍堅毅　2004　《從秦簡日書看秦人盜竊問題》，《中國社會經濟史研究》第 2 期。

呂叔湘　1990　《呂叔湘文集》（第一卷），商務印書館。

呂亞虎　2009A　《讀〈天水放馬灘秦簡〉小札》，簡帛網，2009 年 10 月 24 日，http://www.bsm.org.cn/?qinjian/5359.html。

呂亞虎　2009B　《讀〈天水放馬灘秦簡〉札記二則》，簡帛網，2009 年 10 月 27 日，http://www.bsm.org.cn/?qinjian/5363.html。

呂亞虎　2009C　《〈天水放馬灘秦簡〉殘簡綴合二則》，復旦大學出土文獻與古文字研究中心，2009 年 10 月 27 日，http://www.fdgwz.org.cn/Web/Show/953。

呂亞虎　2009D　《〈放簡〉簡序重排二則》，簡帛網，2009 年 10 月 28 日，http://www.bsm.org.cn/?qinjian/5364.html。

呂亞虎　2009E　《〈天水放馬灘秦簡〉缺、誤字訂補幾則》，簡帛網，2009 年 10 月 31 日，http://www.bsm.org.cn/?qinjian/5366.html。

呂亞虎　2009F　《〈天水放馬灘秦簡〉識小一則》，簡帛網，2009 年 11 月 3 日，http://www.bsm.org.cn/?qinjian/5367.html。

呂亞虎　2010　《〈天水放馬灘秦簡〉識小》，武漢大學簡帛研究中心主辦：《簡帛》（第五輯），上海古籍出版社。

M

馬建忠　1983　《馬氏文通》，商務印書館。

名和敏光　2010　《天水放馬灘秦簡〈日書〉乙種〈行忌〉札記》，復旦大學出土文獻與古文字研究中心，2010 年 9 月 22 日，http://www.fdgwz.org.cn/Web/Show/1268。

Q

秦簡整理小組　1989　《天水放馬灘秦簡甲種〈日書〉釋文》，甘肅文物考古研究所編：《秦漢簡牘論文集》，甘肅人民出版社。

琴載元　2013　《戰國秦漢基層官吏的〈日書〉利用及其認識》，《史學集刊》第 6 期。

R

任步雲　1989　《放馬灘出土竹簡日書芻議》，《西北史地》第 3 期。

任攀　2009A　《讀〈天水放馬灘秦簡〉札記一則》，復旦大學出土文獻與古文字研究中心，2009 年 10 月 18 日，http://www.fdgwz.org.cn/Web/Show/944。

任攀　2009B　《放馬灘簡〈禹須臾行日〉研讀》，復旦大學出土文獻與古文字研究中心，2009 年 11 月 14 日，http://www.fdgwz.org.cn/Web/Show/982。

S

森和　2013　《中國古代的占卜與地域性》，《湖南大學學報》（社會科學版）第 6 期。

施謝捷　1998　《簡帛文字考釋札記》，中國社會科學院簡帛研究中心編：《簡帛研究》（第三輯），廣西教育出版社。

施謝捷　2003　《天水放馬灘秦簡〈日書〉甲種釋文》，稿本。

宋華強　2010　《放馬灘秦簡〈日書〉識小錄》，武漢大學簡帛研究中心主辦：《簡帛》（第六輯），上海古籍出版社。

宋華強　2011　《放馬灘秦簡〈邸丞謁御史書〉釋讀札記》，中國文化遺產研究院編：《出土文獻研究》（第十輯），中華書局。

蘇建洲　2010　《試論〈放馬灘秦簡〉的訛"莫食"時稱》，復旦大學出土文獻與古文字研究中心，2010 年 5 月 11 日，http://www.fdgwz.org.cn/Web/Show/1146。

孫占宇　2008　《放馬灘秦簡日書整理與研究》，西北師範大學博士學位論文。

孫占宇　2009　《天水放馬灘秦簡整理與研究現狀述評》，《中國史研究動態》第 12 期。

孫占宇　2010　《放馬灘秦簡乙 360—366 號"墓主記"說商榷》，《西北師大學報》（社會科學版）第 5 期。

孫占宇　2011A　《簡帛日書所見早期數術考述》，《湖南大學學報》（社會科學版）第 2 期。

孫占宇　2011B　《放馬灘秦簡日書"星度"篇初探》，《考古》第 4 期。

孫占宇　2012　《放馬灘秦簡〈丹〉篇校注》，簡帛網，2012 年 7 月 31 日，http://www.bsm.org.cn/?qinjian/5910.html。

孫占宇　2013　《天水放馬灘秦簡集釋》，甘肅文化出版社。

W

萬佳俊　2018　《秦簡助動詞研究》，東北師範大學碩士學位論文。

王輝　2008　《古文字通假字典》，中華書局。

王輝　2011　《〈天水放馬灘秦簡〉校讀記》，武漢大學簡帛研究中心主辦：《簡帛》（第六輯），上海古籍出版社。

王力　2004　《漢語史稿》，中華書局。

王寧　2012　《古代漢語》，高等教育出版社。

王強　2018　《出土戰國秦漢選擇數術文獻神煞研究：以日書爲中心》，吉林大學博士學位論文。

王子今　2002　《睡虎地秦簡〈日書〉甲種疏證》，湖北教育出版社。

王竹勛　2018　《秦漢簡牘〈日書〉詞彙研究：以放馬灘秦簡、睡虎地秦簡、孔家坡漢簡爲中心》，華東師範大學碩士學位論文。

吳小強　2000　《秦簡日書集釋》，嶽麓書社。

吳小強　2003　《秦簡日書與戰國秦代農業經濟生活》，秦始皇兵馬俑博物館《論叢》編委會編：《秦文化論叢》（第十輯），三秦出版社。

吳小強　2010　《睡虎地秦簡〈日書〉占卜用語習慣與規律分析》，《古籍整理研究學刊》第 4 期。

吳辛丑　2004　《關於楚竹書中"是"字的用法及其它》，《廣州廣播電視大學學報》第4期。

X

夏德安　2012　《放馬灘日書甲乙種“禹有直五横”與禹治水神話試探》，“中國簡帛學國際論壇2012”論文，武漢大學。

Y

晏昌貴　2009A　《放馬灘秦簡乙種〈日書〉有關五音的簡文》，簡帛網，2009年9月22日，http://www. bsm. org. cn/? qinjian/5346. html。

晏昌貴　2009B　《放馬灘秦簡中的〈大禹〉逸文》，簡帛網，2009年10月13日，http://www. bsm. org. cn/? qinjian/5354. html。

晏昌貴　2010A　《巫鬼與淫祀：楚簡所見方術宗教考》，武漢大學出版社。

晏昌貴　2010B　《天水放馬灘秦簡乙種〈日書〉分篇釋文（稿）》，武漢大學簡帛研究中心主辦：《簡帛》（第五輯），上海古籍出版社。

晏昌貴　2013　《懸泉漢簡日書〈死吉凶〉研究》，《中國史研究》第2期。

閆喜琴　2011　《秦簡〈日書〉涉禹出行巫術考論》，《歷史教學》第2期。

楊伯峻、何樂士　2001　《古漢語語法及其發展》（修訂本），語文出版社。

楊錫全　2009A　《〈出土文獻“是＝”句淺析〉補證一則》，復旦大學出土文獻與古文字研究中心，2009年12月2日，http://www. fdgwz. org. cn/Web/Show/1004。

楊錫全　2009B　《〈出土文獻“是＝”句淺析〉再補一則：兼論係詞“是”來源問題》，復旦大學出土文獻與古文字研究中心，2009年12月26日，http://www. fdgwz. org. cn/Web/Show/1028。

楊錫全　2011　《出土簡帛文獻中的“是＝”句及相關問題研究》，西南大學碩士學位論文。

殷滌非　1978　《西漢汝陰侯墓出土的占盤和天文儀器》，《考古》第5期。

尹在碩　2013　《秦漢〈日書〉所見“序”和住宅及家庭結構再探》，武漢大學簡帛研究中心主辦：《簡帛》（第八輯），上海古籍出版社。

于豪亮　1981　《秦簡〈日書〉紀時紀月諸問題》，中華書局編輯部編：《雲夢秦簡研究》，中華書局。

Z

章珊　1990　《放馬灘出土地圖的年代問題》，中國地理學會歷史地理專業委員會《歷史地理》編輯委員會編：《歷史地理》（第八輯），上海人民出版社。

章士釗　1907　《中等國文典》，商務印書館。

張乘健　2014　《周易本事》，浙江古籍出版社。

張俊民　2014　《簡牘學論稿：聚沙篇》，甘肅教育出版社。

張玉金　2011　《出土戰國文獻虚詞研究》，人民出版社。

張玉金　2015　《出土戰國文獻中“毋”的否定功能》，《華南師範大學學報》（社會科學版）第2期。

張振林　1982　《先秦古文字材料中的語氣詞》，中國古文字研究會、四川大學歷史系古文字研究室編：《古文字研究》（第七輯），中華書局。

趙岩　2009　《放馬灘秦簡日書札記二則》，簡帛網，2009年10月10日，http://www.bsm.org.cn/?qinjian/5353.html。

鍾守華　2005　《秦簡〈天官書〉的中星和古度》，《文物》第3期。

鍾守華　2009　《楚、秦簡〈日書〉中的二十八宿問題探討》，《中國科技史雜誌》第4期。

鍾守華　2013　《放馬灘秦簡〈日書〉中的月星關係與古度初考》，武漢大學簡帛研究中心主辦：《簡帛》（第八輯），上海古籍出版社。

周秉鈞　1981　《古漢語綱要》，湖南教育出版社。

周波　2010　《秦漢簡〈日書〉校讀札記》，復旦大學出土文獻與古文字研究中心，2010年3月17日，http://www.fdgwz.org.cn/Web/Show/1111。

朱城　2004　《出土文獻“是是”連用後一“是”字的訓釋問題》，《古漢語研究》第4期。

朱城　2008　《出土文獻“是是”句後一“是”字的訓釋問題再議》，《古漢語研究》第4期。

朱芳　2015　《放馬灘秦簡若干疑難字詞考釋》，稿本。

朱玲玲　1992　《放馬灘戰國秦圖與先秦時期的地圖學》，《鄭州大學學報》（哲學社會科學版）第1期。